KB059721

사라질 수 없는 사람들

소외된 노동계급의 목소리에서 정치를 상상하기

WE'RE STILL HERE
PAIN AND POLITICS
IN THE HEART OF AMERICA

사라질 수 없는 사람들

제니퍼 M. 실바 지음
JENNIFER M. SILVA

성원 옮김

중 문예출판사

나를 집으로 초대해주고,

보살펴주고,

믿고 이야기를 들려준

모든 사람에게

차례

일러두기

* 본문의 [ ]는 옮긴이 주다.
* 원서의 이탤릭체는 굵은 글씨로 표기했다.

작가의 말

이 책의 아이디어는 내가 하버드대학교에 박사후연구원으로 있을 때 형태가 잡히기 시작했다. 초반에 브루스 웨스턴Bruce Western과 로버트 퍼트넘Robert Putnam과 나눈 대화는 내 학문적 지평을 확장시켰고 노동자의 권리, 호혜성과 공정함이라는 규범, 불신에 대해 생각하도록 자극했다. 브루스는 미국 노동계급의 고통과 고립을 실증적 프로젝트, 동시에 도덕적 책무로 기록하는 일이 얼마나 중요한지를 지속해서 일깨워줬다. 로버트는 내가 불굴의 완벽주의, 자신감, 고된 노력을 모범으로 여기는 새로운 수준의 지적 작업에 참여하도록 자극했고, 많은 세월이 지난 뒤에도 결코 멘토 역할을 멈추지 않고 지금도 여전히 경력을 어떻게 쌓을지 질문하면 즉각 답을 준다. 요리 전문가이자 지적 동반자, 친절한 룸메이트인 로즈메리 퍼트넘Rosemary Putnam은 최고의 스승처럼 전체 원고를 읽고 상세하고 조심스러운 피드백을 주고 오탈자를 잡고 더 구체적으로 서술할 부분을 지적해줬다. 캐스린 에딘Kathryn Edin은 믿을 수 없을 정도의 아량으로 논지를 벼리고 원고를 실증적으로 더 방어할 수 있게 만들었으며 메워야 할 틈새를 짚어주었다. 내가 정치적 이탈을 고민하고 있을 때 미셸 라몽Michele Lamont은 논나 메이어Nonna Mayer의 모범적인 연구를 가리키며 우리가 빈민의 정치에 대해 얼마나 아는 게 없는지를 일러주었다.

나는 오랫동안 가족 인구학자 앤드루 셜린Andrew Cherlin의 명민한 연구에 의지해서 가족 변화에 대한 내 질적 연구의 위치를 파악해왔다. 2015년 볼링그린대학교에서 열린 한 가족 심포지엄에서 개인적으로 만난 앤디는 내가 쓴 모든 것을 자신에게 보내달라고 제안했다. 나는 정말로 이 책의 초고 단계에서부터 최종 결과물에 이르기까지 모든 장의 여러 버전을 보냈고, 그는 지체 없이 모든 원고에 세심한 제안과 통찰력 있는 질문을 달아 회신하여 논지를 밀도 있게 추리고 방어할 수 있도록 도와주었다. 또한 그는 가족을 주제로 한 세미나에서 내게 발표 자리를 마련해주었는데 그 자리 덕에 연구의 전반적인 틀에 대한 논평을 데이터 수집 초기 단계에서부터 들을 수 있었다.

똑 부러지는 저술 파트너 시몬 폴리요Simone Polillo와는 삼사 주에 한 번씩 스카이프로 통화하며 거칠고 자유로운 글을 세련된 원고로 다듬어가는 과정에서 서로에게 마감일을 제시하고 피드백을 제공해주었다. 우리는 (어느 정도) 재미 삼아 칭찬 금지, 변명 금지, 사적인 수다 금지 등의 엄격한 규칙을 정했지만 이 공동 작업은 지적인 자극뿐만 아니라 지지와 솔직함, 동지애의 공간으로도 기능했다.

나는 이 연구를 위해 미국사회학회와 전미과학재단의 학문 증진 기금 종자 지원금을 받았다. 미국사회학회에 여러 차례 패널로 참석하여 내 주장의 초기 버전들을 발표하기도 했다. 이 과정에서 존스홉킨스

대학교, 코네티컷대학교, 볼링그린대학교, 오하이오주립대학교 사회학과, 피츠버그대학교 보건대학원, 버지니아대학교 고등문화연구소, 펜실베이니아주립대학교 농촌사회학과, 캘리포니아대학교 어바인 필름미디어학과, 미국기업연구소 등에 초대 강사로 참석하여 진행 중인 연구를 발표했다. 내 데이터의 초기 가능성을 발견하고 예상하지 못한 연결 고리를 만들어준 제러미 파이스Jeremy Pais, 더그 하트먼Doug Hartmann, 크리스 베일Chris Bail에게 감사의 마음을 전한다.

2014년에 연구를 시작한 버크넬대학교의 버크넬액션리서치, 버크넬공공정책연구소, 톰그리브스재단 및 커리큘럼개발기금 등에서 연구비를 넉넉하게 지원받았다. 학장인 바버라 알트만Barbara Altmann과 그의 남편 존 스테이시John Stacey는 이 연구의 초기 지원자였다. 버크넬대학교의 넉넉한 재정 지원 덕분에 재능 있고 부지런한 버크넬대학교 학부생들을 연구의 매 단계에 고용할 수 있었다. 시작부터 함께한 제시Jesse Scheimreif는 본격적인 진척이 없던 초기 단계에 이 프로젝트에 참여했다. 질적 연구자로서 큰 가능성을 보여준 학부생 캐럴라인Caroline Hompe은 나와 인터뷰에 동행했고 탄광촌의 역사에 대한 유용한 글을 작성했다. 타이란Taylan Stulting은 부지런히 녹취를 풀었다. 출중한 재능과 직업 윤리를 갖춘 신진 학자 리지Lizzie Sheprow는 녹취록에 코딩 작업을 하고 제일 바쁜 학기 중에도 지적이고 창의적인 방식으로 데이터를 분석했다. 입학 첫 학기부터 졸업할 때까지 나와 함께 일한 재키Jackie Nicoletti는 비범한 글쓰기 능력과 편집 능력으로 매 장을 명료하고 세련되게 다듬었다. 리처드Richard Stover는 내 분석에서 아주 중요하다고 입증된 현장 연구를 독립적으로 수행했다. 앤서니Anthony Scrima와는 거의 매주 만나서 부정의와 불평등 개념을 놓고 대화를 나누었기에, 나는 그를 믿고 참고 문헌을 정리하고 관리하는 일을 맡겼다. 데본Devon Calhoun과 피비 Phebe Alley는 시간을 쪼개서 가난과 무기력감, 사회 변화라는 주제를 놓고 종종 솔직하고 때로는 가슴 저미는 대화를 나눠주었다. 클로에Chloe Cottineau와 미셸Michelle Melville은 편집 말미에 참여해 중요한 역할을 했다. 마지막으로 케이트Kait Smeraldo는 2학년 때부터 이 프로젝트에 참여했다. 그는 내가 만나본 사람 중 가장 열심히 일하고 끈기와 진정성이 있었으며 난관 앞에서 한 번도 굴하지 않았다. 사회학에서 그의 미래는 아주 밝다.

탄광촌에서 연구를 조직한 쇼나 반하트Shaunna Barnhart는 지식과 효율성의 부단한 원천이었다. 칼 밀로프스키Carl Milofsky는 내 원고를 읽고 아이디어와 논평을 해주었고 많은 중요한 관계를 주선해주었다. 학교 연구실 복도 아래쪽에 있는 엘리자베스 더든Elizabeth Durden과는 수다를 떨고 레시피를 교환하고 와인을 마시면서 친구가 되었다. 트리스탄 라일리Tristan Riley는 처음부터 진지한 태도로 원고 전체를 세심하게 읽고 비판적이면서도 정중한 논평을 보내주었고 내가 심사자 논평을 소화할 수 있도록 도와주었다. 보조원 이상의 역할을 한 뎁 배니Deb Baney는 특히 힘든 시기에 길잡이가 되는 조언과 웃음을 선사했다. 그리고 JJ는 순식간에 평생의 친구가 되었다.

직업적인 사회하계 안에는 기꺼이 내 연구물을 진지하게 읽고 관계망과 아이디어를 나누어줄 한 무리의 친구들이 있다. 윌리엄 제임스홀에서 셰리주를 함께 마시던 시절부터 절친한 친구였던 니콜Nicole은 영리하고 사려 깊은 정책 연구자의 관점으로 전체 원고를 읽어주었다. 취업과 육아 동지인 크리스틴Kristin은 양적 연구자들에게 질적 통찰력이 필요하다는 사실을 일깨워주었다. 디어드레Deirdre는 시종 씩씩하게 용기를 북돋는 목소리로 응원을 보냈다. 카이사Kaisa는 내가 인생의 변곡점과 난제를 거칠 때 항상 유머를 곁들인 긴요한 분석 기술과 지지를 선사했다. 맷Matt은 창의성과 이행의 시기에 직관을 보태주었다.

내 강점을 이해하고 자신의 본능에 따라 내가 작가로 발돋움할 자유와 공간을 내어준 담당 편집자 제임스 쿡James Cook에게 고마움을 전한다. 어째서인지 제임스는 솔직하고 비판적이면서도 동시에 차분하고 불안감을 달래주는 구석이 있다. 그는 시간을 들여 이 책의 모든 단어를 꼼꼼하게 살폈다. 익명의 검토자들 역시 이 책이 더 엄정하고 간결하고 분명한 꼴을 갖추는 데 놀라울 정도로 많은 시간과 에너지를 보탰다.

마지막으로 아래의 사람들에게 감사의 마음을 전하고 싶다. 생명과도 같은 친구들, 꼭 필요한 위로의 공간을 제공해준 시가 식구들, 언제나 사랑과 경외감이 실린 목소리로 잘 지내는지 안부 전화를 잊지 않는 할머니 진Jean, 맡은 일에 헌신하는 남동생, 연구 초반에 펜실베이니아로 자주 찾아와 함께 탄광촌을 쏘다니며 드라이브를 했던 아빠, 창밖으로 고개를 내밀고 드라이브를 즐기던 우리 사랑하는 복서 강아지 루퍼스 Rufus. 엄마 폴라Paula는 내가 혼이 나가 있던 시절, 정확히 언제 방문해야 하는지를 알았고 차분함과 격려가 느껴지는 존재감으로 내게 필요한 모든 것을 사심 없이 챙겨주었다. 나에 대한 부모님의 자부심은 나를 지탱하고 겸손함과 에너지를 북돋는다. 그리고 무엇보다 매일 함께 지내고 싶고, 무조건 그리고 의심 없이 내 목표를 지지하고, 내가 목표를 달성할 수 있도록 매일같이 힘껏 노력하는 남편이자 동반자 애럼Ahrum에게 고마운 마음을 전한다.

서론   노동계급 정치의 난제

난 여자를 사랑하고 여자들이 남자가 할 수 있는 건 뭐든 할 수 있다고 생각하지만 여자는 이 합중국의 대통령이 될 수 없다고 생각해요. 하나님한테 맹세코. 그치만 둘 다 그렇게 멍청하진 않을 거예요. 그러니까 "대체 당신은 누구 뽑을 거냐니까?" 하는 거잖아요. 난 "당신네가 우리한테 선택지를 많이 주지도 않잖아"라는 거지. 어느 쪽이든 우린 망할 거예요. 쓸 만한 다른 사람이 있으면 아마 그쪽으로 방향을 틀겠죠. 근데 그건 농담 같은 소리니까. 결론적으로 배신자 대통령보다는 병신새끼 대통령이 더 낫다고 봐요.

브리(백인, 웨이트리스)

사실 투표라는 게 말이죠, 난 대통령이 뭐라도 바꿀 거라고는 믿지 않아요……. 정부는 우리한테 맨날 거짓말을 하고 사람들은 거기에 귀를 기울이죠. 그래야 한다고 느끼니까. 내가 보기엔 정치인들하고 정부가 세상에서 제일 거짓말쟁이 같아요.

에릭(흑인, 창고 노동자)

이 책은 미국 노동계급이 일상의 투쟁, 승리감, 희망, 공포를 어떻게 정치와 연결하는지를 탐색한다. 안정적인 블루칼라 일자리는 지난 수십 년간 자동화되고 사라지고 해외로 이전되었다. 정치인들은 좌우를 막론하고 사회 안전망을 축소하고 단체 협상권을 약화시켰으며 노동자의 기본적인 생존 욕구보다는 기업의 이익을 보호하면서 노동계급의 권력을 점점 무력화했다. 아메리칸드림의 핵심 약속인 자식에게 더 나은 삶을 선사할 기회는 점점 사라지고 있다. 하지만 정치적 동원으로 가장 많은 득을 볼 집단들은 함께 떨쳐 일어나 정의와 기회의 정당한 몫을 위해 싸울 의지가 없고, 자신의 이해관계에 따라 행동하려는 의욕이 가장 적은 듯하다.

투표에 참여하지 않는 미국인들은 젊고 가난하고 교육 수준이 낮으며 인종과 민족이 다양한 집단에 편중되어 있다. 소득과 교육 수준이 낮은 사람들은 공무원과 접촉하고 민간 정치 조직에 가입하거나 정치 캠페인에 기부할 가능성도 더 낮다.[1] 게다가 2008년 대침체를 거치면서 연대가 활발해지기보다는 생존을 위해 싸워야 하는 사람들 간의 분열이 깊어져 일부 백인 노동자들이 소수 인종, 이민자, 빈민과 대립하는 양상이 나타났다.[2]

이 책은 사람들이 왜 자신의 이익에 반하는 행동을 하는지 이해하고자 한다면 먼저 그들이 '자아'를 어떤 식으로 상상하는지, 그리고 이 자아는 더 넓은 사회 세계와 어떻게 연결되는지를 밝힐 필요가 있다는 전제에서 출발한다. 이런 맥락에서 나는 2년간 펜실베이니아 무연탄 지역인 남부 카운티들에서 노동계급 남성과 여성들을 인터뷰했다. 이들의 신원을 보호하기 위해 이 지역을 콜브룩Coal Brook[작은 개천이 흐르는 탄광촌을 뜻한다.]이라고 부를 것이다.[3] 무연탄 산업은 제1차 세계대전 기간에 정점에 올라 17만 5,000명의 남성을 고용하고 약 100만 명의 인구를 부양했다. 그러나 1961년에는 1만 7,000명, 1974년에는 단 2,000명으로 고용자 수가 급감했다. 오늘날에는 버려진 폐광과 노천 광산이 경관을 가득 메우고 있다.[4] 한때는 모퉁이마다 교회가 있던 동네에는 이제 문신 시술소, 주류 판매점, 전자 담배 가게, 염가 판매점이 주를 이룬다. 그러는 한편, 지난 10년간 주택 비용이 상승하고 빈곤과 범죄가 늘면서 도시 경제에서 밀려난 흑인과 라틴계 인구가 석탄 지역으로 유입되어, 오랫동안 유지되던 도시와 농촌, 인종과 장소의 경계가 흔들리기 시작했다.[5] "블루칼라의 목숨은 중요하다", "트럼프는 석탄을 파낸다"라고 외치는 현수막이 빨간 제라늄과 희고 파란 피튜니아를 심은 깔끔한 창가 화단을 장식하고, 총 받침대와 남부 연합 깃발이 자랑스레 보이도록 개조한 픽업트럭들이 구불구불한 2차선 고속도로를 으르렁대며 달린다.[6]

　나는 2016년 미국 대통령 선거를 직접 연구하지는 않았지만, 도널드 트럼프가 민주당 후보 힐러리 클린턴을 상대로 승리를 거둔 해에 탄광촌에서 일어난 노동계급의 정치적 이탈이라는 더 큰 현상을 살펴볼 기회를 얻었다.[7] 수백 시간을 들여 백인 장기 거주자들과 흑인, 라틴계 신규 유입자들을 인터뷰했고 일상의 과제와 직면한 그들을 따라다녔다. 어린이집에 아이들을 데리러 가기 위해 얻어 탈 차를 구할 때, 약물과 알코올 재활원에 빈자리가 있는지 힘들여 알아볼 때, 학교 현장 학습비를 마련하기 위해 총기 빙고 티켓gun bingo tickets[총기 소지를 찬성하는 세력이 총기에 친숙한 문화를 조성하기 위해 조직한 행사의 티켓을 팔 때, 아니면 전기가 막 끊긴 상황에서 딸에게 크리스마스 선물로 어항을 어떻게 사줄지 생각해내려 할 때 말이다. 나는 아메리칸드림의 몰락이 어떻게 삶에 녹아들고 체감되는지를 목격했고, 그들이 통상적으로는 전혀 정치적으로 간주되지 않는 경험의 영역에서 정치적 아이디어를 벼릴 때 귀를 기울였다.[8] 나는 이들 남성, 여성들과 대화를 나누면서 정치적 이탈에 관한 연구 방향을 투표함에서 가족 문제, 중독, 실업, 인종주의, 폭력, 투옥, 이른 죽음으로 이루어진 복잡한 미로 쪽으로 틀었다.

내가 만난 사람 대부분은 날로 심각해지는 경제적 불평등과 그들을 빈곤과 착취, 수치심에서 보호해주지 못하는 정치인들에게 극도로 비판적이다. 하지만 안정적인 블루칼라 일자리, 노조, 결혼과 대가족 네트워크, 교회, 사회적 모임, 정당 등 역사적으로 개인의 고난과 집단의 투쟁을 매개하던 제도들은 약해졌을 뿐만 아니라 배신의 현장이 되었다.[9] 이 공백 속에서 노동계급은 자신의 고난을 견딜 만하고 이해할 만한 것으로 만들기 위해 개별화된 전략을 개발한다. 고통을 이겨낸 이야기는 이들의 정체성을 고정시키고, 응당 그래야 할 것과 그래서는 안 되는 것을 극명하게 구분하는 도덕적인 경계를 세우며, 서로 상충하는 듯 보이는 정치적 관점들을 한데 엮는다. 민주적 과정이 부자들에게 유리하게 조작되어 있다고 확신하는 많은 노동계급 사람들은 인터넷상의 음모론이나 자기 계발 산업에서 의미를 찾는다. 두 가지 모두 이들이 서로에게 날을 세우거나 내부로 방향을 돌리게 하는 외로운 전략이다. 이들이 개인적인 고난과 불신, 정치적 정체성 사이에 놓는 상상의 다리는 정치적 이탈을 안전하고 힘을 북돋는 약은 선택으로 정당화하는 역할을 하곤 한다.

뜻밖의 동맹

2016년 초여름, 30대 중반의 백인 여성 브리 로페즈를 만났다. 우리는 창문을 굳게 닫고 차양을 친, 비좁고 어두운 한 연립주택에서 한때 응접실로 불리던 곳에 앉아 이야기를 나눴다. 광부였던 브리의 할아버지는 나이 쉰에 진폐증으로 세상을 떠났다. 웨이트리스였던 브리의 어머니 역시 쉰셋에 진폐증으로 세상을 떠났고 아버지는 브리의 인생에서 아무런 의미가 없었다. 콜브룩에서는 가족을 부양할 수 있을 만큼의 돈을 버는 일자리를 "남자들의 일"로 여긴다. 트럭 운전, 창고 일, 건설 일, 숱한 연방과 주, 카운티의 감옥에서 근무하기 또는 3시간 동안 차를 몰고 가서 천연가스 수송관에 구멍 뚫기 등. 고등학교를 형편없는 성적으로 졸업한 브리는 "여기에는 나를 위한 게 전혀 없다"는 사실을 진작 알았다. 브리는 동부 해안의 여러 도시에서 잠깐씩 몇 번 일해보고 난 뒤 탄광촌으로 돌아와 그 뒤로 쭉 하루 10시간씩 서 있어야 하는 웨이트리스로 일한다.

브리는 두 번의 결혼과 이혼을 겪었다. 아들의 아버지는 양육비를 한 푼도 주지 않는다. 딸의 아버지는 퍼코셋[마약 성분인 옥시코돈이 함유된 처방 진통제]에 중독된 불법 트럭 운전사인데 "지난 11월 이후로 꼴랑 65달러와 고기 두 팩"을 줬다. 작년에 집에 전기가 끊겼을 때, 브리는 아이들과 함께 3주간 사촌네 접이식 소파에서 잠을 자면서 다시 난방기를 켤 돈을 모았다. 딸이 바라던 유일한 크리스마스 선물인 "진짜 물고기"를 사주지 못했을 때는 정말 서러웠다. 브리가 털어놓는다. "난 지금 제정신이 아닌 기차를 타고 있어요. 일 때문에 진이 빠져요. 제대로 된 일을 하려고 노력하지만, 또 아이들과 내게 가장 득이 되는 일을 하고 싶지만 지금 당장 우리 처치에선 움직일 수가 없어요."

"돈이 없으면 이 동네에서는 아무것도 아니에요. 피부색이 뭐든 가난은 있을 수 없는 일이죠." 브리가 단언한다. 브리는 쉬는 날에는 어린이들을 대상으로 댄스 수업을 하는데 이 동네에서 제일 가난한 아이들에게는 수업료 3달러를 받지 않는다. 정부가 가난한 사람들을 돕기 위해 더 많은 일을 해야 하는지 묻자, "망할, 그럼요! 부자한테서 거지 같은 세금을 받아내야죠"라고 소리친다. 브리가 화를 내며 말한다. "우리 아이들에겐 아무것도 안 남았어요. 그니까 그놈들이 우리 애들 프랑스어 수업을 중단해버렸어요. 음악 프로그램, 미술 프로그램을 줄이려고 했고요. 전에는 금요일 밤마다 옛날 경찰서 자리에서 돌아오는 버스가 있었어요. 이제는 아이들한테 아무것도 없어요." 브리는 미국 사회의 극단적인 경제적 불평등과 상향 이동 기회의 부족을 맹비난한다. "가난한 사람들을 밟고 서서 그냥 내버려 둔 채로 찌꺼기만 던져주는 건 말이 안 돼요. 가르쳐야죠. 교육을 해야죠. 그 사람들이 일을 할 수 있게요. 짜증 나 죽겠어요. 부자들은 원래 있던 자리에 계속 있고, 중간계급은 월급 가지고 미친 듯이 아등바등하고, 가난한 사람들은 시스템에서 밀려나서 그냥 더 좆나게 가난하게 사는 거 같아요."[10]

저소득 부모들은 돈 때문에 자녀들이 ADD(주의력 결핍 장애) 같은 진단을 받았으면 하는데, 브리는 그게 아이들에게 독이 될 수 있다며 찜찜해한다.[11] "끔찍해요. 아이들을 과잉 상태라고 넘겨짚다니. 아이들을 훈육할 생각을 해야죠. 약 먹이는 건 그만하고요." 브리가 거의 애원조로 말한다. 브리는 아이의 캡슐 알약에서 아데랄[암페타민이 함유된 정신과 약물] 절반을 덜어내 지폐로 감싼 뒤 팔아서 현금을 손에 넣는 한 어머니 이야기를 들려준다. 브리가 날을 세우자 그는 "아주 조금 울더니,

'돈을 마련해야 한다'"고 말했다. "이 엄마가 중독자인 건 누가 봐도 뻔했죠." 브리는 가난해서 생계비를 마련하지 못하거나 정부의 원조가 필요한 사람들 때문에 화가 나는 것이 아니다. 그 사람들이 그런 상황에 맞서 싸우기보다는 자신의 고난에 항복해버린 듯한 모습이 브리를 화나게 한다. "안 그래도 우울한 동네를 그 사람들이 그렇게 멍청하게 굴면서 더 우울하게 만드는 거죠." 브리가 실망스러운 목소리로 말한다.

콜브룩 인근 계곡의 카운티 검시관은 지난 몇 년 동안 약물 과용으로 사망한 사람의 수가 늘었다고 보고했다. 사후 독성 검사에서 헤로인, 옥시코돈, 펜타닐의 치명적인 혼합이 드러났다. 콜브룩에서는 현금 50달러만 있으면 퍼코셋을 처방받을 수 있다는 게 공공연한 비밀이다. 브리가 "카운티 최대의 마약 거래상"이라고 부르는 의사가 당신의 가족을 안다면, 당신은 그냥 전화만 하면 된다. 브리 역시 끝없는 고통의 산증인이다. 그는 자기 몸의 여러 부위를 가리킨다. 트라우마와 폭력의 기억을 육체 위에 지도처럼 펼쳐 보이는 그 상처들을 말이다.

첫 남편이 내 이를 이렇게 했어요(브리는 송곳니가 있어야 할 입 안의 두 빈 자리를 가리킨다). 딸아이가 아기 침대에 있는데 거기다가 날 패대기쳤죠. 완전히 이가 반으로 부러졌고 그래서 이러는 거예요. 근데 병원에는 안 갔어요. 사람들은 나를 이런 전문가, 저런 전문가, 고통을 살피는 정신과 의사한테 보내서 고통 속에서도 살아갈 수 있게 하려고 하죠. 난 안 가요. 내가 안 가는 건, 솔직히 말해서 진통제는 사실 나한테 도움이 안 돼서예요. 정말 아무 의미가 없어요. 그리고 난 무슨 약이든 거기에 완전 취해서, 직장 근처를 걸어가다가 완전히 정신이 나가버리면 안 돼요. 항상 있던 자리를 지켜야 해요. 침대에서 뭉

갤 수 없어요. 나는 옆으로 뒹굴다가 발을 바닥에 대고 일어나는 데 20분이 걸려요. 정말 힘들어요. 정말 정말 힘들어요. 그런데 지금은 웨이트리스 일을 하고 있어서 하루에 12시간, 10시간 내내 서 있어야 하죠. 나는 심리적으로 엉망진창이에요. 엉망진창이죠. 아 하나님, 불쌍한 내 애들.

만성적인 걱정, 20년간 피운 멘솔 담배 때문에 생긴 심한 기침으로 브리는 밤늦도록 잠들지 못한다. "맨날 뭔가 끔찍한 일이 다가오고 있다는 나쁜 기분이 들어서 정신을 갉아먹어요." 그런데도 브리는 우직하게 병원 진료를 거부하며 "의사가 뭐라고 할지 그냥 무섭다"고 인정한다. "좋은 소식이 아닐 거라는 걸 알아요. 그래서 그냥 미루는 거죠. 그 사람(지역 의사)이 엄마한테 감기라고 했는데 망할 폐암이었어요. 사람들은 엄마가 망할 3기가 될 때까지 암이라는 것도 몰랐어요. 그 의사가 '여기 항생제요', 그러고 말았으니까요. 그 의사도 엄마를 죽이는 데 가담한 거예요. 그 인간이 아직도 약을 팔고 다니죠."

브리의 두 번째 남편이자 아홉 살짜리 딸의 아버지인 매니는 푸에르토리코에서 뉴욕 브롱크스로 이주했다가 서쪽으로 4시간 거리에 있는 콜브룩으로 흘러들어왔다. 브리는 애절하게 말한다. "여기서 내가 어떻게 성이 로페즈인 아이를 키울 수 있을까요? 내 딸이 여기서 니○○ [흑인 비하 표현. 저자는 인터뷰 대상자가 직접 한 말이라고 해도 이를 그대로 살리지 않고 'n−word'라고 처리했다.] 소리를 듣고, 버스 창문에 머리를 처박혔어요. 그런데 가해 아이는 정학 처분도 안 받았죠."

브리의 현 남자 친구 에릭 케네디는 워싱턴 DC 동남부 출신의 스물다섯 살 흑인 남자다. 에릭은 "게토, 빈민 구제 프로젝트라고 부를 만한 곳" 출신이다. 에릭이 "우리 부모는 중독자였어요. 집에 붙어 있을 때가 없었죠. 나와 여동생은 거의 구걸하며 살았죠"라고 말한다. 어머니는 사라지고 아버지는 "감옥을 들락거리고, 마약을 팔고, 마약을 했기" 때문에 에릭과 여동생 스테이시는 펜실베이니아 남부에서 아버지의 여자 친구 손에서 자랐다. 에릭은 아버지의 여자 친구가 그를 어두운 지하실에 어떻게 가두었는지, 그 지하실에서 아버지 여자 친구의 성인 아들이 그를 어떻게 성적으로, 육체적으로 학대했는지를 들려준다. 너무 배가 고파서 늦은 밤까지 잠들지 못하는 고통 속에서 에릭은 "어째서 우리 아빠는 어려움을 극복하고서 우리를 지켜주지 못할까?"라고 홀로 묻고는 했다.

에릭은 열 살 때 여동생과 함께 도망쳤다. 두 사람은 편의점에서 음식을 훔치다가 경찰에게 붙잡혔다. 에릭이 기억하기로 이 경찰은 아동청소년서비스국에 전화를 하기 전에 에릭의 계모에게 문제를 제기했다. "'몇 달 동안 애들이 먹지도 못한 거 같잖아요. 애들 몸에 난 멍은 다 뭐죠?' 그러더니 경찰이 집을 들여다봤어요. 두 아이가 살 만한 데가 아닌 거예요. 냉장고에는 음식이 하나도 없고. 그래서 그날로 아동청소년서비스국에 갔고 그다음 날 우리는 위탁 양육을 받게 됐어요." 에릭은 인근 기독교 위탁 가정에 배정되었다. "인생에서 처음으로 누군가가 우리에게 마음을 쓴다는 느낌을 받았어요. 누군가가 우리를 사랑했어요. 누군가가 우리가 괜찮은지 확인했어요." 하지만 평생 에릭을 따라다닌 버려짐과 학대에 대한 두려움이 그를 놓아주지 않았다. "나는 그렇게 길들었던 거예요. 어쩔 수가 없었어요. 누군가가 정말로 내게 마음을 쓴다는 사실을 받아들이지 못했어요." 에릭은 학교에서 숱한 싸움에 휘말렸고 위탁모의 보수적인 규칙에 반발했으며 집에서 마리화나를 피웠다. 그러다가 결국 집단 시설과 임시 가정을 전전하게 되었다.

에릭은 위탁 시설 가운데 한 곳에서 감정 관리 기술을 배웠다. 그곳에서 그는 "어릴 때부터 인생의 바탕이었던 감정들을 표현하기 시작했다." 에릭은 풋볼 장학금을 받고 고등학교를 졸업했고 지역 대학교에 입학했다. 그런데 첫 학기에 갑자기 위탁모가 세상을 떠났다. 에릭은 완전히 무너져내렸다. "충격이 너무 컸어요. 그래서 당분간 학교를 쉬면서 정신을 차려야겠다고 생각했죠. 경기를 뛰는 데서, 학교 공부를 하는 데서, 아주머니가 돌아가신 데서 오는 스트레스가 한꺼번에 몰리면서 멍청한 일에 휘말려서 감옥신세까지 지게 됐거든요." 헤로인 소지로 유죄 판결을 받은 그는 카운티 감옥에서 근 1년을 보냈다.

감옥에서 나온 에릭은 맞아줄 가족도, 가진 돈도 없어서 감방 동기와 탄광촌에 있는 월 300달러짜리 아파트로 들어갔다. 그는 시급 10달러짜리 창고 일을 구했다. 지금은 변화에 대해 깊이 생각한다. "사람들이 그냥 나를 빤히 바라보거나, 차를 몰고 지나가면서 창밖에 대고 '니○○'라고 소리치거나, 내 목을 나무에 매달 거라고 말하는 데도 뭔가 좀 달랐어요." 그가 온순하게 말한다.

브리는 에릭이 자기 집에 들어온 직후에 푸드 스탬프와 주거 보조금이 중단됐다고 말한다. 브리는 가족 중 한 명이 자신이 전과가 있는 남자와 같이 살고 있다고 카운티 지원 사무소에 알린 것이 아닌가 의심한다. 그 이후로 에릭은 경찰의 끊임없는 괴롭힘에 시달렸는데 경찰 중 상당수가 브리의 고등학교 동창이었다. "얼마 전에 주차를 했거든요. 근데 그 남자(경찰관)가 차를 몰고 지나가다가 속도를 늦추고, 그 블록 끝까지 가서, 거기가 일방통행이니까, 다음 블록으로 가서 유턴한 다음에 돌아와서 다시 나를 지나치더니, 속도를 늦추고 그 블록 끝으로 가서 유턴하고는 다시 나를 지나치는 거예요." 에릭과 브리는 처음 데이트를 시작했을 때 브리가 일하는 식당에서 공공연하게 애정을 드러냈다가는, 심지어 에릭이 손을 브리의 등에 잠시 대기만 해도, 손님의 항의나 폭행의 위협, "소리를 지르는 상사"를 상대해야 한다는 사실을 빠르게 학습했다. 에릭은 마을의 백인 남성 한 무리가 "자신들의 거리를 되찾기" 위해 무장 행진을 벌였고 브리의 집 옆을 위협적으로 지나쳤다고 했다. 에릭이 몇 달 전 다시 투견 혐의로 체포되었을 때, 브리는 심리에서 "그게 나였으면 절대 아무도 체포하지 않았을 거잖아요!"라며 인종 프로파일링에 항의했다. 하지만 브리는 이렇게 설명한다. "경찰은 자기들끼리 모두 친구여서 잘못을 해도 별로 문제 될 게 없어요. 경찰의 절반이 자신들을 위해 발 벗고 나서리라는 걸 아니까요. 판사도 전부 같이 학교에 다니거나 같이 다닌 적이 있거나, 아니면 전부 같이 몰려다녀요. 그래서 이 동네가 아주 썩은 거죠."

에릭은 경찰의 잔인함과 인종 프로파일링, 사법 제도 내 차별에 저항하는 사회 운동인 '흑인 목숨은 소중하다Black Lives Matter'에 지지를 표출하며 인종주의를 강하게 비난한다. 그는 대항 슬로건인 '모든 목숨은 소중하다All Lives Matter'에 반발한다. "아니, 모든 목숨이 소중하지 않다고 말하는 사람이 어디 있어요. 우린 흑인으로서 흑인 목숨이 중요하다고 말하는 거예요. 실제로는 그런 거 같지 않으니까요. 무고한 흑인 남자가 길거리에서 개처럼 총에 맞아 쓰러지잖아요."

에릭은 흑인 풋볼 선수 콜린 캐퍼닉을 칭찬하기도 한다. 콜린 캐퍼닉은 2016년에 미국 국가가 연주되는 동안 경찰의 잔인함에 저항하는 의미로 무릎을 꿇어 전국에 뜨거운 논란을 일으켰다. 에릭이 열정적으로 말한다. "당신은 남자들을 막 패는 경찰들이 나오는 비디오를 반이라도 봐야 해요. 사람들은 국가가 모두를 위한 정의를 노래하는 거라며 서 있으라고 하지만 그런 건 없어요. 그러니까 나 같은 피부색을 가진 사람들을 그렇게 대해주지 않는데 내가 국가를 위해 일어나서 그걸 대변하다니, 내가 왜 그래야 하죠? 난 세상이 옳다고 말하는 대로 할 뿐이에요."

하지만 에릭은 인생의 잔혹한 트라우마를 기회로 바꾸려고 애쓰기도 한다. 하나님에게 자신의 회복 능력을 감사해하고 자신의 고난으로 "올바른 일을 행하겠다"고 맹세하면서 말이다. 그는 자신의 미래를 이야기할 때 희망과 회복을 지향하는 태도를 견지하는데, 이는 끝없이 나락에 빠지는 브리의 서사와 극명한 대조를 이룬다. 에릭은 사법 제도에 정치적 비판을 늘어놓으면서도 자신의 개인적 실패에는 그 어떤 핑계도 용납하지 않는다. "난 사람들이, '있잖아, 내가 중범죄를 저질렀잖아, 그래서 일자리를 찾을 수가 없어'라고 말할 때 끔찍하게 싫어요. 그건 게으름에 대한 터무니없는 핑계예요. 자랑스러운 건 아니지만 난 하고많은 사람들보다 중범죄를 더 많이 저질렀어요. 그치만 시급 10달러짜리 일을 얻었다고요. 그건 다 일을 하겠다는, 자신을 정말로 더 나은 사람으로 만들겠다는 의지와 동기의 문제예요."

하나님이 제게 더 나은 사람이 되도록 애쓸 기회를 주시고 그렇게 저를 축복해주셔서 감사할 뿐이에요. 더 나은 사람이 되려면 내가 해야 할 모든 일을 정말로 해야 하는데, 그중 하나가 멍청함에서 벗어나 나가서 일하는 거예요. 푸드 스탬프로 살아가는 흑인 남자 한 명을 더 늘리고 싶지는 않아요. 누가 나를 불쌍하게 여겨주기를 바라지도 않고요. 그런 건 이미 충분히 겪었어요. 다른 사람들이 인생을 통틀어 겪을 만한 것보다 더 많은 일을 겪었죠. 하나님이 나를 아주 강한 사

람으로 만들어주신 것 같아요. 살면서 잘못을 저지르긴 했지만 무의
미하지는 않았다는 생각이 들어요. 그건 학습 곡선이었고 거기서 배
움을 얻었다고 느꼈어요. 잘못을 저지르거나 살면서 나쁜 영향을 받
는 상황에 처했고 한동안 거기에 빠져 있었지만, 마치 "그거 아니? 난
이걸 받아들이고 이걸로 올바른 일을 할 거야"와 같은 기분이었어요.

에릭은 궁극적으로 자신의 고난을 자기 향상의 기회로 여겨 지렛
대처럼 사용하기로 결심한다. 그는 오랜 트라우마의 여정에서 구축된
자기 의존이라는 암호를 존엄에 연결한다. 나아가 "자신을 향상시키기
위한 기회"를 모조리 활용하겠다고 맹세한다. 자신을 "복지에 의지하는
또 한 명의 흑인 남자"라는 전형과는 판이한 사람으로 정의하고, 자신의
고난을 주위에서 목격한 부정의에 대항하는 집단적인 투쟁 대신 개인적
이고 도덕적인 탐색으로 전환하는 것이다.

모순과 불신 처리하기

브리와 마찬가지로 끈기와 고된 노력으로 자신의 고난을 극복하지 못하
는 사람들을 미심쩍게 여기는 에릭은 우파에 가까운 입장을 표출한다.
브리와 에릭의 정치적 성향은 다른 사안에서는 좌파 쪽으로 기운다. 이
들은 대규모 투옥에 비판적이고 경찰의 권위에 의문을 제기하고 부자
증세와 하향의 재분배를 지향하는 복지 국가에 찬성한다.[12] 브리와 에
릭은 자신들의 도덕적 신념을 어떻게 정치 영역에 연결하는 걸까?
브리는 민주당의 등록 당원이다. 브리의 어머니도, 할아버지도 그

랬다. 브리는 보수나 진보의 사회적 가치에 전폭적으로 동의하지는 않는다. 동성 결혼을 지지하고 찜찜하나마 임신 중지권을 찬성한다. 브리의 도덕적 계산에는 (어릴 때부터 교육받은) 임신 중지에 대한 반감과 그 행위의 음울한 필요성이 뒤섞여 있다. 브리 같은 젊은 노동계급 여성들이 가정 폭력에서 도망쳐서 얻을 새로운 자유는 임금의 끈질긴 젠더 불평등, 남성성과 여성성에 대한 혼란스러운 시각, 극도로 취약한 가족 간의 유대에 가로막힌다.

브리는 분명하게 의견을 밝힌다.

아들을 낳고 나서 몇 달 뒤에 임신을 했어요. 물론 나는 아기를 낳고 싶었어요. 그런데 전남편이 대놓고 "네가 지우지 않으면 내가 지울 거"라고 말하더라고요. 그건 학대였어요. 그 학대 속에서도 배 속의 애는 정말 튼튼하더라고요. 물론 어머니는 "그게 좋겠구나. 애를 더 가지면 안 돼. 그놈은 쓰레기잖아. 일도 안 하고"라는 식이었죠. 그러다가 그놈이 날 위협했고 난 가족을 잃고 싶지 않았어요. 그놈이 나를 해칠 수도 있고 무슨 일이 일어날지는 하나님만 아시겠지만, 그놈이 날 떠날 수도 있었겠죠. 남편이나 아들의 아버지 없이 살게 될 수도 있고. 그래서 가서 해치웠어요. 인생을 통틀어 제일 끔찍한 시간이었죠. 그치만 선택의 여지가 없는 여자들한테는, 나처럼 그렇게 느끼는 사람들한테는, 그럴 수도 있다고 이해해요. 요즘에는 여자애들이 막 돌아다니면서 아무나 하고 자다가 이번이 다섯 번째네, 하는 식이잖아요. 정말 터무니없는 일이죠.

브리는 남자들을 지배하려 하는, 문란하며 바람을 피우는 존재라 여기며 남성들의 '본성'을 의심하지 않지만 여성들에게는 더 높은 독립성과 자기 통제의 기준을 들이댄다. 브리는 "난 아이들이 같은 성을 가진 아빠 없이 지내기를 원하지 않았어요"라고 말하면서도, 아이들에게 핵가족 구조를 제공하는 것과 다른 한편으로는 강인하고 자유롭게 지내는 것 사이에 절충이 있을 수밖에 없다는 사실을 인정한다. "이미 나는 그런 마음 상태였고 아이들을 위해서 계속 그럴 거예요. 누구도 나한테 진짜 여자가 되는 법을 가르쳐준 적이 정말로 없었어요." 브리는 결국 남자와 헤어지는 데 필요한 강인함을 가장 중요하게 생각한다. 브리는 빌 클린턴 대통령이 자신의 보좌관 모니카 르윈스키와 혼외 관계를 가졌다가 온 세상에 알려진 일을 떠올리며, 2016년에 그의 아내인 힐러리 클린턴을 찍을 수 없다고 결론 내렸다. "강한 여자는 남자가 그런 쓰레기 같은 일을 하고도 어물쩍 넘어가게 두지 않기" 때문이다. 하지만 이렇게 말하기도 한다. "빌, 나라면 다시 빌을 받아줄 거예요. 당장 받아줄 거예요. 그 남자는 오입쟁이였지만 안 그런 남자가 어디 있나요. 그래서 난 빌을 심판하지 않아요."

"지금 투표해야 한다면 아마 트럼프를 찍을 거 같아요. 이번 선거에서 투표할 생각은 없어요. 여자는 대통령이 될 수 없어요." 브리는 자신의 주장을 이어간다. "그 여자(힐러리 클린턴)는 너무 쉽게 넘어가요. 웃기지도 않을 정도로. 난 그 여자가 합리적인 결정을 내릴 서라고 생각할 수가 없어요. 우린 공포에 떨어야 할걸요. 하지만 트럼프는 '다 죽여버려' 하는 식이잖아요." 브리의 추론 뒤에는 독립을 쟁취하기 위해 겪은 힘겨운 투쟁, 남자와 여자의 본성에 대해 깊이 각인된 생각이 있다. 내가 "그치만…… 트럼프가 인종주의자인가요?"라고 걱정스럽게 묻자, 브리는 으르렁대며 "젠장, 빌어먹게도 그래요. 그 사람은 인종주의자예요!"라고 대답한다. "그치만 그거 알아요? 그 사람이 똥만 가득 찬 건 아니에요. 자기가 뭘 사려는지는 자기가 잘 아는 법이잖아요. **저 여자**는 너무 많은 사람의 손아귀에 놀아나요. 쓸 만한 다른 사람이 있으면 아마 그쪽으로 방향을 틀겠죠. 근데 그건 농담 같은 소리니까. 결론적으로 배신자 대통령보다는 병신새끼 대통령이 더 낫다고 봐요."

브리는 진지하게 생각에 잠긴다. "웃기죠, 어젯밤에 페이스북에다가 '절대 아무도 믿지 마'라고 썼거든요. 여덟 살 때 어머니가 날 앉혀놓고 남자는 절대 믿지 말라고, 가족도 믿지 말라고 그랬어요. 네가 믿을 수 있는 유일한 사람은 너 자신이라고, 그게 전부라고요. 아버지를 믿지 말라고, 아무도, 절대, 절대, 절대 믿으면 안 된다고요. 어머니 말씀이 맞았어요." 브리는 인생을 살며 모든 사람을 의심하는 법을, 자신의 문제를 정면으로 마주하는 데서, 위험을 불사하고 자신이 믿는 바를 위해 목소리를 높이는 데서 위엄을 끌어내는 법을 배웠다. 이 도덕적인 비전이 도널드 트럼프를 향한 뜨뜻미지근한 지지로 변신한다.[13]

반면 에릭은 투표가 어리석은 발상이라고 생각한다. "사실 투표라는 게 말이죠, 난 대통령이 뭐라도 바꿀 거라고는 믿지 않아요. 생각해보면 대통령은 다른 사람들을 통하지 않고는 아무것도 못하잖아요." 그는 미국 정부가 적극적이고 의도적으로 가장 힘없는 시민들에게 피해를 주고 있다고 믿는다. 에릭이 흥분한 목소리로 말한다.

정부는 우리한테 맨날 거짓말을 하고 사람들은 거기에 귀를 기울이죠. 그래야 한다고 느끼니까. 내가 보기엔 정치인들하고 정부가 세상에서 제일 거짓말쟁이 같아요. 내가 모두한테 하는 중요한 말은 이거예요. 에볼라가 나타났을 때 기억나요? 그게 세상을 휩쓸었다가 갑

32

자기 사라졌잖아요. 무슨 일이 일어난 거죠? 수천 명을 죽여대는 뭔가를 이야기하더니 말이에요. 그게 어디 간 거죠? 정부는 우리한테 뭘 숨기려 했을까요? 우리 관심을 이쪽으로 끌어놓고는, 우리가 고개를 돌리고 있는 동안에 뭘 했을까요? 미시건 플린트[미시건주 플린트시에서 2014년부터 2019년까지 이어진 상수원 오염 사건도 그래요. 그물 말이에요. 솔직히 그 일은 인간들이 만든 상황이라고 생각해요. 기본적으로 가난한 동네에서 물을 오염시켜놓고 무슨 일이 벌어지는지를 보는 거예요. 몇백 명이 병에 걸리는 걸 보는 거죠. 몇 사람은 죽고. 그걸 손보지 않았어요. 무슨 일이 벌어지는지를 보려고 했어요. 많은 사람이 그 일을 신경 쓰지 않으니까. 이 세상은 결국 인구가 너무 많아질 거예요. 그렇게 될 거예요. 그렇게 될 거고, 인구가 너무 많아지면 그 사람들이 뭘 하겠어요. 인구를 통제하는 거죠. 화학 물질을 상수원에 던져넣어서 몇백 명을 죽이거나, 아니면 '이걸 다 같이 먹어보자'고 해서 몇천 명을 죽이는 거죠. 그러고 나서는 마치 자기가 그걸 손봐서 해결한 것처럼 행동하는 거죠.

에릭은 미국 정부가 이미 자기처럼 소득 사다리 최하층에 있는 힘없는 사람들을 제거하려는 공작을 진행하고 있다고 했다. 조금이라도 방심하거나 주류 미디어에 정신을 팔면 임박한 절멸의 신호를 알아차리지 못할 수 있다. 에릭은 대안으로 삼을 정보원을 스마트폰에 의지해 찾아냈다. "저는 많이 읽어요. **그들**은 모든 걸 굴려요. 모든 걸 통제하죠. 어쩌면 그거에 대해선 그 사람들이 배후에 없을 수도 있지만 당신이 하는 모든 일을 누군가가 지켜볼 수 있어요. 그건 자유가 아니에요. 이 세상은 엉망이에요." 이 논리에서 보면 악의에 찬 '그들'이 사건을 조작해서 대중들이 그들의 저의에 관심을 쏟지 못하게 한다. "우리는 우리의 자유를 위해 싸운다면서 이라크와 아프가니스탄으로 갔어요. 어떻게 우리의 자유가 거기까지 건너간 거죠? 여기서 시작하는 건 어떤가요? 이 문제를 생각해보자고요. 그러면 우리는 여기로 넘어올 수 있어요. 이걸 생각해 봐요." 에릭은 강하게 말한다. 경계심이 강하고, 고립되었고, 의심이 많은 에릭은 민주주의를 전혀 믿지 않게 되었다.[14]

노동계급 정치의 난제

얼핏 보면 브리와 에릭의 정치관은 다소 일관성이 없고 비합리적인 것 같다. 브리는 부자 증세를 지지했다가 바로 뒤이어 공화당의 억만장자를 대통령으로 인정했고, 수년에 걸친 가정 폭력으로 자기 몸이 무너지는 경험을 했으면서도 남성의 지배에 관한 생각들을 옹호했다. 에릭은 사법 제도 안에 자신 같은 저소득 유색 인종의 발목을 잡는 위험이 존재한다며 비판했지만 11월 투표장에는 가지 않을 계획이었다.

이 역설을 이해하려면 '이해관계'가 이미 정해져 있거나 자명하다고 생각하는 경향을 내려놓는 태도가 필요하다.[15] 대신 사람들의 세계관에 들어 있는 특별한 내용, 사람들이 그런 관점에 도달한 과정, 정치가 사람들의 삶 경험과 공명하는 이야기들, 세상에 대한 사람들의 관점을 정치 행위 또는 그 부재와 연결하는 메커니즘을 깊이 파고 들어갈 필요가 있다.[16]

대중 여론조사는 개인을 그들의 사회적 환경에서 떼어놓고 정량적인 예측의 언어로 정치적 세계관을 설명하는 경향이 있다.[17] 가령 한 사람의 교육 수준을 토대로 투표 참여 여부나 증세 지지 가능성을 예측할 방법을 알아내려 할 수 있다. 캐서린 크레이머Katherine Cramer는 위스콘신주 전역에서 수십 개의 정치 집단을 대상으로 실시한 획기적인 연구에서 이런 정량적인 접근법을 사용하면 서로 다른 부류의 사람들이 어떻게 생각하는지, 그들의 의견이 태도 척도상에서 어디에 해당하는지는 파악할 수 있지만, 그들이 이런 상황에 어떻게 도달했는지는 파악하지 못한다고 주장했다.[18] 독립 변수와 종속 변수를 서로 연결하는 해석 작업은 사람들이 자신이 어떤 사람인지, 어떤 일을 겪어왔는지, 자기 삶이 어땠어야 하는지에 대해 들려주는 이야기로 이루어진다.

자아의 이야기는 단순히 사실만을 전달하는 데 그치지 않고 도덕과도 깊이 연결된다. 사람들은 인생의 어떤 사건들은 발달에 중요한 영향을 미친 핵심 사건으로 선정하고, 어떤 사건들은 중요하지 않다며 폐기하면서 '올바른' 삶의 경로를 발견하고 입증하는 이야기를 다듬는다. 사람들의 분석에는 모순과 혼란이 뒤섞일 때가 많다.[19] 하지만 학자들은 세상에 대한 사람들의 설명을 진지하게 들여다보면서 어째서 이들이 자신의 이익에 반하는 선택을 하는 듯 보이는지를 해명해왔다. 가령 외딴 벌목 마을을 연구한 제니퍼 셔먼Jennifer Sherman은 고된 일에 수반되는 자부심이라는 깊숙한 감각이 어떻게 가난한 사람들로 하여금 국가에 대한 의존을 일절 거부하게 만드는지를 포착했다.[20] 로버트 워스너Robert Wuthnow는 미국 농촌으로 들어가 워싱턴 DC의 정책 결정자 세계와는 아주 동떨어진 사적인 책임, 절약, 상식이라는 특징적인 도덕률을 파헤쳤다.[21] 앨리 혹실드는 루이지애나의 백인 티파티 근거지에 대한 민족지 연구를 통해 유권자들이 다 알면서도 자본주의의 이름으로 깨끗한 공기와 물, 건강, 안전을 희생하고 위험 감수를 영예, 인간의 자유와 등치시킨다는 점을 보여줬다.[22] 이런 영예의 상실은 저스틴 게스트Justin Gest가 연구한 백인 노동계급 남성들에게도 퍼져 있다. 이 남성들은 "한때 자신들이 주도적으로 정의한 나라에서 주변자, 뒷전이 된 것 같은 기분" 때문에 급진적인 우익 정치를 지지한다.[23] 이런 통찰들은 사람들이 자신의 경제적 이해관계에 가장 잘 부합하는 정책을 근거로 투표한다는 기존의 유권자 상에 도전장을 내민다. 반대로 정치학자 크리스토퍼 아첸Christopher Achen과 래리 바텔스Larry Bartels가 설명했듯, 대부분의 유권자는 특정 정책의 세부 내용보다는 감정과 정체성으로 정치에 접근하여 "나와 같은 사람"은 어떤 기분이어야 하는지를 근거로 투표를 한다.[24]

도덕적 정체성과 정치적 태도를 연결하는 기존의 많은 연구는 미국 인구 가운데서도 특정 집단에 초점을 맞췄다. 대규모 공동체와 관계된 사람들, 선호하는 정책을 분명하게 밝히는 사람들, 정치 참여가 의미 있고 효과적이라고 생각하는 사람들 말이다. 반면 내가 이야기를 나눈 사람 대부분은 전반적으로 자유 시장 해법에 의지하지도, 기존의 정당을 옹호하지도, 심지어는 자신들의 경제적 불만을 정치 변화로 바꾸기 위해 공동체 집단에 합류하지도 않는다. 앞으로 우리는 평범한 사람들의 정치 참여와 정치 이탈 모두의 바탕에 깔린 관계와 충성심, 열망과 도덕관을 드러낼 필요가 있다. 노동계급이 자기 입으로 무엇이 잘못되었는지를 설명할 수 있는 공간을 만들고, 그들이 정치적 정체성을 적극적으로 받아들이거나 협상하거나 거부하는 모습을 관찰하고, 그들이 하는 이야기가 노동계급의 정치적 이산離散을 어떻게 정당화하는지에 귀 기울이는 일이 시급하다.

연구

나는 2015년 봄에 이 연구에 착수하여 콜브룩에서 공개 예배와 축제, 마을 모임, 약물 중독 지원 모임, 의용 소방대 교대 근무, 지역 스포츠 행사에 참석하기 시작했다. 버스 정류장, 지역 업체, 식당, 술집도 자주 찾았다. 나는 스스로를 탄광촌 주민들의 정치적 믿음, 기대 수명, 가족사를 연구하는 조교수로 소개했다. 나는 내가 던지는 질문에는 맞거나 틀린 대답이 없으며 단지 주민들이 지역 사회의 가장 큰 문제가 무엇이라고 생각하는지, 미국이 어떤 나라가 되기를 바라는지에만 관심이 있다고 강조했다. 처음에는 주민들이 농담조로 나를 '심문관'이라고 불렀지만 나는 천천히, 그리고 힘들여 지역 가족들과 신뢰를 쌓았다.

미국에서 '노동계급'은 정의하기가 쉽지 않다. 무엇보다 고졸자들이 할 만한 안정적이고 벌이가 괜찮은 육체노동이 점점 사라지고 있기 때문이다.[25] 소득 수준이나 직업처럼 '사회계급'보다 더 정확하게 경제적 지위를 측정하는 방법도 있긴 하지만 나는 '노동계급'이라는 좀 더 포괄적인 개념을 고수하기로 했다. 공통의 정치적 정체성의 근간이 되는 사회계급은 동일한 교육 수준, 소득 구간 또는 직업을 공유하는 데 대한 자동적인 반응에 머물지 않는다. 계급은 가치, 전통, 공동의 이해관계를 미리 짐작할 수 없는 방식으로 빚어내는 구체적인 사회적 관계를 통해 "발생하는" 무언가다.[26] 콜브룩은 광부와 광산 소유주 간의 기나긴 갈등의 역사, 높은 노조 가입률, 민주당에 대한 충성심을 자랑한다. 하지만 토머스 케일Thomas Keil과 재클린 케일Jacqueline Keil이 《무연탄의 종말과 북동 펜실베이니아의 탈석탄 경제Anthracite's Demise and the Post-Coal Economy of Northeastern pennsylvania》에서 예리하게 관찰하듯, 이런 가치들은 더는 "일상생활의 구조"나 "작업 현장에서 발생"하지 않으며 노동자와 민주당의 관계는 점차 약해지고 있다.[27] 남부 카운티의 탄광촌에서 친기업, 반복지 정책을 펼치던 정치인들은 지난 수십 년간 폭넓은 지지를 얻었다. 그러므로 콜브룩은 계급이 어떻게 전처럼 "발생하지" 못하는지를 탐구할 수 있는 장소이자,[28] 과거에는 당연시한 충성심과 시민의 의무, 정당 가입 같은 개념들을 변화하는 시대에 맞춰 다시 생각하고 상상해야 하는 장소라는 위상을 갖는다.[29]

이런 배경하에[30] 나는 백인 노동계급 남녀를 대상으로 인터뷰에 들어갔다. "석탄을 깨던" 아버지를 기억하는 고령자부터 석탄 산업의 종말로 힘겨워하는 청년 모두가 대상이었다.[31] 나는 4년제 대학 이하의 학력에, 노동 조건과 작업 일정을 자신이 거의 통제할 수 없는 비숙련 또는 반숙련 직종에서 일하는(또는 일한) 탄광촌 주민 예순일곱 명을 모았다. 일단은 대략 성별로 연구 참여자를 나누었다. 내가 인터뷰한 백인 남자들은 목수와 페인트공, 군인, 트럭 운전사, 공장 노동자, 정육업자, 배관공, 창고 물류 노동자, 건물 관리인, 응급 구조사였다. 두 남성은 부상 또는 질병 때문에 실직 상태였다. 백인 여성의 직업 중에는 웨이트리스, 바텐더, 계산원, 재택 간병인, 미용 기술자, 호텔 청소부, 전업 어머니가 있었다.

고백하자면 보수적인 백인 노동계급 연구로 이 책을 시작했지만, 한 정당과 완전히 동일시하거나 특정한 정강을 지지할 정도로 정치에 애착이 강한 사람들을 찾는 데 어려움이 있었다. 내가 인터뷰한 백인 남성 스물아홉 명 가운데 열세 명이 공화당 후보 도널드 트럼프를 찍을 계획이라고 밝혔고, 또 다른 열세 명은 투표하지 않거나 후보가 아닌 사람의 이름을 적어넣겠다고 밝혔다. 세 명은 민주당 후보 힐러리 클린턴을 찍을 계획이었다. 표본에 속한 서른여덟 명의 백인 여성 가운데 스물두 명은 투표 계획이 전혀 없었고 열두 명이 도널드 트럼프 후보를 선호했으며 네 명이 힐러리 클린턴을 찍을 계획이었다.

사회학자 크리스틴 루커Kristin Luker는 민족지학자가 종종 데이터 수집이 절반 정도 이루어질 때까지 자신이 무엇을 찾는지 모를 때가 있다고 했다.[32] 나는 탄광촌 백인 주민들과 인터뷰할 때 "흑인 없는 앨라배마"로 유명한, 인종적으로 동질적인 이 시골로 이사해오는 흑인과 푸에르토리코인 "신참들" 이야기를 여러 차례 들었다.[33] 나는 신규 유입되는 소수 인종을 침묵하는 "타자", 도덕적 낙오자, 정치적 희생양으로 그리기보다는 탄광촌의 변화하는 인종 역학의 적극적인 참여자로 다루고 싶었다.[34] 나는 콜브룩에서 엄격한 인종 구분을 뛰어넘은 브리 로페즈 같은 사람들의 도움을 받아 마흔한 명의 흑인과 라틴계 사람을 인터뷰했고, 역시 대략 성별로 구분했다. "신참들"은 미국 노동계급에 존재하는 다인종 연합과 분파를 살펴볼 수 있는, 인종과 장소의 새로운 충돌이 어떻게 권력과 억압이 깃든 기존의 인종 위계를 공고화하거나 교란하는지를 목격할 수 있는 예기치 못한 기회를 제공했다.[35] 나는 그들이 자기 앞에 놓인 오명과 어떻게 대면하고 심지어는 경합을 벌이는지를 호기심을 가지고 지켜보았다.[36]

백인 주민들에 비해 신규 유입자들은 특히 불안정한 가정에서 생활한다. 나는 노동계급과 빈민의 구분 선을 의도적으로 흐렸다. 두 집단이 전문직 중간계급보다 훨씬 심한 일자리 불안정성과 기본적 욕구의 불충족을 공통적으로 겪고 있기 때문이다.[37] 탄광촌에 도착한 신규 유입자들은 안전하고 흔들림 없는 안정적인 생활을 추구한다. 이들은 도심의 빈곤과 범죄의 트라우마에서 벗어나 보수가 더 좋은 육체노동 일자리를 얻고, 감당 가능한 수준의 주택을 찾아서 아이들을 위해 사회적 상향 이동을 거머쥐고자 한다. 내가 인터뷰한 흑인과 라틴계 남성들은 조리사, 지붕 수리공, 일용직 노동자, 공장과 건설 노동자, 대형 창고 적재 노동자였고 이 중 약 절반은 적극적으로 구직 활동을 하고 있었다. 내가 인터뷰한 흑인과 라틴계 여성들은 수금원, 계산원, 접객원, 건강 보조원으로 일했다. 인종이나 민족과 관계없이 인터뷰 시점에 빈곤가정일시원조Temporary Assistance for Needy Families(TANF) 프로그램에서 현금 지원을 받는 사람은 아무도 없었다. 신규 유입자의 압도적 다수가 2016년 선거에 투표하지 않을 계획이었다.

나는 1960년 북동부의 한 도시에서 백인 노동계급 남성들을 상대로 심층 인터뷰를 실시한 정치학자 고 로버트 레인Robert Lane의 연구에서 접근 방식에 대한 영감을 얻었다. 레인은 "삶의 경험을 사회적 사고와 연결하고, 인생의 사건들이 어떻게 남성들을 억울하고 수동적인 패배자로 만들었는지, 이런 특징들을 어떻게 입맛에 맞는 정치이데올로기를 형성하는 데 사용했는지 보여주고자" 했다. 나는 주로 참여자들의 집이나 동네 커피숍에서 대화 중심의 개방적인 인터뷰를 진행하면서 사람들이 자신의 삶과 정치를 알아서 연결하도록 했다.[38] 이 책을 쓰면서 사람들이 마치 자기 인생을 제대로 이해할 능력이 없다는 식으로 대하지 않으려고 노력했다. 그들이 틀린 부분에 집중하는 대신, 그들이 자기 경험에 비추어 진실이라고 믿는 것 바탕에 깔린 사려 깊게 공들여 도출한 추론을 드러내고자 했다. 나는 연구 참여자들 스스로가 현실에 대한 서로다른 규정들을 직접 판단하게 했고 그들의 믿음을 공격하지 않았다. 사실의 정확성은 그들 세계관의 진실을 바꾸지 못하기 때문이다. 그들 언어의 결점이나 틀린 정보를 꼬집는 것은 이들의 자아 감각을, 이를 공유하면서 내게 보여준 그들의 신뢰를 잔인하게 난도질하는 기분을 자아낸다.[39] 대신 그들 서사의 개인적이고 심리적인 설명을 그들이 사는 사회적이고 역사적인 공간들과 연결했다. 우리가 그들의 눈으로 현실을 볼 수 있게 되면 이 세상에 대한 그들의 설명이 이해 가능하고, 자명하고, 심지어는 생존을 위해 필요하다는 사실을 깨달으리라 믿는다.

조각들을 다시 짜맞추기

다시 브리와 에릭에게 돌아가 보자. 이들은 과거와 타협하고 미래를 계획하며 이 세상이 어떻게 돌아가야 하는지에 대한 도덕관을 구축하고 있다. 브리와 에릭 모두 손쉬운 범주화나 관행적인 사고에서 벗어나 있다. 이들의 사회 경제적 지위, 젠더, 인종, 정치적 지위 사이에는 그 어떤 명백하고 선형적인 관계도 존재하지 않는다. 그들은 주위에서 벌어지는 일에 무심하거나, 수동적이거나, 이를 별로 의식하지 않는 듯하다. 그들은 경제적 이익보다 임신 중지나 총기 규제 같은 사회적 사안을 우선시하는 단일 사안 투표자가 아니며 공화당이나 민주당, 진보나 보수라는 딱 떨어지는 범주로 자신을 규정하지도 않는다. 과거의 트라우마와 미래에 대한 걱정과 타협하는 대부분의 시간 동안 이들은 정치를 전혀 생각하지 않는다.

브리와 에릭은 복잡한 정치적 경관을 파악하고자 할 때 어떤 사람이 되고자 하는지에 대한 스스로의 이해, 그동안 내려야 했던 어려운 선택들, 자신과 비교되는 사람들, 자기 삶을 규정한 충실과 배반을 끌어온다. 고통과 타협하기, 고통을 넘어서면 도덕적 보상이 보장된다며 자신을 설득하기는 이들의 정체성을 조직하는 데 엄청나게 많은 일을 한다. 그들은 자신의 고난이 생산적이고 명예롭다는 기분이 들도록 고통스러운 경험과 정치적 정체성 사이에 직접 상상의 다리를 놓는다.

고통이라는 경험은 두말할 나위 없이 사적이지만 그 원인과 결과는 정치적일 때가 많다. 우리는 자신의 고통을 남의 탓으로 돌리는가, 아니면 가차 없이 스스로에게 화살을 돌리는가? 고통을 학습 기회로 여기는가, 아니면 약물로 사라지게 만드는가? 공감을 우리 옆에서 힘들어하는 사람들에게 확장하는가, 아니면 다른 사람들의 고통은 사기라며 일축하는가? 역사학자 키스 웨일루Keith Wailoo는 21세기 미국에서 고통 관리가 누구의 고통이 타당하고 정부의 보상을 받을 만한지, 누구의 고통이 사기이고 공공 개입이 필요하지 않다고 일축해야 하는지를 둘러싸고 벌어지는 "난처한 정치적 실천"이 되었다고 주장한다.[40] 미국에서는 장애법와 장병의 혜택을 둘러싼 초기의 투쟁부터 정부 원조에 노동 요건과 시간제한을 설정한 1996년의 복지 개혁, 2000년대의 부담 적정 보험법Affordable Care Act을 둘러싼 전투에 이르기까지, 고통은 정치적 투쟁이 반복되는 현장이었다.[41]

빈곤, 불평등, 착취는 콜브룩에서 새로운 현상이 아니다. 광산의 노동 조건은 형편없었다. 질식, 낙석, 화재 등의 일상적 위험이 있었고 광부 중에 장수하는 이는 거의 없었다. 미국광부연합노조United Mine Workers of America Unions는 논란 많은 민족 구분을 뛰어넘어 백인 노동자들을 규합했다. 광부연합노조 위원장 존 미첼John Mitchell은 "당신이 파내는 석탄은 슬로베니아 석탄이나 폴란드 석탄이나 아일랜드 석탄이 아니다. 그냥 석탄이다"라고 선언했다.[42] 안전 규정과 일정한 노동 시간을 요구하는 노동자들의 목소리는 파업과 공공연한 폭력으로 고조되었다.

광부들은 이런 식으로 자기 이익이라는 관념을 확장하여 다른 사람들의 고통을 포괄했고, 이 고통의 책임 소재를 밝히고 이를 덜어내기 위해 노력하는 새로운 사회 정의의 상을 만들어냈다. 토머스 더블린Thomas Dublin과 월터 리히트Walter Licht는 대공황 동안 지역 사회 전체가 광산의 일자리를 노동자들에게 동등하게 배분하도록 요구했는지를 기록했다. 일이 부족할 때는 광부들이 함께 모여 생존을 위해 불법으로 석탄을 밀매했다. 한 광부는 "우리는 광부인데 일은 없고 배는 텅 비었지. 우린 누가 땅 주인인지 그런 건 알지도 못하고 신경도 안 써. 저 석탄은 하나님이 저기 갖다 놓은 거야. 석탄 회사가 아니라"라고 말했다. 광부들은 생존을 위해 단단한 결혼 관계, 우정, 친목 집단과 민족 공동체, 노조, 교회에 의지했다.[43]

사회학자 카이 에릭슨Kai Erikson은 웨스트버지니아의 촘촘하게 짜인 광산 공동체 버팔로 크릭Buffalo Creek을 연구했다. 그는 이 연구에서 광산 회사의 댐이 무너져 길가의 모든 것이 초토화됐을 때 어떤 일이 벌어졌는지 살폈다. 사람들은 "개인적으로 온전치 않다", 주위 환경에 "오염되었다", "다른 사람들과 관계 맺는 능력과 자존감이 사라졌다", 뭔가 더 안 좋은 일이 벌어질 것 같아서 두렵다고 호소했다. 에릭슨은 사람들 간의 유대가 약해져서 "사회적 삶의 기본적인 조직들"이 해체될 때 이런 병리적인 상태가 나타난다고 주장했다.[44] 이 책에 등장하는 사람들에게 이전 세대에서 노동계급의 삶을 떠받치던 안정적인 유대와 역할들은 댐과 유사하게 해체된 상태였다. 주류 민간 제도와 정치 제도에서 유리된 이들은 자신을 둘러싼 사회적 세상을 적대적이고 고장 난 상태로 바라보고 그들 자신 말고는 믿을 게 없다고 생각했다. 앞선 세대에게 나침반 역할을 하던 남성성과 여성성, 신뢰, 젠더 역할, 인종, 공정함, 경제적 정의 등의 범주는 모순과 불확실성의 만화경 속으로 쪼개져 들어가고 있다. 이런 파열의 순간에 이들은 홀로 요동치는 사회관계, 캄캄한 경제 전망, 사회 불안정과 타협해야 한다.

가족과 지역 사회의 유대가 취약하고 신뢰가 부재하며 사회 안전망이 제한적이고 사회적 이동의 기회가 희박한 시대에 개인의 고통 관리는 필수가 되었다.[45] 이 책에 나오는 백인 노동계급 남성들은 사회적 인정, 다른 노동자들과 맺는 연대, 목적을 잃었다는 살을 에는 듯한 상실감을 느낀다. 집단적인 경제 정의라는 감각을 고수하는 일부 남성들에게 여성에 대한 남성의 권위와 소수 인종에 대한 우월감은 사회적 불안함이라는 조류를 일시적으로나마 막아준다. 다른 남성들은 자신이 더 큰 노동계급의 일부라는 감각을 폐기하고 오로지 개별 노동자로서 감수한 위험과 희생을 인정받고 싶어 한다. 또 다른 이들은 전통적인 형태의 남성성을 해체하고 삶에 목적을 부여할 새로운 연대의 방법을 찾아 실험에 나선다. 인생의 큰 굴곡이 여전히 백인 남성들과 긴밀하게 이어져 있는 백인 여성들에게는 가족 내부의 고통과 트라우마 서사가 그 누구도 신뢰할 수 없는 정치 무대라는 더 큰 관점을 향해 퍼져나간다. 폭력과 빈곤 속에 사는 많은 여성은 음식과 담배와 약물에 의지해서 고통을 마비시키고, 결국에는 고통을 자기 성장의 수단으로 포용해야 한다며 마음을 다독일 뿐이다.

내가 만난 유색 인종 남성들은 인종주의에 맞서 싸우면서 자신의 수치스럽고 트라우마를 남긴 과거가 자녀들의 향상된 미래로 탈바꿈될 장소로 콜브룩을 재해석한다. 이들은 자신들의 고난에서 파생된 긍정적인 결과를 확대해석한다. 하지만 이 남성들은 자신을 개별적인 탐험을 하는 외로운 용사라는 틀로 바라보고 그들이 길거리에서 마주한 문제를 지나쳐버리며 직계 가족 이외의 모든 사람에게 의심과 경계를 늦추지 않는다. 백인 여성들이 그렇듯, 새로 유입된 흑인 및 라틴계 여성들은 어린 시절의 학대와 방임, 가난, 동네의 극악무도한 폭력, 약물 중독에 대한 고통스러운 기억을 털어놓는다. 이들은 자녀들을 위해 탄광촌의 인종주의와 적개심에 맞서 목청 높여 반격하지만 역시 자신들의 행동 영역을 직계가족에 제한하는 방식으로 스스로를 보호한다.

이들 다양한 집단에서 공통으로 나타나는 것은 바로 내부를 향한 시선, 즉 자기 보호, 인내, 개인적 구원에 대한 강조다. 사회 변화를 향한 외적이고 집단적인 전략에 의지하는 대신, 이들은 자기 자신보다 더 큰 무언가를 믿을 정도로 자신이 바보가 아니라는 데서 힘을 얻는다. 타인의 고통을 무시하는 것, 타인을 돕기 위해 누구에게도 의지하지 않는 데서 힘을 얻는 것이 도덕적이고 필수적인 선택으로 부상한다. 고통은 개인의 의지력을 가늠하는 테스트가 되고, 이는 노동계급이 혼자 힘으로 고통을 견디고 살아남은 사람이라는 정체성을 구축하도록 부추긴다.

말 없는 이에게 귀 기울이기

이 책에 나오는 사람들은 단순히 편집증이거나 망상에 빠진 게 아니다. 대기업과 부유한 개인들이 갈수록 더 큰 재정적 힘을 발휘해서 자신들에게 유리하게 정책을 쥐락펴락하는 과정을 지켜보며, 이들은 일생 동안 경제적 이해 집단과 정치적 이해 집단이 결탁하는 모습을 똑똑히 확인했다.[46] 공무원들이 도움이 더 필요한 사람들보다는 소득이 중상위인 주민들에게 더 잘 반응한다는 근거는 점점 늘고 있다. 정치학자 마틴 길렌스Martin Gilens는 1964년부터 2006년 사이에 실시한 수천 건의 설문 조사에서 드러난 공공 정책 선호와 함께 공공 정책 결과를 분석하는 연구를 진행했다. 길렌스는 저소득 미국인과 중간 소득 미국인의 정책 선호가 부유층의 선호와 다를 때, 정책 결과와 덜 혜택받은 집단의 희망 사항 사이에 아무런 관계가 없음을 확인했다. 하지만 부유한 미국인들의 정책 선호는 그들의 희망 사항이 저소득 집단과 포개지는지와 무관하게 정책 결과와 상당히 관계가 있었다.[47] 정치학자 래리 바텔스의 또 다른 연구는 국회의원들이 소득 분포 하위 3분의 1에 속하는 선거구민의 요구에는 귀 기울이거나 반응하려 하지 않음을 보여줬다.

하지만 노동계급의 각성은 자기 충족적인 예언이 된다. 선거가 코앞에 닥친 상황에서는 정치인들이 전보다 더 폭넓은 대중들의 의견에 반응을 보인다.[48] 시드니 버바Sidney Verba와 노먼 나이Norman Nie가 일반 시민들의 의제와 지배 엘리트의 의제를 비교했더니, 적극적이지 않은 시민과 지도층보다는 적극적으로 나서는 시민과 지도층의 합치도가 상당히 더 높게 나타났다.[49] 이와 유사하게 킴 힐Kim Hill, 얀 리글리Jan Leighley, 안젤라 힐턴-앤더슨Angela Hilton-Anderson이 여러 주에 걸쳐 실시한 연구에 따르면 투표가 부유층에 유리하게 기울수록 주의 복지 정책이 박해졌다.[50] 경제학자 로버트 라이시Robert Reich가 강력하게 주장하듯 균형추 역할을 하는 권력이 없을 때 금융 엘리트들은 고생하는 다수의 등골을 밟고 서서 부유한 소수에게 이익을 몰아주는 식으로 돌아가는 경제 규칙을 세웠다.[51] 반대로 교육과 소득 수준이 낮은 사람들은 케이 리먼 슐로스만Kay Lehman Schlozman, 시드니 버바, 헨리 E. 브래디Henry E. Brady가 강조하듯 주택, 음식, 보건 서비스 같은 기본적인 필요에 정부의 대응을 얻어내기 위해 투쟁하는 데 훨씬 관심이 많다.[52] 하지만 지속해서 정치 활동을 하지 않으면 이런 필요는 정치인들의 귀에 가닿지 못한다.

이 책의 제목인 '사라질 수 없는 사람들'은 말 없는 이들에게, 심지어 일부러 스스로 말문을 닫은 사람들에게도 주의 깊게 귀 기울여야 한다는 요청이다. 콜브룩의 남자와 여자들은 자신을 고통스럽게 만든 경제적 힘과 문화적 힘의 증인으로서 목청을 높이고, 살 만한 가치가 있는 세상에 대한 대안적인 상을 제시한다. '사라질 수 없는 사람들'은 노동계급은 사라지지 않는다는 고집스러운 의지의 표현이기도 하다. 노동계급이 화해 불가능하고 폭력적인 충돌 속에서 교차할 때 이들의 고통 관리 전략은 때로는 서로를 찢어놓고 그 고통을 더 깊게 만든다. 하지만 고장 난 미국에 대한 여러 통찰은 젠더와 인종, 나이를 넘어 사람들을 하나로 묶어주고, 뒤집힌 위계와 경제 정의에 대한 창의적인 재상상과 전체 집단의 일원이 되고자 하는 갈망에도 목소리를 부여한다. 노동계급은 이런 식으로 고장 난 미국을 수선하여 우리를 낡은 분열과 모순과 위계에서 자유롭게 만드는 새로운 방법을 실현할 가능성에 불을 지핀다.

1장

파열과 부활

탄광촌의 노동계급이 개인적인 고생과 정치 사이에 어떻게 상상의 다리를 놓는지를 이해하기 위해, 아메리칸드림의 몰락과 타협하려는 노동계급의 절박하고도 종종 참혹한 시도들에서 출발하고자 한다. 이 책에 나오는 많은 가족에게 아메리칸드림의 몰락은 가난과 실업, 부채뿐만 아니라 중독, 투옥, 질병, 폭력, 때 이른 죽음의 형태로 온몸을 관통한다. 나는 이 장에서 장기 거주자와 신규 이주자 모두를 아우르며 세 가족의 연대기를 추적했다. 슬하에 토리와 엘런을 두고 이혼한 부부 안토니오와 조이스 로리노, 로저 애덤스와 그 아내 브렌다, 가브리엘 헌터-잭슨과 그 아들 에이드리언 헌터가 바로 그들이다. 나는 각 가정의 들쭉날쭉한 운명과 노동계급의 삶을 흔들어놓은 더 큰 경제적, 사회적 변화 사이를 오가면서 어떻게 각 가정이 자신들의 고생에 의미를 부여하고 그에 대한 비난을 분배하며 거기서 빠져나갈 방법을 상상하는지를 좇았다.

각 가정은 과거를 미래에 연결하고 옳고 그름을 따지며 성과와 후회를 가늠하면서 자신들의 고통과 잘 공명하는 정치적 정체성을 빚어 낸다. 고생에 대한 이들의 설명과 이에 대처하기 위해 내놓은 해법들은 삶을 에워싼 가족의 유산, 역사, 위계의 유동적인 배열 속에서 등장한다. 로리노 가족은 백인 노동계급의 급격한 몰락을 토론한다. 경제적 위치 이동과 사회적 불안정성이 각 세대와 뒤섞이자, 이들은 자신뿐만 아니라 다른 사람의 실망감까지 관리하기 위해 애를 쓴다. 실업 상태로 만성적인 통증에 시달리는 로저 애덤스는 분노에 차서 청년 시절 지지한 민주당에 등을 돌리고 이들이 엉뚱한 사람들에게 신경을 쓴다며 비난한다. 그의 삶에서 발생한 불신과 고립의 폭발은 정부에 "작은 폭탄을 날리고" 거리의 인종 전쟁이라는 격한 포퓰리즘적 관점으로 귀결된다. 아프리카계 미국인 가정인 헌터 가족은 뉴욕시의 가난과 범죄, 폭력에서 벗어나 새 출발을 하려고 콜브룩으로 이사했다. 가브리엘은 개인적인 회복과 정치 참여 간의 긴장을 비극적으로 부각하여 보여준다. 가브리엘의 아들 에이드리언이 인종주의를 피할 수 없기 때문이다.

로리노 가족

도널드 트럼프가 "미국을 다시 위대하게 만들겠다"고 약속했을 때 구부정한 어깨에 고졸 학력 인증서GED를 가진 일흔 살의 이혼한 퇴역 군인 안토니오 로리노는 힘이 솟았다. 안토니오는 일생 동안 미국 백인 노동계급의 성쇠를 겪었다. 20세기 중반 몇십 년 동안은 전 세계에서 미국의 제조업이 우위에 있어서 노동자의 임금이 꾸준히 올랐다.[1] 정부는 해외 경쟁에 무역 장벽과 관세로 대응하고 우호적인 법안으로 노조를 지원하면서 노동자를 보호했다.[2] 제퍼슨 코위Jefferson Cowie의 말마따나, 이 시기에는 인간 자유의 정의가 확대되어 개인을 구속하지 않는 것뿐 아니라 삶을 구축할 확실한 경제적 기초까지도 의미했다.[3] 고령, 실업, 질병, 상해에 따른 소득 상실 등 현대 자본주의의 위험 중 일부는 시민이 겪지 않도록 국가가 보호해야 하는 사회적 문제로 재인식되었다.[4]

그러나 노동계급을 보호하는 이런 장치들은 오래가지 않았다. 이후 몇십 년에 걸쳐 노동의 자동화computerization가 반복되었고 생산 시설은 해외로 이전했으며 최저 임금의 가치는 계속 감소했다. 1970년대부터 꾸준히 신자유주의가 득세하면서 위험 부담은 정부에서 다시 개인과 가정으로 이전됐고, 노동자 보호 장치들은 자본의 자유로운 이동과 무역을 위해 폐기되었다.[5] 주주들의 단기 이익이 집단적인 경제적 권리나 노동자들에게 폭넓게 분배되는 번영, 지속 가능성, 충성심보다 우위를 차지했고 자수성가한 사람을 예찬하는 흐름이 지배적인 분위기로 재차 자리 잡았다.[6] 한편 정치인들은 힘들게 근근이 먹고사는 가정에 주던 정부 원조에 시간제한, 예산 한도, 노동 규정을 부과하고, 그 수령자에게 국가에 의존하는 사람이라는 오명을 씌웠다.[7]

안토니오의 아버지는 3학년까지만 교육을 받았다. 안토니오는 고등학교를 중퇴하고 고졸 학력 인증서를 따고 방송탑 페인트공 일을 얻었다. 열아홉 살에는 베트남 전쟁에 징집되었다. 그는 이렇게 회상한다. "전부 어떻게든 복무를 피하려고 했어요. 난 모험을 좋아했죠. 영예와 존 웨인[서부극의 대부로 꼽히는 영화 배우이자 감독], 적을 제거하는 것만 생각했지. 지금에야 하는 말이지만 누구한테도 권할 일은 못 돼요. 전쟁의 공포 같은 건 아예 몰랐던 거지." 지금도 전쟁에 대한 기억이 비현실적으로 어른거린다. "정글에 있을 때였는데, 내가 그랬죠. '이봐, 난 캐나다로 갔어야 했어.' 그렇게 말하던 때가 분명 있었어요." 그가 회한에 잠겨 말한다. "이런 기억도 나요. 전투 중이었는데 복숭아가 너무 먹고 싶더라고. 마침 통조림이 하나 있었거든. 그런데 진흙에는 앉고 싶지 않다는 생각이 들더라고요. 그래서 시체 위에 앉아서 생각했어요. '아, 복숭아 먹기 좋은 시간이군' 하고요." 그는 믿을 수 없다는 듯 머리를 흔든다. "내가 시체 위에 앉아서 복숭아를 먹다니!" 안토니오는 수차례 부상을 당한 후 종신 장애 연금을 받고 살아서 집으로 돌아왔다. 그는 외상 후 스트레스 장애에 시달린 많은 동료 군인과 자신을 비교하며 이렇게 설명한다. "난 아주 운이 좋았어. 그걸(전쟁의 경험을) 이해할 수 있었거든. 우리끼리는 이렇게 말했어요. **'그건 아무런 의미가 없어, 나한테는 아무런 의미도 없어.'** 그 말이 나를 버티게 했지."

안토니오는 결혼 후 네 자녀를 두었다. 안토니오 부부는 안토니오가 받는 페인트공 임금으로 탄광촌에 작은 집을 샀다. 독실한 가톨릭 신자인 그에게 결혼 생활이 오래가지 않았다는 점과 그 때문에 아이들이 "부서진 가정"에서 자랐다는 점은 인생의 큰 후회다. 안토니오는 목소리가 크고 명랑하며 고삐 풀린 망아지 같은 에너지를 가진 관대한 영혼의 소유자다. 그는 내게 중국식 뷔페를 대접하겠다고 고집을 부리고, 나의 진로부터 결혼 생활까지 만사에 진심 어린 조언을 늘어놓는다. 하지만 그의 허세 이면에는 딸이 팔에 주삿바늘을 꽂은 채 죽은 모습으로 발견될지 모른다는 무시무시한 공포가 도사리고 있다. 안토니오의 딸 토리는 지금 헤로인 소지로 기소당한 상태다. 안토니오는 토리가 결혼도 취직도 안 하고 푸드 스탬프와 정부가 보조하는 의료 보험에 의지한 상태로 7월에 둘째 아이를 출산할 예정이라며 한탄한다.

안토니오는 거대 산업이 아메리칸드림을 배신했다고 주장한다. 그는 어떻게 "사람들이 시급 9달러로 가족을 부양할 수 있는지" 묻고 "공화당원들은 부자를 위한다"고 분명하게 말한다. 그는 관대한 사회 안전망에 지지를 표하며 "나는 자격이 충분한 사람이에요. 난 절대로 이 위대한 나라에서 아이가 굶어 죽게 두지 않을 거요. 모두가 의료 서비스를 받아야 해요"라고 말한다. 그는 자신이 사랑하는 나라가 순전히 "돈으로 굴러가는" 게 두렵다. 안토니오는 생각에 잠긴다.

이 나라가 어딘가에서 그 정신을 잃어버린 것 같아요. 우린 자부심을 잃었어. 내 세대는, 나는 그걸 꽤 잘 만들어냈는데. 우린 하고 싶은 걸할 수 있었어요. 페인트칠을 하고 싶으면 페인트공이 되는 거지. 기회가 있었어. 지금은 기회가 어딨어? 그들은 기회를 거저 주지! 무슨 말인지 알죠? 일을 하든 낚시하러 가든 돈을 똑같이 받으면 당신은 뭘 하겠어요? 난 낚시를 할 거야. 그러다가 조금만 지나면 아침에 일어나지도 못하게 되겠지. 여기서 그런 일이 벌어지고 있어. 난 그걸 정치적으로 볼 수 있고 호통도 칠 수 있지.

안토니오는 자신을 "자격이 충분한 사람"으로 규정하면서도, 유권자들에게 표를 얻는 데만 혈안이 되어 젊은이들에게 "거저먹을 것"을 끝없이 약속하는 정치인들을 비난한다. 그리고 그런 방식으로 딸의 문제를 파악한다. 그는 고난이 인간의 정신에 유익하다고 확신하며 자신의 정치적 신념 안에 있는 외견상의 모순을 해소한다. "나한테 힘이 있으면 미국에 있는 모든 사람한테 일자리를 줄 거예요. 진짜로요. 일자리는 사람한테 목적 이상을 안겨주거든. 인생에서 극복해야 하는 부정적인 것과 긍정적인 것을 준다고. 우린 그걸 잃었어." 사람들을 "부정적인 것"에서, 일상의 고통에서 보호하는 것은 "사람의 영혼을 빼앗는 것"이다.

충직하게 나라를 생각하는 안토니오는 이 나라를 운영하는 사람들을 싫어한다. "정치인들, 난 그 사람들을 혐오해요. 총으로 쏴버리고 싶어. 거짓말쟁이들이야. 우리한테는 일자리가 필요해요. 젊은 사람들이 대학에 그 많은 돈을 갖다 바쳐야 한다니 울화통이 터져요. 그 빚을 다 갚지도 못할 거야. 대체 무슨 바가지를 그렇게 씌우는 거냐고. 그 사람들은 대학을 거대한 돈벌이 사기꾼으로 만들어버렸어요. 사람들을 도와줄 땐 아무런 보상이 없지만 사람들을 벗겨 먹는 데는 보상이 있거든." 안토니오는 사람들 간의 유대가 무너졌고, 운명에 대한 공통의 감각이 해체되어 모두가 냉혹하고 무의미하게 이윤만 좇는다는 불안한 생각을 떨치지 못한다. 그는 회한을 담아 말한다. "그래서 이제는 모두가 제각각이야. **마치 다시 베트남 같아. 모든 게 이제 아무런 의미가 없다는 식이지. 아무것도 의미가 없어.**"

안토니오는 열여덟 살에 민주당 당원으로 등록했다. 소속 당을 한 번도 바꾼 적은 없지만, "국기를 휘날리기를 거부하고" 표를 얻기 위해 "너무 많은 공짜 선물을 나눠주는" 민주당을 맹렬하게 불신한다. 오늘날 그가 믿는 것은 군대뿐이다. "군대는 누군가 우리를 굽어살피고 있다는 기분을 안겨줘요." 안토니오는 베트남 전쟁이나 좀 더 최근에 있던 이라크 전쟁을 둘러싼 논란을 모르지 않는다. 그는 베트남에서 돌아오는 비행기에서 내린 후 처음으로 시위대를 마주한 경험을 이야기한다. "시위대를 본 게 그때가 처음이었어요. 그해에 대학들이 들고일어났거든. 난 '대체 뭔 소리를 하는 거야, 영아 살해자라고? 내가?' 뭐 그런 생각이 들었지."

메리 D. 에드살Mary D. Edsall과 토머스 에드살Thomas Edsall은《연쇄

반응·Chain Reaction》에서 1960년대부터 이어진 좌파의 문화적 자유주의가 어떻게 블루칼라 민주당원들을 소외시켰는지 설명했다. 진보적인 사회 변화를 밀어붙인 자유주의자들은 자신들이 앞세운 의제에 따라붙는 대가에서 보호받았다. 이들은 자녀를 사립 학교에 보냈고 대학생 입영 연기를 통해 징집을 피했으며 새로운 환경 보호 조치들 때문에 산업 경쟁력이 떨어져도 임금 손실로 고생하지 않았다.[8] 안토니오는 자신을 영아 살해자라고 부른 "높으신 분들"과 충돌하기를 거부한다. 그는 의아해하며 목청을 높인다. "베트남이 멍청한 전쟁이었다고? 어딘가에 더 큰 그림이 있으면 좋겠어. 군대가 우리와 국가 안보를 보살피면 좋겠다고. 그게 군대가 하는 일이잖아. 내가 장군이었으면, 누가 나더러 이라크에 가라고 하면 왜 가야 하느냐고 말할 거야. 하지만 충분한 이유를 알려준다면 '좋아, 다수를 위해 소수를 희생하자'고 하는 거지." 안토니오는 정치인들, 심지어 대통령이 군사 행동 바탕에 깔린 진짜 이유를 미국 시민들에게 알려주는 건 고사하고, 그들이 제대로 알고 있다고도 더는 기대하지 않는다. 안토니오는 차분하게 말한다. "비밀 정보 사용 등급이 일곱이잖아. 그런데 대통령은 겨우 6단계라고. 그러니 생각해봐. 대통령은 그냥 알 필요가 있는 걸 아는 정도인 거야." 그는 대통령보다 더 높은 권한 수준이 존재하고 거기서는 국가, 즉 안토니오 자신의 이익을 최우선으로 여긴다고 확신한다.

오바마 대통령의 임기가 끝나가면서 2016년 대선으로 이어질 때, 노동계급 내 유권자의 상당한 비중이 민주당이든 공화당이든 어느 한쪽과 자신을 확실히 동일시하기를 거부했는데, 이는 어쩌면 민주당과 공화당 외의 또 다른 후보자에게 여지를 남겨둔 건지도 모른다.[9] 안토니오는 경제를 대하는 트럼프의 입장을 좋아한다. "그 사람은 멕시코 놈들이 여기로 물건을 싣고 들어오지 못하게 멕시코에 관세를 매길 거요!" 무엇보다 그는 트럼프가 부패한 정치 관료 시스템 **외부**에서 움직이는 듯 보이는 데 열광한다. "트럼프처럼 한 80억 달러쯤 가지고 있는 사람은 아주 똑똑하다고 생각해요. 그 와튼스쿨 같은 것도 나오고. 능력이 있는 거야. 선거에서 아무도 기부를 안 해도 신경도 안 쓴다고. 이런 사람은 아마 일자리도 되돌릴 수 있을 거요." 도덕적 책임보다 개인의 이익을 앞세우는 정치인을 향한 안토니오의 비판은 억만장자만이 부패의 유혹을 떨치고 우리 모두를 구할 수 있다는 확신과 함께 더욱 견고해진다. 억만장자만이 자기 딸 같은 "사람들에게서 영혼을 빼앗는 짓"에 저항할 수 있으리라. 결국 트럼프는 "미래를 걱정하지 않을 정도로 배짱"이 있기 때문에 안토니오의 표를 얻는 데 성공한다.

정치를 개인화하기

안토니오 로리노의 전 아내 조이스는 예순 살이다. 그는 제지 공장에서 야간 근무를 하는데 "남자처럼 열심히 일해서" 1년에 2만 8,000달러 정도를 번다. 조이스는 "아빠가 진폐증 보상을 받으려고 석탄 회사랑 싸우다가 집에 돌아왔던" 생생한 기억을 떠올리며 이야기한다. "아빠가 현관 계단에 앉아서 쌕쌕대면서 '그 개자식들, 그놈들이 날 세 층이나 계단으로 올라가게 만들어놓고도 내 말을 안 들어줬어'라고 말하던 게 기억나요."[10] 조이스는 이런 어린 시절의 기억을 가지고 탐욕스러운 기업과 부패한 정치인에 대한 비난의 실을 잣는다. "제약 회사랑 은행들은 공무원, 국회의원을 전부 돈으로 매수해서 법을 만들고 있어요. 전부 매수하고 있다고요. 그러니까 내 말은 그 사람들한테 돈이 얼마나 많이 필요하겠냐는 거예요. 그냥 내 생각이에요. 이 모든 사람이 나는 짐작도 못 하는,

천문학적인 액수의 돈을 벌고 있다는 그 말씀이죠." 석탄 회사에서 버림받고, 쌕쌕대며 숨을 쉬던 아버지에 대한 오랜 기억은 조이스에게 경제 정의에 대한 뿌리 깊은 믿음을 유산처럼 남겼다.

조이스의 현재 가족이 겪는 소동 역시 똑같이 강렬하게, 하지만 반대 방향으로 조이스의 정치관에 영향을 미쳤다. 조이스와 그의 딸 엘런은 또 다른 딸 토리의 다섯 살 된 딸 레이시의 양육권을 얻기 위해 진 빠지고 지겨운 법적 싸움을 진행 중이다. "시급이 14달러 정도"인 조이스는 레이시의 모든 옷, 활동비, 장난감 비용을 대고 토리가 사라질 때는 몇 주씩 레이시를 돌보곤 한다. 조이스는 딸 토리가 중독과 치르는 전투를 생각할 때면 쓰라린 죄책감을 느낀다. 조이스에게 원인이 뭐였냐고 묻자 그가 어깨를 으쓱하며 "아마 나 때문이겠죠"라고 답한다. "가정생활", 특히 부모의 이혼이 토리에게 중독을 유발했을지 모른다고 생각하는 것이다. 조이스는 자신의 무력함 때문에 화가 나서 부글부글 끓는다. "정말 끔찍해요. 어느 날은 내가 진짜 텔레비전 화면에다가 커피잔을 던졌다니까, 그걸 던졌어. 정말 얼빠진 소리 같겠지만 말이야. 난 술은 입에도 안 대고 멀쩡했는데 컵을 던져가지고 그게 날아가서는 미친 소리를 내더라고. 내가 그랬지. 아 정말 멋지네. 그래서 가가지고 또 그러고 또 그러고 또 그랬어."

조이스는 동네 식당에서 스프라이트와 금요일 밤의 스페셜 게살 케이크를 앞에 놓고, 자신의 아이들이 아메리칸드림을 빼앗겼다는 나의 가설을 칼같이 거부한다.

나 아이들과 그 아이들의 미래가 걱정되세요? 그러니까 아이들이 아메리칸드림을 이루지 못할까 봐 걱정되나요?

조이스 걱정하지, 그치만 아메리칸드림 때문은 아니고.

나 무슨 말이에요?

조이스 기회의 땅은 아이들에게 너무 많은 기회를 줬어요. 난 젊었을 때 밖에 나가서 일자리를 얻어야 했는데 그 일이 무서웠다는 걸 기억해요. 그치만 그걸 통과하지 않으면, 그걸 겪어낼 생각이 없으면 어떻게 성장하겠어요? 어떻게 배우기를 기대하고, 어떻게 쓸모 있는 사회의 일원이 되기를 기대하겠어요?

나 누구 때문에 그렇게 된 거라고 생각해요?

조이스 우리 엄마가 푸드 스탬프 같은 걸 복지로 받던 때가 있었죠. 그치만 그땐 그걸 갚아야 했어요. 내가 당장 일자리를 잃으면 이유가 뭐든 푸드 스탬프를 받을 수 없고, 메디케어나 메디케이드[저소득층, 고령자 대상 의료 보험 제도]나 뭐 그런 건 아무것도 못 받아요.

나 왜죠?

조이스 왜냐고? 받을 수가 없으니까. 난 약물 중독자가 아니에요. 애가 딸린 것도 아니고.

조이스는 월스트리트와 워싱턴 DC의 부패를 비난하다가 어깨를 으쓱한다. "우리가 할 수 있는 건 아무것도 없어요." 하지만 딸에 대한 실망, 몇 번이고 이용당한다는 느낌에 대한 좌절감을 이야기할 때는 화를 머리끝까지 내면서 딸로서, 노동자로서, 어머니로서, 할머니로서 자신의 경험을 엮어 잠정적인 정치적 정체성을 엮어낸다. 조이스는 전남편과 마찬가지로 고난의 경험이 사람을 더 강인하게 만든다고 믿으며 자신의 희생이 인정받지 못했다고 억울해한다. 이런 식으로 조이스의 정치적 관점은 이미 취약하고 분열된 노동계급 가정 **내부**에서 각색된다.

　전남편과 마찬가지로 조이스는 도널드 트럼프에게 투표하기로 결심했다. 조이스는 정치권력과 기업 권력이 날로 집중되는 상황을 비난하면서 자신의 선택을 정당화한다. 조이스가 잘라 말한다. "다들 이 나라에 좋은 일을 하고 싶다고 해도, 좋은 일을 할 수도 있지만 좋은 일을 할 생각이 없을 수도 있어. 그 남자 이름이 생각 안 나는데, 원래는 잘 안 까먹는데 말이야, 아마 내가 스무 살 정도밖에 안 됐을 때인데, 어딘가의 시장이었던 거 같아. 어딘가의 시장이었는데 임금을 올리는 걸 거절했어요. 정치인들은 돈을 미친 듯이 많이 벌잖아요. 우리처럼 빈털터리한테서 그 돈을 끌어모은다고. 그러니까 1년에 1만 달러도 못 버는 그런 사람들 말이에요. 내 말은 그게 미친 짓이라는 거야. 그런데 어째서 다른 사람들은 아무도 그걸 모를 수가 있을까? 그 사람들은 계속 더 가져가고 더 가져가고 더 가져가는데 말이야." 조이스가 따지듯 말한다. "그 사람들이 관직에 있을 때만 돈을 주면 어떻게 될까? 온갖 부가적인 혜택은 다 날려버리고 말이야. 다 없애는 거지. 그럼 누가 대통령이나 국회의원이 되고 싶어 하는지 보자고!" 그러고 난 뒤 조이스는 자신의 투표를 두고 농담을 하며 웃는다. "어쨌든 트럼프는 성공했잖아. 기회는 있어. 내가 예순이잖아, 앞으로 30년은 더 있어." 두 번째 선택이 누구인지 묻자 조이스는 버니 샌더스라고 말한다. 보편적 의료 서비스와 무상 고등교육을 주장했고, 2016년 민주당 경선에서 힐러리 클린턴에게 패배한 버몬트주의 친노동 국회의원 버니 샌더스 말이다.

과거와 단절하기

이 모든 고난의 근원인 토리 로리노는 몇 달 뒤면 둘째 아이를 출산할 예정이다. 토리는 헤로인 소지로 18개월짜리 법정 약물 프로그램에 참여 중인 남자 친구와 결혼할지 고민 중이다. "그게 효과가 없으면, 내가 결혼 안 하면 그만이에요." 토리가 어깨를 으쓱한다. 토리의 취업 전망은 어둡다. 인근 영리 대학에서 1년짜리 미용 자격증을 따려고 1만 6,000달러를 빌렸지만 토리는 자신의 학위가 "쓸모없다"고 말한다. 그 대학의 강사들은 자비를 지출하지 않고는 최신식 수업을 할 수 없었기 때문이다. 토리가 분명하게 말한다. "선생들은 새로운 걸 배우는 데 수업 운영비를 지출할 생각이 없었어요. 그래서 우린 롤러 같은 거나 배우고 있어요. 지금은 아무도 안 하는 거요. 할머니 머리를 만드는 법은 알아요. 무슨 말 하는지 알죠? 나이 든 사람 머리요. 그런 거나 배웠어요."

토리는 경제나 정치에 대해서는 별로 할 말이 없다. 3시간에 걸쳐 대화를 나누는 동안 토리는 어린 시절의 가족사, 친밀한 관계에서 결핍된 솔직함과 온기, 원치 않는 성폭력의 피해자가 되고 그 비난을 뒤집어 써야 하는 공포를 늘어놓으며 계속 흐느낀다. 부모는 이혼 전에 "계속 싸우기만 했기에 지긋지긋"했다. 토리는 어머니가 자신을 사랑하지 않는다고 느낀다. 어머니는 "아주 멀어" 보였다. "내가 바랐던 어머니, 되고 싶은 어머니는 아니었어요. 따뜻하지가 않았어요." 토리가 말을 이어 간다. "우린 전혀 유대감이 없었고 지금도 사랑한다는 말을 안 해요. 인사차 나누는 키스도 안 하고요. 엄마는 창고 세일 행사에서나 나한테 뭘 사다 주는 분이에요. 말투도 그런 식이고……. 엄마는 그걸 못 느낄 수도 있어요. 그런 건 말로 나타나는 게 아니니까. 그냥…… 엄마는 어떻게 따뜻해지는지를 모르는 거 같아요."

토리는 고등학교 시절 동료 학생에게 성폭행을 당하고 나서 헤로인에 의지하기 시작했다.

열여섯 살 때 친구한테 강간을 당했어요. 그게 트라우마를 남겼어요. 엄마한테 가서 다 말했더니, 엄마는 그냥 이런 식이었어요······. 통금이 11시였는데 맨날 12시에 갔거든요. 엄마가 나한테 그러더라고요, **인과응보**라고. 그래서 술과 마약에 의지했어요. 그게 내 문제였는데 난 지난 일, 지난 트라우마, 지난 모든 걸 어떻게 감당해야 하는지를 몰랐어요. 그래서 우울증하고 ADHD 때문에 약을 처방받았죠. 그러다가 다 괜찮아지는 법을 어떻게 배우게 된 거예요. 그렇게 간단한 거, 지금 생각해보면 그런 간단한 걸 해내는 데 15년이 걸린 거예요. 일기를 쓰고, 그 일을 이야기하고, 편하게 생각하면서 그냥 받아들이기 시작했어요. 불편했던 모든 게 편해졌어요. 매일 일어날 때마다 이런 건 하기 싫다고 생각한 기억이 나요. 나 자신을 증오했어요. 내 인생도 증오하고. 아주 끔찍했죠.

요즘에는 대부분의 에너지가 우울증과 ADHD 치료, 일기 쓰기, 고통의 근원을 터놓고 말하기, 취하지 않은 상태에 집중하기 등 자신을 치유하는 데 들어간다. 토리는 15년이 지나면서 자신을 있는 그대로 받아들이는 법을 배웠다고 자랑스럽게 말한다.

토리가 경험한 친밀한 관계에서 오는 고통은 토리 세대만의 일이 아니다. 1970년대에 릴리언 루빈Lillian Rubin은 노동계급의 가족생활에 대한 아주 중대한 연구에서 감정적으로 소원한 관계들, 방치와 유기, 몸을 축내는 재정적 긴장, 숨 막히는 젠더 역할, 폭력적인 싸움과 알코올 중독 등 숨겨진 수치스러운 "고통의 세계"를 드러냈다.[11] 미라 코마로프스키Mirra Komarovsky는 1960년대 노동계급의 결혼 관계 연구에서 남편과 아내가 어떻게 자신의 어린 시절 고통을 부정하고, 직장과 사랑에서 얻지 못한 성취를 금욕적인 인품으로 견뎌내고, 좋은 삶에 대한 기대를 말 없이 걸러내며 좌절 속에 살아가는지를 가슴 아프게 보여주었다. 코마 로프스키는 노동계급의 가정생활이 완전히 암울하지만은 않다고 결론 지었다. 어려움이 있더라도 가정생활을 고수하면 "부양자, 배우자, 부모 의 기본 역할을 명예롭게 충족시켰다고 느끼는 남성과 여성들"에게 일 종의 "근원적인 충족감"이 생기기 때문이다.[12] 하지만 토리는 이런 기본 적인 역할을 성취할 수도, 바랄 수도 없다. 사회학자 에바 일루즈의 주장 처럼, 기본적인 역할이 부정당할 때 사람들은 후기 산업주의의 삶이 안 기는 실망과 혼란을 홀로 감당해야 한다.[13] 앞세대 여성들이 말없이 문 제를 해결하려 한 것과 달리, 토리는 성적인 트라우마와 감정적인 냉담 함, 친밀한 관계의 폭력을 터놓고 말한다. 그럼으로써 토리 삶의 고통은 에바 일루즈가 말한 "치유적 서사"를 통해 새로운 **의미**를 획득한다. 토 리는 전통적인 성 역할과 가족 역할 수행에 매달리는 대신 자신을 그런 역할에서 목청 높여 해방시켰고 거기에서 얻은 자기 발견의 이야기를 펼친다. 고통은 토리가 개인적인 구원과 자기 성장이라는 중요한 서사 로 자신의 삶을 엮어나가는 실이다.

토리는 이 세상에서 한 사람만 믿는다. "아빠는 내 영웅이에요. 훌 륭한 정신을 소유한 분이죠."

토리는 일생에 단 한 번, 조지 W. 부시에게 투표했다. 영웅인 아버 지와 함께 간 투표가 최초의 투표 기억이다. 대화를 나누던 중, 토리가 "보조금이 나오는 주택과 물건 같은 걸 얻으려고 아이들을 계속 낳는 사 람들"을 한동안 맹비난한다. "어떻게 애를 다섯씩이나 건사할 수가 있어 요? 나는 하나도 힘들어요. 그치만 그 사람들은 돈을 내지 않으니까. 어 느 시점에 정부가 개입해서 사람들을 정신 차리게 해야 해요." 홀로 서기는 미국 사회의 일원이 되어 위엄을 지키는 유서 깊은 방법이다. 토리는 자신보다 세금에 훨씬 많이 의지하는 이런 가공의 "사람들"을 깎아내리며 그 합창에 잠시 합류한다.

하지만 토리 역시 자유 시간 대부분을 "쿠폰 수집"에 쓴다. 토리는 매주 지역 신문사가 밤에 재활용 쓰레기를 내놓을 때까지 기다린다. "거기 앉아서 쿠폰을 전부 잘라내는 거예요. 화장실 휴지, 종이 타월, 치약, 칫솔이 많아요. 세일을 눈여겨보다가 밤에 장을 봐요." 그다음 며칠 동안은 지역의 여성용 쉼터에 무료 세면도구를, 학교에는 사무용품을 갖다 놓는다. "그건, 뭐랄까, 나를 위한 일 같아요. 난 그런 일이 좋아요. 필요한 사람에게 필요한 물건을 주는 기분을 좋아해요." 토리는 수줍어하면서도 처음으로 열정을 드러내며 이야기한다.

내가 이 기저귀를 받는 거 말이에요. 여기 콜브룩에는 임신 센터가 있어요. 주에서 지원금을 받는지는 모르겠어요. 분명히 받기는 할 텐데 충분하지는 않아요. 알잖아요. 그리고 예를 들면 누가 나한테 어젯밤에 갑자기 전화를 했는데 여기에 이사 온 지 얼마 안 됐대요. 상황이 힘들고 기저귀가 필요하다는 거죠. 나는 기저귀 쿠폰이 있었어요. 그래서 내가 도울 수 있는 거예요. 알겠죠? 이런 일은 기분을 좋게 해주는 거 같아요.

토리는 항우울제, 치료, 줄담배 외에도 매주 다른 사람들을 돕는 이 외로운 의식으로 자신의 고통을 치유한다. 아무리 자기 혼자 먹고사는 게 힘에 부쳐도 말이다. 토리는 부모와 달리 정치 참여는 흉내조차 낼 생각이 없다. "내가 이럴 수 있으면 좋겠어, 라든지 자리를 박차고 일어나서 변화를 만들어내고 있다는 기분을 느끼는, 뭐 그런 거요?" 토리는 생각에 잠겨 말한다. "내가 그런 사람인지 모르겠어요. 난 그냥 화장실 휴지나 기저귀 같은 걸 가져와서 변화를 좀 만들기는 하는데, 무슨 말인지 알죠? 내가 느끼는 건 그런 거예요." 부모만큼이나 의심이 많은 토리는 이렇게 말한다. "누가 권력을 잡든 저 위에서 어떻게 돌아가는지 나는 몰라요. 다들 자기 욕심만 챙기겠죠. 내 눈에는 많은 사람이 돈과 권력을 좇고 거기에 중독된 거 같아요. 그게 많은 사람을 망치는 거죠." 2016년에 토리는 아예 투표를 하지 않았다.

영혼을 담금질하기

토리의 여동생 엘런은 몇 년 동안 피츠버그에서 대학 수업을 들었지만 토리가 재활 시설에 있는 동안 토리의 딸을 돌보는 데 힘을 보태려고 집으로 돌아왔다. 엘런은 고향의 청년들을 묘사하면서 투덜댄다. "꿈이 없어요. 동력도 없고요. 매일 아침 일어나지도 못해요. 온종일 소파에 그냥 누워서 푸드 스탬프랑 주택 바우처나 받고 싶은 거죠." 복지를 남용하는 사람들을 비난하는 것은 종종 소수 인종을 헐뜯는 우회적인 방법일 때가 많지만, 엘런은 수년간 언니의 중독 때문에 가족들이 셀 수 없는 밤을 뜬눈으로 지새우고 수천 달러를 퍼부어야 했던 일을 이야기한다.[14] 엘런은 구원을 찾기 위한 토리의 여정에 존재하는 어두운 이면을 헤집는다. 토리의 집에서 마약을 팔며 교도소를 들락거리던 학대를 일삼는 남자 친구들, 마약에 취해 쓰러진 사람들 위를 조심조심 넘어 다니다가 그날 아무것도 얻어먹지 못해서 주방 찬장 맨 위 칸에서 발견한 오래된 동물 크래커 한 상자를 게걸스럽게 먹으며 전화를 건 네 살 된 조카와 늦은 밤에 통화한 일 등. 엘런은 조카가 알파벳도 배우기 전에 헤로인 한 덩이

66

가 얼마인지 알았다며 차갑게 회상한다.

같은 동네에 사는 한 무리의 여자들은 매주 와인과 치즈를 가져와서 "긍정적인 사고" 책 모임을 연다. 이번 주에 읽는 책은 《상호 의존은 이제 그만Codependent No More》이다. 대단히 인기가 많은 자기 계발서로 제 기능을 하지 못하는 "도움"의 관계에서 독자들을 해방시켜준다고 약속하는 책이다.

나는 많은 사람을 도와주죠. 칭찬은 바라지 않아요. 하지만 당신이 이런 성격이라면 조심하세요. 누가 처져 있으면 나는 아무 문제 없이 그 사람에게 돈을 주지만 당신은 조심해야 해요. 누가 도움이 필요한지, 누가 당신을 이용하는지를 구분하는 건 쉬운 일이 아니에요. 나는 절대 도와달라고 하지 않아요. 특히 가족들한테요. 솔직히 그런 건 생각해본 적도 없어요. 정부 원조 같은 것도요. 대학 다닐 때는 도움을 요청하느니 그냥 굶곤 했어요. 그래서 집에 못 온 적도 있어요. 몇 주 동안 먹지 않고 버티기도 하고요. 룸메이트랑 저는 이번 주에 담배를 피울까 아니면 밥을 먹을까 선택을 하곤 했어요. 담배는 더 싸고 포만감도 느끼게 해주거든요.

엘런은 아버지가 토리를 교도소에서 보석으로 빼내고 돈까지 빌려주는 데는 "장인 수준의 능력자"라고 비꼬듯 말한다. 엘런은 다른 사람에게 의지하지 않고 혼자 해결하기 위해 희생을 감수하는 데서 자존감을 얻는다. 아버지와 마찬가지로, 엘런은 국가에 너무 쉽게 의지할 수 있게 만든 민주당을 비난한다. "복지는 제대로 집행되고 목적을 충족할 때 존재 이유를 갖는다고 생각해요. 그치만 그러고 나면 거기서 멈춰야 해요. 그런데 그냥 계속 갔고 이제는 전 세대가 복지만 기대하게 만들어버렸잖아요. 난 그게 문제 같아요." 어느 날 저녁, 카운티의 응급 구조원들이 어쩌다가 아편제[아편과 비슷한 효과가 있는 합성 진통 마취제] 과다 복용 증세를 없애주는 비강 스프레이인 나르칸Narcan을 가지고 다니게 되었는지 이야기하던 엘런이 털어놓는다. "언니가 죽으면 그건 언니 책임이에요. 언니 선택인 거라고요. 언니가 내 앞에서 과다 복용을 하고 있으면 그냥 죽게 내버려 둘 거예요. 난 할 만큼 했어요. 어떻게 해야 사람들이 자기 선택의 결과를 받아들이며 살까요?"

언어학자이자 철학자인 조지 레이코프는 정치적 추론에 인지 과학을 적용해 권위주의 정치는 엄한 아버지 은유와 같은 방식으로 강화된다고 주장했다. 정확한 옳고 그름의 규칙을 지지하고, 확실한 범위를 설정하고, 잘못된 행실을 처벌하고, 개인에게 실패의 책임을 묻는 그런 아버지 말이다.[15] 루이지애나 티파티 구성원에 대한 앨리 혹실드의 연구에서 보수주의자들은 고생, 희생, 개인의 책임 같은 엄격한 아버지 코드를 드러냈다. 이 연구에서 기억할 만한 인물인 재니스는 "만일 사람들이 일하지 않겠다고 하면 그냥 굶게 돼야 해"라고 당당하게 선언한다. 이는 "언니가 그냥 죽게 내버려 두겠다"는 엘런의 말과 포개진다. 혹실드는 이런 지향이 자신의 희생을 인정받고 노력을 보상받는다는 기분인 사회적 명예의 필요에서 기인한다고 주장했다.[16]

하지만 앨리 혹실드의 티파티 구성원들이 뿜어대는 열렬한 자기 확신은 엘런의 경험과 딱 맞아떨어지지 않는다. 엘런은 이미 두 손 들어버린 공허한 감정과 우울감에 맞서 싸우며 긴 하루를 마치고 집에 돌아온다. 그러고는 천사가 천국에서 내려와 조카를 두 팔로 감싸는 상상을 하는 시각화 훈련을 한다. 그다음에는 천사가 언니를 감싸 안는다고 상상하고, 그다음에는 견뎌낼 수만 있다면 천사가 학대를 일삼고 마약을 팔던 언니의 전 남자 친구들을 모두 안아주게 한다. 이 연습을 하면서 엘런은 순간적이나마 마음의 평화를 찾는다. "죽게 내버려 두라"는 일견 가혹해 보이는 태도는 엘런의 영혼을 일시적으로 담금질하여, 언니가 또다시 중독과 절망의 먹잇감으로 전락하는 모습을 지켜보는 데서 오는 실망과 비통함을 견딜 수 있게 하는지 모른다. 이런 태도는 친절함은 이용당할 수 있고 언제든 사라져버릴 수도 있다는 불편한 인식에 맞서는 부실한 방패로 기능한다.

어머니보다 훨씬 비판적인 엘런은 대통령이 자원봉사 하듯 일해야 한다고 생각한다. "우리나라에서 제일 큰 문제는 로비스트라고 생각해요. 그걸 당신이 없애버리면 말이에요, 마약 단체랑 은행들이 공무원이나 국회의원들을 다 매수해서 법을 만드니까, 모든 사람을 매수해서 법을 만드는 거죠. 그래서 그걸 다 불법화하면 전부 사라지는 거예요." 엘런은 트럼프가 탄광촌과 자기 가족에게 인기가 있다는 사실을 용납하지 못한다. 입에 풀칠도 힘든 사람들이 어째서 공화당에 투표하냐는 거다. "아이러니잖아요. 어째서 자기한테 지원금을 주는 사람을 찍지 않을까요? 이해가 안 돼요." 엘런에게 누구에게 투표할 계획인지 묻자 그는 어깨를 으쓱한다. "난 항상 약자한테 끌려요. 항상 그랬고 아마 그래서 민주당원이겠죠. 세금 내는 거는 신경 안 써요. 그냥 내 역할을 하는 기죠." 엘런은 엄한 아버지 코드에 의지해서 자신을 가장 쓰라린 고통에서 보호하고 언니의 재발에 대비해 스스로를 단련하지만, 그 속에서도 항상 약자를 보살피는 사람이라는 자기 정체성에 충실하다.

애덤스 가족

로저와 브렌다 애덤스의 연립 주택은 고양이 화장실 냄새 때문에 눈이 화끈거린다. 마흔둘의 백인 남자 로저와 마흔하나인 아내 브렌다는 문과 창문을 모두 꼭 닫고, 주위 사람들에게서 자신들을 단단히 봉한 채 작은 선풍기 한 대로 숨 막히는 7월의 열기에 맞선다. 로저와 브렌다는 끊임없는 고통 속에 살아간다. 이들은 수년간 장애인 의료 지원을 받으려고 노력했지만 허사였다고 말한다. 로저는 우울증, 신경 장애, 당뇨, 초기 단계의 울혈성 심부전과 비만을, 브렌다는 척추 측만증, 갑상선 기능 저하증, 위탁 가정에서 학대와 어려움에 시달리던 어린 시절부터 이어진 외상 후 스트레스 장애를 근거로 제시했다고 한다.[17] 로저가 말한다. "나는 사실 지금 심리에 대한 대답을 기다리고 있어요. 아내는 두 번째 심리에 가야 하고요."

로저는 2009년부터 실직 상태다. 할아버지는 광부였다. 건설 노동자인 아버지 역시 가족의 부수입을 위해 석탄을 밀매했다. 로저는 젊었을 때 응급 구조사로 일했고 소방수 자원봉사도 했다. 로저가 브렌다의 임신 후반부 유산을 회상하며 말한다. "그러다가 아들을 잃었어요. 모두가 내 잘못이 아니라고 말했고, 그건 그냥 아이가 제대로 발달하지 않은 거였지만 내 머리로는 받아들일 수가 없었어요. 난 그냥, 그러니까 아이를 구할 수가 없던 거니까. 난 만사를 포기해버렸고, 그때 모든 게 가라앉으면서 우울증이 찾아왔어요." 로저는 고용주가 자신을 해고했다며 비난한다. "건강이 안 좋다는 이유로 말이에요. 난 가족 의료 휴가법 Family and Medical Leave Act(FMLA) 휴가를 받아서 건강을 회복하려고 했어요. 그런데 내가 서류를 떼 오기도 전에 날 해고한 거예요. 정말이지 추

70

잡한 협잡 비슷한 거였어요." 로저는 실직한 후 집에 배관 문제가 있었고 이 일로 다른 아이들까지 잃게 된 일도 들려준다. "어떤 동네 사람이 불평을 하더니 아동 보호 서비스인가 뭔가에 전화를 걸었고, 그 사람들이 와서는 우리 애들을 데려갔어요." 로저가 화난 목소리로 말한다. "나도 문제를 바로잡으려던 중이었는데 적당한 시간 안에 해결하지 못한 거죠. 그러자 그 사람들이 우리 어머니까지 데려온 거예요. 그러더니 갑자기 아내가 내 등 뒤에서 서류에 서명했고, 애들을 데려가버렸어요." 그의 "악마 같은 어머니"는 모든 양육권을 가져갔다. "사태를 바로잡으려고 애쓰고 있어요. 내가 그 애들의 삶에서 손을 떼지 않은 건 그래서예요. 그냥 사태를 바로잡으려는 중이에요. 남자는 상황을 바로잡아야 해요. 애들 삶에서 손을 떼는 게 아니고. 상황을 바로잡아야죠."

로저는 낮에는 머리 위쪽 선반에 오렌지색 약병을 올려놓고 리클라이너에 누워서 시간을 보낸다. 가끔 아편이 들어간 진통제를 처방하는 것으로 악명높은 시내의 의사에게 전화를 걸기도 한다. "내 옆구리에 낭종이랑 상처가 있잖아요, '그것 좀 봐주실 수 있어요?' 하고 말하는 거죠. 빈혈 때문에 몸 이쪽에서 비장을 떼어낸 뒤로 좌우에 낭종이 생기고 있어요. 그냥 솟아나요. 의사가 들여다보긴 하지만 5분, 5분이나 10분짜리 예약이 끝나면 밖으로 나오잖아요. 그러고는 알잖아요. 어떻게 돌아가는지. 의사가 들여다보고 가고, '에, 내가 처방전을 써줄게요, 가보세요' 하고는 끝이죠." 로저는 그들이 푸드 스탬프와 다섯 살짜리 딸의 사회 보장 보험으로 "겨우 먹고 산다"고 말한다. 딸은 학교에 다니기 시작할 때 주의력 결핍 장애와 반항성 장애 진단을 받았다. 로저가 말을 잇는다. "알잖아요, 아플 때 제일 나쁜 부분, 아니면 힘든 부분은 인생에서처럼 많은 것과 싸울 때예요. 사람들이 항상 그러듯 학교에서 건강 문제 같은 걸로 괴롭히는 그런 거 있잖아요." 그가 슬픈 목소리로 말을 잇는다. "학교에서 인기도 없고 돈도 없으면 되는 게 없어요. 아들이 밴드 대표를 하려고 했는데, 인기도 돈도 없고 속물들하고 어울리지도 않았거든요. 그래서 못 했어요."

브렌다는 한 번도 투표를 해본 적이 없다. "난 투표 안 해요." 남편이 "당신의 자유를 남들에게 알리려면 해야 한다"고 설득해도 브렌다는 완강하다. 민주당의 등록 당원인 로저는 소속당이나 부모의 투표 이력에 영향을 받지 않는다. 아버지에 대한 의리 때문에 소속을 유지하고 있기는 하지만 말이다. 그는 아버지가 연금과 부상 때문에 "수표 일곱 장"을 받는다고 자랑스럽게 말하며 정부 개입으로부터의 자유라는 신자유주의의 주문과는 거리를 둔다. 그는 2008년에는 버락 오바마에게 투표했다. 민주당에 대한 로저의 비판은 그들이 자기 같은 사람들을 과거처럼 충분히 부양하지 않는다는 데서 나온다.

2016년에 누구를 찍을 계획인지 묻자 그는 이렇게 설명한다.

난 민주당원이에요. 그치만 힐러리는 너무 싫어요. 아버지가 민주당원이었어요. 아버지를 위해서 계속 민주당원으로 남아 있기는 할 건데 다시는 민주당에 투표 안 해요. 전에는 민주당이 우리 가족을 도와줬고, 정말로 그랬는데, 이젠 사람들을 충분히 돕지 않아요. 그런데 어떻게 JFK가 금지했는데 힐러리가 무슬림을 데려오는 거죠? 민주당은 이제 일자리도 만들지 않고 사람들을 다시 일하게 해주지도 않아요. 그러니까 민주당은 내가 건강하게 다시 일할 수 있게 만들어줄 수 있었다고요. 지금 내가 어떤지를 봐요. 난 다시 일하러 갈 거예요. 도널드 트럼프한테 그렇게 써서 보냈어요! 내가 그랬죠, 당신이 내가 다시 건강을 되찾게 도와주면 난 다시 일하러 갈 거라고. 당신은 내 표보다 더 많은 걸 가질 수 있다고. 그를 위해 일하러 가겠다고. 가서 날 그의 개인 담보로 잡고 그 뭐냐, 날 생체 공학 인간 같은 걸로 만들라고 말할 거예요.

잠시 후 3년 전에 세상을 떠난 베트남 참전 용사였던 아버지를 회상하던 그의 얼굴에 눈물이 흘러내린다. 로저는 아버지가 "나의 영웅, 내가 우러러본 유일한 사람"이라고 말한다. "난 아버지 같은 사람이 되고 싶었어요. 아버지가 돌아가시고 나선 길을 잃은 기분이에요."

로저는 자신과 자신의 선조들이 나라를 보호하고 지키기 위해 싸운 미국의 중추라고 생각한다. 그가 소리친다. "옛날 말이 있잖아요, 오래된 구호요. 미국 국기가 바람에 나부낄 때 그 바람은 자유를 위해 국기를 앞뒤로 흔들며 죽어간 모든 장병의 마지막 숨이다. 난 내가 얼마나 힘든지는 신경 안 쓴다, 난 항상 거기에 경의를 표할 것이다, 항상 일어서서 내 심장을 감쌀 것이다."

아메리칸드림이 아직 살아 있다고 생각하는지 묻자 로저가 대답한다. "난 죽어가고 있다고 생각해요. 정말 그렇게 생각해요. 어떤 사람들한테는, 내 생각에 난민들한테는 아직 살아 있는 것 같아요. 그런데 여기 사는 모든 사람에게는 죽어가고 있어요." 그는 화를 내며 딸의 유치원 연극에서 국기에 대한 맹세를 거부한 한 이슬람 가족 이야기를 들려준다. "만약에 내가 밖에다 남부 연합 깃발을 꽂아두면 사람들은 증오 범죄라고 말하겠지만 게이 깃발이나 이슬람 깃발을 꽂아두면 잘했다고 칭찬할 거예요. 망할, 미국 국기를 꽂아두는 것마저도 증오 범죄래요. 그치만 내가 죽으면 그걸로 내 몸을 덮을 거예요."

역사적으로 권력자들은 노동계급 내부, 특히 아프리카계 미국인과 북동부의 백인 또는 남부의 백인 포퓰리스트 사이의 적개심과 분열을 이용해서 강력하고 단합된 노동계급이 등장할 가능성을 줄였다.[18] 20세기 중반의 사회 보호 장치들은 집단적인 경제 정의의 약속에서 숱한 흑인과 라틴계 노동자들을 배제하도록 주의 깊게 다듬어졌다.[19] 뉴딜 정책에 구조적으로 자리 잡은 배제를 교정하려는 시도, 즉 1970년대와 그 이후에 보호 조치들을 아프리카계 미국인, 여성, 이민자들에게로 확대하려는 시도는 블루칼라 민주당원들의 적개심과 맞닥뜨렸다. 블루칼라 민주당원들은 민주당이 당을 위해 공을 세운 유권자들을 희생 제물 삼아 새로운 집단을 보호하려 한다고 느꼈다. 백인 노동계급은 한때 자신들의 이익이 하향 재분배를 지향하는 미국 정부와 일치한다고 생각했지만 점차 정부가 자격 미달 집단의 이익을 자신들의 이익에 앞세운다고 믿게 되었다. 이런 억울함은 사회의 단층선을 다시 상상하도록 하는 데 불을 붙였다. 이 새로운 상상에서 "진짜 미국인들"은 자격도 없는 이민자, 소수 인종, 국기를 불태우고 정치적 올바름만 앞세우는 자유주의자들과 맞붙어 싸웠다.[20]

로저는 흥분을 감추지 못하고 불길하게 선언한다. "인종 전쟁이 올 거예요. 흑인 대 백인, 히스패닉 대 백인이 될 거예요. 길거리에서 싸움이 날 거라고요." 로저는 어쩌면 하나님이 그가 "이 세상에 나가서 사람들에게 총을 쏘지 못하게 하려고" 그를 장애인으로 만들었을지 모른다고 솔직하게 말한다. 로저는 조상들이 만든 폭력과 힘의 유산을 복원하고 싶어 몸이 근질근질하다. 그가 뻐기듯 말한다. "우리 가족에게도 흑역사가 있어요. KKK에 몸담았었죠. 꽤 오래전에요. 내 생각에는 큰할아버지나 우리 아빠 쪽 증조할아버지 때쯤이었을 거예요." 그가 씩씩거리며 "지난번 풋볼 홈 경기 때 우리가 자리에 앉았어요. 어머니가 예약한 자리였거든요. 세 명의……"라고 하더니 잠시 말을 멈춘다. "흑인이요. 정확하게 표현하고 싶어요. 이 단어는 쓰고 싶지 않았어요. 흑인 세 명이 우리 앞에 섰어요. 내가 그 사람들한테 정중하게 부탁했어요. 비켜달라고. 그렇잖아요. 우리가 돈을 내고 예약한 자리였고, 그래서 경기를 볼 수 있게 비켜달라고 한 건데. 아주 정중하게. 그랬더니 일부러 그냥 거기에 버티고 서서 우리가 아무것도 못 보게 하는 거예요."

　　사회학자 로리 맥베이Rory McVeigh는 KKK가 20세기에 이민자와 아프리카계 미국인들을 사회 구조에 대한 위협으로 묘사하면서 백인의 특권을 보호하는 것이 시급한 국가 문제라는 프레임을 만든 과정을 추적했다.[21] 로저는 어떤 조직에도 몸담지 않았지만 자신이 테러로 백인의 우월함을 유지하고자 한 부계 혈통의 일원이라고 생각한다. 로저는 정부가 "완전히 새로운 점검을 해야 한다"고 굳게 믿는다. "모든 사람을 깨끗하게 몰아내고, 말하자면 새로 시작하는 거예요. 아니면 전부 다 저 아래 갖다 놓고 그 위에 작은 폭탄을 터트리는 거지." 로저는 자신의 삶을 이렇게 요약한다. "나는 누군가를 믿어본 적이 거의 없어요. 내가 누구를 믿기 시작할 때마다 무슨 일이 터졌거든. 스톤 콜드 스티브 오스틴[은퇴한 유명 프로 레슬링 선수]은 레슬링에 대해 그렇게 말했어요. 그걸 세 글자로 부르죠. D.T.A. **아무도 믿지 마라**Don't trust anyone."

　　2016년 대선 후보인 도널드 트럼프와 버니 샌더스는 모두 정치 개혁보다는 이기는 데만 혈안인, 이기적이고 부패하고 "비뚤어진" 엘리트에 맞서는 평범한 사람들의 전망을 제시했다.[22] 로저의 정치관은 취업과 의료 서비스에 대한 "사람들"의 필요를 최근에 들어온 이민자와 소수 인종들의 이해와 상충하는 문제로 설정하는, 결국 승리를 거머쥔 우익 포퓰리즘으로 구현된다. 로저는 대화 끝머리에 폴아웃Fallout, 폴른어스 Fallen Earth, 스토커S.T.A.L.K.E.R 같은 비디오 게임을 해본 적이 있는지 묻는다. "이 모든 게임을 생각해봐요. 엑스박스Xbox에서 황무지가 어떤 모습일 거 같아요? 미국이 곧 그런 모습이 될 거예요. 내전이 일어나고 모든 게 정말 고약해지는 거죠." 로저는 리클라이너에 앉아 폭력적인 절멸의 현장들을 상상하며 자신의 몸과 미국이 황무지가 되지 않도록 방어하는 꿈을 꾼다. 그가 이야기하는 동안 아내는 손을 꼭 쥐고 바닥에 말없이 앉아 있다.

새 출발

나는 로저의 집에서 딱 8분 운전해서 마흔넷의 아프리카계 미국인 여성 가브리엘 헌터-잭슨을 만나 커피를 마셨다. 가브리엘은 브루클린의 크라운 하이츠에서 자랐다. 공공 주택에서 그를 키운 사람은 우편 노동자였던 어머니다. 어린 시절은 가난, 불안정, 트라우마가 남긴 상처들로 얼룩졌다. 가브리엘은 자기가 살던 동네가 "아주 나쁜 지역"이었다고 설명한다. "매일같이 마약 거래와 총격이 있었어요. 많은 친구가 있었지만 많은 친구가 살이 있지는 않아요." 가브리엘은 아버지에게 성추행을 당했고 "남자 친구도 아닌" 남자들 때문에 열여섯, 열일곱, 열아홉, 스무 살에 임신을 했다. 고등학교를 중퇴했고 학대를 당하는 관계가 6년간 이어졌다. "나는 이상한 짓을 많이 했어요. 자랑스럽지 않은 짓을 했어요. 매춘을 해보기도 하고 스트리퍼 일도 했어요. 마약을 팔아본 적도 있어요." 인생 최악의 순간은 어린 아들과 1년간 떨어져 지냈을 때였다.

가브리엘의 어머니는 흑인 대이동Great Migration의 후예로 조지아 주 애틀랜타에서 뉴욕 브루클린으로 이주했다. 1915년부터 1970년까지 약 600만 명에 달하는 아프리카계 미국인들이 폭력과 린치를 가하는 폭도들, 짐 크로 분리 정책을 피해 남부에서 북부로 이주하는 대탈출 행렬에 합류했다. 이 시기 아프리카계 미국인들은 남북 전쟁, 인두세, 기만적인 문해력 검사 이전에 조상이 투표권을 행사한 적이 있는 사람들에게만 투표권을 한정한 조부 조항grandfather clauses 때문에 선거권을 박탈당했다.[23] 백인 노동계급이 20세기 중반에 "황금기"를 구가하는 동안 아프리카계 미국인들은 많은 노동계급 일자리에 진출하지 못하게 저지당했다. 가령 철도 회사에 취직한 흑인 남성은 기관사에서 엔지니어로 승진하지 못할 뿐만 아니라 언젠가 엔지니어로 승진할 수도 있는 백인 기관사보다 월급이 적었다.[24] 제2차 세계대전처럼 펜실베이니아가 호황기였을 때는 흑인 남자들이 광산에서 일했지만 대공황으로 경제가 위축되자 제일 먼저 해고되어 일자리 상실이 만들어낸 고통의 지분을 훨씬 많이 짊어졌다.[25]

흑인 남성들은 1970년대에 들어서야 안정된 공장 일자리와 재정적인 혜택을 진정으로 공유할 수 있었다.[26] 하지만 1970년대에는 북동부의 공장들이 문을 닫기도 했고 이는 도시 근린에 대한 재난 수준의 투자 철회로 귀결되었다.[27] 실업은 청소년 범죄율, 마약 중독, 살인, 혼외출생의 증가를 촉발했다.[28] 1980년대와 1990년대의 극심한 크랙[중독성이 강한 마약] 확산은 도시의 아프리카계 미국인 가정을 찢어놓았고 주거 지역의 폭력을 증가시켰다.[29] 이에 정부는 마약과 전쟁을 선포하고 최소 의무 형량을 시행하고 가난한 도심 주거 지역 감시를 확대했으며 정지 신체 수색권stop-and-frisk[대상자가 몸을 전혀 움직이지 않는 상태에서 경찰이 신체를 수색할 수 있는 권리과 긴 수감형의 실시로 대응했다. 그 결과 교육 수준이 낮은 흑인과 라틴계 남성들이 대대적으로 투옥되어 40년 동안 수감자 수가 네 배로 폭증했다.[30] 더 많은 기회를 찾아 남부에서 북부 도시로 온 아프리카계 미국인 가족의 후손들은 많은 경우 경제적, 지리적 이동 불가 상태에 갇혀 있다.[31]

가브리엘은 이 올가미에서 벗어난 중요한 순간을 이렇게 설명한다.

그러니까 2006년에 정신이 번쩍 드는 일이 있었어요. 아이가 학교에 있었고 학교에서 집에 오는데 누가 아이한테 총을 빼 들고 강도 짓을 하려고 한 거예요. 그때 뭔가가 내 머리에서 딱 하고 울렸어요. 여기서 벗어나야겠다. 그래서 이사를, 펜실베이니아로 이사를 한 거예요. 처음엔 이쪽이 아니었고 레바논 카운티로 갔어요. 거기서 애들하고 지냈는데 처음에는 살기가 좋았어요. 좋은 직장을 얻어 일을 시작했어요. 미국 적십자에서요. 그러다가 내가 그랬어요. "다시 학교에 가서 고졸 학력 인증서를 따야겠어." 그래서 그렇게 했어요. 물론 대체로 다른 사람보다 내가 나이가 많았죠. 내가 시험을 통과하지 못할 거라고 생각했지만 해보고 싶었고 계속 가보고 싶다는 마음이 들었어요. 계속 가보고 싶었어요. 너무 자주 너무 힘들어서 옛날의 나로 다시 돌아가고 싶었어요. 그래도 계속, 그냥 계속했어요. 계속.

가브리엘은 건설업에서 임시직으로 일하는 남자와 결혼했다. 이 남자의 이모가 한 조언을 듣고는 콜브룩으로 이사해서 8,000달러에 집을 샀다.

가브리엘은 영리 협회의 경영학 학위 프로그램에 등록했다. 그에게 빚을 지고 있는지 묻자 그렇다고 대답한다. "아, 그럼요. 대출을 많이 받았어요. 3만 5,000 정도가 빚이에요. 그치만 그건, 그러니까 그건 자신에 대한 감각을 주잖아요. 지금 나는 아주 행복해요. 그렇잖아요, 이제까지 지낸 곳 중에서 제일 행복한 곳이에요. 정말 행복해요." 가브리엘이 생각에 잠긴다. "누가 브루클린 출신의 작고 나이 든 내가 집을 소유할 거라고 생각이나 했겠어요."

가브리엘에게 새 동네에서 인종주의를 경험한 적이 있는지 묻자, 그가 침착한 반응을 내놓는다.

많죠. 지금도 이런저런 장소에 가면 내가 유일한 흑인이에요. 뭐 그런 거죠. 가끔은 힘들어요. 그렇잖아요, 모두가 나를 내 모습 그대로 받아들이지 않으니까. 여기서도 처음에는 많이 그랬어요. 오래 걸리더라고요. 난 이 작은 동네가 아주 마음에 들어요. 정말로 공동체 중심이고 정말 작아요. 그냥 사람들이 지나다니는 것만 봐도 그 자체가 아주 재미나요. 뉴욕에 살 땐 너무 외로웠어요. 여기 오니까 사람들이 나한테 정말로 말을 걸고 인사하는 거예요. 그래요. 내가 이런저런 데를 가면 사람들이 내 이름을 알고, 어디서 뭘 주문하려 하면 내가 전에 간 적이 있으니까 내가 뭘 주문할지를 누군가는 이미 알고 있어요. 그런 게 중요해요.

콜브룩을 황무지라고 묘사하는 백인 주민들과는 아주 대조적으로 가브리엘은 콜브룩을 모두가 그의 이름을 알고 더는 외로움을 느끼지 않는 재미나고 친근한 장소로 표현하면서 인종적 진전을 강조한다.

가브리엘은 평생 딱 한 번 투표했다. "항상 등록은 하는데 투표를 안 해요. 오바마를 찍었어요. 그게 다였어요. 딱 한 번. 그게 첫 투표였고, 마지막이었죠." 많은 주에서 소수자와 아프리카계 미국인을 대상으로 정치적 결집을 방해하는 작업을 꾸준히 진행하고 있다. 여기에는 사진이 부착된 신분증과 시민권 증명서 요건, 등록 제한, 부재자 투표 제한, 사전 투표 감축 같은 방법이 사용된다.[32] 그런데도 가브리엘은 임박한 선거를 무시하고 낙관적인 태도를 견지하면서 자발적으로 정치적 이탈의 경로에 들어선다. "네, 난 뉴스를 보고 싶지 않아요. 너무 우울해요. 선거를 보면 웃음이 나서 사랑스러울 정도라니까요. 선거에 간여하지 않으려고 노력해요."

내가 그래도 후보를 선택해보라며 고집을 부리자 가브리엘이 줄줄이 말하기 시작한다. "도널드가 좋은 기업가라고 생각해요. 돈에 밝으니까 백악관에서 잘할 거 같아요. 돈을 아니까. 미국은 그런 게 필요해요. 그치만 그 외에는 전부 아니에요. 그래서 힐러리가 어떨까 싶어요. 그치만 그 여자는 뭔가가 있어요. 별로 좋지 않은 게. 그 여자는 별로 좋은 느낌이 아니야." 가브리엘이 활기를 띠며 말한다. "하지만 그 여자 남편 있잖아요, 난 빌이 좋았어요. 음, 그런데 그 일을 생각하면, 그러니까 내 생각에 그 사람이 힐러리한테 충고도 하고 그럴 수 있으니까, 그럼 집권하면 잘할 수도 있겠네요!" 가브리엘은 익살을 떨지만 의도적으로 거리를 두면서 크게 웃는다. 그가 이번 선거에 참여하지 않으리라는 것이 분명해진다.[33]

'흑인 목숨은 소중하다' 운동을 이야기하자, 가브리엘은 경찰의 야만성과 대규모 투옥 같은 운동의 관심사보다는 개인의 행복, 내면의 선함, 자기 충족 같은 주제에 초점을 맞춘다.

모든 사람이 중요하죠. 꼭 흑인 목숨이어야 할 필요는 없어요. 모든 사람이 중요하니까. 내가 일을 가다가 백인이 바닥에 누워 있는 모습을 봤는데, 그 사람들이 도움이 필요하면 난 멈춰서서 "나라면 이렇게 안 살아"라고 말하지 않을 거예요. 그 사람들을 도울 거라고요. 흑인을 본다면 역시 그 사람들을 도울 거고요. 누구든 도울 거예요. 중요한 건 그거죠. 모든 사람이 중요하다. 증오가 너무 많아요. 이 나라에는 증오가 많아요. 모두가 그냥 행복하고, 자기 좋은 일을 그냥 하면 이 나라에 사랑이 훨씬 넘칠 거예요. 모두가, 모든 사람이 어느 정도 다른 사람들한테 둘러싸여서 사는 경험을 해야 해요. 서로 알아가야죠.

가브리엘은 이런 식으로 집단 간의 분열과 시스템 차원의 불평등을 보기보다 개별 인간의 최선을 믿는 쪽을 선택한다. "모두가 자기가 좋은 걸 하는 것"이 인종주의의 해법이 된다. 자기 성장과 회복에 대한 그의 낙관론적 서사는 미래가 과거보다 더 나으리라는 그의 믿음을 강화하는 듯하다. 가브리엘 헌터는 새로운 장소에서 집, 결혼, 공동체라는 자기만의 아메리칸드림을 쌓아 올렸다. 인종주의와 정치에 대한 대화를 피하고 억울함이나 분노의 언어보다는 개인의 구원이라는 언어를 포용한다.[34] 토리 로리노처럼 가브리엘은 정치적으로 가망이 없다 해도 자신을 심리적으로 보호해주는 치유 중심의 자아를 체현한다.[35]

낙관주의의 한계

가브리엘은 콜브룩이 이제껏 경험해본 장소 중 최고라고 하지만 스물네 살짜리 아들 에이드리언은 콜브룩 이사가 "엄마가 저지른 최악의 실

수"라고 말한다. 열세 살의 에이드리언은 뉴욕을 벗어나 가족들과 조용하고("총소리가 전혀 없었다") 안전한 동네에서 살아갈 기대에 신이 났었다. 열광이 두려움으로 바뀌는 데는 오래 걸리지 않았다.

학교 첫날에 정학을 당했어요. 학교에서 문제에 휘말린 건 처음이었어요. 거기 가기 전까지는 학교를 엄청 좋아했어요. 정학을 당한 건, 내가 랩하는 걸 좋아했는데, 그래서 랩 공책을 갖고 다니면서 내 랩을 적었거든요. 그런데 어느 날 그걸 학교에 가져가야겠다 생각한 거예요. 학교 첫날에. 랩 공책을 내 사물함에 넣으려고 했는데 아마 사물함 밖으로 떨어졌나 봐요. 누가 그걸 발견해서 교장 선생님한테 갖다 주고 자기들이 위협을 느꼈다고 말했대요. 어떻게 그들이 위협을 느끼는 건가 싶어요. 그들이 누군지도 모르고, 그들도 날 모르는데 말이에요. 그리고 그건 종잇조각이에요. 거기에는 걔네 이름도 안 나오고 그냥 랩이라고요.

에이드리언은 지역 경찰에게 꾸준히 감시를 당하고 있다.

경찰이 어느 날 나랑 형 때문에 학교에 온 거예요. 그 사람들, 형사요. 강도를 당한 어떤 노부인의 설명이랑 우리가 일치한다는 거예요. 그 노부인이 지갑을 도둑질당했다고. 혼란스러웠어요. 내가 "몇 시에 그랬는데요?" 그랬더니 시간을 말했어요. 그래서 우린 학교에 있었다고, 당신들도 우릴 학교에서 막 만나지 않았느냐고 그랬어요. 그러니까 우리랑 인상착의가 똑같고, 강도를 당한 장소가 학교 뒤에 있는 지역이라서 우리가 막 돌아온 거래요. 그래서 내가 말도 안 된다고 했어요. 학교에 있는 우리가 어떻게 강도질을 한다는 거예요.

에이드리언은 학교를 중도 포기했다. "그냥 학교가 나한테 맞지 않는 것 같았어요. 뭐랄까 아무 이유도 없이 자꾸 시비를 거니까. 내가 밖에서 길을 걸으면 바지를 질질 끌면서 걷겠죠. 내가 바지를 그런 식으로 입으니까. 그러면 사람들이 시비를 걸어요. 출신 배경을 가지고, 온갖 걸 가지고 시비를 걸어요." 열네 살 무렵 그는 자동차를 훔쳤고 마리화나를 매매했으며 친구들과 늦은 밤에 난폭 운전을 하며 돌아다녔다. "열다섯 살 무렵 나한테 크랙을 좀 팔아보라고 건넨 어떤 사람을 만나서 그런 일을 하게 됐어요. 그래서 잠깐 크랙을 팔기 시작했죠."

에이드리언과 그의 형은 차량 절도로 체포되었다. 그의 설명에 따르면 "정신 나간" 결말이었다. "판사랑 내 가석방 담당관이랑 어머니가 우리가 그냥, 그러니까 그 사람들이 엄마한테 말하기를 엄마가 짐을 싸서 다시 뉴욕으로 가서 돌아오지 않으면 우리를 풀어준다는 해법을 제시한 거예요. 그 사람들이 엄마가 더 이상 펜실베이니아 집에 없다는 걸 확인하고, 엄마가 다시 펜실베이니아로 차를 몰고 가서 우리를 태우고 뉴욕으로 데려다주게 했어요." 가족은 아들들의 안전을 위해 뉴욕으로 돌아갔다. 이번에는 이스트 브루클린의 가장 위험한 동네 중 한 곳에 있는 할머니의 비좁은 침실 한 개짜리 아파트였다. 에이드리언은 어머니와 새아버지가 몇 달 뒤 자신과 형을 남겨두고 노스캐롤라이나로 이사하자 머리끝까지 화가 치밀었다. 처음에는 "지하철 카드와 마리화나"를 팔다가 여기저기서 "유치장 신세"를 졌다. 다시 돌아가서 크랙 코카인을 팔면 더 많은 돈을 벌 수 있다는 사실을 깨닫기까지는 한참이 걸렸다. 그가 건조하게 덧붙인다. "왜냐하면 펜실베이니아에서 크랙을 처음 팔기 시작했을 땐 백인들한테 팔았거든요. 그런데 뉴욕에 와보니까 '아 망할, 여긴 돌아다니는 백인도 없는데 누구한테 크랙을 팔지?' 싶은 거예요. 흑인들도 크랙을 한다는 걸 몰랐죠."

얼마 뒤 그는 총기 폭력과 경찰 급습이 일상인 동네에서 다시 크랙을 팔았다. "다시 마약을 팔기 시작했어요. 내가 할 줄 아는 게 그거뿐이거든요. 우리한테 총을 쏘려고 하는 사람들, 경찰들은 우리를 걱정스럽게 바라보지만요." 에이드리언은 다시 펜실베이니아로 향했다. 이번에는 옛 친구들과 같이 살기 위해서였다. 그리고 다시 크랙 판매를 재개해서 총에 맞을지 모른다는 두려움에 시달리지 않고 한 주에 600달러에다가 밥값까지 벌었다. 그가 무심하게 말한다. "먹고살 돈은 벌었어요. 이젠 알잖아요, 누구도 날 위해서 무언가를 해주지 않는다는 걸. 이젠 자신을 위해 뭐라도 해야 한다는 걸."

에이드리언은 종국에는 합법적인 일자리를 발견했다. 하역 시설에서 12시간 근무하면서 시간당 11.75달러를 버는 일이었다. "좋은 직장이었어요. 그래서 크랙은 더 안 팔았어요. 아무한테도 그만둔다고 말 안 하고, 그냥 그만뒀어요."

크랙 판매를 그만두기 전에 경찰 위장 요원한테도 판 적이 있었어요. 근데 그 사람이 나한테 전화를 했는데 내가 더는 전화를 안 받은 거죠. 아무 전화도 안 받았거든요. 왜냐면 더는 크랙을 안 파니까. "왜 나한테 전화하지?" 싶었어요. 그래서 그 위장 요원이 "젠장, 이놈이 어디 간 거야?" 하면서 찾았겠다 싶어요. 원래 우리한테 그 사람이 더 필요했으니까. 그게 추수 감사절쯤이었어요. 추수 감사절에 맞춰서 집에 갔어요. 어릴 때 같이 지낸 사람들하고 함께하고 싶었거든요. 그러다가 내가 크랙을 같이 팔던 한 펜실베이니아 사람을 찾아갔는데 빵에 들어갔더라고요. 그러니까 그게 크랙 때문에, 총 때문에 빵에 간 거예요. 크랙을 갖고 있다가, 총을 갖고 있다가, 마리화나를 갖고 있다가 잡힌 거죠. 그 사람은 그거 때문에 5년을 받았어요. 난 심지어, 그 사람을 처넣은 인간이 나하고도 거래한 위장 요원이라는 것도 몰랐어요. 추수 감사절을 보내러 뉴욕으로 갔는데 그거 땜에 일자리가 꼬여버렸어요. 왜냐면 내가 쉴 수 있는 것보다 더 많이 쉬어버렸거든요. 그래서 돌아갔더니 당연히 일자리가 없는 거예요. 그래서 이젠 뭐 그런 거죠, 지금 일자리를 찾고 있어요. 또 다른 일자리요. 근데 그게 쉽지가 않아요. 당연히 다시 크랙을 팔기 시작했어요. 그런데 나한테 걸린 첫 사람, 첫 사람이 위장 요원이었어요. 그 사람한테 갔더니 경찰들이 나를 바로 가뒀어요. 이젠 그게, 그게, 내 인생을 망쳐놨어요. 이젠 중범죄자니까요.

에이드리언은 감옥에서 7개월을 살았다. 에이드리언에 대해 묻자 가브리엘이 안타까운 듯이 말한다. "내가 걔 변호사비를 댈 수 있으면 좋았을 텐데." 그러다가 환한 표정으로 말을 잇는다. "셋째 아들, 그러니까 막내아들이 열아홉 살이에요. 지금은 아주 잘 지내요. 막 새 직장도 얻었어요. 여기 맥도날드에서 일해요. 제대로 된 길에 들어선 거 같아." 나와 만났을 때 에이드리언은 출소한 지 일주일도 안 된 상태에서 어머니와 살면서 일자리를 찾고 있었다. "맥도날드에 지원서를 냈어요. 던킨도너츠도요. 임시 인력 사무소에서 신청서를 썼어요." 그는 손가락으로 숫자를 센다. "왜냐면 내가 여기선 밖에서 약 같은 걸 쉽게 팔 수 있다 보니까, 그래서 사람들이 날 쳐다보면, 길을 걷고 있는데도, 그러니까 사람들이 약 팔 궁리만 하는 흑인이라고 생각하는 것만 같아요."

가브리엘에게 아이들에 대해 묻자 그가 "아이고" 하면서 한숨을 쉰다. 가브리엘은 마뜩잖은 듯 에이드리언의 형이 지난 5년간 강도질 때문에 복역했다고 말한다. 가브리엘은 숨을 깊이 쉬며 혼잣말처럼 말한다. "애들을 보면 나를 보는 거 같아요. 가끔은 애들을 끌어당기며 안 된다고 말할 수 있으면 좋겠어요. 애들한테 계속 안 된다고 말해보려고 했지만 힘들어요. 가끔은 애들이 경험에서 배우게 놔둬야 하니까, 그게 그렇게 어려운 거니까. 애들이 제대로 된 길로 들어서면 좋겠어요." 가브리엘이 트라우마로 가득한 자신의 과거를 변화의 여정으로 들어서는 촉매로 이해하듯, 그는 체포되고 감옥에 가는 것이 아들들이 "제대로 된 길에" 들어서기 위해 거쳐야 하는 필연적인 결과라고 믿는다. 가브리엘은 아들들이 운명을 전적으로 자기 손으로 좌우할 수 있게 되면 고통스러운 경험에서 의지력을 끌어내 자신처럼 스스로 변화하리라고 낙관한다.

에이드리언과 만났을 때 대선이 겨우 일주일 앞이었다. 선거는 그에게 아무런 의미가 없다.[36] 그는 민주당이 집권하면 자신의 개인적인 안녕에 더 도움이 될 거라고 믿는다. "그러니까 난 전적으로, 당연히 도널드 트럼프보다는 힐러리 클린턴이 대통령이 되는 게 더 나을 거 같아요." 하지만 에이드리언은 투표를 거부한다. 삶이 자신을 우호적으로 대할 거라는 또는 어느 정당이 그에게 최선인 이익을 염두에 둘 거라는 믿음이 전혀 없다. "어쨌든 난 가난하게 자랐고 아직도 가난하잖아요. 나한테 좋은 변화는 한 번도 없었어요. 그 사람들은 부자들을 더 잘살게 만들거나 가난한 사람들을 더 힘들게 할 거예요." 그는 아메리칸드림과 모든 제도가 워낙 부패해서 공정함, 정의, 기회가 더는 존재하지 않는다고 믿는다. "모든 게 다 돈 문제예요. 아메리칸드림에는 인종주의도 없고,

사람들이 남을 심판하지도 않는다는 건 환상 세계에 사는 사람들 얘기예요. 돈이 있잖아요, 그러면 사람들은 돈으로 그 사람을 판단해요. 돈이 있는지 없는지를 가지고 사람을 다르게 본다고요. 돈이 있잖아요, 그러면 뭐든 하고 싶은 대로 해요. 밖에 나가서 사람을 죽여도 돈이 있으면 재판에서 이겨요."

에이드리언이 특히 인종 정의 사안에서 건강한 회의주의를 표출한다고도 볼 수 있다. 인종화된 감시의 시대에 순진하게 굴었다가는 말 그대로 목숨이 위태로워질 수 있기 때문이다.[37] 에이드리언은 거기서 더 들어가서 자기 시민들을 살상하기로 마음먹은 정부에 대한 음모론을 이렇게 요약한다.

내 생각에는 정부라는 게, 그게 뭔가 싶어요. 새로운 세계 질서? 내 생각에 정부는 정말, 내 생각에 정부는 정말로 사람들을 죽여버리고 인구를 통제할 거 같아요. 정말로 그렇게 믿어요. 진짜 믿어요. 정부는 인구를 통제하면 다른 것도 다 통제할 수 있으니까, 그래서 인구를 통제하고 싶은 거예요. 인구를 통제하면 돌아가는 상황을 다 통제하는 거거든요. 사람이 적으면 걱정거리도 적어지니까요. 아니면 보통 사람들보다 정부랑 관련된 사람들이 더 많아지면 통제가 쉬워지겠죠. 내 생각엔 그렇게 하려고 할 거 같아요.[38]

에이드리언이 정부를 비밀스러운 살인 집단으로 몰아갈수록 그가 정치적으로 뭔가를 할 가능성에 대한 믿음도 당연히 잦아든다.[39]

가브리엘과 에이드리언 모두 기존의 정치 변화 경로를 거부한다. 가브리엘이 가정과 행복에 조심스럽게 초점을 맞추고 에이드리언이 정부를 적이라 결론 내릴 때, 두 사람은 정치적 참여와는 완전히 거리가 멀어진다. 사람들이 충성심, 정체성, 타인을 향한 애착을 기반으로 서로 얽혀드는 민주적 참여에 대한 새로운 이해로 움직이고자 할 때, 우리는 불리한 위치에 있는 사람들이 어째서 애당초 다른 사람들과 관계 맺기를 거부하는지를 질문해야 한다. 가브리엘과 에이드리언의 설명에서 외부 세계에 얽히지 않음은 무관심, 무지 또는 무사안일함의 단순한 표출이 아니다. 집단행동에 대한 이들의 거부는 또 하루를 통과하고 고통을 학습 기회로 전환하며 자신을 절망에서 보호하기 위한 실용적인 전략으로 기능한다.

고통에서 정치로

우리가 만난 로리노 가족, 로저와 브렌다 애덤스, 가브리엘 헌터-잭슨과 그 아들 에이드리언과 같은 사람들은 세대, 직업 영역, 인종과 젠더 정체성이 다양하다. 이들 모두 자신의 개인적인 문제를 집단행동으로 연결해줄 수 있는 제도를 심각하게 불신한다. 그리고 이들 모두 정치인들이 자신을 위해 일하지 않는다는 생각을 분명하게 수용한다. 이에 대응하여 각 가족은 자신의 힘으로 세상에 대한 기본적인 신뢰감을 뒤흔든 사나운 경제적, 문화적 변화와 타협하기 위해 애쓴다. 고통을 다스리기, 즉 자신이 겪는 고생의 근원을 이해하고 그 책임을 누군가에게 묻기 위해 각자 노력하는 과정에서 많은 사람이 아무리 좋게 봐도 기성의 정치가 무능하다고 확신한다.

안토니오와 조이스는 아이들의 미래에 닥칠 부패의 물결을 저지하기 위한 마지막 노력으로 외부 후보자에게 눈을 돌린다. 이들은 노동계급의 안녕보다 이윤에 대한 욕망을 더 우선시하는 기업에 대단히 비판적이다. 하지만 자기 가족의 경험을 놓고 고민하던 그들은 정부의 안전망을 문제의 해법이 아니라 근원으로 지목한다. 정치인들이 표를 얻기 위해 정부 "지원금"을 나눠주는 바람에 딸이 강하게 단련될 기회였던 고통을 경험하지 못했다며 그들을 비난한다. 이 논리에 따르면 권력을 유지하기 위해 표가 필요하지 않은 외부자 출신 후보만이 이 악순환을 끊을 수 있다. 이들의 딸 엘런은 이용당한다고 느끼면서도 확신 없이, 마지못해 "약체"에게 투표한다.

로저 애덤스는 자신이 노동자로서, 아버지로서 실패한 사실을 알고 있다. 로저는 "남자는 일을 바로잡을 필요가 있다"고 주장하면서도 사내다운 대책과 보호라는 자신의 이상에 맞춰 살지 못한다. 폭력적인 백인 우월주의에 대한 환상을 유지하면서 자기 가족의 유산을 복원하고자 한다. 그는 자신이 겪는 심신의 고통이 적법하다는 인정을 받지 못하는 데에 분을 참지 못하고, 자신이 진정한 애국자이기에 다른 사람들보다 많은 정부 지원을 받을 자격이 있다고 주장한다. 가족의 흑역사를 자랑스러워하는 로저는 더는 기존의 정치 시스템에 따라 움직이기를 원치 않는다. 기존의 정치 시스템을 완전히 파괴하고 거리에서 인종 전쟁을 치르고 싶어 한다.

다른 사람들은 정치에 완전히 거리를 두고 내부로 방향을 돌린다. 토리와 가브리엘은 부당하고 고통스럽고 트라우마로 가득한 과거의 사건들을 학습 기회로 재설정하고, 안전과 행복을 사회 변화가 아닌 인식의 문제로 전환해 외부 세계의 걱정을 초월해버린다. 이 여성들은 자신들을 꾸준히 좌절시킨 고난과 구원의 경험에서 자존감이 형성되었다고 주장한다. 이들은 자기 성장과 자각으로 이어질 수도 있고, 중독과 절망과 범죄로 이어질 수도 있는 인격 테스트라는 틀로 고통을 바라본다. 가브리엘은 긍정적인 사고로 가난과 실업과 인종주의와 벌이는 싸움을 정치 영역과 별개로 생각하려고 노력하지만, 실업 상태에다 막다른 골목에 몰린 아들 에이드리언은 "무엇도 나를 바꾸지 못한다"는 것만 학습한다.

2장부터 5장에서는 노동계급의 다양한 집단이 어떻게 자신의 고통을 설명하고 치유 전략을 상상하는지를 더 자세히 들여다보면서 고난을 관리하는 전략들을 계속 살펴볼 것이다. 6장에서는 인종과 젠더를 넘어 노동계급을 하나로 묶어주는 민주주의에 대한 신뢰의 완전한 부재, 그 자리에 대신 들어선 자기 계몽의 주문들과 음모론을 들여다볼 것이다. 결론에서는 '노동계급이 각자의 고통 서사들을 이용해서 집단 대응을 요구할 수 있을까'라는 시급한 질문을 다룰 예정이다.

2장 　　　　　　　　　　　　　잊힌 남자들

콜브룩에서는 금요일 밤만 되면 고등학교 풋볼 경기 때문에 수천의 인파가 바글바글 대고, 노란색과 초록색이 섞인 의용 소방대 트럭이 메인 스트리트에서 퍼레이드를 이끈다. 어머니들은 번갈아가면서 핫도그와 아이스크림, "콜브룩 풋볼을 다시 위대하게Make Coal Brook Football Great Again!"[트럼프의 구호인 '미국을 다시 위대하게Make America Great Again'를 연상시키는 문구다.] 티셔츠를 판매한다. 팬들은 잡화점 주차장에 차를 대놓고 음식을 먹거나, 차고에 주류 밀매장을 차리고는 미지근한 맥주가 담긴 플라스틱 컵과 프레첼을 팔면서 홈팀을 와자지껄 응원한다. 이들이 풋볼 경기장의 밝은 조명 아래 함께 서서 국가가 울려 퍼지는 동안 가슴에 손을 올리고 있으니 마치 노동으로 광산 공동체의 기반을 다졌던 광부들이 한물가기 전으로, 지금보다 더 단순했던 시대로 잠시 돌아간 듯한 기분이 든다.

　콜브룩의 백인 남자들은 자신들이 물려받은 생계 부양과 가족 보호와 용기라는 사내대장부다운 유산을 부여잡으려는 덧없고 짧은 시도로 자신들의 고난을 표출한다. 이 장에서는 이런 남성들이 어떻게 창의적이지만 때로는 불안을 조장하는 방식으로 자신의 정치적 동맹을 재구성하는지를 살펴본다. 가족을 부양하려고 발버둥 치는 일부 백인 남성들은 노동자를 위한 경제 정의, 공정함, 존엄을 정치의 핵심에 놓고 노동자의 권리를 위해 싸우는 데 실패한 정치인들을 비난한다. 이 남성들은 자신들의 끈질긴 투쟁, 개인적인 진실함, 타인을 향한 관대함을 사회적으로 인정받지 못하는 데 좌절을 느낀다. 이들은 이에 대한 보상심리로 집단적인 보조금에서 소수 인종, 이민자, 난민, 비노동자를 배제해야 한다는 입장을 피력한다. 한편 집단으로서의 노동자와 경영자 간 사회계약에 대한 의식이 전혀 없는 일부 노동계급 남성들에게는 고된 노동과 자기희생이 중요한 정체성이다. 이들은 스스로를 자랑스럽게 **노동자**라고 규정하지만, 공동의 경제적 운명을 짊어진 **노동자들**로 바라보지는 않는다. 그들 중 누구도 몸을 망가뜨리지 않고서는 아무것도 손에 넣을 수 없는 현실을 탓하지 않는다. 이들은 자신의 고생을 미화하면서 의존적인 삶에 굴복한 사람들을 가장 혹독하게 경멸한다. 소수의 남성은 가치 있는 삶을 산다는 게 무엇인지를 재규정하려고 하면서 임금 소득, 극기, 공격성을 남성성과 분리한다. 이런 분리의 과정은 이들을 어린 시절의 정치적 전통에서 분리하는 결과로도 이어진다.

존엄과 배제

고졸 학력에 쉰여덟인 백인 건설 노동자 에드 페스너는 아버지가 그랬

94

듯 일생을 콜브룩에서 살았다. 아내 도로시는 꽃가게에서 일하다가 막 은퇴했다. 에드가 기억을 더듬는다. "어릴 때는 모퉁이마다 술집이 하나씩 있었어요. 그리고 모퉁이 하나 건너 하나씩 가족들이 하는 점포 같은 것도 있었고요. 우유 배달원도요. 제빵사들도 다양했어요. 집으로 찾아왔죠. 무슨 말인지 알죠?" 대화 초반 몇 분 만에 에드는 "아버지가 광부였는데, 결국 그것 때문에 돌아가셨어요. 진폐증으로"라고 말한다. 당시에는 회사가 노동자를 수천 명씩 채용했다. "이제는 기업이 모든 걸 죽여 놨어요. 모든 게 망했죠. 다 끝장났어. 어릴 땐 잠자리에 들 때 문도 안 잠갔어요. 요즘에는 절대 그렇게 못 해. 있잖아요, 내가 말이야, 전에는 내 집에서 총을 장전해본 적이 없는 사람이거든. 그런데 지금은 집에서 총을 장전해놔요."

에드는 자신의 오랜 경력을, 개인적인 진실함을, 가족에게 제공할 수 있는 안전을 자랑스럽게 여긴다. "난 받을 연금이 있어. 진짜 좋은 보험도 있고. 아내가 말해줄 거요." 그가 뿌듯한 표정으로 아내를 바라본다. "암, 남자들이 노조에 가입하지 않고 일하면 돈을 조금 더 벌 수 있지. 하지만 은퇴할 땐 빈손이야. 내가 그걸 손에 넣는 데 25년이 걸렸어요. 하지만 그걸 위해 남 궁둥이를 핥지는 않았다고." 2008년 주택 붕괴 이후에는 건설 일이 거의 없었다. 에드는 작년에 제2형 당뇨병 진단을 받아서 아직 의료 보험이 필요하기 때문에 은퇴할 수가 없다. 에드는 가족을 부양하기 위해 매주 월요일 새벽 3시 반에 집을 나서서 3시간 동안 운전을 하고, 주중에는 공동으로 쓰는 모텔방에서 잠을 자며 천연가스 채취 현장에서 일한다. "우린 유정에서 큰 파이프나 밸브로 이어지는 관을 놔요. 파이프라인을 만드는 거지. 그 가스선이 우리 목숨을 살렸어. 젠장, 작년 10월에 이 일을 얻었는데 겨울 내내 거기서 지내." 바깥 온도가 영하 20도일 때도 에드는 감사해한다. "24년 동안 멀리 나가서 생활할 일이 없었어서 좀 힘들긴 하지만 말이야."

에드와 도로시는 정부가 부를 재분배해서 공익을 위해 일자리 창출과 인프라, 교육에 투자해야 한다는 데 열렬히 동의한다. "나는 정치인 탓이라고 봐요. 몇 년 전에 정치인들이 이 지역에 좋은 산업을 일굴 수 있었어. 근데 그들은 사람들이 돈을 많이 버는 걸 원하지 않았어. 사람들을 내리누르고 싶어 하지. 이 지역의 문제는 이제 일할 데가 없다는 거야. 산업이 없어. 아무것도 없어요." 에드는 이 문제를 국가 전체 규모로 연결한다. "내 생각에 문제는 그 사람들이 수입을 너무 많이 한다는 거야. 이 나라에서는 더는 뭘 만들지를 않아. 미친 거지. 우리가 사용하는 파이프만 해도 다 외국에서 와요. 맙소사. 그죠?" 에드와 도로시는 기업의 낮은 세율도 불만이다. 에드는 민주당과 공화당 정치인의 비생산적이고 끝없는 트집 잡기를 겨냥한다. "그 사람(주지사)은 가스에 관세를 매기고 싶어 하지. 근데 정치인들이 가만 안 놔둘 거야. 어째서 우리가 천연가스에 추출세가 없는 유일한 주여야 하는 거지? 맙소사, 웨스트버지니아마저 추출세가 있다고." 에드가 발끈한다. "그게 기업이 정치인들을 돈으로 매수하는 또 다른 사례야. 기업들은 세금은 가만 안 두거든. 그게 돈이 엄청 들어가. 5억 달러나 들어간다고. 주지사는 학교를 개선할 수도 있었어. 정치인들은 학교랑 온갖 거, 거 있잖아, 도로, 다리, 뭐 그런 데다 시비를 걸어. 그 돈이 학교로 갈 수도 있는데."

에드는 정치인들이 가족을 부양할 수 있는 일자리를 제공할 의무를 지닌다고 잘라 말한다. 그는 부자들이 내야 하는 세금을 올리고 넓은 의미의 "우리", 즉 학교, 도로, 다리 같은 공익에 투자하여 탐욕을 길들여야 한다고 생각한다. 노조가 있는 직장을 다니는 그는 지출 감축을 지지하는 정치인을 강하게 불신한다. "공화당이 집권하면 우린 그 일을 못 해. 아, 우린 절대 공화당원은 못 돼. 거긴 부자들이거든." 에드와 도로시는 평생 민주당원이다. 두 사람은 정부 원조가 필요한 사람들에게 지원해주는 것을 반대하지도 않는다. "솔직히 말하면 겨울에 내가 해고당했을 때 우리도 WIC[여성, 유아, 어린이 영양 지원 프로그램]를 받았어요." 이들은 2000년에 부시가 고어를 이겼을 때 얼마나 화가 났는지를 언급한다. "난 심지어 부시한테서 돈도 돌려받은 사람이야. 그걸 바란 게 아니었어. 부시는 흑자를 물려받았어. 그러고는 날려버렸지. 그런 사람이 대통령으로 출마했다는 것 자체가 수치야. 무슨 말인지 알죠?"

하지만 두 사람은 "우리"의 의미를 그럴 만한 자격이 있다고 인정할 수 있는 사람들로 조심스럽게 제한한다. 가령 에드는 아직 사회 보장의 혜택을 받을 정도로 나이가 들지 않았는데, 이 때문에 분개한다. "정치인들이 거기다가 땡전 한 푼 넣지 않은 사람들한테 그 돈을 주고 있다고. 그래서 그게 망가지는 거거든." 앨리 혹실드의 《자기 땅의 이방인들》에 나오는 티파티 구성원들처럼 에드는 자신이 손에 넣기 위해 몸 바쳐 일하며 많은 것을 희생한 아메리칸드림을 훔쳐간 "새치기한 사람들"에게 분통을 터뜨린다. 이런 맥락에서 에드는 미국이 엉뚱한 사람들에게 신경 쓰고 있다고 주장한다. 에드는 가족사를 되짚으면서 이야기한다. "우리 조부모님이 거기서 넘어왔어요. 그분들은 폴란드어를 썼거든요. 하지만 영어를 배웠어요. 이 사람들, 이런 사람들은 영어를 배우려고도 안 해. 멕시코나 온갖 데서 오는 사람들 있잖아요. 그냥 글러먹은 거야. 그리고 요즘에는 뭘 사면 거기에 스페인어로 적혀 있어. 그 사람들 좋으라고 하는 짓이지. 그런 건 하면 안 되는 짓이야! 말을 배워야 할 거 아니야. 아니면 여기서 떠나라고."

그의 아버지는 "지랄 맞은 제2차 세계대전을 겪었다."

8년 전에 여든셋의 나이로 돌아가셨어요. 마지막 몇 년 동안 내가 어릴 땐 안 해줬던 얘길 해주셨지. 가슴속 이야기를 해주고 싶으셨나 봐. 놀라웠어요. "와, 좋아요." 그랬지. 그런 거 있잖아요. 아버지는 그 뭐냐, 전쟁에 나갔어. 사람을 많이 죽였고. 아버지 말이 "내가 죽을 거냐, 아니면 그 사람들이 죽을 거냐"였다는 거야. 어쩌겠어? 그렇잖아요. 그런데 독일에서 포로를 잡았다는 거야. 포로가 나치 친위대면 두 발을 쐈대, 한 발이 아니고. 나치 친위대는 포로로 잡아가지도 않았대요. 나쁜 놈들이었으니까.

가족의 지난 역사를 이야기하는 내내 에드는 기꺼이 목숨을 걸고, 조국을 위해 선과 악 사이에서 생사를 건 무자비하고 난폭한 선택을 하고, 극기하듯 참아낸 남자들에게 경의를 표한다. 에드는 자신의 선조들이 미국인이 되기 위해 기꺼이 많은 희생을 감수했다는 사실에 눈에 띨 정도로 흥분한다. 그는 자신이 이 나라의 우선순위 중심에서 주변으로 강등되었다고 느끼기에, 저스틴 게스트의 표현처럼 미국을 건설하기 위해 "난리 통을 경험하지" 않은 다른 집단들의 발버둥을 인정하지 않는다.[1]

요즘 그는 "(이민자들이) 미국을 건설하기 위해 일하지 않으려" 한다고 믿는다.

에드 글러먹었어. 입원 같은 건 이제 손도 못 써요. 나도 모르겠어요. 보험이 없는데 아기를 가지면 5만 달러를 내야 돼. 무슨 말인지 알죠? 그런데 외국인은 아기를 공짜로 낳게 해준다고요.

도로시 아니면 있잖아요, 생활 보호 대상자 같은 사람들. 애들을 위해서라는 건 아는데, 그러니까 그런 사람들이 계속 애를 또 낳잖아, 계속.

에드 내가 얘길 할게요. 의대에 가봐요, 전부 외국인이야. **우리 같은 사람들은 뭐가 잘못된 거죠? 어떤 점수를 받아야 되는 거야?** 그러니까 다 외국 사람이라니까. 병원에 가봐요. 이 사람들이 우리 말을 이해도 못 해. 내가 텔레마케터한테 그랬어, 당신이 영어를 더 잘 이해하게 될 때 나한테 다시 전화하라고. 그러고 끊었어. 말을 통 못 알아먹어서 전화를 끊었다고요! 알잖아요, 이런 일 너무 짜증 나는 거.

도로시는 성격과는 다르게 과감한 태도를 보이며 덧붙인다. "시민이 되고 싶으면 똑바로 해야죠. 똑바로 못 하면 여기 있으면 안 돼. 불법이면 말이야. 그 사람들을 싹 다 모아서 내보내야 해요!" 마리아 케팔라스Maria Kefalas가 연구한 변화 중인 한 시카고 동네의 백인 "노동계급 영웅들"처럼, 에드와 도로시 역시 새로 마을에 유입된 소수 인종들이 안 그래도 위태로운 자신들의 안정과 유서 깊고 점잖은 생활 방식을 위협할까 두려워한다.[2]

에드와 도로시는 일자리가 있다 해도 젊은 사람들이 "일하기 싫어할" 거라며 걱정한다. 두 사람이 금요일 밤마다 응원하는 풋볼 선수들도 예외가 아니다. "이제 그런 정열이 없어요. 코치가 어떤 선수를 선발하든지 간에 주state 대회 우승팀으로 만들지는 못할 거예요."

에드와 도로시는 부모들이 본인들의 고된 노동과 자기희생을 저평가하여 현 세대의 도덕적 성품을 망가뜨렸다고 믿는다. 이들은 요즘 부모들이 아이들에게 자신을 팀보다 더 앞세우고 불평하며 이기기 위해 수단과 방법을 가리지 않으면 성공할 수 있다고 가르친다고 말한다. 부부는 아들의 야구 경기 날에 있었던 일을 들려준다.

에드 조그만 리그에서 애들이 경기했던 얘기를 해줄게요. 코치 중에 부모들이 욕을 하면 애들을 경기에서 뛰게 해주는 사람이 있었어요. 우리 아들이 그날 경기에 나갔는데, 이루타를 친 거야. 아주 제대로 쳤지. 근데 다음에 보니까 벤치에 앉아 있는 거야. 다른 애 때문이지…… 우린 코치한테 욕 한 번 안 했거든. 그래서 내가 욕을 해야 했나 싶었지. 사람들이 나한테 "왜 애를 뺐대요?" 그러잖아. 코치가 그러는 거야. 모든 부모가 우리 부부 같으면 좋겠다고.

도로시 소리소리 지르지 않으면 아이가 경기에 뛰질 못해요. 근데 우린 그런 거 안 하거든. 우린 싸우거나 난리 치거나 그런 거 안 해요.

에드 다들 팀은 신경 안 쓰고 자기가 하고 싶은 대로만 하려고 해. 무슨 말인지 알죠? 다시 그런 상황이 오면 나도 그 사람들처럼 욕할 거야.

미셸 라몽이 블루칼라 노동자에 관한 중대한 연구에서 밝혔듯 백인 남성들은 한때 **규율된 자아**disciplined self를 수행하면서 존엄이라는 감각을 얻었다. 규율된 자아란 고된 노동, 극기, 어려운 결정을 내리는 진실함, 개인의 야망을 미루고 다른 노동자들과 연대를 추구하는 태도, 가족과 나라를 위한 희생 등의 덕목을 말한다. 하지만 에드는 이런 덕목들이 이제 더는 중요하게 평가받거나 존중받지 못한다고 믿는다. 교훈은 명료하다. 네가 착한 사람이면, 다른 사람들을 먼저 배려하면 너는 찌꺼기밖에 못 얻는다는 것이다.

경제가 점점 약탈적으로 변하고 다른 사람들에 대한 신뢰가 사그라들자, 에드는 자신과 자기 가족의 유산을 자부심 넘치던 원래의 자리에 되돌려놓을 수 있기를 절박하게 희망한다. 불법 이민자들을 쫓아내고, 미국을 영어만 쓰는 나라로 만들고, 에드만큼 열심히 일하지 않는 사람들에게는 혜택을 삭감함으로써 말이다. 정치인에 대한 맹렬한 불신 때문에 민주당에서 멀어진 이들의 마음은 자신들의 문제를 다시 이 나라의 주요 우선순위로 되돌려놓을 마지막 희망을 안겨준 외부 후보자에게 기울었다. 2015년 8월, 에드와 도로시는 공화당을 한 번도 찍어본 적이 없는데도 도널드 트럼프에게 끌렸다. 에드가 말한다. "그 사람이 진실을 말하고 있다고 생각해요. 그러니까 힐러리는 민주당원이잖아요. 그치만 그 여자는 사기꾼 같아요. 미안해요. (트럼프가) 힐러리 클린턴에 대해서 말하잖아요. 그 사람이 그러는데, 내가 그 여자한테 돈을 줬고, 그래서 그 여자가 내 결혼식에 왔다고." 그가 생각에 잠겨 말한다. "어째서 우리가 그런 파티 같은 걸 해야 하죠? 그 사람들 다 매수된 거예요. 대통령에 출마하려면 억만장자여야 한다니 이런 슬픈 일이 어디 있어요. 너무 슬퍼." 도로시는 남성의 권위 상실에 두려움을 표출한다. "사람들은 그런 높은 자리에 있는 남자를 더 많이 존경해요. 그런 사람을 더 무서워해. 우리한테는 뭔가를 단호하게 달성할 사람이 필요해요." 이들이 생각하는 이상적인 세상에서는 지금이야말로 미국을 납치한 사람들에게서 다시 미국을 되찾아와야 할 때다. 이들에게 트럼프는 새로운 시작을, 자신의 아버지가 열심히 싸우고 많은 것을 포기하며 성취한 미국의 근간을 썩게 만든 도덕적인 오염을 씻어냄을 상징한다.

우린 준비해놓고 기다리고 있어요

서른하나의 금속 공장 노동자 브라이언 리자크는 첫인상만 보면 플란넬 셔츠에 북슬북슬한 수염으로 무뚝뚝한 남성성을 표현하는, 순하고 예의 바른 사람 같다. 하지만 내면을 들여다보면 말없이 전쟁을 준비하고 있다. 그는 공원에서 헤로인 주삿바늘을 발견하고 나서 최근에 "우리 마을을 되찾을" 준비가 된, "공개적으로 총을 들고 다니는 자경단원 사십 명"의 오후 2시 행진을 조직했다고 말한다. 브라이언이 차분하게 설명한다. "우린 일종의 민병대예요. 알잖아요, '흑인 목숨은 소중하다' 애들이 길거리를 차지하면 우리도 훈련을 받고서 똑같이 대접해줄 준비를 하는 거죠. 우리가 우리 스스로를, 가족을, 아니면 우리 지역을 방어할 필요가 있으면, 그게 우리 목적이죠. 일종의 사마귀처럼. 옆에 앉아서 나쁜 짓은 아무것도 안 하면서 그냥 기다리는 거예요, 준비해놓고서."

브라이언은 한결같은 보호자와 부양자 남성을 이상으로 여긴다. 브라이언은 유서 깊은 군인 집안 출신이다. 아버지는 해외에 주둔했고, 이후에는 폭동이 나서 더는 일할 수 없을 때까지 주 교도소에서 경비원으로 일했다. "아버지가 군 복무 중일 때는 외상 후 스트레스 장애 같은 건 없었어요. 사람들은 그게 뭔지도 몰랐죠. 그럴 때 우리 집 꼰대가 불안 진단을 받았는데, 제대하고 그런 직업을 가진 영향이라고는 알아차리지 못했어요." 브라이언은 아버지의 뒤를 따라 고등학교를 마치자마자 군에 입대했다. 그는 이라크전에서 7개월을 보냈다. 돌아온 후에는 피자 배달원, 계절제 월마트 계산원, 목수로 일했다. 여자 친구와 두 아이를 낳았지만 돈 문제 때문에 항상 다투다 보니 여자 친구는 결혼에 부정적이다. 브라이언은 현재 집에서 2시간 떨어진 곳에서 공장 일을 배우는 중이다. "혜택이 형편없는 곳이에요. 시급 22달러에서 시작한다니까요. 올라갈 일이 한참 남았죠." 브라이언은 이사를 가면 새 출발을 해서 잘살 수 있지 않을까 싶다.

브라이언은 아버지를 감정적으로 거리감이 있고, 거의 집에서만 지내는 술고래로 묘사한다. 아버지에게 사회적 관계의 유일한 원천은 백인 민족주의자 폭주족이었다. 브라이언이 회상한다. "폭주족 같은 사람들하고 어울리면서 자랐어요. 급진적인 백인 모임에도 참여했고요. 어릴 땐 그런 스킨헤드 친구가 많았어요." 그는 아버지 세대의 "경멸적인 언어"[3]를 거부한다면서도 백인 정체성은 유의미하다는 입장을 꾸준히 고수한다. "나는 우리 아이들이 KKK가 괜찮다고 생각하지는 않으면 좋겠어요. 무슨 말인지 알죠? 그치만 아이들이 모든 백인 집단을 그냥 백인이라는 이유만으로 나쁘다고 생각하는 것도 원치 않아요. 알잖아요? 자부심은 모든 것에 있어요. 그렇잖아요, 우리 가족, 나라는 사람. 내가 이런 사람인 건 우리 가족이 그렇게 만들어졌기 때문이에요. 온 가족이 다 백인이고 다들 자신만만하니까."[4]

브라이언은 "회원이 되려면 백인 민족성이 있어야 하는" 민병대에 속해 있다.

우리는 행실 면에서 백인 신사라고 생각해요. 있잖아요, 전에 말한 것처럼, 그러니까 모든 사람을 위해서 문을 잡아주고, 모든 사람한테 안녕이라고 인사하고. 있잖아요, 우린 라틴계 왕처럼 다른 집단을 많이 지켜줘요. 사람들을 지원한다고요. 그 사람들은 우리하고 아주 똑같아요. 그 사람들은 자기 인종을 지키고 발전시키려고 하잖아요. 그 사람들은 우리처럼 인종의 순수함을 믿어요. 그래서 나도 그걸 믿는 거예요. 가족, 신앙, 사람들. 우리 유산과 전통으로 할 일이 많아요. 그러니까 전에 말한 것처럼 그런 게 우리한테 아주 중요해요. 내가 국가를 부르면서 이렇게 잘 자랐잖아요. 알잖아요. 그건 우리가 밖에 나가서 누가 뭔가 하고 있는 걸 못 하게 막는 거랑은 다른 거예요. 게이 커뮤니티가 프라이드 데이를 누릴 수 있으면 우리도 프라이드를 누릴 수 있어야죠.

개인의 유전적 순수성에서부터 여성의 섹슈얼리티, 국경 안보에 이르기까지 경계 유지에 대한 걱정은 오늘날 백인 민족주의자들의 사고에서 핵심적이다.[5] 브라이언은 자신의 뿌리가 "백인 신사" 공동체에 있다고 여기고 "내 가족과 나라는 사람을 위해" 자부심과 인정을 얻고자 한다.

남성성은 지속해서 입증하고, 여성성과 구분 짓고, 공개적으로 인정받고, 개인적으로도 승인받아야 한다.[6] 과거의 연구들은 어떻게 노동계급 백인 남성들이 수치와 굴욕에 대한 위협 때문에 착취적인 노동을 수행할 수밖에 없었는지를 보여주었다.[7] 가령 폴 윌리스Paul Willis는 육체노동에 종사하는 노동계급 젊은 남성에 관한 연구에서 노동계급 남성 청소년들이 육체노동은 여성에 대한 남성의 지배를 표현한다고 보기 때문에 굴욕적인 일자리를 수용한다는 사실을 발견했다.[8] 유색 인종 남성들이 가장 천하고 더러운 일자리에 한정되는 것 역시 이들의 우월감을 강화했다. 그러나 지불 노동이나 가족에 대한 권위에 정체성의 닻을 내릴 수 없는 브라이언에게는 "나라는 사람"의 근원으로 호소할 수 있는 것이 오직 백인이라는 사실밖에 없다.

브라이언은 세계에서 가장 힘 있는 나라인 미국이 "캐나다보다도" 아래인 웃음거리로 전락했다는 데 분통을 터뜨린다.

104

부끄럽다는 단어까지는 쓰고 싶지 않아요. 그치만 조금, 내가 군인 출신이라고 말하는 게 전만큼 자랑스럽지가 않아요. 그리고 그건, 그러니까 군인 출신들한테 붙는 낙인 같은 것 때문이 아니에요. 난 다른 사람들이 무슨 생각을 하는지는 별로 관심을 안 쓰니까, 현실적으로요. 그냥 우리나라 꼴이 그렇잖아요. 진짜 우리나라 지도자들하고는 아무 상관이 없어요. 우리가 스스로 아주 예민해지고 약해지도록 방치한 거라고요. 우리는 다른 나라의 웃음거리예요. 어렸을 때, 내가 군대 가기 전에는 캐나다가 약하다고 생각했어요. 우리보다 더 아래라고요. 근데 지금 나이를 먹어서 보니까, 와, 캐나다가 약하지가 않은 거예요. 거긴 군대가 없거든요. 캐나다는 군대가 필요 없어요. 걔네는 자기 일이 아니면 참견을 안 하니까.

브라이언은 딱히 도널드 트럼프를 좋아하지는 않는다. 트럼프가 "오만한 얼간이"처럼 굴고 말에도 품위가 없다고 생각한다. "어느 정도 수준은 있어야죠. 푸틴을 봐요. 그 사람은 오점이 하나도 없어. 트럼프가 대통령이 되는 게 그렇게 나쁜 그림은 아닌데, 별게 없어요." 그런데도 브라이언은 트럼프에게 공감한다. 그를 "남자 중의 남자", 여성화되고, 예민해지고, 약해진 미국이라는 나라에서 이단아 같은 존재라고 말한다. "트럼프는 기본적으로 우리의 새로운 미국이 창조한 거예요. 우리가 그 사람을 창조한 거죠."

우리가 그 남자를 창조했어요. 그 남자의 믿음 같은 걸 가지고 말이에요. 1950년대를 보라고요. 70년밖에 안 됐잖아요. 그때는 그렇잖아요, 인종주의자여도 괜찮았어요. 여자들한테, 게이들한테, 유색인들한테 경멸적인 말을 써도 괜찮았다고요. 그런데 지금은요, 70년이 지나서 말이에요, 그런 거에 적대적인 게 괜찮지 않은 게 아니고, 마치 그런 거에 적대적인 사람들은 "오 트럼프가 그런 생각을 하다니 죽여버려야 돼" 이런 식이라고요. 생각이 그렇다고 해서 그 사람한테 폭력을 휘두르다니, 그런 방법이 어떻게 그 사람을 개선할 수가 있어요? 이 나라는 자유국간데. 발언의 자유 위에 세워진 나라잖아요. 백래시 없이 힐러리를 지지할 수 있어야 하고, 백래시 없이 버니를 지지할 수도 있어야 하고, 트럼프도 지지할 수 있어야죠. 오바마를 보면, 오바마는 이 나라 최초에다가 제일 큰 논란이었어요. 개인적으로 내가 그 사람이 좋은 대통령이었다고 생각할까요? 나는 그 사람이 더 잘할 수도 있었다고 생각해요. 내가 그 사람한테 투표를 했을까요? 아니요. 나는 인종에 대한 역차별이 많았다고 느껴요. 많은 사람이 그 사람을 찍고 지지한 건 그 사람이 흑인이었고, 그 사람을 지지하면 자기가 인종주의자처럼 안 느껴지니까 그런 거 같아요.

정치적으로 올바르고 약하고 예민한 사람들이 브라이언과 그의 아버지 같은 진짜 미국인들이 희생을 감수하여 지킨 진짜 미국을 "남자 중의 남자"에게서 훔쳐 갔다는 논리다. 앨리 혹실드가 루이지애나에서 연구한 티파티 공화당원들 역시 "게이 신혼부부를 보고 행복해하고, 시리아 난민들의 고난을 보고 슬퍼하며, 납세에 분통을 터뜨려서는 안 되는" 상황을 말하며 자신들이 어떻게 느껴야 하는지를 통제하는 자유주의적 규칙에 비슷한 분노를 표출했다.[9] 브라이언은 백인 남성의 정체성과 권력을 공개적으로 예찬하면서도 그 과정에서 인종주의자라고 느끼지 않을 권리를 주장하며 자신의 인생에 자부심과 목적의식을 복원한다.

티파티 공화당원들과는 달리 브라이언이 누군가를 대통령으로 선택한다면 "하고자 하는 일에서 생각은 트럼프와 같고 품행은 버니 같은" 인물을 지지했을 것이다. "버니는 조금 공산주의자 쪽에 가깝긴" 하지만 "공산주의에도 사람들에게 이로운 게 좀 있어요. 그 사람 심장하고 머리는 제대로 된 것 같아요. 이 나라는 단일체고, 기계 같은 거라서 모두가 맞는 자리가 있거든요. 어떤 사람은 다른 사람보다 더 많이 벌 수밖에 없긴 한데, 그래도 절대적인 하한선이라는 게 있어야죠. 미국인 중에 누구도 굶어서는 안 돼요. 누구도 집이 없어서도 안 되고요." 브라이언은 정부가 개인의 자유를 보호하기 위해서만 존재하는 게 아니기에 모든 사람이 "맞는 자리"를 찾도록 해줘야 한다고 믿는다. 그는 노동자를 "소모품" 취급하는 게 얼마나 수치스러운 짓인지에 주의를 환기하며, "단일체" 또는 전체가 개별적인 부분들의 합보다 더 크다고 믿는다.

브라이언은 자신의 역사를 되짚는다. "우리 조상들, 많은 아일랜드 사람이 광산에 와서 살해당했어요. 불법으로 넘어온 많은 사람이 소모품으로 여겨졌고, 그렇게 이용당한 거예요. 이 나라에는 사람들이 보지 못하는 유령이 많아요. 알잖아요, 우리는 이 나라가 시작됐을 때부터 불법 난민과 이민자를 반대했어요." 그는 아일랜드 이민자로 미국에 온 경험을 노예가 되어 고향을 강제로 떠나야 했던 경험과 같이 보며 아프리카계 미국인들의 고난을 희석하려 한다. "흑인 공동체가 탄압당하고 억눌린 건 이해해요. 그렇잖아요. 아시아인들, 백인들, 흑인들, 하여간요. 다들 탄압당하고 억눌렸어요. 다들 그런 일을 거쳤고, 형편이 더 좋아졌잖아요. 그런데 요즘 '흑인 목숨은 소중하다' 시위대를 봐요. 그걸 보면 지난 일을 계속 물고 늘어져서 뭘 어쩌겠다는 건가 싶은 생각이 들어요."[10] 브라이언이 아무리 "버니의 심장"에 끌린다고 해도 그의 존엄, 목적, 가족에 대한 자부심이라는 감각을 지탱하는 존귀한 백인 정체성은 계급 기반 연대의 가능성에 치명타를 날린다. 그리고 '흑인 목숨은 소중하다' 운동이 요구하는 인종 정의는 브라이언을 자기 집을 지키기 위해 길거리에 나서는 무장한 자경단원으로 바꿔놓는다. "그건 그 사람들이 진짜로 하려는 걸 가리는 연막에 더 가까운 것 같아요. 지금 보면 그 사람들은 군대에 가까워졌잖아요. 그 뒤에 얼마나 큰 권력이 있는지가 다 보여요. 거기에는 폭력 말고는 아무것도 없어요. 나한테는 그게 KKK하고 똑같아요."

브라이언은 어떤 후보도 찍지 않았다. 그는 트럼프가 전형적인 정치인들처럼 선거에서 이기는 데 관심이 없다고 믿는다. "그렇잖아요, 그 사람은 누가 백래시를 가하든 신경 안 썼어요. 알잖아요, 그냥 진실만 말했어요. 내가 그 사람을 좋아하는 이유예요. 그 여자(힐러리) 방식은 너무 흐리멍덩해요. 그렇잖아요, 30년 전에는 이렇게 말해놓고 지금은 다른 말을 해요. 그 여자는 학교에서 별로 인기 없는 사람 같은 느낌이에요. 이젠 사람들이 동의할 말만 할 거라고요." 2016년 선거 다음 날, 우리는 점심 식사를 하려고 만났다. 우리 둘 다 충격으로 얼이 나간 상태였는데 그는 정부가 트럼프의 승리를 인정한 사실을 믿지 못했다. "네, 밤새 개표를 지켜봤어요. 너무 많은 걸 본 기분이에요. 뭔가 미심쩍은 일이 벌어지고 있다고 해야 할까. 모든 여론조사가 사람들 투표를 조금씩 바꿔놓은 것 같아요. 펜실베이니아, 특히 이쪽 지역에서 그런 것처럼요. 난 정말 펜실베이니아 투표 결과를 보고도 힐러리가 이길 거라고 믿었다니까요."

브라이언은 많은 노동계급 남성처럼 자신이 믿고 의지한 미국이 가짜라는 기분을 떨칠 수가 없다. "난 정부가 뭔가를 숨긴다는 식의 이야기를 안 믿는 부류예요. 근데 이제 뭔가 많은 일이 벌어지는 게 보여요. 어쩌면 정말로 정부가 뭔가를 숨기려고 **하는 거 같다는** 거죠." 그는 9·11테러를 떠올리면서 생각에 잠긴다. "정부 전체가 그걸 계획했다는 소리를 믿지는 않아요. 정말로요. 그치만 알잖아요, 그 비디오를 봤거든요. 거기에 나오더라고요. 어쩌면 정부가 정말로 그걸 계획**했을지 몰라요.**" 그의 방어적인 태도 밑에는 불확실성이 잠재해 있다. 그는 모국이 진실하다는 사실을 자랑스럽게 믿고 싶지만 선뜻 온 마음을 다해서 그러지는 못한다.

집단이 되지 못한 개별 노동자

스물일곱 살의 제이콥 콥스는 아내와 이혼 신청을 한 날 나를 만났다. 우리가 만난 곳은 그가 몸담은 의용 소방대로, 옆에 딸린 술집에서 필요한 재정 대부분을 마련하는 곳이다. 이 마을에는 실제로 불을 끄는 데 필요한 것보다 더 많은 소방대가 있지만 술집의 분위기는 화기애애하고 맥주도 저렴하다.[11] 오후 3시, 공기는 담배 연기로 자욱하다 못해 푸른빛이 돌고 노인장 무리는 매일 하는 대로 샴록 소방대에서 재향 군인회로, 그다음에는 콜럼버스 기사단[가톨릭 우애 공제회]으로 술집 순례를 시작한다. 제이콥은 우리 몫으로 한 병에 2달러짜리 잉링 맥주를 주문하고, 우리가 이야기를 나눌 수 있는 조용한 뒷방을 찾아낸다. 그는 아내가 바람을 피웠다고 솔직하게 털어놓는다.

제이콥의 팔은 잉크로 덮여 있다. 나는 그에게 문신에 대해 하나하나 이야기해달라고 부탁한다. "이건 소방수한테 용기라는 의미예요. 그리고 이건 일본에서 용기라는 의미고. 타투가 열한 개인데, 그중에서 여덟 개가 용기랑 관련이 있네요. 용기, 형제애, 명예." 제이콥은 산업 노동 계급의 전형적인 특징이라 할 수 있는 자기 단련, 육체적 강인함, 희생을 요구하는 몇 가지 직업에 도전해보았다. 처음에는 해군에 입대했지만 "일하다가, 그리고 풋볼을 하다가 몸이 상해서 두 무릎이 망가지는" 바람에 기초 훈련 중에 하차해야 했다. 그는 이어서 말한다. "최선을 다했어요. 그러다가 보충대에 들어가려고 했어요. 3년 전이었는데, 그러다가 심장 문제가 생겨서 경찰 학교에서 중간에 나왔어요." 그는 2년짜리 건설, 엔지니어 감독 교육 프로그램에도 등록했지만 삼각법 때문에 낙제했다.

제이콥의 아버지는 제지 공장에서 일하고 새어머니는 할인 소매점에서 물품 수령 관리인으로 일한다. 제이콥은 모든 가족 구성원을 "노동자"로 규정한다. "우리 아빠 노동자예요. 나랑 형이랑 새엄마처럼 말이에요." 제이콥은 자신을 "자율 고용된 계약 노동자"라고 부르는데, 이는 그와 그의 사촌이 펜실베이니아주를 돌아다니면서 계약에 따라 용접과 건설 일을 하고 있다는 뜻이다. "시간당 20달러 정도라서 그 일을 하려면 무슨 짓이든 해야 해요." 보수는 짭짤할 때가 있지만 일이 불안정하다. 그는 의료 보험이 전혀 없다. "지난번에 계산해보니까, 보장 금액이 30만 달러짜리인 건강 보험 때문에 계산해봤는데 한 달에 한 100달러, 145달러, 160달러 정도였나 그랬어요. 이제 그냥 건강 보험료를 안 내고 세금 낼 때 1년 치 벌금 196달러를 내요. 어차피 내가 다쳐도 병원은 아무것도 못 해주잖아요. 그냥 안정이나 취하라고 하고…… 나도 많이 겪어봤어요." 제이콥은 자신이 위험을 감수하고 그 결과를 받아들이며 살 의지가 있다는 점을 여러 차례 강조하며 대담함을 뽐낸다.

개인주의적이면서도 극기에 기반한 그의 남성성은 공동체에 대한 사랑, 집단을 위해 희생하려는 열망, 자신의 유산을 지키고자 하는 욕구와 짝을 이룬다. "나는 내 고향이 자랑스러워요. 이 동네가 없었다면…… 이 마을이 나를 만들었어요." 그가 진심을 담아 말한다. "그래서 돌아와서 소방수가 됐을 때 나를 지금의 나로 만들어준 공동체에 보답하고 싶었어요." 훌륭한 인생에 대한 그의 비전에 따르면 촘촘하게 엮인 고결한 인품의 사람들은 필시 자기희생을 감수하고 자기 앞가림을 한다. 그는 상호적인 의무와 호혜성의 관계가 서로에게 뿌리내려 있다는 느낌을 열망한다. "당신 말처럼, 당신은 보스턴 출신이잖아요. 그 폭발 사건[보스턴 마라톤 대회에서 2013년 발생한 폭탄 테러]이 있었잖아요, 공동체가 다 같이 모였어요. 사람들이 정말로, 도시가 하나가 됐어요. 그런데 그런 거랑 비슷한 사건이 여기서 일어나잖아요? 당신은 이 작은 동네에서 본 많은 사람 중에서 누구도 그 사람을 돕겠다고 나서지 않는 걸 보고 완전히 정신이 나갈 거예요." 그러나 실은 2002년에 인근 마을에서 의용 소방대원 한 명이 살해당했을 때 장례 행렬이 8킬로미터 이상 이어졌다.[12]

에드 페스너처럼, 제이콥은 자신이 어릴 때 배운 진실함이 자기 이익만 챙기는 세상에서는 별 도움이 되지 않는다고 느낀다. 그는 "어리고 멍청한" 애들이나 올바른 일을 한다는 사실을 천천히 학습했다.

내가 스물두 살 때 아는 어떤 사람이…… 뭔가를 훔쳤어요. 그 일로 나도 심문을 당했어요. 난 누가 그랬는지를 알았거든요. 하지만 누가 그랬는지 얘기 안 했어요. 날 때부터 고자질하지 말라고 배우면서 자랐어요. 그래서 그 사람들한테 말을 안 했지. 내가 어리고 멍청했던 거예요. 난 실제로, 일주일 정도 투옥당했어요. 지금이면, 그래요, 누군지 말할 거예요. 그거 때문에 돈도 엄청 깨졌어요. 여기서는 이제 그런 게 안 먹힐 거예요.

제이콥은 자신이 잘못 체포된 것을 두고 경찰을 탓하지 않는다. 자신을 탓한다. 그의 논리는 이렇다. "날 체포한 사람이랑 지금까지 좋은 친구로 지내요. 내 말은 그 사람들이 자기 일을 한 거라고요. 법 제도는 문제가 없다고 생각해요. 그 사람들은 자백하라고 밀어붙일 수밖에 없고, 내 입장에서는 누가 그랬는지 말해야 했는데 안 그런 거잖아요. 그 사람들은 자기들이 해야 할 일을 한 거였어요. 난 분명히 수사를 방해했고 그래서 벌을 받은 거죠. 경찰은 그냥 자기 일을 하는 건데 다들 그걸 가지고 뭐라고 해요."

제이콥은 어째서 패스트푸드 노동자들이 대중들의 동정을 사는지 이해하지 못한다. "맥도날드 일이 몽땅 시급 15달러여야 한다니요, 아니죠. 안 돼요. 전 별로 찬성 안 해요. 시급을 올리는 건 이해하지만 15달러는 아니에요. 난 15달러를 벌려고 말 그대로 등골이 빠지게 오래 일했다고요. 그런데 햄버거 좀 뒤집고 나랑 똑같이 받는다고요? 그 꼴은 못 보죠." 제이콥은 미국 제대 군인들이 전쟁에서 고국으로 돌아와 그냥 잊히는 게 특히 화가 난다. 그는 정부가 전쟁에서 겪은 고통을 충분히 인정해 줘야 한다고 생각한다.

솔직히 국경 근처에 갔을 때 심장이 얼마나 두근거렸는지 몰라요. 그래서 내가 그랬죠, 나는 우리나라 사람을 더 걱정한다고. 난 노력하려고 했어요…… 셀 수 없는 사람들, 수천 명이 매일 굶주려요. 가족, 아

112

이들…… 그게 나한테는 엄청 큰일이었어요. 내가 아는 몇몇 저소득자들은 음식 때문에 전쟁을 벌여요. 어떤 친구가 있는데, 저는 개인적으로 그 친구를 매주 한 번씩 데리고 나가서 점심을 사줘요. 난민들을 데려오잖아요, 아마 제대로 검문도 안 할 거예요. 그러고는 집도 주고. 그치만 집 없는 미국 제대 군인이 수백만 명, 사실 수천 명, 몇천 명은 되는데, 이 난민들을 다 들인다고요? 안 돼죠. 우리나라 사람들을 먼저 걱정해야죠. 안 될 말씀이에요. 그 사람들은 미국인도 아니고. 이 난민들을 받아줄 거면 일단 우리 집안 걱정부터 하는 게 낫지 않겠어요? 제대 군인들도 다 집이 없고, 길바닥에서 잔다고요. 이 나라를 위해 일했는데 정부에서 눈곱만큼도 신경을 안 써요.

제이콥은 정부의 지원을 제로섬 게임으로 바라보며 "일단 우리 집안 걱정부터 해야 한다"고 주장한다.

개인적 미덕을 중시하는 제이콥은 인종적인 책임 전가는 쉽게 하지 않는다. 내가 마을 내 인종 갈등에 대해 묻자 그가 신중한 어조로 답한다. "이 지역에서는 분명히 그래요. 많은 긴장이 있어요. 특히 마약이랑 온갖 게 들어오면서. 그리고 그중에서 많은 게 다양한 인종 배경이랑 관계 있어요. 그치만 그렇잖아요, 난 이쪽저쪽 애길 똑같이 들어보진 못한 거 같아요. 그런 걸 하는 백인들도 많거든요." 브라이언과는 달리 제이콥의 개인주의는 다른 인종을 하나의 집단으로 맹비난하지 못하게 막아선다. 다른 한편 그는 개인만을 보기 때문에 인종이 어떻게 시스템에서 개인 삶의 가능성을 결정하는지 살피지 못한다.

"만약에 어떤 사람이 당신에게 아메리칸드림이 죽었다고 말한다면 뭐라고 말하겠어요?" 내 질문에 대한 그의 대답은 어떤 핑계도 용납하지 않는 개인의 책임이라는 주문을 온전히 담아낸다. "그 사람이 충분히 열심히 노력하지 않은 거죠." 그는 미국 사회에서 가장 유서 깊은 방식으로 남성적인 자아를 구축하려고 노력했고, 실패를 거듭했다. 노동자로서, 군인으로서, 남편으로서 말이다. 대신 제이콥은 자신의 가치를 몸에 타투로 새기고 자기희생과 자기 의지라는 서사에서 강인함을 찾는다. 그는 다가오는 선거에 별 흥미가 없고 투표도 하지 않을 계획이다. 그가 어깨를 으쓱하며 "집권한 대통령은 전부 우리를 어떤 식으로든 말 아먹었잖아요"라고 말한다. 내가 그를 추궁한다. "그치만 만약에 내가 당신을 기표소로 억지로 끌고 가서 오늘(2016년 7월) 투표를 하게 만든다면 누구를 찍겠어요?" 그의 대답은 시장 논리를 수용하고 기성 체제를 불신하는 태도로 모인다. "트럼프요. 그 사람은 나라를 기업처럼 경영할 거예요. 그렇게 해야죠."

난 걔네보다 일하다가 죽을 확률도 높아요

서른두 살인 조 플린은 대대로 노조에 가입한 용접공 집안 출신이다. 성인기 내내 천연가스와 석탄 산업에서 육체노동을 해왔다. 조는 가스 채굴 현장에서 그가 맡은 굴착 장비와 시설을 이동하고, 물을 빼내고, 모래를 파쇄하는 일이 "급속한 사양길"에 있다고 걱정한다.

좋아질 줄 알았어요. 아내의 삼촌이 나한테 일을 해보라고 실제로 권한 분이에요. 아주 잘 되고 있다면서요. 그래서 일을 하게 된 건데, 이제는 급속하게 사양길로 접어들었어요. 사실은 우리가 일하던 시설이 막 문을 닫았거든요. 이제는 오하이오에 가야 해요. 여기서 차로 7시간 정도 걸리는 데로. 그건 그러니까 그 사람들이 필요하면 당신한테 전화를 걸겠지만, 당신은 아무것도 알 수 없는 거예요. 일하지 않고서는 급료를 꾸준히 챙기기가 어려워요. 내가 보기에도 꾸준할 거 같은 일이 필요해요. 난데없이 갑자기 망해버릴 게 아니라. 에너지 쪽은, 석탄이라고 해도 다 변동이 심해요.

그는 현재 주 교도소의 교도관 일자리에 지원한 상태다. "내가 교도소 일을 하게 되면 항상 수감자는 있을 테니까요." 그가 탈락한 마지막 일자리는 열한 명을 뽑는데 지원자가 이백오십 명이었다.

조는 시급 13.5달러로 아내 데니스와 어린 두 딸을 부양한다. 데니스는 제2형 당뇨에다가 일종의 근육 위축증으로 보행이 어려워서 조가 집에 없는 동안 아이들을 돌보기가 영 쉽지 않다. "아내가 장애가 있어서 모든 게 최저선이에요." 그들은 현재 1만 5,000달러 정도의 빚이 있다. 조는 생활을 "엉망으로 만든" 책임을 재빨리 스스로 떠맡는다.

사실 우리는 이제야 시작하고 있는 거예요. 그런 거 같아요. 맞아, 우린 옛날에 많이 엉망이었거든요. 거의 1~2년 사이에 자동차 두 대를 샀어요. 그게 돈이 꽤 들었어요. 근데 내가 해고된 거예요. 우린 차 한 대 돈만 계속 냈고, 결국에는 그 사람들한테 가서 말했어요. 그랬더니 다른 한 대는 돌려줘도 된다는 거예요. 대신 우리가 차를 돌려줘도 그게 대금 미납 차량이라는 거지. 우린 완전 망했어요. 날 미치게 만든 건 우리가 돈을 계속 내기로 선택한 차인데, 원래는 그 차 때문에 진 빚이 1,200달러밖에 안 됐거든요. 근데 사고가 나가지고 완전히 엉망이 된 거지. 내가 그 차를 소유한 게 1년도 안 돼요. 지금은 아마 1만 2,000~1만 5,000달러 정도일 건데. 전엔 그보다 훨씬 안 좋았죠.

주택 담보 대출을 신청하기에는 그들의 신용 점수가 너무 낮아서 조의 아버지가 그들의 2만 3,000달러짜리 연립 주택을 구매했다. 운 좋게도 아버지는 월 납입금이 늦어도 뭐라 하지 않는다. 조와 데니스는 푸드 스탬프를 신청한 적이 있다. 조가 당시를 회상한다. "그 사람들은 맨날 우리를 계속 거절하기만 했어요. '당신들은 돈을 너무 많이 벌어' 내지는 '당신들은 좀 아슬아슬한데' 하면서 말이에요. 그래서 그냥 그건 포기하다시피 했어요."

가난의 끄트머리에서 살아가며 가스와 석유에 관련된 일을 하는 조는 환경 규제를 걱정한다. 2016년 7월, 그는 이렇게 우려했다. "만약에 버니나 힐러리가 되면 그 일은 이제 어려울 거예요. 그 사람들은 그거 100퍼센트 반대하잖아요. 그 사람들은 뭘 가지고 에너지를 얻으려는 걸까요? 전부 태양 발전으로 되겠어요?" 그는 말을 하다가 격앙된다. "석탄하고 가스 수준으로 에너지를 생산하려면 패널이 얼마나 많이 필요한지 알아요? 훨씬 많아야 해요. 근데 그것들도 사실 아주 해롭단 말이에요. 부서지면 그 안에서 화학 물질이 나온다니까요. 그 안에 있는 화학 물질은 아주아주 독해요. 부서지면 말이에요. 그리고 풍력 터빈, 그건 태양 발전보다 화학 물질이 훨씬 많이 들어가요. 그걸 어디에 설치한다는 거예요?" 조는 진보적인 민주당원인 매형에 대해 이야기한다. "내가 했던 모든 일자리에 노골적으로 시비를 걸었어요. 석탄도 반대해, 가스도 반대해. 내가 그랬죠. 내가 교도소에서 일자리를 얻으면 그것도 반대할 거냐고."

조는 자기 핸드폰으로 페이스북 담벼락을 보여준다. 그날 하루 동안 그는 자주 포스팅을 했다. "페이스북이 항상 믿을 만하지는 않다는 걸 알아요. 그치만 궁금한 게 많으면 온라인 같은 데서 검색해서 살펴볼 거예요. 보통은 그냥 구글 검색해서 찾고 기사 몇 개 읽어보고 그러거든요. 뉴스 공급처들도 편향적일 수 있다는 걸 아니까요. 뉴스를 항상 믿으면 안 돼요." 그는 "인터넷"을 자신이 진실을 캘 수 있는 유일한 공간이라고 생각한다. 주류 뉴스 공급처들은 거짓말을 하기 때문이다. 또한 페이스북 밈memes을 근거로 자기 믿음의 함축적인 근거를 제시한다. 그가 냉담하게 말한다. "난 지구 온난화는 신경 안 써요. 페이스북에서 밈 하나를 계속 보고 있는데, 그게 앨 고어가 지구 온난화 가지고 뭐라고 하는 거거든요. 근데 지금 만년설이 그 어느 때보다 많아요. '와, 세상에' 싶은 거예요. 지구 온난화는 크게 성가신 일이 아니에요. 난 몇 년 동안 여기 콜브룩에서 살았어요. 그런 건 나한테 별 영향을 안 줘요."

자신은 목숨을 걸고 가족과 몇 시간 떨어진 거리에서 일하면서도 겨우 입에 풀칠이나 할까 말까 한데 마을의 어떤 사람들은 복지 수당으로 살아가는 것 같다는 의심이 조를 "성가시게" 한다. "내가 월마트에 가잖아요. 돈은 몇 가지 물건이랑 식료품 정도를 살 정도밖에 없단 말이에요. 근데 내 뒤 사람들은 카트 두 대를 꽉 채워서 신형 차에 타는 거예요⋯⋯. 그 사람들이 꼭 복지에 의지한다는 말은 아니지만 꼭 그런 기분이 들어요." 그가 말을 이어간다.

좋은 예가 있어요. 아내랑 내가 운전을 해서 어딜 가던 중이있어요. 아내 차로 검사 같은 걸 받으러 간 거 같아요. 가보니까 거기가 바로 고속도로 옆이었는데, 빨간 신형 콜벳이 있더라고요. 그래서 내가 아내한테 그랬어요. 누가 빨간 신형 콜벳을 고속도로 바로 옆에 주차하겠냐고. 이 동네에서 누가 그럴 만한 돈이 있겠냐고. 집들은 다 무너지고 황폐하고, 모든 게 다 그런 식인데. 누가 이만한 돈이 있냐고. 그게 2016년형 신형이었거든요. 내가 아내한테 맨날 그래요. 어떻게 우리도 시스템을 벗겨 먹어볼까? 근데 난 그런 게 되게 인간 말종 같은 기분이 들어요.

백인 주민들과 한 많은 인터뷰에서 이와 같은 "인간 말종" 묘사가 별 근거도 없이 여기저기서 터져 나왔다. 나는 같은 이야기를 듣고 또 들었다. 냉동 게살이나 랍스터를 쇼핑 카트에 쌓아 올리거나 개에게 줄 비싼 스테이크를 푸드 스탬프로 아무렇지도 않게 사는 사람들을 망연히 바라봤다는 이야기 말이다. 빚이 있는 조에게 콜벳 일화는 그가 고난에 굴하지 않고 견디는 능력에 자부심을 느끼고 일상의 투쟁에서 미덕을 찾을 수 있게 해준다. 경제 사다리에서 떨어질까 두려워하는 조는 자립을 위해 애쓰지 않고 "시스템을 벗겨 먹는" 사람들에게 재빨리 "인간 말종"이라는 꼬리표를 붙인다.

조의 아버지는 민주당원이지만 조는 스물두 살부터 무소속을 표명했다. 그러다 변화가 생겼다. "아주 최근에 공화당으로 바꿨어요. 요즘 (국가 차원에서) 공화당 후보가 일자리를 더 많이 돌려놓겠다는 이야기를 하더라고요. 석탄이랑 가스도 찬성하고. 그게 다 내가 전에 한 일이잖아요." 하지만 그는 이렇게 말을 잇는다. "내가 제일 좋아하는 후보가 누군지 말해줄게요. 그 사람은 올해 아직 출마도 안 했어요. 론 폴Ron Paul이요. 난 항상 론 폴을 찍었어요. 항상 그 사람 이름을 써넣어요." 조의 정치적 관심사는 주로 개인의 권리와 국가 개입의 최소화다. "만일 정부가 나한테 뭘 하라고 강제하면 그건 기본적으로 더는 자유국가가 아닌 거예요. 자유로운 선택이 아닌 거죠." 이 우려는 사회 문제로 확장한다. 가령 그는 사람들이 성경을 가지고 동성 결혼을 금지하는 법을 정당화하는 것이 "어이없다"고 말한다. "성경은 두 가지 다른 종류의 옷도 입으면 안 되고 일요일에는 일도 하지 말라고 하는데 아무도 그 말은 안 듣잖아요. 사람은 행복해야죠."

조는 위선적이고 교육 수준이 높은 엘리트나 실업자들과는 상반되는 근면하게 일하는 저학력 남성이라는 자신의 정체성을 전적으로 받아들인다. 그는 특히 "자유주의자들은 위선자"라는 페이스북 계정의 밈들을 좋아한다. "저학력 백인 남자들에 대해 말하는 미디어는 신물이 나요. 그 사람들은 적어도 자동차가 고장 나면 고칠 줄 안다고요." 하지만 조는 어떤 식이든 계급 기반 노동권 같은 걸 원하지는 않는다. 나아가 제이콥처럼 자기는 겨우 시급 13.5달러를 버는데 자기보다 힘들지도 위험하지도 않은 일을 하는 사람들이 15달러를 요구하는 데 격분한다. 그는 단조롭고 더럽고 위험한 일을 하면서 묵묵히 자기 몫을 해낼 의지가 충분히 있지만 그에 대한 인정과 보상을 원한다.

내가 교대 근무나 뭐 그런 거면 이런 패스트푸드점에 가요. 그런데 걔네는 내 주문을 똑바로 받아서 기억하는 것도 잘 못 해요. 그렇게 일하면서 시급 15달러를 받고 싶어 하죠. 난 아마 걔네보다 열 배는 더 힘든 일을 하면서 시급 15달러도 못 받는데 말이에요. 난 걔네보다 일하다가 죽을 확률도 높아요. 지금 내가 일하는 현장에 순식간에 사람을 죽일 수 있는 게 얼마나 많은데요. 그러고도 무슨 일이 일어났다는 걸 제대로 알지 못할 수도 있단 말이에요.

조는 노동 환경의 안전을 향상시키거나 노동 시간을 더 정규화하거나 임금을 증대하기 위한 규제 강화 같은 정책을 제안하지는 않는다.

오히려 일하다가 죽을 수 있다는 점을 자랑스러워한다. 다만 자신의 희생이 "햄버거를 뒤집는" 누군가의 희생보다 더 인정받는다는 사실을 확인받고 싶어 한다. 조는 무엇보다 자신의 고생이 가치 있다는 기분을 원하는데, 그러려면 경제적 최저 요건에 대한 다른 사람들의 요구가 틀렸다는 사실을 입증해야 한다.

그가 재차 강조한다. "난 절대로 자유주의자가 아니에요. 온갖 걸 다 가져가려고, 통제하려고 완전 미친 사람들 말이에요. 그 사람들은 우리가 뭘 갖고 있는 걸 싫어해요. 총 문제가 그렇잖아요. 난 그냥 가서 총기 소지 허가증을 받았어요. 다 그렇게 하는 거잖아요. 난 결국 뭔가를 손에 넣으려고 계획하는 사람이에요." 내가 인터뷰한 많은 노동계급 백인 남성들처럼 총을 소지하고 자기 집을 지키는 것은 가정에서 조가 자신의 역할을 이해하는 데 중요한 부분이었다. "겨우 몇 달 전에, 우리 집 바로 뒤에 있는 내 차 바로 앞에서 어떤 사람이 (마약을) 거래 중인 거예요. 내가 '진짜, 우와 진짜, 너네 장난하냐? 내 집 앞에서?' 그랬죠." 그는 내게 자기가 제일 좋아하는 페이스북 밈을 하나 더 보여준다. "누군가 내 집에 침입했는데 가져간 게 총알 하나뿐이었어." 실제로 이 연구에 참여한 몇몇 백인 남성은 꾸준한 위험 속에 살면서 항시 전투태세를 취하고 있다는 이미지를 강조하면서 고등학교 풋볼 경기, 식료품점, 길 건너 샌드위치 가게 등 어디를 가든 총을 가지고 다닌다고 말했다. 아마 생계비를 벌고 가족이 함께 지내는 것과 같이 산업계의 남성성을 증명하는 근간이 흔들리자, 다른 것들을 위험에서 보호하는 일이 훨씬 중요해진 게 아닌가 싶다.

산업 노동계급 남성성의 해체

지금까지 우리가 만난 남성들은 가정과 이웃을 공세적으로 단속하며 분노와 울분을 표출했다. 하지만 대담무쌍함이라는 허울을 들춰보면 이 남성들의 이야기 속에 있는 고통의 흔적들을 볼 수 있다. 전쟁에 몸담았다가 고향으로 돌아온 브라이언 아버지의 삶에서 드러난 무언의 트라우마와 고립감에서, 일이 끝난 제이콥이 매일 오후에 술을 마시며 느끼는 외로움 속에서 말이다. 내가 만난 남성들 가운데 몇 안 되는 이들은 최소한 부분적으로나마 오래된 남성성의 모델에서 이탈하는 과정에 있었다. 이들이 새로 만들어낸 목적의식과 의미는 피해자화를 거부하면서도 역시 경제 정의보다는 영적인 치유에 분명하게 초점을 맞춘다.[13]

트라우마에 목소리를 부여하기

마흔넷의 제대 군인 글렌 앨런은 그가 코치로 있는 팀이 다가올 성인 풋볼 리그 플레이오프에서 경기할 공공 야구장 외야석에 나와 함께 앉는다. 그날은 2016년 11월 8일 화요일이었는데, 글렌은 연습이 끝나면 바로 투표장으로 향할 계획이다. 자기 팀을 예의주시하다가 한 번씩 지적사항과 칭찬을 외치는 글렌은 눈을 깜빡여 눈물이 나오지 않게 하려고 애쓴다. "애들이 아니었으면 외상 후 스트레스 장애 때문에 자살했을 거예요." 그가 건조하게 말한다. "몇 번이나 산에 올라가서 45구경 권총을 입에 넣고 죽으려 했거든요. 내가 자살을 안 한 유일한 이유는 아이들이었어요. 그런 식으로 아이들한테 상처 주고 싶지 않았어요."

글렌은 피츠버그를 거쳐 콜브룩으로 왔다. 아버지는 1970년대에 "많은 철강이 일본하고 중국으로 넘어가서 명줄이 끊어질 때까지" 철강 노동자로 일했다. "노조는 사실 아무것도 할 수가 없었어요. 회사가 망하다시피 해가지고. 그러니까 내 말은 뭘 할 수 있었겠냐는 거예요. 그 시기에 철강 해외 무역이 그렇게 시작됐어요. 그게 정말, 그게 온 나라에 타격을 줬으니까요. 피츠버그만이 아니라." 아버지가 "철강소에서 시급 15달러짜리 일을 하다가" 주유소에서 "시급 3.1달러짜리 일"을 하게 되자 부모님이 싸우기 시작했다. 부모님은 그가 아홉 살 때 이혼했다. 어머니는 저소득층 주택 단지로, 아버지는 글렌의 할머니 집으로 옮겼다. 어린 시절의 기억과 절망스러운 부모의 형편은 글렌에게 고통의 흔적을 뚜렷이 남겼다.

> 엄마가 나를 육체적으로 학대했어요. 전선으로 맞고, 여덟 살 때는 각목으로 머리를 맞아서 의식을 잃었어요. 내가 나쁜 애는 아니었는데, 난 착한 애였어요. 엄마는 술을 마셨고, 아빠한테 미친 듯이 굴었고 그러다가 그걸 나한테 퍼부었어요. 정말 끔찍했어. 그치만 우리 엄마는 지금 "아 난 그런 짓 절대 안 했어" 그런 식이에요, (그래서 내가 그래요.) "엄마가 그렇게 했어요, 엄마가 술에 취해서 기억을 못 하는 거예요." 그치만 나는 엄마를 사랑해요. 정말, 엄마를 사랑해요.

글렌은 야구에서 위안을 찾았지만 고등학교 시절 나머지 분야에서는 고군분투했다. "누가 규칙을 따르는지를 고르고 또 고르는" 문제를 놓고 관리자들과 계속 언쟁을 했고 다른 남자아이들과 싸움을 했다. "난 사람들한테 반감을 사는 편이었어요……. 부모님 때문에 억눌린 공격성이 많았죠. 그걸 억누르고 억누르고 억누르다가 결국 터뜨리고 말았어요."

그는 판사 앞에 서게 되었을 때를 이렇게 설명한다.

판사가 그러더라고요. 두 가지 선택지를 주겠다고. 18개월에서 36개월 동안 감옥에 가거나 군대에 가거나. 내가 그랬어요. "존경하는 재판장님, 저는 야구로 대학 장학금을 받을 수 있는데요." 판사가 그러데요. "안됐구나, 어쩌냐?" 그 사람이 그러더라고요. "결정을 해." 난 열여덟 살인데 감옥은 가기 싫잖아요. 그래서 군대에 간다 그랬죠. 해군에 들어갔어요.

글렌은 애국심이 투철하지만 군 복무가 수월하지만은 않았다. "분명하게 트라우마를 남겼고 격렬했어요. 가는 곳마다 죽음과 슬픔밖에 눈에 안 들어왔죠. 군대가 그 사람들한테 피해를 안 준다고 말하는 사람은 냉정한 괴물이거나 사이코패스인 거예요. 한 여자랑 남자 꼬마애가 살해당한 사건이 있었는데, 나 때문이었어요. 나한테 직접적인 책임이 있었고, 그래서 외상 후 스트레스 장애가 생긴 거예요." 그는 그 트라우마의 일부가 "말할 필요가 있는 것"을 말하지 못한 데서 왔다고 설명한다.

글렌은 정확히 어떻게 제대하게 되었는지 설명하기를 회피한 채 이렇게만 말한다. "우리 부대에 일이 좀 있었고 우린 명령받은 대로 했죠. 근데 그거 때문에 말썽이 생겼어요. 해서는 안 되는 일이었던 거죠. 당연히 상급자들은 욕을 안 먹으려 했고 그 똥이 우리한테 굴러떨어진 거지. 군 복무 혜택을 포기한다는 서명을 할 수밖에 없었죠. 안 그러면 감옥에 가야 했으니까." 혜택 포기는 연금이나 의료 보험이 전혀 없다는 뜻이었다. 그는 군 복무 때문에 주류 미디어를 불신하게 되었다. "뉴스가 미국인들한테 거짓말을 하고 있어요. 내가 말할 수 있다고요. 난 거기 있었고, 그 사람들이 보도하는 건 전부 실제 일어나는 일이나 우리가 한 일하고는 딴판이었어요."

글렌은 극심한 외상 후 스트레스 장애로 힘들어한다. "그것 때문에 사람들한테 험한 말을 하고 폭력적인 행동을 하게 됐어요. 어떤 남자가 저 아래 빨간 신호등에서 내 앞을 가로막는 거예요. 그래서 그 남자를 길바닥에 깔아뭉개려고 했다니까요." 10년의 결혼 생활 끝에 아내가 헤어지자고 요구했지만, 그는 함께 다시 잘 지낼 가능성을 포기하지 못하고 있다. "난 항상 아내를 봐요, 매일요. 아내가 출근할 때 태워줘요. 별거는 하고 싶지 않아요. 내가 워낙 거지 같은 인간이어서 아내가 걷어찬 거죠. 외상 후 스트레스 장애 말이에요, 내가 말을 험하게 했어요." 의사가 수년간 항우울제를 처방했지만 그는 지금 의료 보험이 없고 "약물이 상태를 악화시킬 뿐"이라고 생각한다. 그의 설명에 따르면 10대 아들이 아르바이트를 해서 아내의 가구당 소득이 기준을 넘어서게 되었고, 이제 아이들은 정부의 의료 지원을 받을 수 없게 되었다. 글렌이 "집에다 돈을 제대로 갖다주지도 않는데도" 말이다.

글렌은 지금 정육점에서 일하고 있지만 주립 소년원에 경비로 채용되기를 바란다. 그 일은 "시급이 16달러이고 모든 혜택"을 누릴 수 있다. 그는 자신에게 기회가 한 번도 제대로 주어진 적이 없다면서 아이들에게는 두 번째 기회를 주는 게 중요하다고 믿는다. "내가 하고 싶은 건 이 애들이 잘못된 결정을 해서 감옥에 가기 전에 도와주는 거예요. 아직은 청소년이니까 스물한 살이 되기 전까지는 아무리 갇혀 있다고 해도 인생을 바꿀 수 있고 진짜 감옥에 가지 않을 수도 있으니까." 글렌은 서둘러 덧붙인다. "나는 그 일을 해야 돼요. 그래야 우리 가족 의료 보험이 되거든요."

글렌은 트라우마를 남긴 여러 사건의 피해자다. 아버지의 실직과 어머니의 육체적 학대부터 전투의 공포와 부패한 상관에게서 보호받기는커녕 군대에 그냥 내던져졌다는 느낌까지. 그는 가족을 부양하는 역할을 충실히 이행할 수가 없고, 아내를 괴롭힌 사실을 인정하면서도 아내가 다시 받아주기를 희망한다. 글렌은 종교가 치유에 도움이 된다고 전혀 믿지 않는다. "그 사람들(종교인들)은 일주일에 6일은 죄를 짓고 돌아다니다가 착한 척하면서 용서를 구하고, 다시 월요일이 오면 똑같이 망할 죄를 다시 짓는다고요." 판사도, 의사도, 미디어도 믿지 않는다. 그는 국가가 의료용 마리화나를 합법화해주기를 바란다. 마리화나가 그의 일상적인 고통을 누그러뜨릴 수 있는 유일한 출구이기 때문이다. "날 정말로 차분하게 만드는 게 마리화나거든요. 정치인들, 그 사람들은 우리가 어떻게 느끼는지, 제대 군인들이 어떻게 느끼는지 전혀 아는 게 없어요."

글렌은 미국의 민주주의를 강하게 불신하면서도 여전히 자기 자신을 미국 군인과 동일시한다. 그가 품고 있는 과거 트라우마에 대한 인식은 약자를 보호해야 한다는 믿음을 강화한다. "난 군에 입대해서 자신을 위해 싸울 수 없는 사람들을 위해 싸웠어요." 이 논리는 다른 사람들을 돕는 일에 대한 열린 태도로 이어지고 그를 다른 백인 남성들과 구분 짓는다. "이렇게 말하면 어떨까요. 나는 얼마나 많은 난민이 다른 나라에서 들어오든 상관 안 해요. 그 사람들이 무슬림이어도 상관없어요, 난 상관없어요. 그건 전혀 신경 쓰이지 않아요. 우리 헌법은 이 땅을 밟는 모든 사람한테 적용되고, 그들이 시민이건 아니건 중요하지 않아요." 그는 법 제도에도 비판적이고, 수감자들 대부분이 "연방 정부가 모든 정신병원을 폐쇄했기" 때문에 그렇게 된 거라고 믿는다. "이젠 그들이 해결해야 할 큰 문제가 생겼어요. 정신병원을 다시 도입하고 정부가 거기에 돈을 대면 많은 사회 문제가 해결될 거예요."

그는 아버지처럼 일생의 대부분을 등록 민주당원으로 살았지만 이제는 그 어떤 정당도 미국에 도움이 되는 일을 할 생각이 **없다고** 믿는다. "사람들이 생각하잖아요. '그래, 민주당은 가난한 사람들을 위하지.' 아니요. 그렇지 않아요. 그들은 복지로, 공짜 핸드폰으로, 공짜 주택과 공짜 자동차로 가난한 사람들을 통제하려는 거예요. 그리고 자기 손안에 두고 휘두르는 거지." 이 책에 나오는 다른 여러 사람처럼 글렌은 빈민들이 스스로 더 나은 삶을 살아갈 수 있도록 빈민에게 더 많은 투자가 이루어지기를 바란다. "공화당원들은 그러잖아요, '오, 우린 사람들을 위해서 일해.' 아니요, 그렇지 않아요. 그 사람들은 자기네 의제가 더 중요해요. 부자 유권자들만 위한다고요." 인터뷰를 마친 글렌은 도널드 트럼프를 찍으러 투표장으로 향한다. 정치인에게 기대를 접은 그는 트럼프가 미국인들을 위해 희생을 치렀다고 느끼기에 그에게 끌린다. "예전에 트럼프가 조롱당했잖아요. 현미경을 들이대서 샅샅이 파헤치듯이요. 그 사람이 정말로 나라를 바로잡으려고 하는 게 아니라면 어째서 사람들이 그런 짓을 하겠어요? 어째서 그 사람이 그 모든 일을 겪어야 하냐고요." 그는 소름 돋는 예지력으로 이렇게 말한다. "뉴스 좀 들어봐요. 오, 여론 조사에서는 '클린턴이 앞서고 있습니다' 막 그러잖아요. 근데 막상 트럼프 유세장에 가보면 수천 명이 모여 있어요. 힐러리 클린턴 유세장에 가봐요. 아마 백 명일걸요. 하지만 어쩌면 힐러리 클린턴이 권력을 잡을지 모르죠. 그 여자 가족도 그렇고 그 여자가 가지고 있는 정치적 영향력도 있으니까."

제일 중요한 건 자기 자신

스물여덟 살의 조슈아 마이어, 예순둘인 그의 아버지 스티븐은 삼대째 집안이 소유한 낡은 농가에서 거주한다. 두툼한 녹색 카펫에 도자기 인형이 가득한 유리 장식장과 풍선껌 색깔의 분홍색 화장실 타일에 저장실에 늘어선 수제 피클 단지까지. 집은 따뜻하고 매력적이다. 조슈아는 유년기가 단순하고 무탈했다고 말한다. "돈에 있어서는, 우리 집안에 대학 학위가 하나도 없거든요. 알잖아요, 그냥 열심히 일하는 거뿐이에요. 할머니가 생선 공장에서 일했어요. 그 일을 안 할 때는 밭에서 일했고요. 아버지는 여기서 잡역부로 일했어요. 엄마는 은행 고객 서비스 담당으로 일하고요. 그래서, 그래요, 알잖아요. 거의 하루 벌어 하루 먹기처럼. 아껴가면서."

조슈아는 고등학교 때 처음으로 약을 해봤다고 기억한다. "그건 그러니까, '오 내가 약을 하면 이런 기분을 느낄 수 있구나. 좋았어! 이건 따뜻한 기분이네, 근사한 기분이네' 그런 비슷한 거였어요. 약을 하고 학교 복도를 걸었던 기억이 나요. 막 자유롭게 흘러 다니는 기분이었어요. 겁도 없이. 헤로인은 말만 들어도 근사했어요." 조슈아는 약이 자신의 과민성 에너지를 가라앉히고 마음을 누그러뜨리는 게 좋았고, 이후 10년 간 약을 계속하기 위해 서비스직 일자리를 전전하면서 중독자 생활을 이어갔다. 조슈아는 자신이 속한 작은 농촌 공동체 특유의 긴밀한 사회적 유대 덕분에 마약 매매가 원활했다고 비꼬듯 말한다. "서로 보호해주는 게 아주 쉽거든요. 우린 주위에 고자질할 사람이 별로 많지가 않아요. 어떤 사람이 고자질하면 자리를 얻을 수가 없죠."

걱정과 험악한 논쟁이 뒤섞인 여러 해를 거치며 가족이 갈가리 찢어진 뒤 결국 조슈아는 체포되었다. 그는 그 순간 자신의 영적인 여정이 시작되었다고 말한다.

> 내 영적 여정은 감옥에서 시작됐어요. 내 중독은 싸움이었어요. 충동과 갈망 때문에 힘든 싸움이었어요. 감옥에서 해독을 했죠. 기본적으로 무슨 일이 있었냐면, 그 안에서 4개월을 있었는데, 그 4개월 동안 내가 놓아줄 수 있게 된 거예요……. 피해자에서 시작해 내가 직접 책임을 지고, 성찰하고, 그러다가 나를 보석으로 빼주지 않은 우리 가족들한테서 많은 사랑과 지원을 받았어요. 나는 감옥에 있으면서 내면을 들여다보기 시작했고, 운동과 피트니스를 시작했고, 감사한 마음을 갖기 시작했어요. 그래서 작은 일에 감사해하는 사랑의 마음을 가지기 시작했어요. 부정적인 마음 상태에서 긍정적인 자리로 가게 된 거예요.

그 이후로 조슈아는 부모님과 같이 살았다. 법원의 명령이었던 재활원의 "신병 훈련소" 체계를 거치며 자신의 모든 에너지를 완전히 새로운 자아를 발달시키고 육성하는 데 쏟았다. 그는 "사고의 순환 고리를, 항상 하고 싶거나 항상 얻고 싶은 걸 하게 만드는 행동 패턴을 끊을" 수 있었다. 이제 조슈아는 길거리에서 쓰레기를 줍고 그라피티를 없애거나 암 환자 기금 마련을 위한 세차 활동 등을 조직하면서 하루하루를 보낸다. 지금은 티셔츠와 러닝용 반바지에 "투항하라", "일어나라", "함께하면 더 강해진다" 등의 힘을 불어넣는 회복의 메시지를 인쇄하는 운동복 회사를 차리려고 노력 중이다.

조슈아는 돈벌이나 "단순한 축적"을 근간으로 하는 삶을 완전히 거부했다. "벽에 걸린 트로피, 고급 자동차, 옷, 지위, 많은 친구, 여자 친구"

같은 외적인 근원에서 의미를 찾는 것은 공허함과 억울함으로 귀결된다고 믿는다. 이 장에 등장한 다른 남자들과는 완전히 대조적으로 조슈아는 인생에서 아무것도 기대하지 않겠다며 의지를 다진다. 그는 과거에는 자신이 피해자라고 믿는 잘못을 저질렀다고 고백한다. 이제는 이런 느낌이 가차 없이 뿌리 뽑아야 하는 "부정적인 에너지" 때문이라고 생각한다.

다 보내야 해요. 부정적인 사고, 부정적인 생각, 피해자 지위, 이 모든 억울함, 자기혐오, 이 모든 부정적인 생각들, 부정적인 에너지. 그래서 나는 사람들한테, 상황에, 아니면 인생 전반에, 아니면 그냥 사회에, 아니면 그게 뭐든 억울했단 말이죠. 우리가 이런 혐오감으로 자신을 채우면 다른 모든 거, 자신에게 벌어진 모든 게 다른 무언가의 결과인 거예요. 그래서 내가 그걸 다 놔버리면 이 모든 것의 반대가 뭐겠어요? 억울함의 반대가 뭘까요? 용서예요. 용서, 자기 자신을 용서하고, 자신을 있는 그대로 받아들이고, 다른 사람들의 결함을 받아들이는 거. 감사, 그냥 좆 같은 만사에 감사한 마음을 갖는 거.

조슈아는 사람들이 "겸손해지고 그 사람들에게 유익한" 성장의 발판을 제공해주는 것으로 실패를 재개념화한다.

그는 자신의 인생 전망을 기독교와 느슨하게 연결 짓는다. "예수님이 우리를 위해서, 우리 죄를 위해서 십자가에서 어떻게 돌아가셨는지 사람들이 얘기할 때요, 저는 만약에 우리가 무조건적인 사랑으로 겁내지 않고 인생에 접근해서 살 수 있으면 그러면 우리는 혼돈 속의 고요함일 수 있다고, 우린 이겨낼 수 있다고 생각하거든요." 조슈아는 개신교도로 자라서 어릴 때 교회에 자주 다녔지만 이제는 (글렌 앨런처럼) 기성 종교가 위선을 가리는 허울일 뿐이라고 믿는다. "우리 숙모랑 숙부는 일요일마다 열심히 교회에 가지만 내가 아는 사람 중에서 제일 끔찍한 사람들이에요." 조슈아에게 개별 자아를 넘어서는 교회는 존재하지 않는다. 그는 영적인 언어를 사용해서 중심을 잡고 자신만의 목적을 규정하고 자기 성장 드라마를 만든다.[14] 그는 회복 과정 내내 "혼돈 속의 고요함"이 된다.

조슈아의 아버지 스티븐은 자신의 어린 시절, "땡전 한 푼 없던" 더 단순한 시절에 대한 추억에 잠긴다. 스티븐은 등하교 전후에 밭에서 일했고 금요일 밤이면 어머니가 그를 " 데리고 댄스 모임이 열리는 소방서로" 향했다. 그는 자식들이 더 편한 삶을 살았으면 하는 바람 때문에 일상의 고생을 견디지 못하는 젊은 세대가 탄생한 게 아닌가 두렵다. "걔네는 힘든 게 어떤 건지 조금도 몰라요. 우리 잘못이기도 해요. 우리가 망쳐놓은 거지." 스티븐은 고된 노동, 희생, 자기 규율을 중시하고 고생이 성장에 반드시 필요하다고 믿는다.

하지만 스티븐은 진짜로 화난 것 같지는 않다. 전반적으로 그는 그냥 피곤해 보인다. 스티븐과 조슈아 마이어가 서로 소통하는 걸 보면 힘들게 일하는 이 억센 육체노동자 아버지는 아들을 잘 이해하지 못하는 게 분명하다. 하지만 그럼에도 그는 살아 있음에 가슴이 아릿할 정도로 감사함을 느낀다. 스티븐은 도시의 폭력 범죄와 번잡함에서 멀리 떨어져, 건강한 가족들과 함께, 누구도 자신에게 명령을 내리지 않고 만일에 대비해서 헛간에 쌓아둔 공격용 소총이 있는 시골 마을에서 평화롭게 살고 싶다.

조슈아와 아버지는 주방에서 불편한 대화를 나눈다.

조슈아 내가 어렸을 때 뭐가 부족해서 중독자가 된 거 같아요?

스티븐 조슈아, 이유를 모르겠다. 이유가 없어. 거기엔 대답을 못 하겠다. 우리도 똑같은 질문을 해봤지. 우리가 뭘 할 수 있었을까?

조슈아 난 아빠가 뭘 해야 했는지 알아요.

스티븐 (화를 참지 못하며) 답을 안다? 20년 전에 그 생각을 했어야지.

조슈아 나를 그냥 교회로 데려가는 게 아니라 앉혀놓고 나한테 왜 교회에 있는지를 가르치는 거요. 인생의 영적인 부분을 응용할 수 있도록. 그게 실제적이잖아요. 영성을 가르치는 실제적인 연습하고 실생활 시나리오요. 밖에 나가서 집 없는 사람들을 돕는 거, 밖에 나가서 우리 공동체에 손을 보태는 거. 프로젝트와 프로그램을 만들고 참여하는 거. 우린 정신적 위기를 겪는 중인 걸 너무 쉽게 간과해요. 그 고난을 들여다보는 게 편치가 않으니까, 우리의 안락한 구역에서 벗어나고 싶어 하는 건 편치가 않으니까요.

스티븐 이런, 난 자책은 안 해. 네 행동은 네가 한 거잖아.

스티븐은 가슴이 아플 정도로 진지하게 아들이 지난 4년 동안 약에는 손도 대지 않아서 자신의 영웅이 되었다고 말한다. "얘는 지난 4년 동안 내 영웅이 됐어요. 5년이지. 얘가 내 인생을 다시 정상으로 바꿔놨어. 아니 정상 이상이지. (씩 웃으며) 그래 맞아." 조슈아는 아버지에게 동성결혼에도 더 열린 태도를 가지라고 말한다. 그가 주장한다. "누구도 다른 사람을 사랑할 권리를 뺏을 수 없다고요." 아버지가 동의한다. "맞는 말이야. 그 판단은 내가 할 일이 아니지, 내가 아무리 마음에 안 든다고 해도." 스티븐이 덧붙인다. "얘는 우리를 계속 계몽해요. 멋있어. 진짜로."

이런 응원에 힘입어 조슈아는 목적이 없던 삶에서 더 높은 소명을 행하는 삶으로 변화한 과정을 열정적으로 늘어놓는다. 그는 자신이 과거에 경험한 실패를 구원의 기회로 재개념화한다. 조슈아는 사람들의 삶에 "왜"를 복원하는 집단적이고 도덕적인 각성을 열망한다.

마약상에 대해서 생각하는 거랑 비슷해요, 그 사람들의 "왜"를 생각하는 거죠. 그리고 그 뿌리에 뭐가 있는지도요. 마약상 중에서 마약을 제일 많이 파는 사람이 있다면, 그 이유가 뭐냐는 거죠. 마약으로 번 돈으로 뭘 할까요? 진짜 영적인 가치는 하나도 없는 것들을 사는 거예요. 집, 텔레비전, 자동차, 보석, 뭐든지 사는 거예요. 그래서 항상 "왜"가 문제인 거예요. 아무리 모든 마약상이 부자가 될 수 있다고 해도 아직은 무언가를 얻는 게 아니에요. 아직은 인생에서 성장하지 못한 거예요. 그러면 어떻게 그 사람들한테 진짜 인생의 의미를 맛보고 긍정적인 일을 하는 데 더 많은 가치가 있다는 가르침을 줄까요? 어떻게 할 수 있어요? 그건 불가능한 일 같아요. 쉽지 않아요. 말 그대로 **시의적절한 일어남**timed rising이 필요해요. 그냥 하루가 아니고요. 마치 모든 사람이 한 번에 일어나서 계획을 세우고 거기에 맞춰 살아가는 것처럼요. 그러니까 내 말은 모두가 이 한 번의 큰 움직임에 같이 동참해야 한다는 거예요.

조슈아는 개인적으로든 집단적으로든 경제적 기회를 얻기 위해 싸우기보다는 "돈에는 전혀 실제 가치가 없다"고 주장하는 쪽이다. 그가 생각하는 "시의적절한 일어남"은 백인 우월주의자 브라이언에게서도, 의용 소방대원 제이콥에게서도, 아들의 개인적인 성공보다 아들이 속한 야구팀의 이익을 더 중요하게 생각하는 에드에게서도 확인할 수 있는 연대의 열망을 드러낸다.

조슈아가 말하는 "시의적절한 일어남"의 최종 목표는 일상의 물질적 필요와 욕구에서 완전히 분리된, 모두를 위한 개인적 구원이다. 이런 식으로 조슈아는 돈을 정의의 영역 바깥에 둔다. "난 진짜 부자들이 세금을 더 많이 내는 것도 별로 중요하다고 생각 안 해요." 그가 생각에 잠겨 말한다. "중요한 건 부자들에게 영감을 주고 그 사람들한테 돈으로 기여할 수 있는 진짜 가치를 보여주는 거라고 생각해요. 다시 말해서 그 사람들한테서 돈을 뺏는 게 아니라 돈을 내놓을 영감을 주는 거예요. 그 사람들이 기여하고 싶은 프로그램과 프로젝트 같은 걸 만들어서요."

조슈아는 모든 사회적 계약에서 벗어나는 대신 자기 내부에서 완전히 억제되는 새로운 자아상을 제시한다. 그는 부정적인 태도, 혐오, 억울함, 타인에 대한 심판 등의 영적인 오염이 공허함과 죽음이라는 인과응보의 결과로 귀결된다는 절박한 믿음을 유지한다. 그는 모든 게 자기 내부에서 비롯된다고 말한다. "요즘에는 자신의 관점과 영적인 부분, 기본적으로 인생에 대한 전망, 자신의 태도 등 모든 게 사실은 질병을 예방할 능력이 있고 우리 유전자를 바꾼다는 걸 보여주는 새로운 연구가 있어요." 그가 흥분해서 말한다. "그래서 남을 미워하고 심판하고 공감을 안 하는 이기적인 사람이면 어떤 엄청 나쁜 종류의 암 같은 거 때문에 병원 침대에 누워 있게 되는 거예요. 그렇게 되지 않으려면 무슨 다른 일을 해야 했을까요? 미워하지 않고 사랑할 수도 있었어요. 다른 사람을 심판하지 않고 공감할 수도 있었고요. 과학이 지금 그걸 보여주고 있어요. 문제는 당신이 증오하거나 심판하거나 차별하는 그 사람들이 아니에요. 중요한 건 자기 자신이에요."

그는 고생이 자기 성장의 중요한 발판이라고 생각하기 때문에 "만일 우리가 계속 공짜를 나눠주고 사람들이 감사해할 줄 모르고 자기들이 받는 걸 당연하게 여기는데도 자기들이 성장할 준비가 되었다고 이해하면" 무슨 일이 벌어질지 걱정이다. "그러면 만약에 기회가 주어졌는데도 도움을 받으면서 살고, 돈도 다 내주고, 고지서든 뭐든. 그래서 그냥 앉아서 텔레비전만 보는 거예요. 그건 아니죠. 그건 그냥 이용만 하는 거잖아요." 고된 노동의 정의는 일자리를 얻는 것을 넘어 자아를 향상하는 것으로 확장한다. "결국은 말이에요. 어떻게 사람들이 원하게 만드느냐예요. 그러니까 그냥 일자리든지 뭐든지 얻기만 하는 게 아니라 자신을 더 향상하도록 영감을 제공하는 거죠." 그에게 개인적인 구원은 좋은 사람이 된다는 의미를 재구성하는 것과 관련된다. 여기서 좋은 사람은 규율된 자아를 모방하지만 동시에 거부한다. 그는 이 장의 다른 남자들을 괴롭히는 사회적 인정과 경제적 공정에 대한 갈망에서 자신을 해방하고, 정치를 개혁하는 게 아니라 영혼을 구원하고자 한다.

스티븐과 조슈아는 정치인들이 부패했다는 데 의견이 일치한다. 조슈아가 말한다. "정치인들은 전부 매수됐어요. 그 기계 속에 던져지면 다들 똑같이 꼭두각시가 된다니까. 난 두 사람(트럼프나 힐러리) 다 좋아하지 않아요. 똥이랑 똥 샌드위치 중에서 고르라는 거 같아. 누가 되든……." 아버지가 웃음을 터뜨리며 끼어든다. "누가 되든 구리겠지!" 스티븐과 그의 아내는 펜실베이니아 예비 선거에서 도널드 트럼프에 투표한 오랜 공화당원이다. "이제까지 본 공화당 사람 중에 그 사람이 제일 나은 후보 같아." 스티븐이 미소를 지으며 선언하더니, 경멸적인 표현을 쓰며 자조적인 농담을 덧붙인다. "오, 그 사람이 우릴 레드넥rednecks[교육 수준이 낮고 가난한 미국 남부의 백인 보수층을 일컫는 멸칭]으로 만들어놨지!" 그러고는 "버니 샌더스도 나쁜 사람은 아니지만"이라고 덧붙인다.

여기에 조슈아가 맞장구를 치며 말한다. "난 버니한테 투표할 거예요." 스티븐이 투표를 하는 건 그냥 "누군가는 누군가에게 투표해야 한다"고 믿기 때문이지만, 조슈아는 투표 행위를 "살flesh, 형태, 물질적인 문제physical"에서 시선을 돌리게 만드는 중요하지 않은 일로 치부한다. "우린 그걸 까먹어요. 가끔은 우리가 어디에서 왔는지를 기억해야 해요. 내가 아는 건 도널드 트럼프가 아니라, 그 모든 걸 이겨내는 건…… 사랑, 무조건적인 사랑, 용납이라는 것뿐이에요."

조각난 자아를 다시 붙이기

20세기 중반 몇십 년간 백인 노동계급 남성들은 자유를 장애물의 부재 이상으로, 경제적 안정의 기초로 재정의하고 기업 권력을 상대로 조직을 결성했다. 탄광, 제철소, 조립 라인의 백인 블루칼라 남성들은 미국이 전 세계 제조업을 지배하는 상황에 자극받아 나라의 운명을 좌우한다는 집단적인 감각에 사로잡힌 듯했다.[15] 활기 넘치는 교회 축제와 소방대가 벌이는 소란스러운 동네잔치, 북적대는 금요일 밤의 풋볼 경기가 꾸준히 이어지고 있기는 하지만 오늘날 콜브룩의 백인 노동계급 남성들은 고립감, 목적 상실, 억울함을 토로한다. 이들 모두는 정치 영역에 잠정적으로만 소속감을 느끼고, "미국"이 개인의 탐욕보다 더 큰 무언가를 상징한다는 확신을 스스로에게 심어주기 위해 애쓴다. 이들은 불확실성의 시대에 산업 노동계급 남성성의 잔해들을 재배열하거나 칭송하거나 해체하는 일을 떠맡고 있다.

에드나 브라이언 같은 일부 남성들은 노동자를 위한 집단 차원의 경제 정의에 대한 상을 고수한다. 에드는 근면하고 이기심이 없으며 사심 없는 미국인들이 "한 푼도 보태지 않은" 외부자보다 의료 서비스와 일자리 같은 희소한 자원에 접근할 더 큰 자격이 있다며 성낸다. 수명이 다한 일련의 일자리들과 고통스러운 관계 속에 갇힌 브라이언은 폭력을 사용해서라도 백인 정체성을 지키는 것이 자기 삶을 다지는 안정적이고 믿음직한 기초라고 믿는다. 다른 남성들은 사회적 계급이라는 정체성에서는 전혀 연결고리를 찾지 않고, 뼈 빠지는 노동을 예찬하며, 자신들에게 공정함이나 정의를 누릴 권리가 있다는 생각을 우직하게 거부한다. 소수지만 몇몇 사례에서 백인 남성들은 어릴 때부터 익숙한 극기 정신을 버린 후 자신들의 고통을 숨기기보다는 큰 소리로 발언하는 쪽을 선택하고, 이를 통해 스스로 수치심에서 해방된다. 외상 후 스트레스 장애가 있는 제대 군인 글렌은 이런 자유 덕분에 공감의 영역을 넓힐 수 있었다. 하지만 사회 기관과 관련된 배신과 실망의 경험 때문에 기존의 정치적 통로가 변화를 일으킬 수 있다는 생각은 거부한다. 마지막으로 조슈아는 좋은 삶에서 중요한 것은 단체 행동, 상호 의무, 경제 정의가 아니라고 믿는다. "제일 중요한 건 **당신 자신**이에요." 다음 장에서는 노동계급 백인 여성들의 삶으로 방향을 전환한다. 그럼으로써 남성들의 삶을 갈가리 찢어놓아 이들이 어떻게든 삶을 짜맞추기 위해 몸부림치게 만든 젠더, 일자리, 대대적인 가정의 변화 등을 백인 노동계급 여성이 어떻게 상대하고 있는지를 살필 것이다.

3장

광부의 손녀

탄광촌 백인 여성들은 "수치심", "역겹다", "쓰레기" 같은 단어를 자신을 묘사하는 데 사용한다. 가난의 경계에서 난방비, 주거비, 의료비, 아이들 식품비를 마련하려고 몸부림치는 백인 여성들은 아내와 어머니라는 종속적인 역할에서 부당한 대우를 받으면서도 그 역할의 상실을 애석해한다. 일부는 불륜과 폭력과 트라우마를 감수하고라도 자신의 고통을 견디고 "그걸 고수하는 것"에 도덕적 가치를 부여한다. 다른 일부 여성들은 수치심과 싸우면서 억압적인 남성에게서 벗어나고 가족과 파트너의 학대에 침묵하기를 거부하며, 이를 바탕으로 정체성을 빚어낸다. 또 다른 일부는 졸로프트[항우울제]를 반으로 쪼개서 먹거나, 음식이나 담배나 헤로인에 의지하거나, 하나님에게 자신을 이번 생에서 데려가 달라고 애원하는 방식으로 실망과 절망감을 마비시킨다.

자신들의 고통에 대한 설명을 홀로 찾아 나서는 백인 노동계급 여성들은 검소하고 억울한 노동계급 가정이라는 맥락 안에서 정치적 투쟁을 벌인다. 일부 여성들은 고생이 정신에 유익하다는 믿음으로 사회 안전망을 전면 부정한다. 고통을 딛고 일어서지 못하는 가족 구성원을 비난하는 행위는 자신은 떳떳하고 삶을 통제하고 있으며 안전하다는 기분을 안기는 방편으로 작용한다. 다른 여성들은 의존이 자신을 약하게 만들고 고립이 가장 안전한 생존 방법이라는 굳은 마음가짐으로 자신에게 해를 끼치는 가족 구성원을 끊어낸다. 이들은 자신이 몸담은 혹독한 세상과 공명하는 허심탄회하고 "난폭할 정도로 정직한" 남성 정치인들에게 마지못해 지지를 보낸다. 또 다른 일부는 가족을 개인적으로 신뢰하기가 불가능하다 보니 민주주의에 대한 객관적인 신뢰는 상상하기도 힘들다.[1]

인생에서 성장에 제일 좋은 시스템은 스트레스

서른세 살의 셸리 무어는 내가 인터뷰 전에 동의와 관련된 윤리적인 절차를 설명하자 웃음을 터뜨린다. "뭘 하려고요, 미소를 지으면서 나를 죽이는 거예요?" 셸리는 코웃음을 친다. 그는 광부의 손녀다. 할아버지는 "1916년에 태어났는데, 그냥 별거 없는 늙고 화난 폴란드계이자 아일랜드계 남자"였다. 가족들은 대부분 여러 세대에 걸쳐 콜브룩에서 살았다. 어머니는 셸리를 낳았을 때 겨우 열세 살이었고 아버지는 스물한 살이었다. 마지못해 한 결혼은 몇 달밖에 지속되지 않았다. 셸리는 어머니와 "성난 트럭 운전사"인 새아버지 커티스, 어린 네 동생과 함께 트레일러에서 성장했다.

　　가장 어렸을 때의 기억 중 하나는 새아버지가 어머니의 친한 친구

팸을 강간하는 모습이다.

커티스요, 새아빠가 술을 퍼마시고 있었고, 그다음에 문틈으로 내가 훔쳐봤는데 커티스가 팸 목을 움켜쥐고 침대에 내리꽂더니 때리는 거예요. 그다음에 내가 기억하는 건 엄마 턱이 철사로 묶여 꽉 닫혀 있던 모습이에요. 그리고 그런 대화도 기억나요. 엄마 친구가 그랬거 든요. "그 새끼가 날 강간했어. 어떻게 그 새끼랑 같이 살 수가 있어? 그 새끼가 네 턱을 부숴놨잖아" 하니까 엄마가 어깨 너머로 내가 앉 아서 놀고 있는 걸 보고 이러는 거예요. "아기 돼지들은 귀가 밝아." 그러니까 팸이 "그게 무슨 상관이야. 넌 어떻게 그 새끼가 이렇게 하 게 내버려 둘 수 있어?" 뭐 그런 식으로 말했어요. 그랬더니 엄마가 정말 크게 "너 씨발 내 집에서 나가" 하고 고함을 쳤어요. 그 후로 엄 마는 다시는 그 얘길 하면 안 된다고 했죠.

커티스는 셸리가 네 살이었을 때 성적인 학대를 시작했다. 셸리는 어머니에게 이를 말했지만 어머니는 믿지 않았다. 여덟 살 때 학교 관계 자들이 학대 사실을 발견해서 셸리는 자신의 "강간 사건에서 직접 증언 을" 했다. 셸리는 생부와 새어머니에게로 옮겨갔다. "악마 같은 새엄마, 신데렐라 이야기요, 그건 존재해요. 실재한다고요." 학대의 악몽이 소용 돌이처럼 휘몰아쳤다.

그런데 나는 새엄마가 아빠 몰래 바람을 피우는 걸 알았어요. 그 여자 는 내가 아빠한테 절대 말하지 않기를 바랐고요. 내가 열세 살 때는 시내에 가서 친구들하고 어울려 다니라고 돈을 주면서 이러는 거예요. "나한테 마리화나 한 봉지만 갖다줄 수 있어?" 그래놓고는 아빠한테 전화해서 내가 마약하고 담배 때문에 자기 지갑에서 돈을 훔쳤다고, 자기한테 증거까지 있다고 그러는 거죠. 그런 다음에 자기 파이프를 꺼내면서 아빠한테 그게 내 거라고, 자기가 그걸 내 물건 안에서 발견했다고 하는 거예요. 그러면 어떻게 됐겠어요? 아빠 꼭지가 확 돌았죠. 그때 처음으로 아빠가 엎드려뻗쳐 자세를 시키고 기타 스트랩으로 때렸어요.

10대가 된 셸리는 부모에게 분리되어 여성 청소년들을 위한 집단 시설로 보내졌다.

셸리는 처음 기회가 생겼을 때 고등학교 시절 연인과 결혼했는데, 남편은 군 복무 중이었다. 이들은 군부대 쪽으로 이사를 했고 거기서 딸을 낳았다. 셸리는 어머니가 손녀를 만날 수 있도록 10여 년 만에 처음으로 고향을 방문하기로 결심했다. 재상봉 기억은 이렇다. "엄마가 (새아버지를) 쳐다보고, 나를 쳐다보고, 그러더니 갑자기 우는 거예요. 그 순간에야 자기 남편이 네 살짜리 딸하고 성행위를 했다는 자각이 밀려왔나 봐요. 애를 데리고, 짐을 다 싸가지고 문밖으로 달려 나왔어요. 차를 몰고 나와서 다시는 엄마랑 말도 안 했어요."

그러다가 6년 뒤, "엄마가 돌아가셨다는 전화를 받았어요."

내가 엄마 집을 박차고 나가자 엄마는 완전히 통제 불능 상태가 됐는데, 난 다시는 돌아가지 않았고 엄마는 항상 전화를 기다렸대요. 항상요. 그리고 엄마 친구가 나한테 그랬어요. "네 엄마가 종일 앉아 있었어. 핸드폰이 꺼지기만 하면 정신 나간 사람처럼 소리를 질렀지,

미셸이 언젠가 전화할 거라고.” 나는 한 번도 전화 안 했어요. 한 번도……. 그때 내가 중독에 빠져들었어요. 더는 버틸 수가 없었어요. 인생이 나한테 그러는 것 같았어요. “우리가 네 발목을 잡을 거야. 네가 이 사람들을 죽이지는 않았지. 넌 결국 그 사람들을 떨쳐내지 못했고 용서했지만, 이제는 네가 벌을 받을 차례야.” 그래서 그렇게 했어요. 내 인생을 송두리째 부서뜨렸어요. 내가 저지른 짓을 어떻게 감당해야 하는지를 몰랐거든요.

셸리는 걷잡을 수 없는 헤로인 중독에 빠져들었고 군부대에서 살 때는 남편과 두 아이에게 이 사실을 숨겼다. 그러는 동안 남편이 바람을 피운다는 사실을 알게 되었고 절망으로 더 깊이 빠져들었다. “그 사람이 쓰는 일회용 선불폰을 발견한 거예요. 메시지도 보고 사진도 보고. 근데 남편한테 그 얘길 하지 않고 그냥 입을 다물고 마약을 했어요. 쇼핑도 하고, 사람들하고 난잡하게 섹스도 하고.” 결국 어느 날 어린 딸에게 헤로인에 취한 상태로 계단을 기어오르는 모습을 들키고 난 뒤 셸리는 닷새 동안 자신을 호텔에 감금했다. 몸에서 독소가 빠질 때까지 말이다. “땀을 흘리고 몸을 떨고 토하고 울기 시작했어요.” 그 뒤 남편에게 모든 걸 고백했다. “남편은 그걸 감당하지 못했어요. 그 사람은 완벽한 걸 요구했거든요.” 이혼하고는 남편이 모든 양육권을 가져갔다. “난 아이가 있을 때 약에 취했으니까요.”

지금 셸리는 새 남자 친구와 같이 살고 있다. 거의 집 밖에 나오지 않고 일도 하지 않는다. 내가 돈을 벌기 위해서 무슨 일을 하냐고 묻자 셸리가 어깨를 으쓱한다. “지금이라면 완전 장애 판정을 받을 수 있을 거예요. 외상 후 스트레스 장애하고 심각한 불안증하고 다른 온갖 게 있고,

펜실베이니아가 시키는 대로 온갖 종류의 약물 치료를 받으면 좋아질 수도 있어요." 셸리는 자신이 젊은 시절의 부서진 신뢰와 고통과 배신에 어떻게 의미 부여를 했는지에 관해 오랜 고민이 느껴지는 이야기를 털어놓기 시작한다.

유튜브에 어떤 의사가 있는데, 그 사람이 자기가 어떤 잡지를 봤는데 "랍스터는 어떻게 성장하나"라는 기사가 있더래요. 근데 그 기사에서 하는 말이 랍스터는 딱딱하고 질긴 껍질 안에 사는 부드럽고 말랑말랑한 생명체라는 거예요. 그런데 랍스터가 크기 시작할 때 무슨 일이 벌어지냐면, 껍데기는 안 커지는 거지, 랍스터는 커지는데. 그래서 랍스터가 몸이 커지기 시작하면 꽉 낀다는 느낌이 들고, 불편해지고, 스트레스를 받는다는 거야. 그래서 랍스터가 떠나는 거예요. 껍데기를 벗고, 조금씩 자라서, 새로운 껍질을 만들고, 세상 속으로 나가서 인생을 상대하는 거죠. 그 사람이 그러는데 랍스터한테 의사가 있었으면 성장을 못 했을 거래요. 랍스터가 의사한테 가서 이런 걸 처방받고 저런 걸 처방받고 그러면 랍스터는 진짜 성장이 뭔지를 절대 경험하지 못한다나. 그래서 랍스터한테 성장의 촉매는 불편함이라는 기분인 거예요. 그럼 사람하고 무슨 차이인 거죠?

셸리는 스트레스가 성장의 촉매이므로 "긍정적"이지 않은 상황에 갇힌 아이들에게조차 고생이 긍정적인 경험이라는 결론을 내린다. 고통을 회피하면 인생에서 피할 수 없는 트라우마에 대비하지 못하고 취약해진다.

사람들은 긍정적이지 않을 수도 있는 스트레스가 많은 상황에서 애들을 건져내잖아요. 근데 애들은 자라고 있단 말이에요. 애들을 고립시키고 약을 먹이고 안전하답시고 작고 뚝 떨어진 데다가 놔두고 애들 뇌가 불발이나 불상사에 대처하는 법을 배우지 못하게 하고. 그러면 애들은 자기 몸에서 벌어지는 일을 자연스럽게 감당하고 다루는 법을 배우지 못하는 거예요.

셸리는 열띠게 이야기를 이어간다. "그러고서 사람들은 사회를 비난해요. 왜냐? 스트레스를 풀어야 하니까. 나는 회복 중인 중독자예요, 헤로인 중독자요. 난 마약 끊으려고 약을 먹지 않았어요. 마약 끊으려고 아무것도 안 먹었어요. 그냥 침실에서 내 예쁘고 행복한 궁둥이를 앉혀 놓고 땀이랑 같이 배출했어요. 고생고생해서 빼냈어요. 스트레스랑 같이 날려버렸다고요. 다시는 그런 기분을 느낄 생각이 없거든요. 인생에서 성장에 제일 좋은 시스템은 스트레스예요." 이 설명에 따르면 고통을 회피하는 것, 자신의 불행을 남 탓으로 돌리는 것, 책임을 지지 않는 것은 사람을 결국 더 나약하게 만들 뿐이다. 회복 능력은 고통의 찬양이라는 형태를 취한다.

어린 시절 셸리는 다른 사람을 믿는 것이 위험함을 이루 말할 수 없이 고통스러운 방식으로 배웠다. 셸리는 부모와 조부모처럼, 막 열여덟 살이 되었을 때 민주당원으로 등록했다. 하지만 어린 시절에 경험한 혼돈과 잔인함이 가족들이 정부 혜택에 의지한 것과 관련 있다고 보고, 과거의 가족사와 거리를 두는 방편으로 투표하지 않는다. "우리 가족은 마약에 완전 절어 있고 나라에 의지해서 살아요. 난 이 거지 같은 쇼에서 손을 떼고 싶어요." 셸리는 자신을 두고 "정치라는 거지 같은 쇼보다는 생존 문제가 더 걱정"이라고 묘사한다. 그의 마음속에서 생존과 정치의 두 영역은 완전히 동떨어져 있다. 셀리는 유머를 곁들였으나 불안이 드리운 어조로 자신의 불신과 정치를 연결 지으며 대화를 마무리한다. "내가 내 인생이나 아이의 인생을 자기 이야기도 정직하게 말하지 못하는 사람들 손에 맡기겠어요? 아니요, 난 두꺼운 화장으로 자기 본색을 감추는 사람 손에 내 인생이나 아이의 인생을 맡기지 않을 거예요."

수치심을 대면하기

스물여덟 살의 백인 여성 대니얼은 고통을 인정하고 거기서부터 성장하기로 선택했다는 데서 자신의 정체성을 찾는다. 고통을 정면으로 직시하기보다는 이를 회피하려는 사람들에게는 단호히 경계를 긋는다. 대니얼은 몇 달 전 남편 네이선과 잠시 별거했을 때 지금의 아파트를 구했다. 대니얼이 회상한다. "몇 년 전에 남편이 집 밖에서 마약 거래를 했어요. 난 7시부터 7시까지 야간 근무를 했고요. 남편이 딸을 데리고 있었어요. 그런데 어느 날 내가 비번인 날에 남편 친구가 오더니 내가 아무것도 모른다는 것도 모르고 뭔가를 말한 거예요. 난 '농담이지?' 그랬죠." 대니얼은 어깨를 으쓱한다. "그래서 남편한테 가서 따지는 대신에 밖에 나가서 바람을 피웠어요." 지난해에 대니얼은 "불안을 겪으면서" "미치광이" 처럼 행동했다. "남편은 그걸 자기를 부당하게 대우한다고 받아들이고 다른 사람한테 가버리더니 자기들끼리 깜찍한 짓을 저질렀어요. 내가 그 발칙한 여자애를 죽일 수도 있었어. 그러고 나서 작년 8월에 3주 정도 별거를 했어요." 대니얼은 집을 나왔다. "한동안은 그냥 차에서 잤어요,

146

엄마 집에서. 파트타임으로만 일하고. 남편은 풀타임으로 일했는데, 온 갖 쓰레기를 내 차에 넣어놨어요."

　감사하게도 대니얼의 가족이 다니는 교회 목사가 지금 그들이 사는 아파트를 보증금 없이 한 달에 500달러에 빌려주었다. 대니얼과 네이선은 결국 화해했다. 대니얼이 회상한다. "우린 심한 일을 겪었어요. 남편의 부모님도 다 마약을 하고 감옥에 가고 알코올 문제가 있었어요. 남편은 어릴 때 학대를 당했고요. 우린 그 시련을 다 거쳤다니까. 그런데 그게 실은 우리를 더 강하게 만들어요. 우리처럼 말이에요. 우린 대부분이 할 수 없는 걸 받아들일 수 있어요." 대니얼은 고통을 견디고 더 강하게 헤쳐 나가는 능력에서 자부심을 찾았다.

　대니얼은 자기 이야기를 하면서 경제적 쇠락, 허술한 가족 관계, 트라우마, 정치를 연결하는 그물망을 짠다. 할아버지는 광부였고 부모는 의류 공장에서 일하다가 50대에 장애를 얻어 은퇴했다. 대니얼이 말한다. "우리 엄마요, 맙소사, 엄마는 온갖 게 너무 많아요. 엄마는 조금 무거운 편이어서 당뇨인가 그래요. 신경 장애에, 혈압에, 온갖 게 있어요. 그리고 아빠는, 그게 아빠 등이랑 관계가 좀 있는 거 같아요." 인터뷰를 시작하면서 나는 대니얼에게 탄광촌에서 보낸 어린 시절이 어땠는지 설명해달라고 부탁했다. "나쁘지 않았어요. 내가 해달라는 건 다 들어줬어요. 네 살 때 파워휠[유아용 장난감 자동차]을 갖고 있는 꼬맹이는 나밖에 없었어요." 그가 자랑스럽게 말한다. 뒤이어 거의 숨도 쉬지 않고 조용히 덧붙인다. "실은 아빠가 내가 꼬맹이였을 때 날 성적으로 학대했거든요. 열두 살 때부터 열여섯 살 때까지. 엄마는 몰랐어요. 아무도 몰랐지."

　대니얼은 수년간 난데없이 주체할 수 없는 공포가 휘몰아치는 예측 불가능한 순간들을 견디며 침묵을 지켰다.

근무를 하는데 불안 발작이 왔어요. 증상이 몇 년째 있었어요. 그러다가 한 주에 여섯 번이나 왔어요. 그중에서 절반 넘게 응급실에 실려 갔어요. 거기서 헤어 나올 수가 없어서 마지막에는 정말로 의식까지 잃었어요. 너무 안 좋았어요. 그냥 내 몸이 "아, 우린 끝났어" 하고 말하는 것같이요. 그리고 바닥에 쓰러졌죠. 정신과 의사도 찾아가고, 상담사도 찾아가고, 오만 사람을 만나러 갔는데 다들 질문 중에 그러는 거예요. "어릴 때 성적으로 학대당했거나 일반적인 학대를 당한 적이 있나요?" 몇 년 동안 난 "아니요, 없어요, 없어, 난 괜찮아요"라고 말했죠. 그런데 무슨 이유에선가 내 마음이 나한테 그냥 "맞다고 말해" 그러는 거예요. 그래서 그렇게 했어요. 12년 만에 처음으로 그걸 내 입에 올렸어요. 그리고 생각했죠. "괜찮아, 아마 모든 게 이것 때문일 거야. 아마 모든 불안 발작이 이거 때문에 일어나는 걸 거야. 뭔가가 일어나고 있다는 걸 내 몸이 이런 식으로 말하는 걸 거야. 말해야 해."

대니얼이 덧붙인다. "그걸 입에 올리고 나면 증상이 사라질 거라고, 모든 감정, 모든 불안, 모든 게 그냥 사라질 거라고 기대했어요. 그런데 완전히 정반대더라고요. 맙소사. 분노, 억울함이 너무 심했어요. 쉬지 않고 울었어요."[2]

대니얼은 3년간 동네 식료품점에서 일했는데 처음에는 최저 임금을 받는 계산원으로 시작해서 "고작 넉 달 만에" 감독으로 승진했다. 그런데 자신이 받은 학대를 공개적으로 이야기하기 시작한 이후로 근무 시간을 채울 수 없었다. "마지막에는 하루에 겨우 4시간이었어요. 그러다가 가슴이 울렁거리고 손이 축축해지는 느낌이 들었어요. 뒷방으로 가서 호흡기를 꺼내는 거죠. 거기 뒤에서 10분, 5분을 있었어요. 그러다

가 기분이 나아지면 '좋아 다시 밖으로 나가보자고' 그랬어요." 대니얼은
기억을 떠올린다. "나와서 2분도 안 됐는데, 그냥 팡! 공황이 얼굴로 왔
어요." 그다음 한 주 동안은 큰딸한테 "가서 맥앤치즈 좀 만들어와, 가서
핫도그 좀 만들어와" 하는 말을 제외하곤 아무런 말도 하지 않고 움직이
지도 않고 집에 있는 의자에 앉아 있었다. "그 주가 끝날 무렵에는 의자
에서 일어날 수도 없는 거예요. 눈을 뜨는 것도. 모든 게 그냥 핑핑 돌았
어요. 닷새 동안 먹지를 않았으니까. 그래서 지금 내가 59킬로그램이에
요." 대니얼이 심호흡을 한다. "내 인생이 몇 달 만에 180도 바뀌었어요."

대니얼은 자신을 한계 지점까지 몰고 간 심란한 경험을 늘어놓는
다. 겨우 열다섯 살에 어쩔 수 없이 결혼한 어머니와 비슷하게 대니얼은
고등학교 2학년 때 임신했다. 어머니는 "나한테 섹스를 하지 말라고 했
어요. 엄마한테 이 모든 감정을 말했거든요. 아빠는 아주 구제 불능이었
어요. 피임 문제 말이에요." 대니얼은 남자 친구와 성관계를 한 지 1년
만에 임신했다는 걸 알았다. "엄마가 그러는 거예요. '너 검사 좀 해봐야
겠다.' 그래서 내가 '왜?' 그랬잖아요. 그러니까 엄마가, '아, 너 두 달 동안
생리 안 했잖아.' 그러는 거예요. 그래서 내가 '아니야, 했어.' 그랬어요.
그랬더니 엄마가 가게에 가서 테스트기를 사 왔는데 난 별거 아니라고
생각했어요. 그래서 막대기에다가 태평하게 오줌을 누고 위층에 올라가
서 교복을 갈아입고 내려왔더니 엄마가 화장실에서 울고 있는 거예요.
'아 망했구나' 싶었죠. 엄마는 날 1시간 정도 무릎을 꿇고 앉혀놓고는 일
장 연설을 했어요. 기본적인 성교육을 늘어놓고, 내가 그렇게 하면 안 됐
다고, 엄마처럼 되면 안 된다고, 그런 얘기를 하는데 아빠가 그러는 거예
요. '아, 애가 자기가 원하던 걸 얻었네.'" 대니얼은 아버지가 자신이 성행
위를 한다는 걸 알고 "그걸 나에 대한 일종의 협박 같은 걸로" 이용했다

고 의심한다. "왜냐면 내가 남자 친구랑 섹스하고 있다는 걸 아빠가 알았던 거 같거든요. 그래서 아빠는 '네가 이걸 하면 남자 친구 만나러 가게 해줄게'라고 말하고 그랬어요."

대니얼의 어머니는 그가 고등학교를 졸업해야 한다고 고집했다. 얼마 안 있어 대니얼은 고졸 학력 인증서가 있고 여러 자동차 정비소와 공장에서 일하는 남자 친구 집으로 옮겼다. 두 사람은 둘째 딸이 "엄마, 엄마는 어째서 나랑 아빠랑 성이 달라?"라고 물을 때까지 결혼을 미뤘다. "우리가 그때까지도 결혼을 안 했거든요. 그래서 내가 남편한테 그랬어요. '기분이 별로네.' 그래서 결혼하게 됐죠." 대니얼은 "가정이 아주 안정적인 건 아니라"는 사실을 알면서도 결혼이 "그런 구조 같은 걸 줄 거라고" 믿었다. 자신이 처음으로 성관계한 남자와 결혼한 대니얼은 아이들 모두가 한 아버지의 자식이라는 데서 자부심을 얻는다.

내 친구 절반 정도가 애가 있는데, 내가 그러거든요. 제일 친한 친구 대부분이 열다섯 살, 열여섯 살, 열일곱 살 때 애를 가졌고, 이 중에 자기 친아빠랑 사는 애가 하나도 없다고. 그 애들 대부분, 내가 생각하기에는 전부가, 또 다른 사람의 두 번째나 세 번째 애예요. 그리고 그게, 그러니까 서류에다가 쓸 때요, 뭐 학교든 의사든 뭐든 간에, 우리 모두 다 같은 성이라는 게 기분이 좋아요. 내 친구들은요, 자기 이름이 있고, 애들 성이 있고, 그리고 그다음 사람이 있는데, 아이러니한 거는 걔네가 전부, 둘째 애는 자기 성이라는 거예요. 첫애하고 셋째는 아빠 성이고. 그래서 다들 성이 달라요. 나라면 못 견뎠을 거 같아요.

대니얼은 아무리 간통, 폭력, 학대가 수면 아래 몸을 숨기고 있다 해도 도덕적 방정함을 수행하는 데서 자기 가치를 끌어낸다.

한동안 가족은 잘해나갔다. "내가 2주에 한 번씩 700달러를 벌어왔고 남편은 2주에 한 번씩 800달러를 벌어왔어요. 그럭저럭 돈벌이가 됐어요." 그가 기억을 되짚는다. "우린 남편 차 할부금도 거의 다 냈어요." 하지만 "잘나가고 있다고 생각할 때 항상 무슨 일이 벌어지잖아요, 매번." 대니얼의 남편은 직장에서 상해를 입었고 "뇌척수액이 흘러나왔다." 대니얼은 공황 발작이 끊임없이 일어나서 직장을 그만둬야 했다. 이들은 넉 달 동안 집세를 내지 못했다. 하지만 "목사님이 어느 날 그러더라고요. '아무 걱정 말아요.' 완전 뿅 가는 줄 알았어요. 이게 교회 수입이잖아요."

"거의 중하 계급"에서 "완전히 나락"으로 곤두박질친 대니얼은 공황 발작으로 매달 36달러의 장애인 노동자 의료 보조비를 받았다. 대니얼 가족은 월 600달러가량의 푸드 스탬프를 받을 요건을 충족했다. 대니얼은 식료품점에서 계산원으로 일하면서 푸드 스탬프에 대한 생각이 바뀌었다고 인정한다. "푸드 스탬프 받는 사람들을 재단하는 사람들이 워낙 많잖아요. 나도 가끔 그래요. 어떤 여자가 와서는 개한테 줄 고기를 사는 거예요. 그래서 생각했죠. '너는 개한테 먹일 고기를 사는구나. 그건 사람용인데. 난 식탁에 놓을 음식을 장만하려고 아등바등하는데 개한테 줄 고기를 사다니.'" 하지만 대니얼은 공감 역시 표한다. "하지만 도움을 받아본 적도 없고 어떤 일이 벌어질지 예측조차 못 하는 저 바깥에 있는 사람은 이해하기가 어려울 거예요. 솔직히 내가 그랬으니까요. 나도 그게 너무 싫지만 선택의 여지가 없거든요."

대니얼은 정신과 의사를 찾아갔고 그 의사가 여성 회복 모임을 소개해줬다. 결국 대니얼은 어머니에게 아버지의 성적 학대를 이야기했다. "그냥 다 말했어요. 어머니가 상처받는 모습을 지켜보는 게 힘들었어요. 그렇잖아요. 엄마는 계속 '내가 뭘 잘못한 걸까?'라고 묻는 식이에요. 엄마가 눈치를 챘지만 내가 '아무 일도 없어, 다 괜찮아'라고 천 번도 더 말했을 거거든요." 대니얼이 어머니에게 이야기하고 난 직후 어머니는 심각한 자동차 사고를 당했고, 대니얼은 장애가 있는 성인 남동생들을 돌보는 일을 맡았다. 아버지 앞에서 아무 일 없었던 척 행동하는 것은 작은 마을에서 생존하는 데 반드시 필요한 일이었다.

왜냐면 내가 제일 걱정한 게 아빠가 엄마를 떠나면 어떡하지 하는 거였거든요. 그럼 그게, 그게 다 내 탓이잖아요. 아빠가 떠나는 거요. 세 남동생이 장애가 있단 말이에요. 나는 병원 진료에다, 돈벌이에다, 이 일 저 일로 돌아다니기 바쁜데. 그러면 어쨌든 그 결과는 내가 치르는 거예요. 게다가 전부가, 마을 전체가, 의사들이, 다들 엄마를 알아요. 우리 가족을 안다고요. 그 사람들이 무슨 일이 벌어지는지 다 알게 되는 거예요. 작은 마을이니까.

대니얼은 어머니가 다시 회복할 때까지 어머니와 남동생들의 안녕을 위태롭게 내버려 둘 수가 없다. 무엇보다 아버지가 "알코올 중독"에다 "변덕스럽기" 때문이다.

"당신이 어떻게 그걸 다 해요? 어떻게 당신이 그 모든 걸 전부 감당하죠?" 내 질문에 대한 대니얼의 대답은 이렇다.

선택의 여지가 없어요. 그걸 하느냐, 아니면 죽느냐예요. 그게 그냥 닥쳐버린 거니까. 난 그렇게 느껴요. 정면으로 맞짱을 뜨지 않으면 정신병원행인 거야. 자살하겠지. 하나를 골라야 해요. 난 그게 그렇게 이해가 돼요. 그걸 해결하거나 못 하거나. 해결하지 않으면 결국 마약하고 알코올을 하게 되는 거고, 아니면 정신병원에 가거나 죽는 거지. 난 사람들이 왜 헤로인을 하는지 알아요. 이해해요. 현실을 상대하지 않는 게 훨씬 쉽거든. 그치만 살아남으려면 해야 하는 일이에요. 애가 있으면 선택의 여지가 없어. 어쩔 수가 없어요.

대니얼은 마약, 알코올, 자살 같은 "더 쉬운" 길을 택하는 게 아니라, 고된 현실을 정면으로 직시하고 앞으로 밀고 나가는 데서 자신의 정체성을 찾는다.

인터뷰를 한 지 몇 시간 지났을 때, 대니얼의 사촌 크리스틴이 대니얼의 어머니가 있는 병원까지 대니얼을 태워주기 위해 들렀다. 내가 두 사람에게 정치적 입장을 묻자 자신들은 "정치적"인 사람들이 아니라고 주저 없이 단언한다. 누구든 끌리는 후보가 없는지 묻자 대니얼이 도널드 트럼프라고 말한다. 그 사람은 "너무 노골적"이기 때문이다. "마치 '망할, 당신이 나를 어떻게 생각하든 신경 안 써' 하듯이 말이에요. 난 그 사람이 이 동네 사람이라고 생각해. 우리가 딱 그렇거든. 우린 정직하고, 남들 눈치 안 봐요. 그게 이런 시골에 필요하거든요. 그러니까 내 말은, 난 그 사람 말은 아무것도 동의하지 않지만 뭔가를 할 추진력이 있다고 생각해요." 사촌도 고개를 끄덕이며 동의를 표한다. "맞아요. 그 남자는 입이 과하고 좀 그렇지. 그치만 진짜 정직하다고 생각해. 그런데 사람들은 그걸 어떻게 감당해야 할지를 모르지."

대니얼은 공격적이리만치 "노골적인" 강한 후보에게 끌린다. 그는 도널드 트럼프에 대한 자신의 존경심을 "지금 우리의 모습"과 연결한다.

이는 솔직담백하고, "진짜로 정직하고", 세련된 가짜 이미지를 유지하는 데 "신경을 쓰지" 않는 지역 사회를 상징하는 표현일 수 있다. 대니얼은 눈치 보지 않는 정직함에 끌린다. 정면으로 현실을 응시하고, 그 잔혹함을 인정하고, 아무리 불쾌하고 불안해도 인내하는 능력은 대니얼 자신의 경험과 깊이 공명한다.

대니얼과 크리스틴 모두 "우리 같은 사람들을 도울 수 있게 사람들한테서 세금을 더 많이 걷어야 한다"는 데 동의한다. 크리스틴은 이렇게 회상한다.

내가 남편하고 헤어졌을 때 지낼 데가 필요했거든요. 그래서 주택을 신청했어요. 이날까지 줄곧 시급 12달러를 벌면서 이런 일, 저런 일을 했단 말이에요. 열두 살 때부터 엉덩이에 불나도록 일했어요. 가족을 챙기느라 온갖 일을 해야 했다고요. 그러다가 주택도시개발부에 신청을 했거든요, 애들하고 길바닥에 나앉게 생겼으니까. 그런데 나한테 뭐라고 하는지 알아요? "대기자 명단이 있어요. 당신 앞에 이백오십 명이 있어요." 그러는 거예요. 그런데 어떤 사람은 이게 최고라고 그럴 거잖아요. 다른 사람보다 상황이 더 나쁜 사람은 그 뭐냐, 명단 위로 올라가야 할 거 아니에요. 내가 그랬어요. 도대체 어떤 사람이 나보다 더 상황이 나쁠 수가 있냐, 그래서 내가 뭘 해야 되냐. 난 거기에 앉아서 어떻게든 버티는 거밖에 방법이 없었어요. 돈을 마련하느라고 거의 3주 동안 애들도 못 보고. 살 데를 구하느라고 가진 걸 탈탈 털었어요.

하지만 겨우 몇 분 뒤 이들은 자기 가족을 헐뜯는다.

154

크리스틴 작년에 처음으로 크리스마스에 도움을 받으려고 구세군에 갔거든요. 내가, 그니까 애들이 두 개씩 받았어요, 장난감 하나 자전거 하나. 장난감이었어요, 진짜로. 근데, 들어봐, 난 고마웠어요. 내가 고마워하지 않는 것처럼 보이고 싶지는 않아요. 근데 그러고 나서 우리 엄마가 똑같은 데 갔어요. 내 여동생들은 아이팟을 받았고요. 엄마는 거기서 일하는 여자분들 이름까지 다 알았어요. 그래서 생각하는 거예요, 그거 알아요? 난 크리스마스 때문에 처음으로 도움을 받으러 간 거였어요, 처음으로. 사실 난 아무것도 없어요. 그런데 엄마가 그 온갖 걸 받는 걸 본 거예요.

대니얼 애네 엄마는 사기꾼 같은 의사한테서 약을 타서 그걸 팔아서 생활비로 쓰는 사람이에요. 애네 부모는 추잡함의 전형이죠. 복지 수당 더 받으려고 애들을 싸지르고 우리 같은 사람들이 고생하는 동안 원하는 건 뭐든 손에 넣어요.

크리스틴과 대니얼이 가족을 향한 경멸을 사회 복지 남용에 대한 생각과 연결할 때, 이들의 진보적인 정치적 욕구는 개인적인 상황 앞에서 좌절된다. 대니얼은 "복지 수당 더 받으려고 애들을 싸지르는" 가족 내 여성을 폄하하면서, 모든 자식이 똑같은 성을 쓰는 안정적인 가족 구조에 쏟아붓는 자신의 헌신을 부가한다. 아무리 그 가족 구조가 "시련을 겪게" 만들어도 말이다. 대니얼은 힘들게 거머쥔 승리에서 자존감을 끌어내면서, 고통을 견뎌낸 "우리 같은 사람들"이 인정을 받을 수 있기를 바란다.

대니얼은 한 번도 투표한 적이 없고 크리스틴은 "전에 한 번 투표"를 했을지도 모른다고 생각한다. 이들 모두 이 해에는 투표할 계획이 없다. "우린 그날 너무 바빠요!" 크리스틴이 고집을 부린다. 대니얼은 이렇게 덧붙인다. "다 썼었다고 생각해요. 누구든 이기고 싶은 사람이 이길 거고, 결국 누가 더 돈이 많냐의 문제잖아요. 누가 이기든 이미 다 정해져 있어요. 이 동네도 그런 식이에요. 중요한 사람을 알아야 돼. 중요한 사람을 알고 있으면 어딘가에 낄 수 있어요. 난 어디든 마찬가지라고 생각해요.

자기혐오에서 자기 계발로

서른의 루시 라도비스키를 만나러 가보니 루시가 사는 연립 주택의 벽지 절반이 목욕 소금 때문에 촉발된 남편의 광분으로 뜯겨 있었다.[3] 막내딸의 아버지이자 건설 노동자인 그는 2시간 거리에 있는 강제적인 마약, 알코올 중독 치료 프로그램에서 지난 아홉 달을 보냈다. 루시는 지금 앞으로 어떻게 살 것인가에 관한 두 가지 방향을 놓고 골치가 아프다. 루시는 분노에 차 있고 바람을 피우고 폭력적인 사람과 함께 사는 게 얼마나 위험한지 뼈저리게 알고 있지만 동시에 핵가족 구조를 고수하려고 발버둥 친다. 곧 무너질 듯한 고리버들 책장에 책 두 권이 눈에 띄게 놓여 있다. 《상호 종속은 이제 그만Codependent No More》 그리고 《필요한 건 예수님 그리고 좋은 청바지 한 벌All I Need Is Jesus and a Good Pair of Jeans》. "책을 사방에 늘어놓고 다 절반씩은 읽고 그래요." 루시가 열의에 차서 말한다. "그러니까 지금 배우는 중이거든요⋯⋯. 이걸 어떻게 표현해야 하지? 사람들은 나를 어떻게 대우해야 하는지 알려주는 대로 나를 대우하잖아요." 루시는 전통적인 여성적 미덕에 따라 살지 않는다는 것, 묵묵히 약물 치료로 고통을 억누르는 대신 결국 소리 높여 이야기했다는 것에서 나오는 수치심을 내려놓고, 자기 수용에 이르게 된 지난하고 고된 여정을 늘어놓는다.

루시는 몇 세대 위의 가족사로 거슬러 올라가면서 이에 대한 도덕적 해석을 제시한다. "아빠의 아버지가 광부였어요. 아주아주 형편없고 화가 가득한 알코올 중독자였어요. 할머니는 할아버지랑 결혼하고서 평생을 같이 지냈어요. 내가 아는 한 성인군자였죠. 그걸 다 어떻게 견뎠는지 모르겠어요." 일곱 자녀 중 한 명이었던 루시의 아버지는 루시가 어렸을 때 강도 사건으로 여러 달을 교도소에서 보냈다. 어머니는 겨우 열일곱 살일 때 아버지와 결혼했다. 루시가 말을 이어간다. "아빠는 우리 식으로 말하면 감옥에서 '구원'받았어요. 아버지는 노동자예요. 콘크리트 트럭을 몰아요. 하나님을 받아들이고 인생을 바꾸고 도둑질도 그만두고 나서 아주 열심히 일해요. 아빠가 맨날 우리한테 하는 말이 있어요. '너는 네 손으로 일해서 네 돈을 벌어야 한다'는 말에 꽂혔대요."

루시가 어렸을 때 가족들은 한 주에 세 번 교회에 갔고 "세속적인 것들"을 거부했다. "담배 금지. 춤도 금지. 난 수영복도 못 입었어요. 치어리딩도 못 하고." 주부였던 어머니는 집을 "강박증 환자처럼 깨끗하게" 유지했고 항상 "아빠가 집에 오면 따뜻한 저녁"을 차렸다. 루시는 어릴 때 항상 걱정에 시달렸지만 자신의 감정을 표현하거나 도움을 구할 방법을 알지 못했다고 한다. "불안이 심했고 자존감 문제도 있었지만 불안이 어떤 건지를 몰랐어요. 약물 치료나 뭐 그런 걸 받았더라면 훨씬 좋았을 것 같아요."

대니얼처럼 루시는 "제대로 된 성교육을 한 번도 받아보지 못했다." "섹스가 뭔지도 몰랐어요. 내가 생리를 시작했을 때 엄마가 그게 뭔지를 전혀 얘기 안 해줬거든요. 탐폰 넣는 방법을 알아내는 데 2년 정도 걸렸어요." 루시는 열다섯 살에 교회 청년 모임에서 첫 남자 친구를 만났고 "교회 주차장에서 섹스를 하다가" 고등학교 3학년이었을 때 임신을 했다. "그 남자는 내가 낙태하기를 원했어요. 아빠가 되고 싶지 않던 거예요. 결혼도 하고 싶지 않았고요. 그래서 내가 결국 그랬죠. '됐어, 그냥 잊어. 너랑은 끝이야.'" 루시는 물류 센터에서 일자리를 얻었고 부모와 함께 집에서 아이를 키우면서 자기혐오와 수치심을 상대로 기나긴 전투에 들어갔다. "나 자신이 끔찍했어요. 부모님이 그렇게 만든 것도 있지만 내 종교 때문에 그렇게 느낀 거죠. 그러니까 나는 미혼인데 엄마였잖아요. 내가 이제까지 본 사람들은 부모님뿐이었어요. 주부가 되는 거, 그게 내가 할 일이었는데. 난 집에 있으면서 아이들을 돌보고 엄마가 되고, 직장에 출근하는 남편을 두고 싶었어요."

루시는 침대 밖으로 나올 때마저 안간힘을 써야 했다. "우울증과 관련된 모든 거요. 나는 나한테 그런 게 있다는 것도 몰랐는데 그 충격은 마치…… 우리 부모님은 그걸 받아들이지 못할 것 같았어요. 우울증은 '자, 일어나서 할 일을 해야지'라는 식이 아니에요. '넌 내가 그걸 원한다고 생각하지 않는 거야? 넌 내가 기분 나빠하거나 죽고 싶은 기분이 들기를 원한다고 생각하는구나?'라는 식이에요. 대체 누가 그런 기분을 느끼고 싶겠어요?" 술이나 약에 취하는 것만이 일시적으로 우울증을 덜어주었다. 루시는 술집에서 지금의 남편 크리스를 만났다. "같이 마약을 했어요. 그 사람이 선택한 마약은 메타암페타민 아니면 온갖 종류의 스피드나 어퍼예요. 일종의 약물 치료였던 셈이죠. 마약이 우울증의 고통을 가져갔으니까요."

관계가 진전되자 루시는 음주 운전으로 30일간 교도소에 들어갈 일을 앞둔 크리스에게 주말에 캠핑을 가자고 제안했다. 루시는 이 기회를 잡아서 결혼을 밀어붙였다. "그냥 가버리는 건 우리 아빠한테는 당치 않은 일이었어요. 우린 결혼을 안 했잖아요. 난 헌신을 원했어요. 알잖아요, 가족을 원했어요." 둘은 루시 부모님 집 뒷마당에서 결혼했고 어머니의 성화에 길 건너 집을 구입했다. 결혼하자마자 "남편은 내가 일을 그만두기를 원했어요. 나도 그랬죠. 나도 바라던 바였다고요! 난 전업주부가 되고 싶었어요. 남편은 나가서 좋은 직장을 얻고, 일이 그렇게 풀릴 줄 알았죠." 하지만 크리스는 음주 운전을 일삼으며 감옥에 들락거렸고 직장에 진득하게 붙어 있지 못했다. "그 사람은 돈을 가져가서 그걸로 마약을 샀어요. 생활비는 주지도 않고요. 우리가 소득세를 환불받으면 내가 그 소득세를 가지고 모든 청구서, 모든 신용카드 청구서 비용을 내는 식이었어요. 그걸 다 내 계좌에 넣어뒀어요. 그런 식으로 생활했어요." 루시는 푸드 스탬프와 의료 보조에 의지했고 이는 수치심을 가중시켰다. "그게 너무 싫어요. 그런 데 의지하는 걸 참을 수가 없어요. 수치스러워요. 민망하고. 월마트에서 액세스카드[푸드 스탬프 금액이 예치된 카드]를 써야 하는 게 엿 같아요."

인터뷰하는 동안 루시는 자신이 "뚱뚱하다"고 여러 차례 언급한다. 심지어 내가 전반적인 건강을 물었을 때도 마치 그런 식의 평가를 예상했다는 듯 재빨리 "그러니까요, 난 살을 빼야 해요. 알아요. 분명하니까"라고 대답한다. 루시는 자신의 몸무게가 역겹다고 느끼는데 어머니가 집에서 "미친 듯이 많이" 먹여서 살이 찐 거라고 믿는다. 한때는 162센티미터 정도의 키에 몸무게가 118킬로그램 정도까지 나갔다. "그때 의료 보조를 받았어요. 내가 그랬죠, '잘 들어요, 난 살을 빼야 해요. 살을 빼야 한다고요.' 효과가 없어요. 아무것도 효과가 없어요. 그래서 그 사람들이 나한테 영양사를 소개해줬는데 영양사가 나한테 하루 2,000칼로리만 먹으라는 거예요. 좋아요. 감사해요. 근데 도움은 안 될 거예요." 루시는 패배감에 젖은 어조로 말한다. 루시는 대신 랩밴드 수술[체중 감량을 목적으로 위 상부를 밴드로 묶어 식사량을 조절하게끔 하는 수술]을 받으려고 멕시코로 날아갔다. "대체 내가 어떻게 그랬는지 모르겠어요. 어쨌든 수술을 생각해냈고 신용카드로 계산했어요. 멕시코 후아레스에 가서요. 네, 나랑 남편이랑 같이. 나중에 알았는데 남편은 약에 취해서 제정신이 아니었더라고요." 루시는 바이러스성 위장염이 생겼고 "그 사람들이 수술을 엉망으로 해놓는 바람에" 미국으로 돌아와 랩밴드를 빼내야 했다. "랩밴드를 뺀 자리를 어디서도 메꿀 수가 없는 거예요. 너무 찝찝했어요!" 수술 합병증으로 만성 통증이 생기기도 했다.

남편에게 학대당하기 시작하면서 루시는 갈 데가 없어졌다.

네. 이게 내가 그 사람을 대상으로 받은 세 번째 PFA(학대 보호 명령) 같아요. 싸움을 했어요. 아마 별것도 아니었을 거예요. 기억도 안 나니까. 근데 남편이 너무 심하게 때렸어요. 지금 같았으면 나도 가만히 있지 않았을 건데. 그땐 훨씬 날씬하고 작았단 말이에요. 그 사람이 꽤 커요. 내 목을 졸랐어요. 목에 엄청나게 큰 멍이 들고 상처가 났어요. 피도 흘리고 막 그랬어요. 친구가 그러는 거예요. "당장 네 아빠한테 전화해." 그래서 내가 그랬죠. "안 돼, 못 해! 아빠 그냥 우리한테 술 마시지 말란 소리만 할 거야. 그게 다라고." 그랬더니 친구가 아빠한테 전화했고, 아빠는 친구한테 정확히 그렇게 말했어요. 난 당해도 싸다고. 내가 여기서 그 남자랑 같이 사는 것도 다 내가 그럴 만한 인간이라 그런 거예요. 부모님들은 지금도 그렇게 생각해요.[4]

160

루시는 지역 경찰도 똑같이 생각한다고 말한다. "그 사람들은 귀찮다고 싫어해요. 도울 생각이 없어. 나한텐 낙인 같은 게 있는 기분이에요. '아, 당신이 PFA를 받아놓고 남편을 다시 받아들였다면 이제 그 일은 당신이 자초한 거지. 우리한테 전화 그만해요. 이건 우리 문제가 아니라고요' 하는 기분이요. 그런 게 아닌데, 난 그렇게 느끼지 않는데, 사람들은 그렇게 말하죠."

루시는 자라면서 종교를 거의 강요당했다고 느끼지만 요즘 그의 유일한 길잡이이자 위로는 하나님이다. 루시는 이혼이 두려웠다. "성경에서 하나님은 이혼을 증오한다고 말하기" 때문이다. 그래서 남편이 불륜을 저질러서 남편을 떠날 적법한 이유를 달라고 매일 밤 기도했다. 루시는 회의적인 어조로 말한다.

난 기도했어요. 하지만 기분이 전혀 나아지지 않았어요. 아주 오랫동안 성병에 걸렸는데도 몰랐다니까요. 동네 보건소에서 검진을 받았어요. 아, 당연히 남편 외에는 누구하고도 잠자리를 한 적이 없어요. 그니까 그 남자하고 결혼한 다음에는요. 그 여자(의사)가 처음에 그걸 못 찾아낸 거예요. 그런데 계속 증상이 있어서 두 번째 다시 갔더니 그러는 거예요. 그러냐고, 자기는 기억이 안 난다고. 어쨌든 하나님한테 감사하게도 치료가 가능하대요. 헤르페스나 HIV나 뭐 그런 건 아니라고. 그런데 그게 또 아니지 뭐예요!

루시는 남편의 외도와 성병 문제를 제대로 꺼내놓고 이야기하지도 않았다. "그치만 그렇잖아요, 남편도 치료를 받아야 했어요. 그래서 약을 가지고 집에 가서 그랬어요. '내 감염을 없애려면 이 약을 먹어야 돼. 당신도 이 약을 먹어야 하고.' 그러고는 그 문제를 제대로 얘기도 안 했어요. 그때는 내가 겁에 질려 있었거든요. 그걸 해결하고 싶지가 않았어요. 어쨌든 남편이 약을 먹었어요. 남편한테 약을 먹으라고 했죠. 남편은 물어보지도 않더라고요. 알았던 거지. 자기도 알았던 거예요. 남편은 내가 부정을 저지른 게 아니라는 걸 알았어요." 루시는 남편을 떠나지 않았다. "하나님이 내 기도에 응답하셨어요. 근데도 난 아직 이혼할 수가 없네요." 루시는 무기력하게 말한다.

이후 몇 년 동안 루시는 심각한 우울증과 사회적 불안을 겪었다. "그냥 끔찍했어요. 내 기분이 엉망인 데 남편이 얼마나 많은 역할을 했는지 깨닫지도 못했어요. 그냥 몰랐어요. 난 마치 '아, 난 어째서 일어나서 할 일을 할 수가 없는 거지?' 했죠. 죽고만 싶었어요." 루시는 교회 상담사에게 이런 기분을 털어놓았다. "그 사람은 정말 이런 상담을 전에 한 번도 해본 적이 없었어요. 난 그 사람이 노련한 상담사였는지 어땠는지도 모르겠어요. 별로 그렇지는 않았던 거 같아요. 그 여자가 그러더라고요. '병원에 가고 싶어요?' 그래서 내가 그랬죠. '그런 거 같아요, 잘 모르겠어요.' 그랬더니 그 사람들이 나를 검사하더니 정신…… 병동에 넣더라고요." 루시는 자율성과 자존감을 심하게 박탈당한 이 참혹한 경험을 내게 들려준다.

더는 살고 싶지 않았어요. 자살 계획을 세우거나 자살을 하고 싶은 적은 한 번도 없었어요. 그건 모든 것을, 종교적으로 말이에요, 거스르는 거라고 믿거든요. 그래서…… 그냥 하나님이 나한테서 목숨을 거둬가면 좋겠다고 생각했어요. 그 사람들이 나한테 엄청나게 많은 질문을 했거든요. 그게 가장 수치스러운 일이었어요. 그 사람들이 당신

옷을 완전히 벗겨요. 그런 거 있잖아요. 그리고 모든 소지품을 가져가요. 병원복, 천 쪼가리 같은 거 말곤 아무것도 걸칠 게 없어요. 아무것도. 그러다가 거기서 깨달은 거예요……. 아무도 나한테 말해주진 않은 거 같은데, "좋아요, 들어오는 건 마음대로 해도 나가는 건 마음대로 안 돼요"라는 식이었죠. 아, 아무도 나한테 그 말을 안 해줬어요. 내가 그냥 "잠깐만요! 나갈 수 없다니 무슨 말이에요?" 그랬죠. 그날 밤에 좀 차분해졌을 때 같은데 내가 그랬어요. "저기요. 여기서 나가고 싶어요." 그러니까 그 사람들이 그러는 거예요. "안 돼요, 예쁜이. 그런 식은 안 먹혀요." 무서워서 죽을 것 같았어요. 거기는 나한테 딱 맞는 데가 아니었어요. 그렇다고 상담사를 탓할 수도 없지만요. 내 말은 그 여자도 어떻게 해야 할지를 몰랐다고요. 그 여자는 내가 자살할 줄 알았나 봐요. 난 아무한테도 그런 말을 한 적이 없었는데 말이에요. 그냥 하나님이 나를 데려가면 좋겠다고만 그랬어요. 난 못하니까…… 그렇잖아요. 그 일이 내 인생에서 제일 지독한 경험이었어요.

남편은 세 번째 중독 치료를 마무리하는 중이고 루시도 자신의 치유에 집중하는 법을 배우고 있다. "매주 월요일마다 중독자 가족들하고 만나고 있어서 상황이 더 좋다고 봐야죠. 상호 의존에 관한 책도 읽고 치료는 한 주에 한 번 가요. 정말로 아주 강해진 기분이에요. 난 싱글맘이었잖아요. 결혼했지만 거의 내내 말이에요. 내가 결혼 생활 내내 재정적으로 앞가림을 했어요." 루시는 교회를 통해 상담사를 지속해서 만나고 매주 예배에 참석하고 있다. "이제는 나도 알죠. 하나님은 그 누구도 배우자에게 용납할 수 없는 대우를 받거나 학대당하기를 원치 않으신다는 걸요." 루시는 다짐한다. "이번이 마지막이에요."

루시는 최근에 가정 폭력 생존자들에게 무료 지원 서비스를 제공하는 단체와 선이 닿았다. 이들의 도움 덕에 이제는 도움이 필요한 상황에 큰 거부감을 느끼지 않는다. "한번은 내가 현금으로 지원을 받으려고 했거든요. 그런데 그 여자분이 그냥, 그 여자는 나쁜 년이었어요. 그냥 나쁜 년. 날 쓰레기 취급했다니까요. 자기들이 나보다 더 낫다는 듯이." 루시는 열을 내며 회상한다. 하지만 주눅 들지 않았다. "내가 상담할 때 이 여자 얘기를 꺼냈어요. 그랬더니 상담사가 그러는 거예요. '잘 들어요, 그 사람들이 당신을 쓰레기 취급한다는 건 있을 수 없는 일이에요. 당신은 쓰레기가 아니니까요.' 그리고 상담사가 나한테 좋은 말들을 해줬어요. 그래서 생각했죠. 그러니까, 당신이 맞는다고. 난 지금도 엄청나게 힘든 시간을 보내고 있어요. 나 자신이 너무 감당이 안 되고 내가 겪는 이 모든 거지 같은 일을 다 잊어버려요. 내가 자초한 거든 어떻든 말이에요. 어쨌든 그건 효과가 있고 여전히 정말로 힘든 문제란 말이에요." 그가 자신을 그 자체로 충분히 괜찮은 사람이라고, 살아남을 능력이 있고 어느 정도 도움을 받을 자격이 있다고 인식하기까지는 오랜 시간이 걸렸다. 지금도 자기가 하는 고생이 자기 탓이라고 생각하기는 하지만 말이다.

　　루시는 푸드 스탬프로 세탁용 세제와 샴푸를 살 수 없었을 때 부모에게 부탁하는 것은 생각도 하지 않았다. "난 도와달라고 하는 게 너무 싫어요. 특히 우리 부모님한테요. 아 맙소사. 그러면 두 분한테 빚지는 느낌이거든요. 난 그걸 갚을 수 없다는 것도, 그러니까 최소한 지금 당장은 불가능하다는 걸 안단 말이에요." 대신 루시는 교회에서 만난 한 여성에게 의지했다. "근데 한번은 내가 그 여자 집에 갔는데 우린 푸드 스탬프를 받고 있었거든요. 그런데 우린 화장지 같은 건 없었어요. 샴푸나, 뭐 그런 물건. 화장실 휴지. 그 여자가 나를 가게에 데려가서 화장실 휴지를 엄청나게 사줬어요. 내가 필요한 건 그냥 다. 세탁 세제, 온갖 걸 다." 루시는 경이로움에 젖어 말한다. 우리가 경제에 대해 이야기할 때 루시는 "돈 문제 같은 거"는 별로 말하고 싶어 하지 않았다. 루시는 부자들이 세금을 더 많이 내야 한다고 믿는다. "최소한 그 사람들한테 세금을 내라고 해야죠. 그 사람들이 뭐라고 세금을 안 낸대요?" 루시는 자신 없는 어조로 묻는다. 하지만 루시는 푸드 스탬프를 사용하는 것조차 자기수용과 강해짐의 과정으로 설명한다. 그는 경제 정의라는 토대에서가 아니라 자신의 도덕적 절제를 근거로("난 그거 막 쓰지 않아요. 열심히 일한다고요.") 자신이 도움을 받을 만한 사람이라고 밝힌다.

루시는 2016년 대선이 몇 주 남지 않았는데도 정치는 그렇게 많이 생각하지 않는다. 부모님은 열성적인 공화당원이고 폭스뉴스 애청자다. "아빠는 거기 앉아서 텔레비전에 대고 고함을 치고 그래요. 우리 딸들도 아빠랑 같이 그걸 보는데, 애들이 폭스뉴스 시작할 때 나오는 말을 외울 정도예요." 루시는 성인이 되고 대부분의 시간 동안 공화당 등록 당원이었다. 루시가 웃으며 말한다. "한번은 친구 아빠가 우리를 데리고 투표장에 갔어요. 친구 아빠는 민주당원이었어요. 그래서 나도 민주당원으로 등록했어요. 그런데 아빠한테 그 말을 하자마자 '뭐 하는 짓이야? 다시 바꿔놔!' 하는 거예요. 그래서 그냥 가서 바꿨어요. 어느 쪽이든 나한테는 별로 중요하지도 않으니까. 난 투표는 하고 싶었어요. 그냥 아빠가 세상을 보는 관점을 믿었던 거 같아요." 루시는 더 어렸을 때는 자기가 독립적으로 정책에 타당한 입장을 가질 수 있는 사람이라고 한 번도 생각해본 적이 없었다.

루시가 어깨를 으쓱한다. "모든 정치인이 거짓말쟁이라고 생각해요. 난 정치인을 안 믿어요. 경찰도 안 믿고." 내가 루시에게 누구를 믿는지 묻자 이런 답이 돌아온다. "당장은 내가 믿을 수 있는 유일한 존재는 하나님이에요. 이제까지 한 번도 누굴 믿어본 적이 없는 거 같아요. 내 인생에서 진짜로, 아무도 안 믿어요. 부모님도 안 믿어요, 솔직히. 근데 이게 참 슬프게 들리죠, 안 그래요? 슬퍼요." 2016년, 루시는 트럼프를 찍었지만 아버지를 믿어서 그 선택을 따른 건 아니었다. 올해는 스스로 결심했다. 루시는 주저하듯 말한다. "트럼프는, 그 사람은 좀 더, 그 사람이 낙태에 반대하는 거 맞죠? 나는 낙태는 하면 안 된다고 생각하거든요." 루시가 교회에 대한 충직함을 바탕으로 투표를 하기는 해도, 이는 경제 문제보다 문화 문제가 더 중요하다고 선택했기 때문이 아니다. 자신을 식료품점까지 태워다주고 아무런 조건 없이 화장실 휴지를 사준, 지금도 여전히 자신의 인생에서 유일한 신뢰의 대상인 교회와 하나님에 대한 의리에서 자신의 정체성과 이익을 발견하고 있기 때문이다.

한 번에 하루

어떤 여성들은 수년에 걸친 관계의 소용돌이, 평생 잠잠할 날이 없는 폭력과 중독, 불륜과 가난 같은 문제로 지쳐 있다. 쉰하나의 메리 앤 윌슨과 서른둘인 그의 딸 비비안은 절박한 고립감 속에 살고 있다. 두 사람은 이 마을이 자신을 포함해서 주변 모든 사람에게 독극물을 주입하고 있다고 느낀다. 그리고 이런 기분이 가족에 대한 믿음과 헌신의 쇠락에도 영향을 준다고 여긴다. 남성을 향한 이들의 거부감은 정치에 대한 칼날처럼 예리한 태도로 이어지지만, 미래가 더 나아질 가능성을 신뢰할 수 없다 보니 이들의 관심사는 하루하루의 생존으로 제한된다.

메리 앤과 비비안은 위아래 층에 각 세 개의 방이 있는 메리 앤의 작은 연립 주택에서 열다섯 살 된 비비안의 아들 클라이드와 함께 살고 있다. 비비안은 열 살 된 핏불을 안고서 내게 공과금 이야기를 한다. "모기지로는 한 달에 167달러를 내요. 케이블은 없어요. 인터넷도 없고. 한 달에 청구서 하나 비용을 내고 그다음 달에 또 하나 내고 그래요. 그달에 어디서든 돈을 안 내면 끊어버린다고 그러면 그걸 먼저 내요. 아들 때문에 푸드 스탬프를 받아요. 나랑 아들 몫으로 한 달에 357달러거든요. 그게 다예요. 우리 둘 다 복지로 받는 보험이 있어요." 붙어 있는 옆집이 몇 년째 비어 있어서 길고 추운 겨울철에는 온기를 유지하기가 훨씬 어렵다. "전기 요금은 예산 계획을 세워요. 내가 전기 요금이 진짜 많이 나오게 써요. 요금을 낼 수가 없을 정도로요. 한 달에 200달러가 나와요."

메리 앤의 조부모는 철거된 견직물 공장에서 일했고 아버지는 세 곳의 공장에서 일했다. "엄마를 집에 있으라 하고 우리 일곱 식구를 먹여 살리려고요." 메리 앤의 부모는 모두 민주당 등록 당원이자 지역 친목 모임인 무스 클럽Moose Club 회원이었다. 어머니는 항상 "아이들이 문을 열고 들어올 때 따뜻한 식사를 준비해"놓으셨다. 메리 앤은 단순했던 어린 시절을 그리워하는 듯한 어조로 말을 잇는다. "필요한 건 다 있었어요. 차 한 대, 스테이션왜건이 있었죠. 겨울철이 되면 문 하나가 안 닫혔지만요. 아빠가 빨랫줄을 가지고 문을 잠갔어요."

메리 앤은 한 학점이 모자라서 고등학교를 제대로 마치지 못하고 열일곱 살에 공장에 일하러 갔다. "부모님이 대학 학비를 댈 수 없으면 공장에 일하러 갔어요. 뭐 다들 그랬다고요. 그래서 나도 아마 똑같이 될 거라고 생각했죠." 메리 앤은 불법 광부였던 비비안의 아버지와 비비안이 일곱 살이었을 때 이혼했다. 메리 앤은 전 남편이 심각한 알코올 중독이었다고 했다. 비비안은 생각에 잠겨 말한다. "우리 세대에는요, 난 그냥 사랑이 전 같지 않은 거 같아요. 의리가 하나도 없어요. 옛날에는 의리로 관계가 오래 지속됐다고 생각하거든요. 한번 관계에 전념하면 그게 끝이었다고요. 그런데 요즘은 그렇지가 않아요. 그게 작동을 안 해서 계속 하고 싶은대로 하니까, 그래서 요즘에는 모든 게 다 엉망진창인 거 같아요." 비비안의 어머니가 맞장구를 친다. "다들 금방 그러잖아요, '그만둘래.'" 관계를 끝까지 지키는 것은 크게 칭송받을 만한 일이지만 어머니도 딸도 그걸 해내지는 못했다.

메리 앤은 평생 공장에서 일했고 "손이 너무 고된" 금속 작업을 시급 10달러에 하면서 "여전히 머리를 벽에 찧고" 있다. 그는 의료 보험이 전혀 없다. "뭐 의료 보험을 제공하긴 하죠. 그치만 계산기를 두드려보고 생활비 청구서를 확인해보고 얼마가 남았는지를 확인해봐요. 당신은 무슨 일을 하나요? 당신이 가족을 먹여 살리나요? 의료 보험이 있어요? 난 가능성에 배팅하는 거예요. 지금은 보험이 없으면 벌금을 물리니까. 그래서 지금 당장은 아직 이익인 거 같아요. 올해는 600달러일 거거든요." 메리 앤은 정부의 의료 보험 의무화 원칙을 반대하지는 않지만 그렇게 하려면 공장들이 "직원에게 돈을 더 많이 줘서 그걸 감당할 수 있게 해야 한다"라고 주장한다. 비비안이 동조한다. "네, 난 그 사람들이 시급 10달러로 생활하면서 돈을 쪼개 쓰는 걸 한번 보고 싶어요. 무슨 말인지 알죠?"**5**

최근 메리 앤의 남자 친구가 마흔여섯의 나이에 세상을 떠났다. "그 사람 폐에 덩어리가 있었어요. 용접공이었는데, 우린 그 사람이 들이마신 온갖 화학 물질 때문이라고 생각해요……. 흡연자였거든요. 우린 다

흡연자예요." 이들은 주변 모두가 죽어가고 있다는 소름 끼치는 기분을 공유한다. "다들 암에 걸리고 있어요." 메리 앤은 장의사의 말을 떠올린다. "이 지역에서 지난 6개월 동안 자기가 받은 사람 중에 얼마나 많이 암으로 세상을 떠났는지 상상도 못 할 거래요. 엄청 많은 수랬어요. 모두가 완전히 똑같은 문제를 겪었어요. 사망 원인이 같다고요. 폐암 말이에요."

비비안이 몸을 떨었다. "공기에 뭐가 있어요. 뭔지는 모르죠. 사람들이 석탄을 팔 때 나오는 건지, 아니면 뭐가 공기 속에서 올라오는 건지, 아니면 용접이나 화학 물질이나 제련 때문인지는. 사람들이 여기서 뭔가를 가져와서 우리 산에다가 뭘 갖다 묻는지도 몰라요. 내 말은, 정말로 우리가 모른다고요. 그니까 뉴욕에서 트럭들이 오잖아요. 어쨌든, 사람들이 그걸 매립지로 가져간다고요." 비비안의 어머니가 체념과 혼란이 섞인 어조로 대답한다. "그게 석탄인지 아니면 사람들이 파낸 뭔가가 말썽을 부리는 건지 그건 몰라요. 그치만 이상하잖아요. 다들 암에 걸리고 있으니까요, 다들. 다들 그냥 계속 암에 걸려요."

서른두 살인 비비안은 이미 만성 기관지염이다. "아플 때마다 그게 내 폐에 자리를 잡아요. 내가 흡연자거든요. 맨날 마지막에는 기관지염이더라고요." 비비안은 최근에도 병원에 입원했다. "내 폐 좌하엽에 기관지염하고 폐렴이 있어서요. 그래서 항생제하고 스테로이드하고 진통제를 썼죠. 그러고도 더 치료를 받아야 해서 병원에 세 번 더 갔어요." 비비안은 의사가 흡연에 대해 얼마나 경멸조로 질문했는지 설명한다. "난 그러니까, 그래요. 아주 힘들어요. 너무 힘들죠. 사람들은 그걸 몰라요. 자기가 흡연자가 아니면 그게 진짜 힘들다는 걸 몰라요. 그게 삶의 일부, 루틴이란 말이에요." 비비안의 어머니가 건너편에서 담배에 불을 붙이며 덧붙인다. "특히 스트레스를 받을 때는 말이에요. 난 만사가 내 어깨를 짓누르는 기분이에요.”

오염이 만연했다는 메리 앤과 비비안의 두려움, 주변 사람 모두가 죽어가고 있고 공기와 물과 흙이 사람들을 죽이고 있는데도 자신들이 할 수 있는 건 아무것도 없다는 무력감은 마을이 예전과 너무 달라졌다는 확신과 짝을 이룬다. 한때 사람들을 한데 묶어주던 유대감은 말라비틀어지다 명이 끊어졌다.

어릴 땐 어딜 가도 괜찮았어요. 모두가 모두를 알았으니까. 근데 이제 그렇지가 않아요. 사람들이 우리 집에 들어와서 뒤쪽 현관에 있는 스테인드글라스 창을 훔쳐 갔어요. 원래 새 창문을 끼우기 전에는 맨 위에 옛날식 스테인드글라스 창이 있었거든요. 오래된 집에 있는 그런 거 있잖아요. 근데 사람들이 들어와서 뒤쪽 현관에서 그걸 톱으로 쓱 잘라가서 팔아먹은 거예요. 요즘엔 마약하고 알코올 문제가 상당히 심한 사람들이 있잖아요. 그래서 다들 자기만 걱정하고 “이건 어떻게 하지 저건 어떻게 하지” 하는 거잖아요. 이젠 아무도 이웃은 들여다보지도 않아요.

비비안은 이러한 사회적 혼란에서 방관자가 아닌 주역을 맡고 있다. 아버지가 다른 세 아이를 낳았고 결혼과 이혼을 두 번 겪었다. “딸애 아빠의 학대가 너무너무 심했어요. 나보다 나이가 한참 많았는데 너무 지독한 사람이었어요.” 비비안이 과거 데이트의 기억을 더듬으며 설명한다. “그게, 이 동네 남자들 대부분이 일을 안 해요. 다 알코올 중독이에요. 자기한테 도움이 될 만한 건 아무것도 안 해요. 딸애 아빠는 마흔일곱인데 아직도 무직이고 아직도 자기 엄마 집에서 살아요. 아들 아빠도 똑같아요. 감옥이나 들락거리고, 일은 안 하고 자기 엄마랑 살아요."

비비안은 딸의 아버지와 한 결혼이 파국에 이르렀을 때를 떠올리며 이렇게 말한다.

내가 뭔가를 찾고 있었나 봐요. 뭘 찾는지도 모르고. 알코올, 마약, 온갖 거에 휩쓸렸어요. 4년 동안 감옥에 있었어요. 그래요, 과거에 온갖 멍청한 짓을 했고 쌓이고 쌓여서 가중되고 그런 거죠. 그게 소용돌이 같아요. 기소가 한 번 또 한 번 또다시 한 번 되고 나면 거기서 헤어날 수가 없고, 그러다 보면 그것들이 계속 내 손을 내리치는 거예요. 내가 어울려 다녔던 사람들, 우린 다 거칠고 제정신이 아닌 사람들이었어요. 그게 그냥 막 소용돌이처럼 휘몰아쳤고, 내가 어울렸던 무리에서 거의 전부가, 그 사람들은 지금 죽거나 아니면 이미 감옥에 있어요. 난 친구들을 많이도 땅에 묻었어요. 난 술을 즐기던 사람이었어요. 그런데 친구들이 마약을 손에 넣은 거예요. 난 그건 안 했거든요. 마약 때문에 죽었어요. 대부분 그렇게 죽었어요.

어울리던 무리의 무분별한 알코올 중독과 마약 중독은 주변 사람 모두가 죽어가고 있다는 비비안의 확신을 굳혔다. 비비안이 침울하게 말한다. "밖에 나갈 수가 없어요. 마치 더 나은 직업을 얻을 수 있는 기술이나 교육이 없어서 오도 가도 못하게 된 것처럼요."[6]

비비안은 감옥에서 나왔을 때 시급 8.65달러를 주는 공장에 취업했고 재빨리 다시 결혼했다. 이 결혼 역시 파국으로 치달았다. "전남편이 아주 아파요. 헤로인 중독이에요. 신장 두 개하고 췌장이 필요하고, 열두 살 때부터 당뇨였대요. 그래서 지금 투석을 받거든요. 서른다섯인데." 비비안에게는 두 살 된 아들이 있는데 지금 시어머니와 살고 있다. 그는 시어머니가 통제가 심하고 자신이 마치 뭐 하나 제대로 할 줄 아는 게 없는 인간처럼 느끼게 만든다고 토로한다. "스트레스를 너무 받았어요. 너무 넌덜머리가 나서 일도 빼먹기 시작했죠. 너무 힘겨웠어요." 결국 비비안은 해고되었고 다시 일자리를 찾고 있다. 전과가 있어서 일자리를 얻는 게 쉽지 않다. "계속 넣고 있어요. 아마 지난 두 달 동안 여섯 개의 지원서를 넣었을 거예요. 근데 다들 '자격 요건에 안 맞아요'라고 해요. '당신 배경이 구리군, 너무 유감이야'를 좋게 말하는 거예요."

하지만 비비안은 자신의 곤경을 억울해하지 않는다. "나도 잘못을 저지른 거 알아요. 그래서 어떤 결과든 내가 자초한 일이라고 느껴요. 그건 내가 나한테 한 짓이니까, 그래서 지금 다른 누군가가 나를 고용하지 않는다고 화를 낼 수 없는 거예요. 내가 바보 멍청이였으니까요. 무슨 말인지 알죠?" 비비안은 자신의 장점을 입증하고 자신을 더 쓸모없는 다른 사람들과 구분해서 자립심, 절약, 겸손함을 드러내 보일 여러 방법을 찾고 있다. "내가 아는 어떤 부인이 애가 여섯이거든요. 일생에서 하루도 일해본 적이 없어요. 애들 하나하나 덕에 복지를 타 먹고, 자기 집도 있죠. 가짜 유방에, 가짜 머리카락에, 가짜 손톱을 하고요. 난 채소 한 캔에 35센트를 낼 수 있고 그다음에는 마을을 가로질러 고기 시장에 갈 거예요. 햄버거랑 닭고기를 사다가 그걸 다 분리해서 한 달 먹을 양식으로 냉동시키는 거죠." 비비안 역시 유서 깊은 미국적 방식으로 자존감을 부르짖는다. 스스로 자기 앞가림을 하고 혼자서는 생존하지 못하는 사람들을 폄하하면서 말이다.

윌슨 씨 모녀와 아직도 전통적인 가족을 유지하려고 안간힘을 쓰고 있는 다른 여성들 사이의 극명한 한 가지 차이는 백인 남자를 이야기

172

하는 방식이다. 비비안과 메리 앤은 주변 남성들의 공격적인 남성성과 맹렬한 인종주의를 비난한다. 이들이 보기에 많은 젊은 백인 남자들이 인종을 자기 가치를 띄워 올리기 위한 손쉬운 희생양으로 사용하는 건 너무 속 보이는 짓이다. 이웃 동네에서 한 무리의 백인 남자들이 몇 시간 동안 총을 들고 행진하면서 "우리 거리를 되찾자"는 시위를 벌였을 때 비비안은 격분했다. 비비안이 거칠게 말한다. "어째서 이 길거리에서 총을 들고 다니게 놔두는 거죠? 경찰이 그걸 내버려 뒀다는 게 너무 화가 나고 열받았어요. 그 사람들이 어깨에 총을 걸머지고 거리를 걸어 다녔다니까요. 흑인은 한 명도 없고 다 백인이었어요. 그 사람들은 아이들을 데리고 유모차까지 끌면서 걸었다고요." 비비안은 이 남자들이 자기 마을을 지키는 거라는 주장을 비웃는다. "총을 들고 거리를 걸어 다닌 바로 그 사람들이 자기들 처방약을 마약을 사려는 사람들에게 판매해요. 그래놓고 총을 들고 돌아다니면서 마치 마을을 지키는 것처럼 신문에서 떠들어댄다고요!"

비비안은 자신의 10대 아들이 친구들에게서 배운 증오 어린 발언을 지지할 때 무력하게 지켜봤다. "걔네는 그 사람들이 흑인인 걸 깨닫는 순간 니○○래요. 자기 형도 포함해서요. 같이 차를 타고 가는데 애가 그러는 거예요, '망할 니○○.' 아들이 '난 니○○를 혐오해'라고 말한다고 생각해보세요. 난 그 애를 그렇게 키우지 않았어요." 비비안은 상호 의존과 계급 연대의 비전을 제시해놓고 몽상만큼이나 빨리 일축해버린다. "우리 같은 사람들이 다 같이 하나가 되어 잘 어울릴 수 있으면, 끝내주는 팀이 될 텐데 말이에요. 대부분은 교육받지 않았고 기술도 없으니까요. 그래서 '봐, 난 내가 뭘 하는 건지 모르겠어, 네가 알려줄 수 있을 거 같아'라고 말하는 대신 이렇게 말하는 거죠. '우린 못 해. 네가 흑인이니까. 넌 나한테 아무것도 가르치지 못해. 넌 흑인이니까, 아니면 스페인 사람이니까, 아니면 멕시코 사람이니까.' 이건 정말 멍청한 짓이에요."
폭력과 죽음에 지친 메리 앤은 트럼프가 "우리를 곧장 전쟁으로" 보낼까 봐 두렵다. "그 사람은 가족과 아이들이 누군가의 아들, 딸, 아내, 남편이라는 생각을 안 해요. 그냥 그 사람들이 우리 나라를 지키게 시키는 거지. 우리한테 무슨 일이 일어날지는 아무도 신경 안 써요. 난 그 남자가 그런 면에서 이기적이고, 그래서 자기 말고 다른 사람들 삶에 미칠 결과는 생각 안 할 거 같아요."

메리 앤과 비비안은 "교육받지 않고 기술도 없는" 사람들이 모여서 "끝내주는 팀"을 이루는 꿈을 꾼다. 하지만 두 사람 모두 투표하지 않겠다는 선택을 한다. 대신 메리 앤은 딸더러 **오늘**에 집중하라고, 자기 삶에서 좋은 것을 생각하고, 맨정신을 유지하고, 희망을 포기하지 말라고 채근한다. "네 상황이 최악이라는 생각이 들면 밖을 봐. 누군가는 너보다 훨씬 더 나쁜 상황이라고. 인생은 롤러코스터 같아. 어떨 땐 여기 있고 어떨 땐 저 아래 있는 거지." 하지만 비비안은 별 감흥이 없다. "그런가?" 비비안이 건조하게 웃으며 말한다. "음, 우리 롤러코스터는 밑바닥에 있어. 우리 건 밑바닥에 끼어 있다고." 비비안은 자신이 인생을 더 나은 방향으로 바꿀 수 있다고 더는 믿지 않는다.

이거보다 더 나쁜 지옥은 없지 싶어요

친밀한 관계에서 폭력과 아비규환을 감내한 경험이 있는 여성들은 윌슨 씨 모녀처럼 아내나 여자 친구의 역할을 수행하지 않고도 생존하는 방법을 배울 수 있다. 하지만 이들은 독립된 생활에서 거의 즐거움을 얻지 못하고 뭔가가 빠진 듯한 기분에 시달린다. 메리 앤과 비비안처럼 친밀한 관계에 불신을 드러내는 여성들은 자기 보호를 위해 분명한 태도로 공적 영역에 거리를 두고 몸을 사린다. 이들은 절망의 끄트머리에서 일생의 트라우마가 안기는 고통을 누그러뜨리려 음식, 약물, 자기 돌봄에 의지한다. 정치를 불신하는 자신의 태도를 트라우마에 대한 적응 반응이라는 틀로 해석한다. 배신과 학대의 기억 때문에 정치인을 믿는 일이 공포와 연결되기 때문이다.

내가 찾아갔을 때 스물여덟 살의 백인 여성 애슐리 존스는 식료품 비닐봉지로 가득한 자동차에서 짐을 내려 어머니 메건, 딸 페이즐리와 함께 사는 작은 이동용 주택으로 옮기고 있었다. 이제 막 세 살이 되었고 아직 말을 하지 못하는 페이즐리가 바로 내 무릎으로 기어오른다. "아마 당신이 어린이집 선생님인 줄 아나 봐요." 할머니 메건이 우스갯소리를 한다. 애슐리는 식료품 비닐봉지를 풀면서 자기 어머니의 "감정적 파국"이 자신의 쇼핑 여행을 어떻게 자극했는지 들려준다.

난 식료품점에 있고 엄마는 차에서 기다렸어요. 내가 어째서 이런 기분이었는지는 모르겠는데, 어쨌든 엄마한테 파르페가 필요하다는 기분이 들더라고요. 그걸 가지고 차로 가서 엄마를 보니까 얼굴이 퉁퉁 부어 있는 거예요. 그래서 "무슨 일이야?" 그랬죠. 그랬더니 엄마가 "아 그냥 울고 있었어" 그러잖아요. 내가 그랬죠. "엄마 감정을 먹어 없애요." 그리고 파르페를 줬어요. 엄마가 커플들이 어깨동무하고 식료품점을 나오는 모습을 구경했다고, 엄마는 그래본 적이 없다고 말했던 거 같아요. 그래서 내가 가서 라자냐 재료를 사 왔어요. 그리고 케이크랑 아이스크림이랑 온갖 재미난 걸 샀죠. 엄마가 감정적인 파국을 겪고 있었으니까요.

이야기하는 동안 애슐리가 페이즐리와 함께 먹을 간식을 준비한다. 한 명당 와플 두 개를 굽고, 흰 설탕 가루를 넉넉하게 뿌리고 무지갯빛 토핑을 뿌린 뒤 빨간 마운틴듀를 큰 잔에 담아 함께 마신다. 페이즐리는 지난주였던 독립기념일 이후 세일에 들어간 빨간색, 흰색, 파란색 젤리를 오물오물 먹는다. 애슐리의 입담처럼 감정을 먹어 없애는 행동은 그가 순수한 지옥이라고 묘사하는 인생에서 잠시 한숨 돌릴 여유를 준다. "어떤 날엔 이거보다 더 나쁜 지옥은 없지 싶어요. 그래도 직진밖에 할 수가 없어요. 이보다 더 나쁜 건 없죠. 그러니까 이보다 더 나쁜 게 있다면 난 절대 거긴 가고 싶지 않아요."

애슐리는 자그맣고 온순한 50대 여성인 자기 어머니의 기운을 북돋우려고 노력한다. 수줍음이 많은 어머니는 빠진 앞니를 어떻게든 가리려 한다. 애슐리가 어머니에게 말한다. "엄마, 엄마한테는 집도 있고 차도 있고 진짜 좋은 직장도 있잖아. 그걸 다 남자 없이 해냈다고. 많은 사람이 혼자서는 입에 올리지도 못할 것들이야. 나도 못 해. 엄마는 스스로한테 가혹할 게 아니라 자랑스러워해야 해." 애슐리가 내게 말한다. "우리 집 주위에는 남자가 없어요, 한 명도. 어느 날 온수기 관이 부러졌는데 엄마가 들어가서 고쳐가지고 내가 샤워를 할 수 있었거든요. 그래서 엄마가 내 영웅이에요." 애슐리의 어머니가 결국 마지못한 듯 미소 짓는다. "맞아, 난 남자가 필요 없어. 근데 하나 있으면 좋겠다!"

메건의 할아버지는 셔츠 공장에서 일했고 아버지는 건설 노동자였다. 어머니는 한 번에 몇 달씩 주립 정신병원에 들어가 있었다. 집에서 너무 벗어나고 싶었던 메건은 겨우 열여섯 살에 애슐리의 아버지와 결혼했고 두 아이를 낳았다. 메건은 하루 10시간, 주 6일 바텐더로 일한다. 남편은 한 번도 안정된 직장에 다녀본 적이 없었다. 이들은 가장 사나웠던 예전의 기억을 일부 더듬는다.

> **애슐리** 남동생이 울면 엄마가 밤에 동생이랑 같이 일어났거든요. 그러면 그 남자(어머니의 남편)가 그랬어요, "한 번만 더 일어나면 네 얼굴을 작살내버릴 거야." 그러다가 남동생이 우니까 엄마가 일어났고 그러니까 그 남자가 엄마 얼굴을 작살내버렸어요. 전등으로 얼굴을 으스러뜨린 거예요. 그냥 정말…… 그 남자는 걸신들린 사람처럼 마약에 빠지면 며칠이든 일주일이든 심지어 두어 주 동안 집에도 안 왔어요.
>
> **메건** 내가 할 수 있는 말은 "어디 있었어?"밖에 없었어요. 그 남자는 "네 알 바 아니잖아" 그러고는 나한테 열을 냈죠.

메건은 남편을 떠났다. 애슐리는 법원 명령으로 아빠를 만나 보낸 시간들이 "상당히 나빴다"고 기억한다. "소파 속에서 주삿바늘을 찾고 그랬어요. 한번은 그 남자가 약을 너무 많이 해서 가라앉아 있었는데, 그것도 기억나네요." 그런 다음 메건은 재빨리 다른 남자와 결혼했고 그 남자와 같이 라스베이거스에서 살기 위해 아이들을 데리고 나라 반대편으로 이사했다.

여성과 아이들을 상대로 한 폭력은 만성적인 빈곤, 제한된 고용과 교육 기회, 젠더 역할에 대한 보수적인 태도와 관련 있다. 사회학자 메리 패트리스 어드만스Mary Patrice Erdmans와 티모시 블랙Timothy Black은 여성에 대한 남성의 위계질서를 복원하고 여성을 그 자리에 묶어두는 기능을 하는 "권력과 지배의 표현"으로 인간에 대한 폭력을 개념화했다.[7] 애슐리와 메건은 온갖 형태의 사랑과 헌신을 이상화하고 자신들이 살면서 남자에게 당한 폭력을 최소화한다. 애슐리는 아버지를 이렇게 묘사한다. "지금은, 그러니까 나중에, 아빠가 사과했어요. 그렇게 행동한 걸 후회한다 그러더라고요. 아직도 우리 엄마가 자기 사랑이래요. 유일한 사랑인데 놓쳐버렸다고. 아빤 그걸 후회해요." 애슐리는 여전히 어머니의 두 번째 남편을 칭찬한다. "엄마를 많이 학대했어요. 가끔은 육체적으로도. 그치만 애가 둘 딸린 여자를 받아들이고 10년을 같이 살면서 애들 키우는 걸 도와줬으니까, 그 점은 인정해요." 그런데 이 남자는 어느 날 집에 오지 않았고, 그 후 메건은 두 번째 남편을 떠나 다시 아이들을 데리고 펜실베이니아로 돌아왔다.

애슐리는 고등학교를 마치고 나서 정식으로 간호조무사 자격증을 딴 뒤 노인 요양 시설에서 일했다. 계속 일할 수 있기를 바랐지만 "우리 아빠 쪽 집안이 허리가 좀 안 좋아요. 그런데 사람들을 들어 올려야 하잖아요, 다들 항상 나를 부른다고요. 내가 더 힘이 세고 그 사람들은 나를 돕지 못하니까. 그래서 내가 맨날 뛰어다니면서 사람들 치다꺼리를 하는 거죠." 애슐리와 남자 친구는 진통제를 가지고 통증을 줄이기 위한 실험을 시작했고, 그러다가 순식간에 헤로인으로 넘어갔다. "그니까 그게 주로 통증 때문이었을 거예요. 디스크가 터졌을 때였나 그게 정말, 그러니까 상황이 정말로 나빠지기 시작했던 게 그때였나 봐요."

얼마 안 가 애슐리와 남자 친구는 한 번에 30분씩 차를 몰고 하루에 대여섯 번 헤로인 거래를 하러 나섰다. "만약에 이쪽 동네에서 헤로인을 몇 봉지 사잖아요, 그럼 한 봉지에 15달러에서 25달러 정도는 준단 말이에요. 그런데 저 위로 가면 10달러 정도밖에 안 하니까 80달러나 90달러 정도면 보통은 열 봉지도 살 수 있고 그렇거든요. 완전 이득이잖아요."

애슐리는 일을 그만두고 종일 헤로인을 팔았다. 애슐리가 똑 부러지게 말한다. "마약을 팔았을 때요, 그래요, 그런 짓을 하면 안 되는 거였어요. 그치만 마약을 판 건 습관 같은 거였어요." 그러다 몇 주 뒤 자기가 임신을 한 게 아닌가 의심이 들었다. 지금은 저세상 사람이 된 친구("그 친구는 약물 과다 복용으로 죽은 게 아니었어요. 그치만 마약을 하면 일어날 수 있는 뭔가 때문에 죽기는 했죠. 심장 내막염이 있었거든요. 심장에 있는 박테리아성 감염 같은 거래요.")가 임신 진단기를 가져다주었다. 임신 기간 동안 애슐리는 페이즐리의 아버지가 누구인지 확신이 없었다. "그니까 처음에는 남자 친구가 아빠지 아닌지 몰랐거든요. 그게 좀 그런 상황이 있어가지고. 그래서 '얘가 흑인이면 분명히 네 애야, 내가 같이 잔 흑인은 너밖에 없으니까' 뭐 이렇게 생각했어요." 남자는 자신이 정말 아이 아버지인 게 확실해졌을 때 결국 찾아왔고, 하룻밤을 같이 보내느라 보호관찰 규정을 위반하게 되었다. 그 남자 아이를 낳은 또 다른 여자와 엮인 일도 있었다. "그 여자가 가석방 담당관한테 전화를 걸어서 그 사람이 우리 집에 있다고 말해버렸어요. 내가 그 남자 애를 낳았으니 질투심에 눈이 돈 거죠."[8] 애슐리가 어깨를 으쓱한다. "네, 그래서 지금 그 남자는 페이즐리가 다섯 살이 될 때까지 감옥에 있을 거예요."

애슐리는 임신 중에 중독 치료 시설에 자기 발로 들어갔다. "감옥에 갔는데 마약이 없어서 고생하는 것"이 가장 두려웠다. "두 개의 자격증을, 그것도 가장 높은 졸업 점수로 받은 자격증을" 받아들고 중독 치료 프로그램을 마친 애슐리는 이제 헤로인이 위험한 처방이라는 사실을 안다. "내가 나를 돌보는 유일한 방법은 '아, 짬이 있구나, 약에 취할 수 있겠군' 하는 식뿐이었어요. 마치 하루에 몇 시간을 들여서 손톱에 칠을 하거나, 눈썹을 뽑거나, 화장을 하거나 뭐 그런 걸로 기분이 좋아지게 만드는 것 대신 말이에요."

메건이 심하게 아팠다. 애슐리는 이렇게 말한다. "처음 이틀은 설사를 했고 그다음 이틀은 구토를 하더니 아예 꼼짝도 못 했어요. 엄마가 머리가 아프다는 거예요. 엄마는 계속 감기라고 말했지만 난 감기는 이렇게 길게 가지 않을 거라고 그랬어요. 감기가 사람을 꼼짝 못 하게 만들지도 않잖아요." 메건은 결국 응급실에 갔고 뇌종양을 진단받아 강도 높은 수술을 받았다. 메건이 말한다. "사람들이 의자에 앉으라고 하고는 내 머리를 밀었어요. 그러고는 여기저기 머리를 잘라서 여는 거예요. 그러다가 그걸 잡아 뜯더니 내 두개골을 사각형으로 잘라내고 안으로 들어갔는데, 이 의사가 '마무리할 수가 없겠는걸' 하는 거예요. 그래서 내 머리가 열려 있는 상태에서 신경외과 의사를 부르러 가더라고요. 그 사람이 내 수술을 마무리했어요."

수술을 받고 며칠 지나서 메건이 "그러면 안 되는데 돈이 필요해서 일하러 갔다"고 애슐리가 인상을 쓰며 말한다. 그의 어머니가 항의한다. "일을 그만둘 수가 없었어요. 난 먹여 살릴 애들이 있었다고요. 장애 신청은 해놨어요. 그치만 일을 계속할 수가 없었어요. 기억이 안 나요……. 단기 기억 상실증이 너무 심해가지고. 처음에는 혼자 밥도 못 먹었어요. 정신 지체가 있는 사람처럼 말하고. 언어 치료, 직업 치료, 물리 치료를 다녀야 했어요." 메건은 건강 보험 자격을 상실한 뒤 환자를 돈으로만 보는 동네 의사에게 의지했다. 애슐리는 이렇게 설명한다. "그 사람은 의사 같은 걸 하면 안 되는 사람이에요. 엄마가 그 의사한테 가면 진료 한 번 보는데 35달러거든요. 근데 그 남자는 그냥 서서 '음흠' 하기만 해요.

그 사람 진료실에 가봤는데 무슨 1960년대인가 싶었어요. 어떤 방에 있는 초음파 기계는 1960년대 건가 싶을 정도예요. 그치만 보험이 없으면 선택할 수 있는 게 많지 않은 거겠죠."

메건에게 점차 우울 증세가 나타났다. 애슐리가 설명한다. "엄마는 그냥 엉망이었어요. 엄마가 그러는 건 처음 봤어요. 엄마는 여전히 보험이 없었지만 내 우울증 때문에 졸로프트를 타가지고 절반을 엄마한테 줬어요. 어떻게든 엄마가 기분이 나아져야 하니까요." 어머니가 고마워하며 맞장구친다. "도움이 되더라고요!" 메건은 결국 주 건강 보험과 장애 수당 자격 요건을 획득했고 지금은 자기 몫의 졸로프트 100밀리그램을 받는다. 애슐리는 섬유 근육통 진단을 받아서 근육 이완제를 "아침용, 점심용, 저녁용"으로 처방받았다. 메건이 말을 잇는다. "애슐리는 장애 신청을 했어요. 그런데 안 받아주는 거야. 그래서 다시 신청했는데 심리에 가야 했어요. 그러고는 또 안 받아주는 거야. 애가 눈도 뜰 수가 없는 지경이고 그렇게까지 아픈데 어떻게 일을 하러 갈 수 있다고 기대하는 걸까요? 어째서 애랑 하루도 지내보지 않는 걸까요?"

메건도 애슐리도 자신들의 생존 투쟁을 정치 영역으로 연결하지는 않는다. 애슐리가 참아낸 트라우마는 오히려 정치에 경계심을 갖게 했다. 어째서 결국 자신의 믿음을 저버릴 정치인을 믿어야 한단 말인가?

공동체 전체를 그 사람들 손에 맡길 수는 없을 거 같아요. 그냥 겁이 나요. 다른 무엇보다도, 내가 생각하기에는 한 사람을 신뢰한다는 건 엄청난 일이니까요. 나는 그런 신뢰가 잘 안 되는 문제가 있어요. 사람들은 정말로 내 믿음을 망쳐놨어요, 그러니까 예를 들어서 내가 극도로 혐오하는 건 자기가 뭔가를 하겠다고 말해놓고 안 하는 거예요.

내 인생에서 너무 많은 사람이 나한테 그랬거든요. 난 심지어 우리 가족 안에 있는 어떤 사람들도 믿지를 못해요. 믿어야 하는데도 말이에요. (어깨를 으쓱한다.) 아무튼 대통령이야 사람들이 뽑겠죠.

애슐리는 두 후보를 간단하게 분석하는데 대부분 페이스북에서 알게 된 것들이다. "트럼프는 너무 싫어요. 그렇잖아요, 그 사람은 일이 돌아가게 만들 돈이 있고 배짱도 있어요. 근데 내가 보기에 안하무인이고 무식하고 인종주의자예요. 난 그런 게 싫어요. 그런데 힐러리도, 그 여자도 형편없는 것 같아요. 그 이메일도 그렇고, 난 그런 것도 싫거든요. 그거 말고도, 그 여자는 그거 말고 다른 뭔가도 망쳐놓지 않았을까요? 그니까 그 여자가 뭔가를 망쳐놓으면, 그렇잖아요, 그 여자가 우연히 우리한테 원자 폭탄이나 뭐 그런 걸 갖다 박을 수도 있는 거잖아요?" 하지만 애슐리는 투표 등록을 하지 않았고 이제까지 한 번도 투표를 해본 적이 없다. 반면 메건은 부모들처럼 민주당의 등록 당원이다. "아직도 내 지갑에는 투표자 등록 카드가 있어요." 메건은 오바마 대통령을 좋아했다. "그 사람은 우리를 위해서 정말로 많은 일을 했다고 생각해요." 하지만 2016년에 출마한 후보는 아무도 마음에 들지 않다. "맙소사." 버니 샌더스의 생각, 그중에서도 특히 보건 서비스에 대한 생각에는 찬성하지만 그 사람의 이미지가 마음에 들지 않는다. "그 사람은 그렇게 전문가 같지가 않아요. 그 사람 아내를 좀 봐요. 외모를 보고 판단하면 안 되지만 그래도 오 맙소사. 하나님." 메건은 웃음을 터뜨렸다. 어느새 후보자의 아내가 남들에게 자신을 어떻게 내보이는지가 후보자를 평가하는 적법한 방식으로 자리 잡아서 아무리 노력해도 헤어날 수 없는 보수적인 젠더 이상을 강화한다.

182

도움받고 싶지 않은 사람을 도울 수는 없잖아요

결국 노동계급 백인 여성에게서 고통과 정치의 관계는 바람 잘 날 없는 친밀한 관계 내부의 맹렬한 도덕적 전투를 통해 전개된다. 내가 스물셋의 나탈리와 마흔다섯의 어머니 마시를 만났을 때 이들은 서로 거의 말을 하지 않는 사이였다. 나탈리는 경찰인 아버지와 살면서 네일 숍에서 일한다. 그는 자신의 핸드폰 요금과 자동차 할부금과 학자금 대출을 낸다. 1년짜리 미용 프로그램 때문에 1만 6,000달러 정도의 빚이 있다. 나탈리는 아버지와 같이 사는 걸 더는 참을 수 없어서 자기 아파트를 구하려고 돈을 모으는 중이다. 아버지는 나탈리가 남자 친구를 집에 데려오는 것도, 나탈리가 외박하는 것도 허락하지 않기 때문이다. 그리고 집에 있는 모든 문을, 그러니까 화장실 문까지도 잠그지 못하게 해서 프라이버시와 신체적 자율성이 너무 없는 것도 불만이다. 나탈리가 자신이 어떤 사람인지를 설명하는 이야기에서는 취약하고 힘이 없던 과거의 자신, 그를 보호할 의지가 없는 가족, 트라우마를 이겨내고 독립심과 강인함을 드러내 보이겠다는 지금의 강력한 의지가 주를 이룬다.

10년 전에 나탈리의 아버지를 떠난 마시는 그의 강한 통제 성향을 증언한다. "직업이 그 사람을 바꿔놓은 거 같아요." 마시는 아이들이 10대에 접어들면서 파트타임 일자리를 얻었을 때를 언급하며 이렇게 회상한다.

그 사람은 내가 일하는 걸 싫어했어요. 난 겨우 파트타임으로만 일했죠, 있잖아요, 한 주에 사흘 뭐 그렇게요. 그 사람은 날 믿지를 않았어요. 모르겠어요. 그냥 갑자기 내가 일을 안 갔다는 식으로 날 몰아세우고 그랬어요. 그래도 집안일을 엄청 신경 썼어요. 있잖아요, 그 사람 옷도 다림질해놓고, 셔츠도 다림질해놓고. 집에 먼지 하나 없었다니까요. 저녁 식사는 도기 냄비에 들어 있었고. 애들도 챙겼고. 그런데 내가 사흘 동안 집에 안 들어가도 신경을 안 쓰더라고요. 그 사람은 그냥, 자기가 집에 왔을 때 테이블에 밥이 차려져 있기만을 바랐던 거 같아요.

마시는 덫에 갇힌 기분이었다. 따로 챙겨둔 돈은 하나도 없었고, 남편은 계속 "법원은 네가 일을 안 해서 애들 양육권은 절대 안 줄 거"라는 점을 상기시켰다. 마시는 이어서 말한다. "매일같이 그 사람이 우리 집 교도소장 같다고 느꼈어요. 아이들하고 나는 몰래 그 사람을 교도소장이라고 부르고 그랬어요. 그 사람이 바깥에 나가거나 우리를 집 안에 가두고 그러거나, 뭐 그런 거 있잖아요. 그게, 그러니까, 모르겠어요. 마치 우리나 다른 사람들이 끼어드는 걸 반대하는 것 같았다고나 할까. 그냥 정말 정말 이상했어요." 남편이 아이들에게도 학대에 가까운 태도를 보이자 마시는 그에게 더는 같이 살 수 없다고 말했다.

나탈리는 고등학교를 졸업할 때까지 어머니와 다른 형제들과 같이 살았다. 나탈리는 아무런 감정 없이 심드렁하게 말한다. "힘들었죠……. 부모님은 항상 같이 산다는 완벽한 이미지기 있잖아요. 그런데 이제 부모님은 같이 안 살고. 근데 그게 그렇잖아요." 나탈리는 자신이 어머니와 사는 것을 못 견뎌 한다는 사실을 알게 되었다. 나탈리의 여동생 엘라가 "이혼하고 나서 마약에 꽤 많이 중독"되었고, 그래서 집안이 뒤집어졌다. 마시는 이렇게 설명한다.

걔가 집에 왔다가 나갔다가 그랬어요. 중독 치료 시설도 들락거리고. 내가 보기엔 아직 하는 거 같아요. 문제가 있었거든요. 월마트에서 도둑질 때문에 문제가 있었어요. 뭐 있잖아요. 자기 습관을 어쩌지 못하고 돈을 어떻게 해보려고 DVD를 훔친 거예요. 내 다이아몬드 반지도 가져갔어요. 내 차도 완전히 못 쓰게 해놨어요. 한밤중에, 그니까 새벽 3신가에 거의 죽을 뻔했어요. 마약을 한 상태로. 그래서 그것도 문제였어요. 목뼈 3번 경추가 부러진 거예요. 결국 차에서 겨우 기어 나와서 그 제방을 나와가지고, 그 있잖아요, 911에 전화를 건 거예요.

마시는 심란해하며 고개를 젓는다. "이해가 안 가요. 어떻게 사람이 그 정도로 기분이 안 좋을 수가 있는지 이해가 안 가요. 그리고 내 입장은 분명했어요. 그러니까, '넌 더는 이렇게 하면 안 돼'라고요. 난 무서워서 죽겠어요. 있잖아요, 뭐가 막 일어날 거 같아서. 내 자동차 타이어를 막 칼 같은 걸로 베어놓고, 우리 집에다가 달걀을 던진단 말이에요. 걔가 돈을 꾼 사람들이요." 마시는 "사람들이 내가 걔를 감옥에 가게 내버려 둬야 한다고 말한다"고 인정하지만 계속해서 딸에게 살 곳을 제공하고 생활비를 대준다.

마시만이 엘라가 무슨 일을 겪고 살아남았는지 제대로 알고 있기 때문이다. 몇 년 전 엘라가 버거킹 주차장에서 흐느끼고 있는 모습을 발견한 경찰이 한밤중에 마시와 엘라의 아버지에게 전화를 걸었다. 엘라의 혈중 알코올 농도는 거의 치사 수준인 0.35였다. "걔가 계속 자기 아빠한테 뭐라고 말을 했어요. 이게 참 속상한데, 하여튼 엘라가 그러는 거예요. '걔가 내 안에 페니스를 자꾸 넣으려고 했다'라고. 나는 '너 무슨 소리하는 거야?' 했죠. 그러다가 그 애 친구가 엘라를 강간했다는 걸 알게 됐어요. 엘라가 자기 친구 집에서 지냈거든요. 그 집에서 화장실에 갔던 거예요. 그런데 이 애가 엘라를 그 안으로 끌고 들어갔는데, 그러다가 걔가 엘라를 자기 방으로 데려간 거예요. 그 남자애 엄마가 들어왔는데도 말리지를 않았다는 거야."

작년에 엘라는 어머니에게 임신 사실을 털어놓았다. 마시는 임신 중지를 권했다. "내가 걔를 데리고 병원에 갔는데 다시 마약 양성 판정이 나왔거든요." 마시는 펑펑 울면서 지난 일을 회상한다. "임신도 그렇지만 엘라를 생각하면 내가 마음이 너무 아픈 게 출산 예정일이 내 생일이었던 거예요. 그치만 우린 낙태를 했어요. 아무한테도 그 얘기는 안 했어요. 특히 애 아빠한테는." 마시는 "우리"를 강조하면서 헌신적으로 딸을 지켜냈고 딸의 비밀을 안전하게 유지했다는 점을 부각한다. 손자 또는 손녀가 태어나지 못한 것을 깊이 슬퍼하면서도 말이다.

광부의 딸인 마시는 어릴 때부터 "공화당원들은 약자를 괴롭히는 못된 인간들이라는 말을 항상 들었고" 그래서 그렇게 믿었다. "트럼프는 약자를 괴롭히는 인간이에요. 사람들은, 그렇잖아요, 그런 식으로 지원금이나 물건 같은 걸 받아야 해요. 그걸 이용해 먹는 게 아니라 지원받는 거라고요." 나탈리는 어머니와는 반대로 마시가 엘라에 대한 지원을 멈추지 않는 것을 나약함으로 받아들이며 크게 화를 낸다. 나탈리는 엘라의 의지가 약하고, 그래서 삶의 가혹한 현실에 맞서 이겨내기보다는 참혹한 상태로 주저앉아버리는 선택을 했다고 강조한다.

그러니까 엘라요, 걔가 지금 스무 살인데 자기 것이라고는 아무것도 없어요. 차도 없고, 공부도 안 했고, 일자리도 없고, 돈도 없고 아무것도 없으면서 혼자서 결심을 한 거라고요. 그리고…… 우리가 전부 걔를 도와주려고 했어요. 온 가족이 걔를 도와주려고 했다니까요. 내 말은 우리 모두 이혼을 거쳤다고요. 이혼은 모든 사람한테 힘든 일이에요. 걔한테는 그걸 해결하고 자기감정을 드러내는 여러 방법이 있었는데, 질 나쁜 사람들하고 어울리다가 자기 앞길 자기가 망친 거예요. 도움받고 싶지 않은 사람을 도울 수는 없잖아요. 나쁜 걸 바라면 그걸 위해 사는 거죠.

"걔는 수입이 하나도 없어서 부모님께 얹혀살아요." 나탈리는 동생이 어머니에게 의존하는 것을 매달 자기 월급에서 빠져나가는 세금과 연결한다. "나는 엉덩이에 불나도록 일하는데 자기 앞가림도 할 생각이 없는 사람들 때문에 매달 내 월급에서 수백 달러씩 빠져나간다고 생각하면 얼마나 미칠 거 같은지 알아요?"

나탈리가 어머니의 집에서 나오게 된 또 다른, 훨씬 더 중요한 이유는 어머니의 새 남자 친구 폴에 대한 반감이었다. 폴은 일하지 않고 마시의 저축을 축냈고 어머니의 일거수일투족을 통제하려 했다. 마시는 딸의 이야기에 반박하지 않는다. 아니 흔쾌히 인정한다. "트럭에 말이에요, (그 남자는) 정말로 이 트럭에 무슨 시스템이 있어요. 그게 핸드폰으로 연결돼서 트럭이 어디 있든 알 수 있거든요. 내가 항상 어디에 있는지 알고 있으려고요. 나도 이제는 그냥 무시해요." 마시는 자신에게 신체적 자율성이 없고 남편이 자신의 행방을 통제하고 제한한다는 사실을 차분하게, 마치 정상인 양 말한다. 실제로 그전의 결혼 생활에 비하면 자유롭다고 느낀다. "내가 독립한 것 같은 기분이에요. 결혼했을 때 돈이 없었거든요. 아무것도 없었어요. 다시는 그런 상황을 겪고 싶지 않아요. 남자 친구는, 그 사람이 돌아버리면 떠나버릴 수 있어요. 그렇잖아요? 여긴 내 집이니까."

나탈리는 어머니의 양육자 역할과 연애 관계를, 남자들이 어떻게 어머니를 함부로 대하는지를, 어머니가 딸이 자기 돈을 훔쳐 가도록 내버려 두는 것을 지켜봤다. 그리고 여기서 나약한 사람을, 다른 사람들을 나약하게 만들 수 있는 사람을, 공감이 병인 사람을 본다. 또한 자신을 지키지 못한 어머니를 본다. 나탈리가 열다섯 살 때 어머니의 남동생이 나탈리에게 샌드위치를 만들어오라고 했다. 나탈리가 거절하자 그는 나탈리를 "쌍년"이라고 불렀다. 나탈리는 히스테릭하게 흐느끼며 무너졌다. "어떤 여자도 그런 말로 불려서는 안 돼요. 그런데 삼촌하고 엄마하고 엄마의 남자 친구는, 그 사람들은 그냥 웃기만 했어요." 나탈리는 자신이 가족들에게 모욕과 배신을 당한 듯한, 자신의 몸은 자기 소유가 아니라는 교훈을 얻은 듯한 기분이었다.

나탈리의 남자 친구는 그의 안식처다. 나탈리는 남자 친구의 정치적 성향을 받아들여서 "블루칼라의 인생은 중요하다"라는 5킬로미터 달리기 행사에도 참여하고 "미국을 다시 위대하게"라고 적힌 빨간 모자를 수줍게 쓰고 있다. 나탈리는 어머니가 민주당 후보에 투표한 일을 이야기하면서 불쾌한 듯 눈을 번득인다. "호구라니까요." 나탈리가 비웃는다. 나탈리는 민주당이 피해자를 돕는 데 지나치게 열을 올린다고 생각한다. "어떤 사람이 스스로 더 나은 삶을 개척하고, 앞가림을 하고, 자신을 더 나은 상황으로 끌고 갈 능력이 완벽하게 있으면 손을 내밀어서 도와줄 필요가 없다고 생각해요. 자기 일은 그냥 알아서 하면 되는 거니까." 나탈리는 어머니가 삶에서 내린 선택들을 비난하고 도덕적 결함을 헐뜯듯 어머니의 정치적 배경을 적극적으로 거부한다. 나탈리의 남자 친구가 그의 구명선이 되면서 남자 친구의 관심사가 정말로 그의 관심사가 되었다. 나탈리는 트럼프에 투표하고 자기 가족의 나약함과 배신에 반기를 들면서 자신이 완성되고 자유로운 사람이라는 기분을 느낀다.

관점의 이동

책의 전반부에서는 콜브룩에 사는 백인 노동계급의 가망 없음, 불신, 정치적 이탈을 다뤘다. 3장에서는 백인 여성들이 아내나 어머니라는 종속적이고 여성적인 역할 속에서 부당하게 괴롭힘을 당하면서도 그 역할을 고수하려고 악전고투하는 모습을 볼 수 있었다. 이 여성들의 서사에는 경제적 쇠락, 가족의 붕괴와 함께 찾아온 외로움을 교회, 상담사, 지지 그룹 등이 완충해주는 유예의 순간이 등장한다. 하지만 이런 순간은 극히 드물다. 이 장에 등장하는 백인 여성들은 알코올과 헤로인의 유혹을 거부하고 "정신병원"에 들어가지 않으려 안간힘을 쓴다. 그리고 내부로 침잠하고, 자신의 고난을 도덕적 과업이라는 틀로 이해하고, 트라우마가 자신을 더 강하게 단련한다고 자신을 다독이면서 또 다른 날을 맞이하기 위해 의지를 쥐어짠다.[9]

가족에 대한 백인 여성들의 불신은 정치 영역으로 확장되어 되풀이된다. 즉, 정치인을 믿는 것은 배신을 자초하는 일이라고 여긴다. 헤로인 중독에서 벗어난 셸리 무어와 애슐리 존스는 어린 시절의 트라우마와 폭력의 경험이 어떻게 투표와 사회 안전망을 거부하는 논리가 되었는지를 설명한다. 나탈리는 10년 동안 계속 헤로인 중독으로 가족을 궁지로 몰아넣은 동생에 대한 분노 때문에 민주당의 "호구"인 어머니를 경멸하고 "미국을 다시 위대하게"라고 적힌 야구 모자를 반항하듯 쓰고 다닌다. 모녀 사이인 메리 앤과 비비안 윌슨은 그저 하루하루를 견디는 일에만 근시안적으로 초점을 맞추려고 온 힘을 다하면서 절망을 일부분이나마 피하려 한다.

하지만 미국 전역의 다른 농촌 지역들이 그렇듯 콜브룩은 일자리와 안전, 적정 가격의 주택을 찾아온 소수 인종과 소수 민족의 새로운 목적지가 되었다. 새로 유입된 일부 가족들은 콜브룩이 절망으로 가득한 황무지라는 생각에 반기를 든다.[10] 다음 두 장에서는 오랫동안 거주한 백인 노동계급과 새로 유입된 사람들 사이에서 장소의 의미를 둘러싸고 벌어지는 갈등을 드러낼 것이다. 새로 유입된 사람들은 콜브룩이 자신의 수치스러운 과거를 아이들의 밝은 미래로 바꿀 수 있는 장소라고 새롭게 의미 부여한다. 나아가 삶의 고통이 자신에게 미친 긍정적인 영향을 확대하고 사회적 포용과 자기 가치에 대한 권리를 주장한다. 이와 같은 인종과 장소의 새로운 충돌은 새로운 종류의 자아, 관계, 정치의 가능성이 싹틀 수 있는 문을 연다.

4장

구원을 찾아서

4장과 5장에서는 탄광촌으로 이주하여 인종 구분을 흔들어놓은 "신참들", 즉 "복지 이주민", 마약 거래상, 범죄자들이라는 꼬리표가 자주 붙는 사람들의 목소리에 귀를 기울인다.[1] 이 장에서는 자신의 이주를 일탈자들의 유입으로 받아들이는 시선에 의식적으로 저항하는 흑인과 라틴계 남성들에게 초점을 맞춘다. (5장에서는 흑인과 라틴계 여성들의 삶을 기록할 것이다.) 이 남성들은 자신들의 삶을 날카롭고 가차 없을 정도로 분명하게 관통하는 가난과 인종주의를 비판한다. 하지만 콜브룩을 마약을 팔고, 감옥에 가고, 폭력을 저지르고, 상처를 받거나 취약하기만 했던 자신들의 수치스러운 과거를 아이들의 더 나은 미래로 악착같이 탈바꿈시킬 수 있는 장소로 여긴다. 이 남자들은 고통의 긍정적인 결과를 과장하고, 트라우마의 경험을 중요한 자기 성장의 순간으로 이용한다.[2] 자신들의 고된 노동, 끈기, 의지력을 바탕으로 공정한 몫의 존중과 사회적 포용을 요구한다. 역설적이게도, 이들은 자신의 미래를 통제하겠다고 하면서도 악의를 품은 "그들"이 자신들의 통제력 밖에서 정치적 결정을 내리고 자신들의 강력한 정치적 비판을 못 들은 척한다고 말한다.

상충하는 현실들

서른하나의 푸에르토리코 출신 건설 노동자 에드윈 아코스타는 길 건너 빛바랜 현관문에 붙어 있는 "침묵하는 다수는 트럼프를 지지한다" 표지판을 향해 몸짓을 하면서 못마땅한 표정을 짓는다. "사람들이, 망할, 생각이 조금이라도 있으면 힐러리 쪽에 더 가 있어야 하는 거잖아요, 무슨 말인지 알죠?" 그가 채근한다. "트럼프가 그 자리를 차지하게 놔두면 그 망할 새끼들 절반은 여기를 떠날 거란 말이에요. 그 돈 한 푼 없는 새끼들, 게으른 개자식들, 다 끝이라고요. 그냥 처 앉아서 수표나 기다리는 그 온갖 새끼들, 다들 여길 떠날 거라니까요, 무슨 말 하는지 알죠?"

에드윈의 부모들은 10대 시절에 푸에르토리코에서 뉴욕으로 이주했다.[3] 이들은 뉴저지 뉴어크에서 에드윈과 그의 여섯 형제자매를 키웠다. 지금은 돌아가신 아버지는 병원 경비원으로 일했다. 어머니는 아직도 버스 운전사로 일한다. 그가 회상한다. "밤에 배가 고플 때가 있었어요. 절대로 제일 좋은 물건을 갖진 못했지만, 그렇잖아요, 더 나쁠 수도 있으니까." 어린 시절 살았던 동네에 대해 묻자 에드윈이 회상한다. "거긴 하나도 안전하지 않았어요. 난 내 아이들은 다른 데서 키우고 싶었어요. 마약, 폭력, 크랙 중독자가 돌아다니고 온갖 개 같은 일이 벌어지니까." 그러던 어느 날 어머니가 버스에서 낙상 사고를 당했고 통증 때문에 퍼코셋 진통제를 처방받았다. "어머니는 한동안 그 약에 꽤 중독돼버렸어요. 거기서 빠져나오는 데 시간이 걸렸죠.”

에드윈이 10대였을 때 부모님이 “그 도시에서 우리를 빼내기 위해” 가족을 데리고 펜실베이니아로, 북쪽 카운티의 탄광촌으로 이사를 했다. 이들은 그 이후에도 계속 원래 직장으로 통근했다. “부모님은 새벽 4시에 집을 나섰어요.” 에드윈은 고등학교를 마치고 이런저런 몇 가지 교육 프로그램에 도전했다. 영리 대학에서 약학 학위 프로그램을 이수하려고 1만 2,000달러를 빌렸다. 안타깝게도 그는 “1,000달러면 2년제 대학에서 같은 학위를 딸 수 있다는 걸” 몰랐다. 에드윈은 자신이 “계산대 뒤에 쭈그리고 있는 모습을 볼 수가 없어서” 그 프로그램을 관뒀다. 다시 어머니에게 돌아가서 2주짜리 건축 교육 코스를 밟았다. 그러는 동안 에드윈은 대학 등록금 대출금을 내지 못했다. 그는 후회를 담아 말한다. “네, 그것 때문에 잔고가 300인가 뭐 그래요.”

에드윈은 지금도 탄광촌 북부에 사는 오랜 여자 친구와의 사이에서 딸을 하나 두고 있지만 “항상 문제가 있다”고 생각한다. 그는 아빠가 돌아가실 때까지 결혼 생활을 유지한 부모와 자신을 비교하며 생각에 잠긴다. “나쁜 시기를 겪고 싶은 사람은 아무도 없잖아요, 다들 그냥 만사가 항상 잘 풀리기를 바라요.” 에드윈은 아버지의 옛 친구가 2008년 주택 시장 붕괴 이후 콜브룩에서 구입한 다 허물어져 가는 주택 몇 개를 개조하는 걸 도와달라고 부탁했을 때 아주 흐뭇했다. “내가 떠나고 싶었던 게 아니라 거긴 이제 아무것도 없었거든요.” 에드윈은 그 집을 리모델링하는 동안 그 안에서 살 수 있었다. 지금은 건설 일과 포장도로 만드는 일을 하는데 시급 24달러를 받는 위험한 일이다. “주 단위로 돈을 받고 겨울에는 일이 없어요.” 동료 일꾼들은 주로 백인, “고기완자 덩어리들”이지만 그는 내게 장담한다. “우린 수박 농담[아프리카계 미국인들이 수박을 좋아한다는 편견이 깃든 농담이랑 뭐 그런 헛소리들을 하지만 그 헛소리는 저기서는 별로 중요하지도 않아요.”

에드윈은 일이 없을 때는 “그냥 집에 있는 게” 더 낫다고 말한다. “이쪽 밖에서 몇 번 니○○라고 날 부르는 사람들이 있었어요. 네, 그냥 알 수 있어요. 그렇잖아요, 그냥 공기에서 긴장을 느끼는 거요. 다들 정말로 조용하고 뭐 그런 거. 아빠들이 무슨 이유가 있다는 듯이 딸들을 쓸데없이 꼭 끌어안고 있고. 마치 여기서 길을 걷고 있는데 내 머리 위에 상향등이라도 있는 것 같아요.” 날카로운 관찰자인 에드윈은 이렇게 말을 이어간다. “그냥 하잘것없고 멍청하고 의식 밑에서 신경을 건드리는 개똥 같아요. 당신이 나랑 같이 거리 축제에 참여해 (큰 도로를 따라서) 걷고 있다고 해봐요, 그럼 알게 될 거예요. 여기서 내가 당신한테 팔을 두르고 저기로 걸어가면 어떤 느낌이 들겠어요.”[4] 에드윈은 백인 여자들이 주위에 있을 때 가장 위축된다. 일거수일투족이 감시당하기 때문이다.

에드윈은 굳이 내게 자신은 “크랙 파이프를 잡거나 바늘을 팔뚝에 박거나 약 한 병을 삼켜본” 적이 한 번도 없다고 말한다. 차를 운전해서 탄광촌을 가로지르는데 경찰이 “마약 덩어린지 뭔지를 봤다고 말해서” 불심검문을 받느라 차를 세운 적도 있다고 한다. 에드윈은 5시간 동안 구금당했다가 풀려났다. 에드윈은 사법 시스템을 전혀 신뢰하지 않고 “경찰과 판사는 같이 학교를 다녀서 다들 서로를 안다”고 믿는다. 자신의 경험 때문에 권력과 돈의 관계를 비판적으로 바라본다. “고등학교에서 나오면서 배웠어요. 정말로 감옥을 소유할 수 있다는 걸요. 감옥이랑 물건에는 주인이 있어요. 그래요, 사적으로 소유가 된다니까요. 정말 미친 거죠. 그런 걸 생각해야 하다니.”

에드윈은 오랜 주민들이 어떻게 새로 유입된 주민들이 복지를 악용한다며 몰아세우는지 이야기할 때 특히 좌절감을 드러낸다. 그의 논리에 따르면 자신을 비롯한 최근의 이주자들이 도시 경제와 도심에서 작은 마을들로 찾아들 수밖에 없는 것은 적정 가격 주택과 괜찮은 일자리의 부족, 끊이지 않는 폭력 등으로 구성된 **빈곤** 때문이다. 그는 씩씩대며 말한다.

대체 어떤 망할 인종이 섹션 8[저소득 가구 대신 개인 임대인에게 임대 주택 지원금을 납부해주는 주택법의 규정]에 해당하는데 여기서 살고 싶겠어요? 섹션 8로 얻을 수 있는 집을 알아요? 섹션 8이 망할 임대료의 90퍼센트를 내준다는 걸 알까요? 대체 누가, 만약에 내가 내 임대료의 90퍼센트를 손에 넣을 수 있으면 뭐하러 이런 거지 같은 곳에서 살겠어요? 섹션 8 신청 자격이 안 되니까 여기로 온 거지. 그 사람들은 복지가 없고 여기가 미국에서는 지금 당장 제일 싼 장소잖아요. 말 그대로예요, 뉴스에도 나왔다고요. 지금 당장 살기에 미국에서 제일 싼 상위 다섯 장소라나 뭐라나. 미국에서 그런 데는 작은 금과 갈라진 틈투성이고, 작은 나뭇조각들에, 작은 마을에 계곡으로 된 곳이란 말이에요. 여기가 제일 싸게 생활할 수 있는 곳 중 하난데, 어째서 사람들이 여기로 이주해오지 않겠냐고요?

에드윈에 따르면 새로운 주민들이 콜브룩으로 오는 이유는 많은 수의 오랜 거주민들이 콜브룩에 사는 이유와 똑같다. 다른 곳에서는 생존할 능력이 없기 때문이다.[5]

에드윈은 섹션 8에 대한 비난을 다른 관점에서 바라본다. 그는 가난하고 실의에 빠진 백인들이 실패한 자신을 위로하기 위해 신입 주민들에게 비난을 덮어씌우는 게 아닌가 의심한다. "그 사람들은 그냥 다른 사람들한테 잽을 날리고 싶은 거예요. 여기 있는 사람들이 다 그렇게 비참한 거라고요." 에드윈은 자신과 이 마을의 가난한 백인들의 삶이 상당 부분 유사하다는 사실을 깨닫고는 어떻게 "미국"이 모든 사람이 가난에서 빠져나가지 못하게 막고 있는지를 강조한다. "백인이라고 더 나은 게 아니에요, 무슨 말인지 알죠? 당신들은 다른 사람들하고 다를 게 없어요. 그 사람들(새로 유입된 주민들)이 여기 있는 건 빈털터리 백인 거지새끼들이 여기에 있는 거랑 같은 이유라고요. 다른 데서는 살 여력이 안 되니까. 그리고 안타깝지만 미국은 그걸 가능하게 만들지 않고 있어요, 무슨 말인지 알죠?"

에드윈은 취업 기회와 자기 능력으로 감당할 수 있는 저렴한 임대료 때문에 콜브룩으로 이주했다. 그러면서 자기 주위 세상에 대한 완전히 다른 해석을 끌고 들어왔다. 에드윈은 꿈도 꿀 수 없는 기대와 불굴의 의지 사이의 역설적인 상호 작용에 대한 비판 의식을 드러낸다. "나는 애하고 뭐 그런 거 때문에 여기 와야만 했어요. 얼굴에 아무런 희망도 없다는 표정을 짓고서 애랑 같이 지내고 싶지는 않다고요. 우린 허구한 날 평생이 걸려도 달성할까 말까 한 목표를 달성하려고 애쓰던 시기를 거쳤잖아요." 에드윈이 어깨를 으쓱한다. 그는 오바마 집권기에 이미 사회 변화에 대한 기대를 완전히 접었고 투표도 하지 않았다고 말한다. "내가 통제하지도 못하는 상황에 미친 듯이 빠져드는 건 그냥 자기를 세뇌하는 거랑 마찬가지예요. 난 나 자신을 실망에 빠뜨릴 짓은 안 해요. 나나 내 직계 가족에 관한 게 아니면 그냥 신경 꺼요." 그는 자신의 인생을 돌아보며 생각에 잠긴 듯 말한다. "한때는 혼자 생각했어요. 그런 거 있잖아요, 만약에 하늘에서 커다란 멍청한 바위 같은 게 떨어져서 우리 마을에 바로 꽂혀서 이 망할 동네가 끝나버리는 거 같은 거요. 그래도 난 돌아버리지 않을 거 같다고요. 그치만 아무것도 그렇게 못 만들 거라는 걸 알아요. 그보다는 내가 나를 죽일 것만 같았어요."

우리의 자리를 요구하기

노스 필라델피아에서 온 서른둘의 푸에르토리코인 안드레스는 고된 노동으로 돈을 벌 수 있는 능력과 자신의 미국 시민권을 근거로 소속감을 주장한다. 트럼프가 선출된 다음 날, 시급 11달러에 월마트 재고팀에서 일하는 안드레스는 자신이 특별한 목표물로 지목된 듯했다고 말한다. "출근하려고 집을 나서는데 어떤 놈이 나한테 가운뎃손가락을 처들어 올리는 거예요. 그래서 내가 '씨발 너 지금 제정신이냐?' 그랬거든요. 난 그냥 오늘 아침에 문밖을 나섰는데 누군가가 나타나서 나한테 가운뎃손가락을 치켜세우려고 한다? 우리가 푸에르토리코 사람이고 여기서는 백인이 다수라는 사실 때문에 마치 적의 전선 뒤에 있는 기분이었어요."

안드레스가 힘주어 말한다. "난 최대한 나를 방어할 거예요. 난 미국에서 태어나고 자랐단 말이에요. 우린 마치 우리가 외부인 같다는 기분을 느끼지만 우린 미국 시민이고 비용을 지불하고 있으니 여기서 우리 자리를 요구하는 거예요." 그의 인생담은 탄광촌에서 마침내 변화한 자신의 이야기를 중심으로 전개되었다. 그는 콜브룩에서 고졸 학력 인증서를 따고 심지어는 지역 전문 대학 수업까지 몇 개 들었다. "난 평생을 게토에서 살다가 벗어났어요……. 사람들이 그러잖아요, 중요한 건

네가 어떤 사람이랑 어울리느냐, 아니면 다 네 마음에 달린 문제라고. 그치만 필라델피아에서는 다른 사람들 때문에 너무 방해를 받는 기분이 들었어요. 그냥 빠져나올 방법이 필요했어요."

안드레스와 그의 여자 친구는 콜브룩에 와서 마을에 있는 "주택 단지에 집을 하나 얻고 그 사람들이 넣어준 복지 프로그램"에 참가하기 시작했다. 안드레스는 고졸 학력 인증서를 땄다. 그는 이렇게 기억한다. "혜택을 받으려면 일자리가 있어야 했거든요. 모의 인터뷰랑 뭐 그런 비슷한 걸 했어요." 놀라운 일이 생겼다. "그걸 너무 잘해서 혼자서 인터뷰를 다 해치운 거예요. 인터뷰랑 그런 비슷한 걸 다 해버렸어요." 그는 지금까지 근 5년째 월마트 재고팀에서 일하고 있다. "처음에는요, 내가 처음에 월마트에 다니기 시작했을 때요, 아 맙소사, 고정관념 때문에 미칠 것 같았어요. 나는 푸에르토리코 사람인데 다들 멕시코 사람이라고 생각하는 거예요." 그는 자신의 노동 윤리를 내세워 자신이 도덕적인 사람이라고 주장한다. "지금 내가 월마트에서 일하잖아요, 거기서 거의 최고로 일 잘하는 직원이란 말이에요. 사람들이 날 그렇게 생각한다고요. 월마트에 가서 안드레스라고 말해보세요, 다들 들어본 적이 있다고 할 거예요. 내가 워낙 일을 잘하니까요. 난 사람들한테 네가 나를 좋아할 필요는 없지만 네가 나를 좋아하게 만들 거라는 걸 보여줘요. 난 내가 나쁜 짓 같은 건 하나도 안 하고 사람들한테 존경받고 있다는 걸 알아요. 무슨 말인지 알죠?" 그는 자신에게 사회적 포용과 존중의 대상이라는 정당한 자격이 있음을 자신은 물론이고 다른 사람들에게 입증하기 위해 개인적인 성취와 굳건한 의지를 근거로 든다. 안드레스는 백인인 직장 상사가 자신이 "최대한 많은 기회를 얻을 수 있도록" 돕고 있다고 말한다. "그러니까 장사할 때 어떻게 투자하는지, 언제 팔고 언제 팔면 안 되는지를 가르쳐주듯이 말이에요. 상사는 날 그런 식으로 돕고 있어요."

안드레스는 온갖 유색 인종을 싸잡아 마약 거래상으로 몰아세우는 이 탄광촌의 정형화를 역공한다. "나는 여기로 독약 같은 거나 들여오는 그런 똥 같은 놈이 아니에요. 그건 우리 모두를 위하는 게 아니잖아요. 사람들이 그런 걸 들여와서 나쁜 짓을 하는 게 유색 인종이라고 하는데, 아뇨, 그게 아니에요. 여러 인종이 그걸 들여온다고요. 유색 인종을 탓하지만 유색 인종들만 하는 게 아니라니까요. 백인들도 하니까요." 그는 이렇게 지적한다. "이쪽에서 훨씬 미친 듯이 마약을 많이 하는 거 같아요. 필라델피아에 가서 크리스탈 메스[메타암페타민 가루] 좀 달라고 해봐요. 그러면 사람들이 쳐다보면서 '그게 뭐야?' 할 거예요. 근데 여기서는 그걸 무슨 밀주처럼 가지고 있더라고요." 안드레스는 반항적인 성격인데다, 차별에 대해서도 날카로운 사회 분석을 하는데도 정치에 에너지를 쏟지 않고 투표를 해본 적이 한 번도 없다. 그는 어깨를 으쓱한다. "대통령은 선출되는 게 아니라 선택되는 거잖아요." 대신 그는 자기 성장과 가족들의 상향 이동에 대한 긍정적인 서사에 집중하는데 이는 그의 세계관에서 정치의 필요성을 중화해버린다. "우리가 뭐라고 하건, 사람들이 뭐라고 하건, 우린 어쨌든 전보다 나아지고 있어요. 난 길바닥에서 먹고 자는 놈팡이가 될 수도 있었어요. 어쨌든 전보다 더 잘될 거라고요."

중요한 건 거기에 쏟는 노력이에요

젊은 남자들은 콜브룩을 백지와 같은 곳으로, 무거운 희생을 감수할 의지만 있으면 안전, 일자리, 자기 능력으로 감당 가능한 주택과 같은 더 나은 기회를 추구하게 해주는 곳으로 바라본다. 이들은 자기 효능감을 강조하고 끈기에서 품위를 끌어내, 과거의 트라우마와 현재의 좌절을 최소화하는 새로운 정체성을 창조한다. 맬컴 윌커슨은 웨스트 필라델피아에서 어린 시절을 보낸 스물넷의 흑인 남성이다. 맬컴의 부모는 그가 고등학생이었을 때 싸움에 휘말리지 않게 하려고 자주 이사를 다녔다. "근데 진짜, 필라델피아에서는 무슨 문제든 정말로 달아날 수가 없어요. 어디서든요. 어딜 가든 뭔가가 있단 말이에요. 필라델피아에서 산다는 게 그렇거든요. 누군가가 어떤 사람에게 증명해야 하는 뭔가가 있었어요. 난 어쩌다 보니 거기서 제일 크고 나쁘고 힘든 놈이었던 거죠."

맬컴의 아버지는 목수고 어머니는 집에서 아홉 자녀를 키웠다. 세 들어 살던 집은 "가끔 전기가 나가기도 했다." 그는 그래도 항상 크리스마스 선물을 받았다고 서둘러 덧붙인다. 고등학교 3학년 때는 "친한 친구 한 명이 우리 집 근처에서 총에 맞았어요. 우리 집이 있는 구역 앞에서 즉사했어요. 걔 쏜 애가 우리보다 두 살 어렸다나 봐요. 그 녀석이 열다섯 살이었을 거예요. 우리가 열일곱 살이었으니까." 충격적인 사건을 집과 너무 가까운 데서 경험하고 난 뒤 맬컴은 결심했다. "난, 난 내 인생에서 뭔가를 해야겠더라고요. 여기 갇혀 지낼 수는 없다, 싶었어요."

그 뒤로 맬컴은 친구들과 작은 탄광촌 여기저기를 옮겨 다녔다. "복지 이주자"가 아니라 새로운 삶의 기반을 다지는 사람, 즉 최저 임금보다 높게 주는 공장 일자리와 적정 가격 주택을 찾는 사람으로서 말이다. "난 여기서 내 인생을 잘 풀어보려고 애쓰고 있어요. 여기 있는 게 어쩌면 그걸 하는 제일 좋은 방법인 거 같아요. 생활비가 워낙 싸고 보수가 좋은 일자리들이 있거든요. 필라델피아에서는 시급 14달러짜리 일자리를 찾을 수가 없었어요. 그런 걸 구할 수가 없었단 말이에요."

그는 친구 세 명과 침실 네 개짜리 집을 나눠 쓰는데 "매달 전기, 수도, 케이블, 가스, 음식으로 쓰는 총비용"이 "한 달에 275달러를 넘지 않는"다. 이 중 그가 내는 몫은 75달러뿐이다. 집은 상태가 심각하다. 지하실에는 물이 넘치고 화장실까지 가려면 진흙탕 웅덩이를 넘어야 하고 화장실 문은 경첩이 떨어져나가는 중이다. 오븐은 켜지지 않는다. 스토브도 버너 하나만 켜져서 여섯 명이 점심으로 나눠 먹는 냉동 감자와 양념된 냉동 버팔로윙을 데우기가 어렵다. 하지만 맬컴은 "내 차를 사고, 내 집을 손에 넣겠다"는 의지를 다진다. "그게 내가 실행 중인 계획이에요. 한 달 반짜리 계획이, 내가 도시에 남아 있었으면 네다섯 달은 걸렸을 거예요."

지금까지 그의 계획은 진척이 없다. 최근에는 창고 일자리에서 해고당했다. "인정은 해요, 근데 내가 백인이었더라면 같은 문제도 그냥 넘어갔을 거라고요. 근데 그 사람들은 내가 흑인이니까 별로 신경을 안 썼던 거예요." 그는 덤덤하게 말한다.

차가 고장 났어요. 내가 거기 두 번째로 가는 날이었는데 30분 늦어버린 거예요. 그 사람들한테 전화해서 다 말했어요, 내가 늦을 거라고. 자동차에 문제가 생겼다고 다 알렸다고요. 그 사람들은 알았다고, 괜찮다고, 그냥 와라, 뭐 그랬어요. 근데 가니까 우리가 누군지를 본 거죠. '아, 그래, 네가 둘째 날 30분을 늦었구나, 안 되겠어, 이건 용납할 수 없어.' 이런 식이 된 거예요. 이해는 돼요. 하지만 우리가 아예 안 나타나거나 전화나 아무것도 안 한 게 아니었다고요.

지금 맬컴은 새 일자리를 찾는 중이다.[6]

콜브룩은 그를 진심으로 환영하거나 품어 안은 적이 없고, 그가 사는 성한 데가 없는 집이 적당하다고 말하기도 어렵다. 하지만 맬컴은 자기 삶의 부정적인 부분을 대수롭지 않게 여기고 미래를 내다본다. 마을 사람들이 한 번도 관용이나 수용을 배운 적이 없다는 전제하에, 이들이 악의가 있다기보다는 교육이 부족한 사람들이라고 판단하면서 인종주의에 침착한 접근법을 취한다. "그니까 필라델피아에서는 한 번도 날 니○○라고 부르는 사람이 없었지만 그래도 흑인을 안 좋아하는 사람은 있잖아요. 사람들이 그렇게 길러진 거예요. 그렇게 배운 거고. 그래서 난 사실 그렇게 느끼는 사람 탓이라고 생각 안 해요. 사람들, 이 세상에서 그 사람들을 키운 누군가가 그 사람들을 더 잘 가르치지 못한 것뿐이죠. 진짜로요." 그는 백인 인종주의자들의 신념을 탓하지도 않고, 이들과 엮이지도 않는 방법을 선택하며 인종주의에 대응한다.[7]

맬컴의 집안은 대대로 민주당 등록 당원이다. "엄마도 전에 그랬어요. 그냥 전부 민주당 사람만 찍었죠. 누구를 찍는지도 모르고, 그냥 전부 민주당만 찍는 거예요." 그는 2012년에는 오바마를 찍었지만 다가오는 선거에 대해서는 거의 말이 없다. 그 이유 중에는 스스로 준비가 안 되었다거나 아는 게 없다고 느끼기 때문도 있다. "학교에 그런 수업이 하나도 없잖아요. 교실에 앉아서 우리한테 민주당이 정확히 뭔지, 그 목적이 뭔지 가르쳐준 적이 없어요. 그런 걸 학교에서 한 번도 받아본 적이 없었어요." 그가 고개를 젓는다. "뭐가 어떻게 돌아가는 건지, 그 온갖 거에 대해서 진짜 많이 알지 못해요. 아는 게 없으면 어렵거든요. 거기 참여하는 게 어렵죠." 그는 2016년 투표는 하지 않기로 선택했다.

내가 자신이 애국자라고 생각하는지 묻자 맬컴이 어깨를 으쓱한다. "별로 그런 거 같진 않아요. 자기 시간을 군 복무에 쏟아부은 제대 군인들은 다 존경해요. 근데 개인적으로는 그렇게 못 해요. 난 대체 우리가 뭣 때문에 싸우는지도 모르니까요. 난 나랑 아무 문제가 없는 사람들을 죽일 수는 없을 거예요." 그가 생각에 잠겨 말한다. "**그 사람들**이 그들(군인들)을 세뇌해서 그 사람들(적들)이 나쁜 놈이라고 믿게 한 거 같아요." 맬컴은 냉소와 경계심을 담아 정치적인 모든 것을 멀리한다. "안에 끼어들기가 어려워요. 그 사람들 중에서 한 명을 좋아하는 경우가 아닐 땐 말이에요." 대신 맬컴은 안정, 열심히 일하기, 상향 이동이라는 개인적인 목표에 초점을 맞춘다. "난 그냥 가능한 한 최고의 사람이 되려고 노력해요." "자기가 하는 일에서 최고가 돼서 거기서 돈을 벌기로 결심한 사람 모두가" 그의 영웅이다. "그 사람들은 우리가 얼마나 많은 힘든 일을 버텨낼 수 있는지를 보여주거든요. 특히 사랑하는 무언가와 정말로 아끼는 무언가가 있을 때는 말이에요. 중요한 건 거기에 쏟는 노력이에요. 자기 인생에서 긍정적인 일을 뭐라도 하는 사람은 다 존경해요." 맬컴은 긍정적인 변화가 자신의 열정, 동인, 고된 노력 덕분이라고 여기고, 자신이 목격한 트라우마에서 앞으로 나아갈 동기를 얻는다. 반면 정치 영역에서 "그 사람들"이 하는 일과는 거리를 둔다.

나한테는 중단 버튼이 없어요

스물여섯의 흑인 남성인 조지에게 고통은 정체성의 결정체로 그를 훨씬 강인하게 만든다. 조지는 내게 자신의 가명을 "네 여자를 훔쳐라 씨"로 해달라고 부탁한다. 내가 이런 이름은 독자들의 집중을 방해할 것 같다며 난색을 보이자 "조지 클루니" 같은 느낌의 조지에 만족한다. 겨우 몇 분간 대화를 나눴을 뿐인데 조지는 내가 자주 웃는다는 사실을 파악하고 따지듯 묻는다. "어떻게 사회학을 해요? 그게 당신을 그렇게 행복하게 해요? 다른 온갖 사람들의 문제를 듣는 게?" 내가 어깨를 으쓱하면서 그냥 성격이라고 답하자 그가 응수한다. "내가 그런 걸 뭐라고 부르는지 알아요? 백인 소녀 감성!"

조지는 매사추세츠 스프링필드에서 어린 시절을 보냈다. "나처럼 그곳에서 자란 젊은 흑인 청년들한테 거긴 심각한 동네였어요, 장난 아니었죠." 공인 간호조무사인 어머니는 집에 있을 때가 별로 없었다. 조지는 한 사건을 회상한다. "열세 살 때쯤이었나. 무슨 일이 벌어져가지고 어떤 남자들이 총격을 겨우 면했어요. 그리고 나는 그거랑 아무 관계도 없었는데 거의 총에 맞을 뻔했어요." 조지는 자신이 열세 살 때부터 계속 "사소한 상황에 말려든다"고, "문제에 휩쓸렸다"고 했다. 9학년 때부터 더는 학교에 가지 않았다. "쫓겨난 게 아니라 정말로 그냥 안 갔어요. 그냥 싫증이 났거든요. 엄마는 정말, 엄마는 맨날 일하니까. 그래서 내가 학교에 안 가는 걸 누가 막겠나, 뭐 그런 거였어요."

조지는 열세 살부터 열일곱 살까지 소년원에 있었다. 그의 표현에 따르면 그 일은 "나한테 최고로 득이 되는 일은 전혀 아니었다." 그의 인생은 점점 심한 감시라는 수렁 속으로 빨려 들어갔다. "내가 처한 상황 때문에 더 큰 문제에 말려들었어요. 싸움이나 뭐 그런 걸 할 때마다, 심지어 그런 건 어떤 면에서는 내가 통제할 수 없단 말이에요, 무슨 말 하는지 알겠어요? 그 후로는 여기서 더 많은 시간을 갖고 더 많은 시간을 쓰는 중이에요." 그는 열일곱 살에 소년원을 나왔을 때 성인기로 이행할 준비도 지원도 한숨이 나올 정도로 부족하다고 느꼈다.

내가 지금 뭘 하길 바라요? 난 심지어 길바닥에서 자란 것도 아니었어요. 아무튼 다 좋아요. 당신들 모두 내가 여기 나와서 이런 정직한 시민이 되기를 바라잖아요. 근데 내가 뭘 알겠어요? 내가 어떻게 아냐고, 그런 시민이 되는 걸. 내 말은 그 안에도 학교가 있었어요. 그 안에 학교가 있었다니까. 근데 선생들, 가르치러 오는 선생들, 그 사람들이 전부 자원봉사자였단 말이에요. 그래서 기본적으로 어떤 날에는 학교 수업이 없고 그랬어요, 무슨 말인지 알아요?

조지는 국가의 통제를 받아본 경험 때문에 기관을 깊이 불신한다. 그가 기억을 더듬는다. "어릴 때 살던 곳 풀밭에서 진짜 뱀을 몇 번 봤어요. 난 정부를 별로 좋아하지 않아요. 어릴 땐 뭐 그 사람들이 날 기관에 집어넣었고요, 뭔 말인지 알죠? 그래서 난 정말, '당신들이 전부 날 이 오만 장소에 집어넣어 놓고, 그런 다음에는 아무도 나를 정말로 돕지 않는군.' 이런 생각이 들더라고요, 뭔 말인지 알죠? 그건 정말 내 인생을 잠깐 멈추게 하는 거나 마찬가지였어요." 하지만 조지는 마치 점점 나빠지는 이야기가 아니라 나아지는 이야기를 들려주기 위해 자신의 감정을 의식적으로 추스르기라도 하듯이 갑자기 좀 더 긍정적으로 어조를 바꾼다. "내 말은 그게 인생 경험이었다는 거예요. 그게 그렇잖아요. 지금의 나라는 사람을 만든 게 그 경험이었어요. 난 그게 그렇게 나쁘지 않아요. 뭔 말인지 알죠? 아무리 강조해도 지나치지 않아요. 마치 어깨에서 먼지를 털어내듯, 뭔 말인지 알죠? 일이 있기는 했는데 내가 거기 있는 동안에는 나한테 진짜 트라우마를 남길 만한 건 아무것도 일어나지 않았어요. 그냥 싸움 좀 하고 뭐 그런 정도죠." 조지는 소년원 안에서 자신이 미래 관점을 바꾸도록 도와준 형과 멘토 관계로 발전한 일을 언급한다.

좋은 사람을 많이 만났어요. 나한테 더 잘하라고 얘기해주는 나보다 나이 많은 좋은 애들도 많이 만났고요, 뭔 말인지 알죠? 심지어는 이 형도 만났는데 형은 열여덟 살이었거든요. 열일곱에서 열여덟으로 넘어가는 중이었는데, 그 형이 종신형을 받았거든요, 뭔 말인지 알죠? 그 형은 주 북부로 갈 예정이었어요. 그래서 항상 나한테 그랬어요, "야, 나처럼 인생 말아먹지 마라." 근데 나는, 나는 그게 무슨 말인지 이해하는 데도 시간이 좀 걸렸어요, 뭔 말인지 알죠? 조금 지난 다음에 그게 내 인생을 바꿔놨어요. 난 절대로, 절대로 그런 상황이 되고 싶지 않았어요.

소년원을 나온 직후 조지는 지금의 여자 친구를 만났다. 필라델피아에 있던 여자 친구의 가족들은 이미 탄광촌으로 옮기는 중이었다. 조지는 고졸 학력 인증서를 땄고, 둘이 함께 "깨끗한 출발을 할 백지"를 찾아 이들을 따라가기로 했다. "아무도 나를 이상하게 쳐다보지 않고, 더 나은 새 친구들이 있고. 다른 데로 가자, 새로운 걸 하자, 뭔 말인지 알죠?"

그는 과감하게 말한다. "많은 사람이 변화를 무서워해요. 난 아니에요. 특히 변화가 나한테 절대적으로 이로울 때는 걱정 안 해요." 조지와 여자 친구는 불안에 휩싸여 문과 창문을 잠그는 백인 주민들과는 반대로 자신들이 탄광촌에서 얼마나 안전하다고 느끼는지를 강조한다. 그가 코웃음을 친다. "그 사람들은 아무 데도 안 가본 거예요! 나는 앞문을 잠그지도 않고 열어놔요." 여자 친구는 수금 대행사에서 일자리를 얻었지만 조지는 창고와 공장에서 일련의 장래성 없는 임시직의 수렁에 빠졌다. "여기 이런 자리들이요, 회사에서 높은 자리에 올라가기 전까지는 별로 안 좋아요. 계속 고용이 되는 것도 아니고요. 만약 임시 인력 사무

208

소에 나가잖아요, 90일 넘게는 고용을 안 해줘요." 조지는 지역 회사들이 임시 인력 사무소를 통해 그를 고용했다가 "90일이 가까워지기" 전에 어떻게 해고했는지를 설명한다. "회사는 계속 고용할 필요가 없게 하려고 해고를 한단 말이에요." 이런 회사는 그런 식으로 임금 인상과 복리 후생으로 비용을 지출하지 않고 유연한 노동력을 유지할 수 있다. 조지가 한 일자리에서 겪은 일을 이야기해준다.

> 무거운 걸 들고 트럭에 상자를 쌓는 일이 많았어요. 뭘 드는지, 그게 무게가 얼마나 되는지 그런 건 절대 몰라요. 그래서 내가 뭔가를 집었는데 가슴에서 근육이 땅기는 느낌이었어요. 근데 그게 되게 나쁜 신호였나 봐요. 그러고 나니까 더는 힘을 못 쓰겠는 거예요. 그래서 일을 천천히 하기 시작했어요, 그러니까 "야, 빨리빨리 해." 그러는 거예요. 근데 난 그전에 그 사람들한테 가서 아니, 내가 가슴이 완전히 엉망이 됐다고 말했단 말이에요, 정말 못하겠다고. 그래서 정말로 내가 한 게 뭐냐면, 내가 진짜 해고당한 게 아니라, 그만뒀어요, 그 순간에. 내가 그랬죠, "당신들 그거 알아? 난 이거 못해, 난 그만둘 거야." 그랬더니 그 사람이 "너 한번 그만둬봐, 넌 끝이야 이 사람아." 그러는 거예요. 나는 그러고 나온 거예요. 뭔 말인지 알죠?

조지와 여자 친구에게는 두 살 된 아들이 있고, 여자 친구는 공적인 혜택으로 푸드 스탬프를 받는다. 여자 친구는 주택 바우처를 신청했지만 거부당했다. 이들은 함께 아파트를 임대했고 조지는 여자 친구가 일하는 낮 시간에 아들을 돌본다. 그는 생각을 더듬으며 말한다. "나는 돈 때문에 걱정이라는 말은 잘 안 해요. 그니까 오해하지 말아요. 난 돈을 원해요. 돈을 원하지 않는 사람이 누가 있어요? 그치만 생활비를 낼 정도의 돈은 있고, 지금은 내 집에서 내가 원하는 대로 살고 있어요."

3장에서 백인 모녀 비비안과 메리 앤 윌슨은 아메리칸드림을 롤러코스터에 비유했다. 비비안은 자신이 탄 롤러코스터가 경사면의 맨 밑에 끼어버린 게 아닌가 의심했다. 조지도 비슷한 비유를 이용해서 자신의 재정 상황을 설명한다. "잠에서 깨어보니 빈털터리인 기분이 어떤 건지 알아요. 나도 전에 그랬거든요. 나도 바닥이었어요. 계급 제도의 바닥이요. 내 이름으로는 땡전 한 푼 없었어요. 그리고 (자기 주머니를 가리키는 몸짓을 하면서) 난 이렇게, 내 주머니에서 보푸라기나 끄집어냈다고요, 뭔 말인지 알죠?" 하지만 조지는 비비안, 메리 앤과는 뚜렷하게 다른 방식으로 자신의 인생과 운명을 통제하고 있다는 감각에 대한 서사를 풀어낸다. "난 절대로 내가 포기하고 그만두고 그냥 멈출 거라는 기분인 적이 없었어요. 한 번도 겁쟁이였던 적이 없는 거지. 나한테는 절대 중단 버튼이 없어요."

아직도 아메리칸드림을 꿈꾸느냐고 묻자 그렇다고 답한다.

내 아메리칸드림은 그 동네에서 도망치는 게 전부긴 했어요, 형씨. 난 그 동네를 벗어났고, 잘 살고 있고, 더 잘 살 수도 있지만 지금이 좋아요. 내 꿈을 살고 있어요. 흑인 남자의 꿈을 살고 있다고요, 무슨 말인지 알죠? 내 생각에, 내 생각에 우린 많은 사람이 알고 있는 것보다 훨씬 많은 걸 얻었어요. 여기 밖에서 그 많은 거지 같은 일이 벌어지는데도 말이에요. 뭔 말인지 알죠? 그리고 온갖 인종 갈등이랑 뭐 그런 오만 게 벌어지는데도 우린 아직 다른 많은 나라보다 훨씬 잘 해냈다고요.

조지는 더 나은 과거의 기억을 더듬지 않는다. 대신 미래를 자신이 통제할 수 있는 무언가, 부정적인 경험을 학습할 기회라는 틀로 이해한다. 나아가 멈추지 않는 사람이라는 데서 자신의 가치를 찾는다.

한때 오바마를 찍었던 조지는 그 후 오랫동안 정치에 마음을 접었다. 내가 임금과 의료 서비스와 세금에 대한 견해를 물어보고, 2016년 선거와 '흑인 목숨은 소중하다' 운동을 이야기해도 그는 거의 반응이 없다. 결국 조지가 이렇게 대답한다. "관심 없어요. 난 그냥 마리화나나 피워요. 마리화나라면 할 말이 좀 있는데." 조지는 자기 결정력과 전진의 가능성을 쉬지 않고 내세워 이 책에 나오는 점점 침몰해가는 많은 백인 가족들을 괴롭히는 절망을 피해 간다. 조지는 그의 말마따나 관심 없다고 인정하는 것, 즉 회피를 통해 회복과 자기 성장의 서사에 오롯이 집중하고, 이 세상과 그 응어리를 뒤에 남겨놓고 새출발할 수 있다. 자신의 인생을 쥐락펴락하는 힘에 대한 그의 비판적 견해는 목소리를 잃는다.

도피는 이제 그만

탄광촌으로 이주한 남성 가운데 많은 수가 어릴 때 마약, 갱단, 폭력을 접했다. 마을의 백인들이 새로 유입된 주민들 가운데 전과자도 있다고 진단한 것은 틀린 말은 아니다. 하지만 새 주민들은 자신에게 "도주를 중단"하고 "바른길을 걸을" 기회를 주려고 콜브룩에 왔다고 말한다. 이들 중에는 여전히 마약을 거래해서 법적인 문제가 있는 형제나 아직도 약에 취해 지내는 어머니 같은 골치 아픈 친족에 대한 의무에서 벗어나기 위해 콜브룩으로 온 경우도 있다. 이들은 방향을 내부로 돌리고 타인과의 관계에서 신경 쓸 사람과 대신 맞서 싸워줄 대상의 범위를 축소하는 방식으로 스스로를 보호한다.

서른일곱 살의 제프리 와일더는 노스 필라델피아 출신의 흑인이다. 그는 "어떻게 내 인생을 다룬 책을 쓸 수 있을지"에 대한 생각으로 우리의 대화를 시작했다. "내가 워낙 많은 일을 겪었거든요. 내가 그 많은 일을 겪어서 결국 좋은 사람이 된 거 아니에요." 제프리는 크랙이 폭발적으로 퍼지던 1980년대에 필라델피아에서 어린 시절을 보냈다. 조리사인 아버지는 "어쩌다가 잘못된 길에 들어섰고", 여동생은 한 이웃이 거둬들였고, 형은 "열다섯 살에 도망쳐서 마약을 팔기 시작"했다. 제프리의 가장 오래된 어린 시절 기억은 약에 취한 어머니의 모습이다. "여섯 살쯤인데 내가 엄마를 보고 있어요. 음식 같은 걸 먹으려면 친구 집에 가야 했어요. 엄마한테 꽤 많이들 줬으니까요. 우린 그런 식으로 먹을 걸 얻었어요. 학교에 다녔는데 맨날 같은 옷만 입고 그랬어요. 어린 나이에 나 자신을 돌보는 법을 꽤 많이 배웠어요. 엄마가 맨날 많이 취해 있었거든요. 어린 나이에 내 옷을 손으로 빨아야 했어요." 그의 어머니는 "내 주머니를 뒤져서 나한테 있던 잔돈을 가져가곤" 했다. 이후 몇 년간은 나이 많은 사촌에게 보내져서 같이 살았고 그러다가 여러 위탁 가정을 "이리저리 전전했다."

중학교 시절 제프리는 잠시나마 "정말로 훌륭한" 기독교 백인 위탁 가정에서 지냈다. 거기서는 매주 여러 번 교회에 가고 성가대에서 노래하고 드럼을 치고 심지어는 학교에서 A와 B를 받으며 좋은 나날을 보냈다. "큰 변화였죠." 하지만 오래 가지는 못했다. 학교에서 괴롭힘을 당하던 그는 자신의 싸구려 브랜드 옷 때문에 남의 시선을 의식하게 되었고 자존감을 유지하기 위해 싸움에 의지했다. "위탁모는 그걸 감당하지 못

했어요. 괴롭힘을 당해서 내가 할 수 있는 최선의 방식으로 방어하려다 보면 싸우게 되는 거예요. 그래서 날 쫓아냈어요. 그분이 그걸 감당하지 못해서. '있잖아요, 나한테는 이게 너무 힘들어요. 걔를 남자애들 집에다가 보내야겠어요' 뭐 그런 거죠."

제프리는 다시 집을 옮겼다. 이번에는 요리와 미용 수업을 들을 수 있는 집단 거주 시설이었다. "그곳에 애들의 약점과 강점 뭐 그런 걸 관리하는 직원이 있었거든요. 한 직원이 거기서 나를 담당하면서 내가 도움이 필요할 때 도와주고 그랬어요." 키스라는 이름의 이 직원은 곧 그의 절친이 되었다. 하지만 그는 "나쁜 놈, 진짜 나쁜 놈"이기도 했다. 제프리는 이를 까맣게 몰랐다. 그가 한 일화를 들려준다.

키스가 그러는 거예요. "야, 너 돈 좀 벌고 싶지?" 내가 "어떻게?" 그랬더니 "너네 학교에서 마약 하는 사람들을 네가 알잖아" 그랬어요. 그래서 내가 "모르는데"라고 하니까 "야, 그럼 알아보면 되잖아?" 그러더라고요. 많은 사람이 "야 내가 마리화나 피우는데, 좀 더 있어?" 그러거든요. 그럼 난 "없어" 그러고서는 돌아가서 키스한테 말해주고, 그러면 키스가 "오, 좋아, 여기 이거 가져가" 그러는 거예요. 키스가 그걸 어떻게 파는지 보여줬어요. 키스가 그랬어요. "네가 이런 식으로 하면 이렇게 많은 돈을 벌 수 있어"라고. 나는 결국 학교를 돌아다니면서 친구들한테 말하고, 꼬맹이들한테 작은 마리화나 봉지를 팔게 됐죠.

학교 관리자들이 이 사실을 알게 되어 키스는 돌연 해고되었다. 열일곱 살이 된 제프리는 웨스트 필라델피아에서 고졸 학력 인증서를 땄고 집단 거주 시설을 떠나 키스와 그 어머니 집으로 옮겼다. 그러고는 임대료를 내지 않는 대신 키스의 어머니를 도와 재택 돌봄 시설을 운영했다.

어느 날 오후 이들은 키스의 조카딸이 총을 든 남자 친구에게 위협받고 있다는 소식을 들었다. 키스는 가족의 안전을 경찰에게 맡기는 대신 상황을 진정시키기 위해 제프리를 데리고 직접 조카딸의 집으로 갔다.[8] 제프리는 이렇게 회상한다. "키스가 총을 가져가긴 했는데 새해라서 다들 총을 쏘고 있었고, 그래서 키스가 총이 있긴 있어도 비어 있었어요. 그래서 이젠 빈 총을 가지고 이 드라마에 뛰어든 건데, 나도 총이 있었거든요. 그리고 내 총에는 총알이 있었어요." 키스와 제프리가 그 집에 도착해보니 조카딸과 그 친구 몇 명뿐이었다. 이들은 남자 친구와 그 친구들이 길모퉁이에 몸을 숨기고 있는 줄은 몰랐다. 키스는 긴장을 풀고 제프리에게 "한 대 피우자"고 했다. 제프리가 불을 붙이려고 바람을 피해 잠시 몸을 돌리는 그 순간 "피우 피우 피우" 하는 소리가 들렸다. "불꽃이 보이더니 키스가 자동차 사이로 쓰러졌어요. 몸을 돌리니까 한 남자가 달리는 모습이 눈에 들어와서 내 총을 꺼내서 쐈어요. 빵 빵 빵."

제프리는 생생하게 기억한다.

사람들이 치명상이라고 그러잖아요. 그 사람들이 내 친구를 쐈을 때 바로 거기를 쐈어서, 총알이 들어갔다가 튀어 오른 거예요. 그게 부딪히듯이 안에서 튀어 올라가지고 여기로 나온 거예요. 팔꿈치하고 손가락을 뚫고서. 치명상이어가지고, 대동맥을 맞춘 거죠. 난 거기 앉아서 그 구멍을 보고 내 재킷으로 그 구멍을 막아보려고 했어요. 키스를 떠나보내기라도 하듯 키스가 쥐고 있던 총을 풀어낸 거예요. 나는 그 구명을 어떻게든 막아보려고 하고, 누가 구급차를 부르긴 했는데 구급차가 영 안 왔어요. 구급차가 오는데 10분인가 15분인가 걸렸어요. 내 친구는 계속 피를 흘리고 있었어요. 지금도 그 피가 보이는 것 같아요. 난 키스의 머리를 받쳐주려고 하는데 머리를 받치는 순간 피가 입에서 나왔어요. 그 심장, 아직도 그 심장이 느껴져요.

제프리는 호흡을 고르기 위해 잠시 말을 멈춘다.

내가 "구급차는 어딨는 거야?" 그랬더니 한 경찰이 왔어요. 여자 경찰인데, 전등을 비춰보더니 지원을 요청했어요. 경찰차가 한 대 더 오는데 남자가 둘이에요. 그 사람들이 내 친구의 등을 잡고 부축했는데, 흰 재킷이 피범벅이에요. 친구 다리랑 팔을 잡고 옮겨서는 경찰차 뒤에 실었어요. 그 사람들이 친구를 경찰차 뒤에 던져넣고 떠나니까 구급차가 오는 거예요. 내가 그랬죠, "보쇼, 친구는 경찰차 뒤에 실려 갔어요." 그래서 구급차가 그 경찰차를 따라가고 우리는 그냥 차를 타고 그 구급차 뒤로 갔어요. 그래서 거기에 도착했어요. 우리가 운전해서요. 병원에 도착하자마자 그 사람들이 친구가 아무래도 힘들 거 같다는 거예요. 난 그 사람들이 거짓말하는 거라고 내일 일어나서 가보면 친구가 병원에 있을 거라고, 사람들이 그냥 거짓말하는 거라고, 그냥 환각 상태인 거라고 혼잣말을 했어요. 친구가 너무 크거든요. 총알 하나로는 도대체 죽일 수 없을 정도로 말이에요. 말도 안 돼요. 친구는 죽어서는 안 돼요.

키스가 세상을 떠나자 제프리는 "총으로 머리를 쏘고 싶었다." "친구가 떠났으니까. 나는 이제 뭘 하지? 키스는 내 아빠 같은 사람이었어요. 나는 아무도 몰라요, 아무도 몰라요. 정말 뭘 어떻게 해야 할지 모르겠더라고요, 혼자서는." 제프리는 자신이 "미쳐가고" 있음을 깨달았다. "난 다른 어떤 사람도 절대 죽게 내버려 두지 않겠다고 다짐했어요. 내가 내 친구를 전부 책임지듯이 말이에요. 난 모두를 위해 최전선에 있겠다고 했어요. 난 그렇게 마음먹었고 그 일이 이유가 된 거죠. 나한테 총이 있으면 쏘는 거예요. 난 결국 마약을 팔게 됐고, 마약 케이스랑 총기 케이스랑 뭐 그런 것들을 가지게 됐죠."

제프리는 2000년 초에 "아주 많은 일이 일어났다"고 말한다. "또 다른 친구들이 마약을 파는 데 정말 크게 빠졌어요. 결국 나도 그 일을 하기로 했어요. 걔네들은 사실 여기(탄광촌)로 올 거였거든요. 그리고 나는 당신 대학 바로 근처에서 지냈어요!" 그가 신이 나서 내게 알려준다. 내가 "뭘 팔았어요?"라고 묻자 그가 "크랙이요"라고 답한다. "왜 이런 똥 멍청이 같은 짓을 했는지 몰라요. 직장도 있고 다 있었는데 말이에요. 그걸 안 해도 됐거든요. 그냥 친구들한테 도움을 좀 주려고 끼어든 건데. 뭐 결국 운전 중에 경찰이 차를 세우라고 하고는 내 이름을 확인해보더라고요. 근데 나한테 영장이 나와 있어서 수갑을 차게 됐고 그러고 나서 감옥에 들어갔어요." 제프리는 마약을 소지하지는 않았지만 친구들이 그한데 "지랄"을 했다고 주장한다. "난 '너네 씨발 나한테 장난하냐? 친구들아' 그랬어요." 제프리는 수임료로 5,000달러를 청구한 변호사가 자신에게 "운반할 의도로 소지한 죄를 인정"하라고 조언했다고 설명한다. "그걸로 재판받으면 연방 교도소에서 7년을 받는 대신 주 북부에서 1년"으로 할 수 있다고 장담하면서 말이다. "그래서 내가 그랬어요. '알았어요, 난 아마도 카운티에서 이미 9개월을 받았으니까 그 1년을 받을게

216

요.’ 그래서 내가 모든 걸 포기했어요. ‘난 더 좋은 인생을 위해 혼자 힘으로 정신적으로, 육체적으로 노력하겠습니다’라고 했어요. 내가 저지른 피해가 어떤 거든 사과한다고도 말했고요.”

그런데 결과는 충격적이었다. “그 여자가 나한테 선고를 했어요. 그걸 때려가지고, 내가 2년에서 10년을 받게 된 거예요. 내 노력이 아무 소용도 없던 거죠. 그 사람들은 나한테서 마약을 찾아내지도 못했고 아무것도 찾아내지 못했고 그냥 다른 사람 말만 가지고 그랬어요.” 그는 주립 교도소에서 3년 반을 복역한 후 가석방되었다. “가석방 얘기를 들은 뒤에는 사소한 일들을 할 수도 있지만, 가석방은 어떤 사소한 일에 나를 묶어버릴 수도 있어요. 그리고 그게 7년 정도 됐는데 난 도시에서는 조그만 일조차 할 수가 없었거든요.” 제프리는 그 도시를 떠나서 펜실베이니아 해리스버그 인근의 사회 복귀 훈련 시설에 들어갔다. 그는 “뒤돌아보지 않았다.” “난 중요한 사람들을 만나야겠다고 혼잣말해요. 내가 얻을 게 없으면, 나를 바른 방향으로 인도하지 않으면 난 내 주위에 사람들을 두지 않아요.” 그의 생각은 이렇다. “내가 인생을 바꾸지 않으면 누군가가 나를 살해하거나, 남은 인생은 감옥에서 보내게 될 것 같았어요. 만약에 내가 여기로 오지 못하면 성공하지 못할 것 같다는 생각이 들었다고나 할까요. 거기가 내 출신 동네라서 성공하지 못할 거라는 걸 알았어요. 다시 거기로 돌아갔더라면 그 멍청이들이 아주 난리를 치겠죠. 아주 아주 꼭지가 돌아서요. 내가 그 모든 걸 감당할 수는 없어요.”

제프리는 단 한 번 잠깐 감옥으로 돌아갔다가 가석방을 완료했다. “여자 친구 생일 파티였어요. 여자 친구가 병을 들고 있는 내 사진을 찍어서 그걸 페이스북에 올린 거예요. 가석방 담당관이 그걸 보고 날 잡아간 거죠.” 가석방이 끝나고 난 뒤 그는 여자 친구와 함께 콜브룩으로 이주했다. 여자 친구는 여러 세대에 걸쳐 가족들이 탄광촌에 산 백인 여성이다. 이들은 함께 다섯 살짜리 딸을 키운다. 필라델피아에 남아 있는 제프리의 형은 비극적인 사례에 해당한다. 그는 펜시클리딘[환각제의 일종]에 취해 저지른 살인으로 감옥에서 복역 중이다. 제프리는 슬픔에 젖어 설명한다. "여기서 나쁜 점은 형이 95년도에 감옥에 들어갔고 다발성 경화증을 얻었다는 거예요. 지금은 휠체어를 타고 있어요. 다발성 경화증에 걸린 채로 감옥에서 죽을 거예요."

이사한 뒤 제프리는 남부끄럽지 않은 삶을 구축했다. 그는 자신이 "콜브룩을 걸어 다닐 수 있고, 모든 사람이 '안녕하세요, 와일더 씨' 하고 인사를 건네고, 그래서 아주 기분이 좋다"는 점을 강조한다. 제프리는 도시에서는 한 번도 경험해보지 못한 사회적 포용과 자기 존중감이라는 새로 발견한 감각을 만끽하면서 자신이 이제 "중요한 사람들"을 어떻게 알고 지내는지를 반복해서 말한다. 그런 전환이 순탄하지만은 않았다. 최근 제프리는 인기 있는 동네 식당에서 조리사로 일하던 중 그를 "n-폭탄n-bomb"[원래는 중성자탄을 의미하지만 '검둥이negro'의 대용으로 쓰이기도 하는 인종 차별적인 멸칭]이라고 부르는 접객원과 시비가 붙어서 일을 그만두었다. "내가 열받은 거예요, 그래서 '야 뚱보년아' 그랬죠. 그 여자의 함정에 빠져버린 거예요. 사람들은 너희가 말로 잘 풀어보라고, 너희 둘 다 최고의 직원이라고 그랬어요. 근데 그 여자는 말로 해결할 생각이 정말 없는 거예요. 그래서 내가 그랬죠, '이봐, 난 끝이야.'" 제프리가 후회하는 듯 말한다. 하지만 그는 인종 문제가 자신이 겪어낸 모든 것과 정반대 방향으로 진보하고 긍정적으로 바뀔 거라는, 진심이 느껴지는 감성적인 이야기를 한다.

내 딸이요, 네, 걔가 차분한데 또 엄청 똑똑해요. 딸이 나한테 흑인 역사의 달하고, 마틴 루서 킹에 대해서 얘기해줬어요. 겨우 다섯 살인데도요. 나한테 인종 분리 정책뿐 아니라 어째서 흑인들이 특정 식수대를 쓸 수 없었는지, 어째서 우리가 연애를 하면 안 됐는지……. 그리고 어째서 마틴 루서 킹이 암살당했는지를 얘기해줬다니까요. 애가 나한테 그런 걸 얘기해주는데 막 눈물이 나는 거예요. 딸이 "왜 그래?" 그랬어요. 난 "얘 말하는 거 들었어?" 그러고. 완전 미친 거죠. 딸이 그렇게나 어린데 자기가 혼혈인 것도 알아요. 자기 반쪽이 뭔지 아는 거죠. 이제는 상황이 다르다는 게 보여요. 나랑 애 엄마를 보라고요. 변화가 있었던 거예요.

이전 연구들은 흑인 남성들이 이타성, 대가족 네트워크에 대한 관용, 사회 정의에 대한 헌신으로 이루어진 "배려하는 자아"를 구현한다고 밝혀왔다. 이는 인생에 자수성가한 남자라는 이상과는 극명하게 대립하는 의미를 부여하는 하나의 방식이라 할 수 있다.[9] 사회학자 미셸 라몽은 미국 내 아프리카계 미국인들이 어떻게 민권 운동이나 블랙팬서 같은 인종 통치에 저항하는 과거의 집단적 투쟁 서사에 기대어 현재의 장벽을 이해하고, 장벽에서 빠져나갈 방법을 상상하는지를 논했다.[10] 제프리가 가족과의 관계, 부성, 공동체를 강조할 때 자아에 대한 그의 이야기는 "배려하는 자아"의 여러 요소를 담고 있다. 그는 정의를 향해 전진하는 희망적인 역사관을 분명하게 밝힌다. "상황이 다르다"고, "변화가 있었던" 거라고 말이다. 제프리는 딸의 세대에 기회가 얼마나 더 많아질지를 생각하면 "눈물이 난다." 하지만 크고 통제하기 힘든 영역에서 물러나 자기 자신, 파트너, 그들의 아이에게 자기 의무를 한정한 채 가치 있고 안전한 생활을 꾸려갈 수 있기를 희망하기도 한다.

제프리는 도널드 트럼프를 찍었다. "난 항상 투표는 할 거예요. 그게 어떤 사람이든 상관없어요……. 해야죠. 투표는 할 거예요. 나쁜 사람이 두 명 있는데 내가 투표를 해야 하면 덜 나쁜 사람을 찍을 거예요." 제프리는 힐러리 클린턴이 선거 운동 기간에 유권자의 지지를 얻는 데 무능력한 모습을 보고 충격을 받았다. "그니까, 그 여자는 거기까지 가려고 잠깐 노력하는데, 그것도 못 하고 있잖아요. 뭘 하는 건가 싶은 거예요. 이미 앞서 빌 클린턴도 손에 넣었는데 아직도 해낸 게 없다니, 정말 뭘 하는 건가 싶었어요." 트럼프는 다르다. "그 사람이 그랬잖아요. 남편이나 아내처럼 당신이 가족에 속해 있고, 당신한테 가족이 있으면 자기가 그 가족을 도울 거라고요. 일자리랑 그런 것들로 말이에요. 그 사람이 도움만 된다면 괜찮을 거 같아요." 사회학자 코리 필즈Corey Fields의 관찰에 따르면 흑인 공화당원들은 자신의 인종적, 경제적 이해관계에 반하는 투표 행위를 한다며 종종 비난받지만, 이들이 인종적 지위 향상이라는 맥락에서 감세와 친기업 정책에 지지를 표명할 때 이 역설은 사라진다.[11] 나아가 제프리가 특히 여자 친구와 키스 등 콜브룩 내부의 "중요한" 가족에게 느끼는 사회적 포용감을 지탱하는 네트워크가 트럼프를 지지하는 투표 행위를 합리적이고도 확실한 선택으로 만들었을 수도 있다.

하지만 결국 민주주의에 대한 제프리의 신념은 심각한 불신이라는 위협을 받는다. "나는 말이에요, 연구를 엄청 해요. 인터넷에서요. 온갖 걸 다 들여다본다고요. 세상일이 어떻게 돌아가는지, 이 거지 같은 게 어떻게 돌아가는지를 이해해야 해요. 남이 당긴 줄로 조종당하는 꼭두각시가 엄청 많아요." 그가 주장한다. "사람들은 미국이 자유로운 사람들의 땅이라고 하잖아요. 오만 거에 돈을 내야 하는데 어떻게 자유로운 사람들의 땅일 수 있어요. 공짜는 없어요."

제프리는 권력을 가진 사람들이 일부러 가난한 사람들 사이에서 인종 분열을 이용한다고 믿는다. "자기들끼리 분열하면 정부를 자기 걸로 만들 수가 없잖아요. 정부를 탈취할 수 있는 건 우리뿐인데, 우린 정부가 필요 없어요. 우리가 정부를 원하지 않는다고 말하면 정말 그런 일이 일어나는 거예요. 우린 정부를 원하지 않아요. 그치만 우린 충분하지 않아요. 다들 분열되어 있어요. 흑인 대 백인 이런 식으로요." 제프리의 비판은 음모론으로 번져간다. "난 정치에 대해서는 말도 할 수가 없어요. 그럼 결국 일루미나티[18세기에 만들어진 비밀 결사로 오늘날 각종 음모론의 소재로 활용되는 조직]를 이야기하게 될 거라서요." 그는 격앙된 목소리로 소리친다. "봐요, 상황이 조종되고 있다는 걸 믿어야 해요. 텔레비전에 나오는 심슨을 봐요. 심슨은 그 사람이 대통령이 되려고 할 때 이런 헛소리를 하고 있었어요. 도널드 트럼프 말이에요. 걔네들한테는 동상이 있었어요. 그 동상은 알몸인데 손가락에 일루미나티 반지를 끼고 있었다고요. 내가 유튜브에서 봤어요."

나도 이제 여기 사람이에요

콜브룩은 결국 이런 남자들이 자신의 인간성을 되찾는 장소, 개인적인 구원을 발견하고 아이들의 미래를 지키는 장소다. 스스로에게는 더 나은 미래가 있으리라 믿지 않더라도 말이다. 펜실베이니아 해리스버그 출신의 서른여섯 살 남성 라파엘 드 소사는 어수선한 현관에 푸에르토리코 깃발을 당당히 휘날리게 하여 썩어버린 계단과 바스러진 페인트에 밝은 색조를 더한다. 바로 두 집 아래에는 허물어질 듯한 연결형 연립 주택이 "침묵하는 다수는 트럼프를 지지한다"고 선언하는 표지판을 당당히 뽐낸다. 라파엘은 종일 가리개를 치고 전등을 꺼놓는다. 라파엘은 내가 미리 알리지 않고 그의 집에 왔더라면 내 면전에서 문을 쾅 닫아버렸을 거라고 솔직하게 말한다. 다행히 같은 구역에 사는 또 다른 연구 참여자가 신원을 보증해주어서 내가 경찰이 아니라고 그를 안심시킬 수 있었다.

라파엘은 잠시 다섯 아이에게 줄 계란과 볼로냐 샌드위치를 버터에 튀겨서 만드느라 이야기를 중단했을 뿐, 나를 집 안으로 들이고 나서 거의 4시간에 걸쳐 이야기를 이어갔다. 그는 절박하게 자기 인생 이야기를 들려준다. "내가 그랬어요, '형씨, 그 여자가 책을 쓴다고?' 내가 그랬죠, '형씨, 난 돈은 필요 없어. 그 사람들이 이 사실을 알았으면 해. 난 돈은 필요 없다고. 나는 그냥 앉아서 공짜로 그 여자하고 대화를 해줄 거야.'"

라파엘은 깃발을 가리키면서 자기 인생 이야기를 시작한다. "저 깃발을 현관에 걸은 건 다 이유가 있어서예요. 무슨 말인지 알죠? 입장을 분명히 하려고요. '네가 어딜 가든 네가 사람이고 나를 친절하게 대하고 나를 존중하는 마음으로 대하기만 하면 난 당신이 어떤 사람인지 뭘 하든지 신경 쓰지 않는다, 나도 당신에게 똑같이 할 거다'라는 입장이요. 사람들은 상대가 어디 출신인지 어떻게 자랐는지 같은 거 때문에 꼬리표를 붙이잖아요." 그가 비판적으로 이야기한다. 내가 "여기 사람들은 여기로 이사해오는 사람들이 다 마약 팔고 감옥에 갔다 왔다고 생각한다고 들었어요"라고 대응하자, 그도 인정한다. "네, 저도 그런 적 많아요. 그치만 지금은 아니에요. 나도 이제 여기 사람이에요. 그래서 여기 있는 거예요. 우리 애들은 그런 일을 겪지 않았으면 해요."

라파엘의 아버지는 열아홉 살이던 1960년대에 푸에르토리코에서 해리스버그로 이주했다. 아버지는 "8학년까지 다닌 학교 교육 말고는 아무것도" 가진 게 없었고 "베트남으로 바로 징집"되었다. 라파엘은 자신의 아버지가 "푸에르토리코에서 가지지 못했던 더 많은 자유, 더 많은 해방, 더 많은 기회"를 찾아서 어떻게 여기까지 오게 되었는지 설명한다. 아버지는 군에서 명예롭게 제대하고 난 뒤 라파엘의 어머니를 해리스버그로 데려와 결혼했다. 라파엘의 아버지는 트럭 운전사로 일했고 어머니는 "좋은 동네에서 집을 청소하는" 파출부로 일했다. 어린 시절 라파엘이 살던 동네는 폭력이 빈번하고 총격 소리가 흔했다. 그는 "빨리 성장해서 남자가 되어야 했다"고 회상한다. "우리 부모님은 날 똑바로 가르쳤어요. 내가 선택을 잘못한 거예요. 내가 그런 선택을 한 건 그런 식으로 살지 않으면 먹혀버리기 때문이었어요. 뭔 말인지 알죠? 야만적인 생활을 하지 않으면 말이에요, 뭔 말인지 알죠? 그래요, 난 아직도 거기로 가면 내가 야만인처럼 느껴져요."

라파엘은 해리스버그에서 자신의 "그런 측면, 그런 부분 때문에 많은 문제에 시달렸다"고 후회하지만 그것이 생존을 위한 필수 요건이었다고 생각한다. 라파엘은 자신의 과도한 경계심과 겁이 없고 공격적인 기질을 끊임없이 표출해야 하는 환경을 좋아하지 않는다. "해리스버그에서는 밤이면 어깨 너머를 계속 돌아봐야 해요, 뭔 말인지 알죠? 여기서는 그런 걸 할 필요가 없어요. 난 내 아이들 마음에 평화가 있으면 좋겠어요." 그는 떨리는 목소리로 탄광촌으로 이사해야겠다고 마음을 먹은 일련의 사건을 이야기한다.

그놈이 차에서 내렸어요, 사람들이 집 앞 현관에 있는데, 걔가 그냥 거기 대고 총을 쏘면서 달리는 거예요. 그러고는 다른 차가 달리기 시작했는데, 소름 돋는 것 좀 봐요(그는 자기 팔을 가리킨다). 내가 말해 줄게요. 우리가 여기 오기 사흘 전 일인데, 우린 딸을 찾을 수가 없었어요. 내가 비명을 지르고 온갖 소리를 지르면서 악다구니를 쳤어요. 그리고 집 뒤쪽으로 달려갔더니 딸애가 뒷마당에 앉아 있는 거예요. 우리가 앞쪽을 찾아봤을 땐 우리 딸만 빼고 다른 애들이 다 있었거든요. 뭔지 알잖아요, 난 완전히 정신이 나갔던 거예요. 그치만 딸은 내내 뒷마당에 있었어요. 하나님께 감사하게도.

라파엘은 싸울 태세를 취하고, 자신과 아이들을 지킬 준비를 하고, 아이들이 자기가 보는 앞에서 죽을지 모른다는 두려움에 질린 채 계속해서 지켜볼 필요가 없다는 데 안도한다.

그는 2008년에 콜브룩으로 이사해서 3만 달러가 안 되는 돈으로 집 한 채를 구입한 누이를 방문했다가 불경기 이후 폐허가 된 부동산 수십 채를 사들인 한 남자를 만났다. "그 남자가 그러는 거예요. '오 당신이 나를 도와서 집수리를 해주면 임대 보증금을 주지 않아도 돼요.' 그래서 우린 그 남자가 집을 고치고 뭐 그런 일들을 하는 걸 도왔어요. 우린 벽도 없었고, 천장도 없었고, 아무것도 없었어요. 그냥 서둘러 그 집에 들어갔어요. 쌌거든요. 침실 두 개짜리 아파트에 600달러를 내고 있었고 애들을 다 데리고 있었잖아요. 그리고 그땐 두 아이가 나오기 전이었는데, 이제는 한 달에 400달러를 내요." 라파엘은 고난과 회복, 절망에 굴하지 않겠다는 굳은 의지로 점철된 자신의 이야기를 맛보기 삼아 살짝 들려준다. "난 그 모든 일을 겪었어요. 그 모든 일을 겪었지만 아무것도 내 인간성을 빼앗아가지 못했어요. 인생의 많은 시간 동안 난 완전 밑바닥에 있었거든요. 집도 없었고, 마약을 했어요. 감옥에 들어가기도 했고요. 뭔 말인지 알죠? 난 진짜로 인생을 견뎌냈어요." 그는 주먹으로 식탁을 반복해서 내리치는 식으로 자기 말을 강조하면서 단호하게 말한다.

라파엘은 열두 살에 처음으로 투옥되었다. 중범죄로 두 번 "주 북부"의 교도소에서 수년을 보냈다. 감옥을 들락거리는 동안 그와 그의 여자 친구는 아이들을 낳기 시작했다. 지금은 이 여자 친구와의 사이에서 여섯 아이를 두었고, 아직 해리스버그에 사는 전 여자 친구와 낳은 두 아이는 자기들 엄마와 살고 있다. 그는 아버지 노릇을 통해 구원을 갈구하는 이야기와 더불어 자신이 어떻게 "살아야 하는지를 생각하는 대신 아이들을 생각하기 시작한" 이야기를 들려준다. "그러고 난 다음 내가 그랬어요. '잠시만, 난 아이들이 내가 산 삶을 살기를 바라지 않아.'" 심지어 "두 번째 형기를 받아 주 북부"의 교도소에서 복역할 때마저 숱한 자격증과 고졸 학력 인증서를 따려고 부지런히 노력했다. 라파엘은 교도소를 나오면서 종이 한 무더기를 가지고 돌아왔다. 자기 팔뚝을 가리키는 그의 목소리가 떨린다. "봐요. 이 이야기를 할 땐 털이 곤두선다니까요. 왜냐면 내가 그 단계를 거치면서 일을 바로잡으려고 애쓰던 때, 이 모든 종이하고 수료증을 들고 왔단 말이에요. 이걸 다 가지고 집에 왔어요." 그는 하나하나 자랑스럽게 내보이면서 그 종이들을 들여다본다. 분노 관리에 대한 것도 있고, 약물학에 대한 것도 있고, 부모 되기 수련에 대한 것도 있다.

이 "종이들"은 그에게 큰 의미가 있다. "신경 쓰지 않는" 세상의 멸시 속에서 희망과 구원을 상징하는 얇은 무더기. 그는 자신이 아직 여기 있다고 강단 있게 주장하면서 자신의 노력이 인정받아 마땅하며 기회가 주어졌더라면 "할 수 있었을" 무언가를 애석해한다.

난 멍청이가 아니에요. 교육을 많이 받았다고요. 그리고 아직 여기 있다는 게 아주 자랑스러워요. 이 식탁에서 누군가와 대화를 나누고 있다는 게요. 나는 중범죄를 두 건 저질렀어요, 그래요, 그치만 나도 인간이고, 더 나아지기 위해 노력했어요. 그건 아무도 몰라요, 뭔 말인지 알죠? 나 말고는 아무도 몰라요. 그게 마음이 아파요. 진짜로 속상해요. 난 정말 많은 걸 할 수 있었을 거니까요. 많이 할 수 있었을 거예요. 그치만 내가 자라온 사회가 나한테 그걸 허락하지 않았어요. 맨날 내가 노력할 때마다 "안 돼" 하는 식이었으니까요. 모든 게 그랬어요. 모든 게. 내가 꼬맹이였을 때부터 쭉. 난 세상이 내게 신경 쓰지 않는다고 배웠어요.

라파엘이 감옥에서 이 모든 자격증을 땄음에도 그는 제대로 대우받지 못했다. "집으로 와서 더 나은 사람으로 살아가려고 노력했을 때, 맞아요, 사람들이 입도 못 떼게 하더라고요."[12] 당혹감과 패배감 속에서 그가 배운 게 있다.

좋은 일자리를 얻을 수 없다는 걸 배웠어요. 좋은 일자리를 얻으려고 노력했는데 말이에요. 이 온갖 종이가 있어도, 이거 다 보이죠? 내가 이걸 다 했는데. 그리고 새로운 사람이 되려고 노력했어요. 사람들이 그러잖아요, 우린 네가 다시 사회에 복귀할 준비를 하게 해줄 거라고. 그 사람들이 나한테 그렇게 말했단 말이에요. 그 사람들이 그렇게 하겠다고 말했거든요. 그러더니 다시 나를 거기에, 사회에, 자기들 말대로 데려다 놨거든요. 맞아요. 그리고 난 거의 2년 동안 이 모든 걸 다 했는데. 거기 있는 2년 동안 그 사람들을 위해서 내가 한 건데, 그렇잖아요. 그런데 뭘 위해서였죠? 난 어머니랑 아버지 앞에서 완전 애처럼 울었어요.

라파엘은 온갖 종류의 통증 때문에 사회 보장 보험을 받는다. "무슨 일이 일어난 건지 모르겠어요. 내가 내 등에 아니면 내 신경이나 뭐 그런 거에 뭔가를 했나 봐요. 꽤 심하게 아팠고 일반 불안 장애 진단을 받았어요. 매일 약을 먹어요." 가족들은 푸드 스탬프에 의지한다. "우린 그게 없었으면 먹지도 못했을 거예요." 부상이 있기 전에 그는 집주인을 위해 건식 벽체 만들기, 카펫 작업, 페인트칠 같은 잡다한 일도 했다. 그는 매일 음식을 만드는데 짐승의 간과 쌀을 자주 사용한다. "어릴 때 슬럼에서 살았어요. 그랬죠"라는 말을 반복하기도 한다. "그치만 그거 알아요? 난 좋은 사람이에요."

라파엘과 그의 가족이 처음 콜브룩에 도착했을 때 백인 주민들의 시선이 그를 불안하게 만들었다. "사람들이 '아 당신들이 여기 오기 전만 해도 이 동네는 평화로웠는데' 하고 말하려고 해요. 그래서 우리가 여기에 오기 전엔, 그 오만 약물 과다 복용이 일어나지 않았다는 얘긴가요? 우리가 여기 오기 전에는?" 그는 코웃음을 친다. "이제 2017년인데 그 사람들은 아직 1935년에 머물러 있어요. 그걸 정직하게 들여다보면 우리 아버지가 말한 것처럼 순수한 인종 같은 건 없어요. 우린 심지어 하나의 인종도 아니에요, 우리 푸에르토리코 사람들이요. 우린 세 인종으로 구성되어 있다고요. 뭔 말인지 알죠?" 라파엘은 백인들이 "이미 KKK 모임을 하면서 전단을 돌리는 건" 아닌가 의심한다. "그 사람들이 무기하고 깃발을 들고 여길 돌아다녀요. 난 망할 콜브룩에 오기 전까지만 해도 샌드 니〇〇[중동이나 북아프리카계 사람들을 일컫는 멸칭]가 뭔지도 몰랐어요, 아 이런 말을 써서 죄송해요, 맙소사." 어느 날 밤 그의 집 밖에서 소동이 벌어져 긴장이 고조되었다. "더는 받아들일 수가 없었어요. 나는 내 말을 하고, 사람들은 자기가 할 말을 하고, 그러다가 12시나 1시, 자정쯤에 누가 여기 현관 밖에 와가지고 우린 그냥 우리 집을 지킨 거뿐이에요. 그래서 내가 감옥에 가게 됐어요. 38일 동안. 1년 보호 관찰에다가 벌금이 700달러 나오고. 해리스버그에서 내가 싸움을 했으면 그냥 벌금만 나왔을 건데." 이 도시의 폭력과 감시는 은신처에서도 그를 계속 따라다닌다.

라파엘은 콜브룩에서 무럭무럭 자라고 있는 아이들을 생각하면 차분해진다. "제일 큰 딸이 나랑 여기서 같이 살고 있는데, 걔가 줄곧 A만 받아요. 걔는 농구도 하러 가요. 내가 해리스버그에서는 할 수 없는 기회랑 뭐 그런 것들을 여기서 내 아이들하고 같이할 수 있어요. 난 애들이 여기서 마음대로 뛰어다니게 내버려 둬요. 해리스버그에서는 길모퉁이까지도 못 가게 했는데 말이에요." 이제 겨우 30대 중반인 그는 신장 결석으로 고생한 적이 있고, 검진 안내를 받은 결장경 검사를 6개월 넘게 미루는 중이다. "나는 거구였어요. 콜레스테롤이 높았고 중성 지방 수치도 높았어요." 라파엘은 자기 인생이 이미 끝났다는 확신 때문에 다시 병원에 가지 않았다. "다른 게 더 나올까 봐 무서워요. 암은 우리 집안 내력이에요. 무서워요. 당뇨, 심장, 혈압, 그 모든 게, 그게 다 우리 집안 내력이에요. 난 나쁜 습관도 있어요. 붉은 고기를 많이 먹어요. 그러면 안 되는 건데. 사람들이 '당신은 붉은 고기를 많이 먹으면 안 돼' 하고 나한테 그랬단 말이에요." 라파엘은 자신이 내뿜은 담배 연기가 허공에서 흩어지는 모습을 바라보면서 차분한 확신을 담아 말한다. **"이게 다 우리 애들 미래를 위한 거예요.** 난 애들이 내가 했던 거랑 똑같은 투쟁을 거치지 않기를 바라요. 난 우리가 그 모든 걸 가지지 못한다는 걸 알아요. 그치만 우린 머리 위에 지붕이 있고 마음의 평화가 있어요. 애들이 여기서 뛰어다니게 내버려 둘 수 있으니까요. 그냥 애들이 편협함이나 인종주의, 가난보다 더 크고 나은 게 있다는 걸 알았으면 좋겠어요. 애들에게는 선택지가 있다는 걸요. 일자리를 얻는 대신 경력을 쌓으라는 거죠. 뭔 말인지 알죠? 애들한테 항상 얘기해요. 마약이며 섹스며 온갖 걸요."

시스템이 자신에게 불리하다는 것을 인정한 채로 자기 결정권, 구원, 위엄에 대한 감각을 구축하는 것, 즉 안정된 삶을 손에 넣는 것은 지극히 고통스러운 과정이다. 라파엘은 과거의 자아, 즉 법을 어기고 폭력적이고 싸움을 하는 자아와 연을 끊었다. 그는 계속되는 고통과 이전의 삶이 남긴 상처 때문에 불구가 되어, 줄달음하는 생각을 가라앉히기 위해 담배를 피우고 불안의 안개를 통해 세상을 바라본다. 그는 회복력 있는 인생을 살고자 하지만 사회가 자신에게 규정한 한계를 한시도 잊을 수가 없다. 라파엘의 말처럼 그는 자기 인생에서 무엇도 기대하지 않는다. 이 시점에서는 모든 게 아이들을 위한 것이다.

라파엘은 미국의 역사, 기회와 정의로 가득한 황금 같은 과거의 신화를 주저 없이 비판한다. "난 아메리칸드림은 한 번도 본 적이 없어요. 당신이 어떻게 성장했는지는 모르지만 '미국을 다시 위대하게' 같은 건 절대 있을 수가 없어요. 한 번도 위대했던 적이 없으니까요. 한 번도 위대해본 적이 없어요. 사람들이 여기에 와서 인디언들에게서 땅을 뺏고 천연자원을 가져갔어요. 쌀을 얻으려고, 커피를 얻으려고, 석유를 얻으려고, 가스를 얻으려고 다른 장소에서도 똑같은 짓을 해요. 그냥 깡패들이에요." 그는 다른 나라의 자원을 약탈할 기회만 노리는 탐욕스러운 존재일 뿐인 미국에 일말의 믿음도 없다. "테러리즘이 왜 일어나는지 알아요? 그 사람들이 천연자원을 차지하고 싶어서 오만 데서 깡패짓을 하고 다니잖아요. 그냥 그걸 가져가고 싶어 해요. 그래서 종교나 다른 온갖 걸 이용해서 그 전쟁을 덮어버리려고 하고." 그는 이런 배신감을 자신의 생애와 연결한다. "내 말은, 우리 아버지는 여기에 제대로 배운 것도 없이, 아무것도 없이 내려왔어요. 심지어 영어도 몰랐어요. 그런데 그 사람들은 아버지를 그냥 바로 베트남으로 징집했다고요. 그게 내가 투표를 안하는 이유예요."

라파엘은 자기 힘으로 한 가닥 희망을 유지한다. 그는 도시를 떠나왔고 새로운 삶을 살기 위해 어쩔 수 없이 써야 했던 가면을 버렸으며 그 과정에서 줄곧 인종주의를 상대했다. 라파엘은 자기 아이들에게는 더 나은 미래가 있다고 믿지만 그의 이야기는 인생이 점점 더 나아질 거라는 장밋빛 낙관론과는 거리가 멀다. 그것은 침울한 결심에 관한 이야기다. 그는 생각에 잠겨 말한다. "난 서른여섯 살인데 마치 가끔은 길을 잃은 것 같은 기분이 들어요. 그리고 그게, 그러니까 그냥, 애들의 미래가, 애들한테 미래에 무슨 일이 펼쳐질지가 그냥 걱정돼요. 난 이제 끝났으니까, 난 괜찮아요. 난 이제 그냥 기다려요. 일흔 살이나 뭐 그쯤 돼서 손자들이 자라는 걸 구경하는 거죠. 이제는 그냥 기다리기만 해요. 난 끝났으니까. 알잖아요. 서른여섯에 그런 말을 하는 건 슬픈 일이지만, 그거 알아요? 난 내가 있는 곳에서는 뭐든 잘해요. 세상을 사랑하지만 그 사랑을 돌려받지는 못할 뿐이죠."

다음 장에서는 이 탄광촌에 새로 이주한 여성들의 삶을 살펴볼 것이다.

5장 우리가 한 번도 가져보지 못한 무언가

탄광촌으로 이주한 흑인과 라틴계 "신참" 여성들은 어린 시절의 학대와 방치, 가난, 동네에서 벌어지는 극단적인 범죄, 마약 남용의 이야기들로 구성된 트라우마로 가득한 과거사를 짊어지고 있다. 내가 이야기를 나눈 여성들 가운데는 통제가 심한 남성들과 목숨을 위협하는 범죄를 피해 친척들을 거쳐 콜브룩으로 온 사람들도 있었다. 이들은 가족에 대한 의무에서 비켜나 자신들을 환대하지 않는 장소에서 삶을 꾸려나간다. 과거에 마약, 폭력과 관련된 고달픈 경험을 한 여성들은 콜브룩을 아이들이 자기들처럼 성장할 필요가 없는 장소로 바라본다. 다시 시작하는 것은 종종 홀로 다시 서는 것을 뜻한다.

신규 이주 여성들은 도착하자마자 엄마 자격이 없고, 노동 윤리가 형편없으며, 정부 원조를 받을 자격이 없다는 고통스러운 비난을 마주한다.[1] 그런데도 이들은 아이들에게 자신들은 한 번도 누리지 못한 기회를 선사하기 위해 맹렬하고 가차 없이 투쟁한다. 이런 여성들은 이들의 낙관주의를 이용하고자 기다리는 숱한 약탈적인 제도들을 맞닥뜨린다. 그 제도들은 이들에게 빚을 지우고도 취업 준비는 제대로 해주지 않는 영리 대학일 수도 있고, 이들이 가진 돈으로는 형편없는 집밖에 마련할 수 없다는 것을 아는 집주인일 수도 있다. 이들은 아메리칸드림을 길고 가파르며 험난한 오르막으로 이해하며 절망에 맞서 스스로를 단련한다. 이들은 작고 일상적인 시민 참여 활동을 통해 경찰과 이웃과 지역 기업들과 학교가 사랑하는 이의 미래를 책임지게 한다. 감정의 혼란, 불안정한 관계, 인종적 적대, 가난으로 점철된 삶 속에서 이들 여성은 감정을 거칠게 드러내고 뿌리 깊은 불신과 육체적 소진에 시달린다. 자신의 심리적 트라우마는 스스로 치유하겠다고 굳게 결심하고서 직계 가족 이외의 인간관계에는 관심을 두지 않기도 한다.

그 사람들은 문제를 해결해야 하잖아요, 문제를 일으키는 게 아니라

사회학자 셜리 힐Shirley Hill은 사람들이 유색 인종 여성들을 삶이 아무리 힘들어도 견뎌낼 수 있는 사람, 강인한 어머니, 자신을 희생하는 돌봄자, 치열한 운동가라고 상정할 때가 많다고 말했다.[2] 기존 연구들은 가난과 인종주의가 유색 인종 여성의 몸과 건강, 아이들에게 기초적인 경제적 안정을 보장해줄 능력에 대한 통제력을 제한할 때 어떤 일이 생기는지를 기록했다. 이 연구에 따르면 유색 인종 여성들은 적당한 수준의 돌봄을 제공하기 위해 투쟁하는 과정에서 상당한 감정적, 육체적 비용을 치렀다.[3] 스스로를 흑인이자 푸에르토리코인이라고 밝히는 스물세 살의 여성 스테파니 리베라는 뉴욕 브루클린의 공공 주거 프로젝트에서 인생의 초반을 보냈고, 그곳에서 어머니, 두 동생, 할머니와 함께 살았다. 스테파니는 어린 시절에 살던 동네가 "그렇게 훌륭한 데는 아니라"고 묘사한다. "혼자서 밖에 나갈 수 없는 데예요. 공원도 못 가요. 사람들이 뭘 하는지, 마약을 파는지, 몸을 파는지 전혀 알 수가 없으니까요." 지금도 그는 어째서 사람들이 뉴욕시를 "시간을 보내기 좋은 장소"로 여기는지 이해하지 못한다. "그런 데가 아니거든요."

스테파니가 열 살 때 어머니는 서쪽에 있는 펜실베이니아 레바논으로 이사를 결심했다. "그때는 다들 가는 곳이었어요. 뉴욕시를 빠져나가고 싶어 하는 사람이면 다들 가는 데예요. 엄마한테는 그게 마치 완벽한 삶의 변화 같은 거였어요." 당시 임신 중이던 스테파니의 어머니 클라라, 어머니의 남자 친구 찰스, 세 아이가 레바논의 한 아파트로 이사를 했다. "엄마는 좋은 분이었어요. 몇 년 동안 호텔 시설 관리 일을 했어요. 문제는 엄마가 한 번도 제대로 돌아다녀본 적 없다는 거뿐이었어요." 스테파니는 남자에 대한 기나긴 실망과 불신의 역사를 말하기 시작한다. "모든 게 엄마 책임이었어요. 새아빠가 일하러 나가는 걸 본 기억이 없어요."

스테파니는 생부에 대해 전혀 아는 게 없고 어머니가 데이트한 모든 남자를 경멸했다. 어린 시절의 스테파니는 끝없이 두려움에 떨며 살았다. 어머니의 남자 친구 중 한 명이 "엄마를 집 안에 가두곤" 했기 때문이다. "그 남자는 엄마를 안에 가두고 끈으로 묶고 그런 미친 짓을 했어요. 엄마는 밖에 나갈 수가 없었죠." 어머니가 가장 오래 만난 남자 친구 찰스에 대해 묻자 스테파니는 역겨움을 감추지 않고 말한다. "정말 거지같이 뚱뚱했어요. 그냥 앉아 있기만 하는 거대하고 게으른 남자였죠. 그 남자가 할 일을 우리가 대신 다 해주곤 했어요. 그 사람이 얼마나 게을렀냐면, 주방에 가서 라면을 꺼낸 다음에 꼬맹이들한테 '하나 끓여와' 하고 말하는 거예요. 엄마는 집에 늦게 왔고 항상 피곤했어요." 스테파니는 유년기를 고립감과 두려움으로 정의한다. "우린 엄마를 제대로 보지도 못했어요. 그 남자는 애들을 때렸고, 엄마는 우리가 얻어맞고 있으면 '됐어, 이제 그만해' 하곤 했죠."

스테파니가 고등학교 때 호텔 잡역부로 일하던 어머니는 퇴근해 해리스버그에서 집으로 차를 몰고 오다가 심각한 자동차 사고로 거의 목숨을 잃을 뻔했다. "엄마는 거의 죽을 뻔했어요. 어떤 사고였는지는 경찰 보고서에 나온 걸 믿을 수밖에 없는데, 엄마가 아무것도 기억을 못하고, 우리도 거기 없었으니까 모르잖아요. 그 남자가 여든아홉 살이었던 거 같아요. 자살이나 뭐 그런 걸 하려고 했던 거 같아요. 도로 반대편에서 차를 몰고 있었는데 엄마 차를 바로 들이받은 거예요. 엄마는 일주일 정도 기억을 잃었고 난 그게 힘들었어요. 엄마가 죽을 거라고 생각했거든요. 엄마는 며칠 동안 마비 상태였다가 마침내 움직임이 돌아왔어요." 그 차 사고 이후로 클라라는 몸을 써서 호텔 방을 청소하는 일을 할 수 없게 되었고 매달 장애 수당을 받았다.

죽기 직전까지 간 차 사고가 불러일으킨 트라우마, 불안, 감사함 등의 강렬한 감정이 클라라와 찰스의 결혼에 박차를 가했다. 그러나 클라라는 겨우 석 달 뒤 이혼 절차에 들어갔다. 이 결별로 나머지 가족들은 작은 마을인 콜브룩으로, 찰스의 끈질긴 통제를 피할 수 있는 안식처로 흘러 들어오게 되었다. "우리가 여기에 온 유일한 이유는 엄마랑 새아빠가 갈라섰고, 그 남자가 그런 유형이어서였어요. 그 사람은 일이 흘러가게 내버려 두는 법을 몰랐거든요. 고등학교 3학년 때였어요, 그니까 5년

전이었네요. 엄마는 자기가 떠나고 그 사람이 자기가 어디 있는지를 모르면, 그러면 결국 평화가 찾아올 거라고 생각했어요." 스테파니는 어머니가 남자들과의 관계에서 겪는 일을 보고 자신은 절대 결혼하지 않으리라 맹세했다. "엄청 많은 결혼이 실패하는 걸 봤어요. 난 못 해요. 절대로, 무슨 일이 있어도 안 할 거예요. 어떤 사람을 미친 듯이 사랑할 수는 있겠지만 결혼은 어림없어요. 난 그게 다 돈 문제라고도 느껴. 결혼하려면 돈을 너무 많이 쓰잖아요. 그러고 나서 싸우고."

어머니는 평화와 안전을 갈망했지만 이들의 첫 아파트는 "끔찍"했다. 스테파니가 회상한다. "집주인이 여기 마약왕이었어요. 파이프가 고장났는데, 그게 주방이었는지 지하실이었는지는 기억이 안 나요. 우린 계속 수도 요금이 자꾸자꾸 늘어난다고 말했고, 그러다가 결국 파이프가 터져버린 거예요. 거실에서 러그를 밟고 다녀야 할 정도였어요. 물이 너무 많아서요. 살 데가 못 됐어요." 새집에 보증금을 낼 돈이 없어서 이들은 공동 주택 보조에 의지했다. "그래서 주택청에 갔어요. 엄마는 달리 어떻게 해야 할지를 몰라서 주택청에 간 거예요. 그랬더니 그 사람들이 일주일 내에 우리가 갈 데를 정해줬어요. 근데 그게 훨씬 나빴어요. 거기 그 주택청이요, 그 사람들은 너무 꼬치꼬치 캐물어요. 친구라도 있으면 안 돼요. 차가 집에 오면 그 사람들이 심문하거든요. '저게 누구 차냐, 왜 여기 있는 거냐?' 하면서요."

스테파니는 하루빨리 도망치고 싶다는 마음으로 고등학교 졸업 요건을 채웠지만 졸업식장을 누비고 다닐 정도로 충분히 오래 그 마을에서 지내지는 못했다. "학교에서 '그래 넌 이제 다 끝냈구나'라고 말한 그날 이 마을을 나왔어요." 스테파니는 다시 레바논으로 돌아가 렌터카 업체에서 일자리를 구해 사촌과 함께 살았다. 레바논에서는 나중에 딸의 아버지가 될, 건설 일을 하는 한 남자를 만났다. 하지만 스테파니는 자동차 사고에서 심신의 건강을 완전히 회복하지 못한 어머니 클라라에 대한 걱정을 떨칠 수가 없었다. 클라라는 열다섯 살짜리 아들이 자꾸 지역 경찰과 얽히는 횟수가 잦아지는 게 두려워 그 아이를 자기 아버지와 함께 살도록 플로리다로 보낸 뒤 혼자 살고 있었다. "경찰이 내 동생에게 집적거리고 연행하고 그랬는데, 너무 예전 일이라서 애초에 왜 경찰서에 갔는지 기억이 안 나요. 근데 경찰들이 걔가 하지도 않은 일을 했다고 하려는 거예요. 기물 파손이나 뭐 그런 거였는데 걘 절대 하지 않았거든요. 거기 있지도 않았어요. 그러더니 그다음부터 그 경찰이 계속 동생한테 집적거렸어요." 어머니의 건강이 점점 악화하자, 걱정이 된 스테파니는 남자 친구와 다시 콜브룩으로 이사를 와서 두 세대용 주택의 한쪽을 임대했다. 스테파니는 걸어서 갈 수 있는 담배 할인 판매점에서 일자리를 얻었고 남자 친구는 월마트 발송 접수부에 취직했다.

하지만 상황은 나아지지 않았다. "이웃들이 거기서 마약을 했고, 소파에 불을 질렀는데, 그게 우리 집까지 번졌어요. 끔찍했죠. 그러고 나서 3주 동안 홈리스가 됐어요. 전부 잃어버렸으니까. 난 임신 3개월이었어요. 우리가 전부 잃어버렸다고 말했는데, 우리한테 있는 거라곤 등에 짊어진 옷하고 핸드폰뿐이었어요. 우린 다 핸드폰을 가지고 잠을 자니까요." 홈리스가 된 스테파니는 다시 한번 주택청을 찾았다. 그가 길거리를 가리키며 말한다.

저리로 내려가서 오른쪽으로 돌면 빨간 문이 있어요. 내가 거기서 살았는데, 평생 살아본 집 중에서 제일 쓰레기 같은 곳이었죠. 그래도 달리 갈 데가 없었어요. 적십자 같은 데서 보증금을 내준 것 같고, 우린 그냥 임대료만 냈어요. 직장이 그 옆 마을이었는데, 내가 그때 담배 가게에서 일했거든요. 근데 출근할 방법이 없었어요. 더는 일을 할 수가 없었죠. 가진 건 아무것도 없는데.

스테파니는 세상에 대한 자신의 태도를 이렇게 요약한다. "당신 같은 사람들은 그래야 하잖아요. 뭔가가 잘못되면 문제를 해결해야 하잖아요, 문제를 일으키는 게 아니라. 그건 나한테는 중요한 문제라고요."

스테파니는 이런 세계관에 대한 추가적인 근거를 숱하게 제시한다. 스테파니는 임신 29주째에 동네 병원에 가서 뭔가가 잘못된 것 같다고 말했다. "계속해서 양수가 터진 것 같다고 말했거든요. 뭔가 액체 같은 게 흘러나와서요. 그랬더니 그 사람들이 아니라는 거예요. 그건 양수가 아니라 정상적인 분비물이라고요. 근데 양수가 흘러나오는 거였어요." 알고 보니 잘못하면 목숨을 잃을 수도 있는 심각한 합병증인 자간전증이었다. 결국 스테파니는 32킬로미터 정도 떨어진 곳에 있는, 더 훌륭한 산부인과가 있는 큰 병원을 찾아갔다. 그는 이 과정에서 배웠다. "내 자간전증은 아주 심각했어요. 병원에서 나한테 그게 뭔지 설명해줬어요, 임신 중에 나타나는 고혈압이래요. 그래서 29주부터 38주까지 쭉 많이 위험했는데 아무도 나한테 말을 안 해줬어요. 아무도 말을 안 했어요. 난 계속 일을 했고요. 항상 서가지고."

상황은 점차 악화되었다. "의사는 내가 마약을 했다고 생각했어요. 애가 너무 작았거든요. 그것 때문에 그 사람들은 내 임신을 별로 중요하게 생각하지 않았어요. 애가 자간전증 때문에 영양소를 얻지 못하고 있었단 말이에요. 애가 2.3킬로그램으로 태어났어요. 너무너무 작았죠." 담배도 술도 안 하는 스테파니는 계속 분을 참지 못한다. "그 사람들이 내 허락도 없이 애한테 알코올 중독이랑 마리화나랑 온갖 검사를 다 했어요. 그러더니 와서는 '오, 이 애는 알코올 중독이 없네요' 하는 거예요. 그래서 내가 '잠깐, 뭐라고요?' 했죠. 그랬더니 그 사람들이 '아 네, 우리가 검사를 했어요' 하는 거예요." 스테파니는 병원 직원들이 그가 가난하고 백인이 아니라서 약물 중독이라고 기계적으로 넘겨짚은 게 아닌가 의심한다.

이 소동을 거치는 동안 스테파니와 남자 친구는 계속 싸웠고, 결국 갈라서기로 했다. 아이가 더 나은 삶을 살게 하고 싶다는 공통의 바람은 가난과 주거 불안정, 가족 관계의 소란이라는 통증 속에서 신생아를 키워내는 시험을 통과하지 못했다. 스테파니는 "남자 친구가 정말로 말을 안 한다"며 아직도 불만스러워한다. "그게 우리 관계에서 큰 문제 중 하나예요." 그런데도 그들은 아직 같이 살면서 월세 425달러를 반씩 내고 딸을 같이 키운다. "남자 친구는, 아, 우리가 다른 곳으로 이사 가서 전에 한 번도 싸워본 적이 없고, 사람들이 우리를 모르는 장소에 가면 우리가 다시 잘 지낼 거라고 생각해요." 스테파니가 생각에 잠겨 말한다. "우린 서로를 증오하는 게 아니에요, 절대 아니에요. 우리 딸이 아빠를 얼마나 좋아한다고요." 스테파니가 말을 이어간다. "난 절대로 아이와 애 아빠를 떼어놓지 못할 거예요. 특히 아이 삶의 일부가 되고 싶어 하는 흑인 남자라면 말이에요. 난 절대 그런 건 못 해요."

스테파니는 딸이 태어난 뒤에 삶의 중심을 자기 발전으로 이동시켰다. "나이 들어서 이 직업 저 직업 전전하고 싶지 않아요. 아이를 위해서 경력을 쌓고 싶어요." 스테파니의 눈에 가까운 영리 대학이 들어왔는데, 지금 생각해보니 그곳은 "그 학교에 다니게 하려고 무슨 짓이든 하는" 데였다. "난 말 그대로 그 학교에 갔고 그 사람들은 사흘 뒤에 시작하는 수업에 나를 등록시키고 싶어 했어요." 그는 그 대학이 자신을 어떻게든 등록시키려던 것을 미심쩍어하면서 덧붙인다. "그게 그 사람들의 아주 나쁜 부분이었어요. 난, 그러니까 당신이 만약에 나한테 무슨 일을 하고 싶으냐고, 직업이라는 측면에서 어디서 일하고 싶냐고 물으면 아는 게 아무것도 없단 말이에요." 당황한 스테파니는 2년짜리 "의료 보조" 학위를 따기로 했다. 보조금이 있다는 말을 들어서였다. "그 사람들은 맨날 그래요. 오, 당신은 보조금도 받을 수 있고 필요한 게 다 있고 장학금도 있다고요." 하지만 얼마 안 가 "그게 학비의 절반도 안 된다는 걸, 심지어 솔직하게 말해서 학비의 4분의 1도 안 된다는 걸" 깨달았다. "난 펠 보조금Pell Grant[재정적 도움이 필요한 대학생에게 주는 연방 정부의 장학금]을 받았는데 그게 1년에 5,000달러, 다 해서 1만 달러였을 텐데 내 학비는 2년 동안 5만 달러였단 말이에요. 그걸로는 감당이 안 됐어요."

온라인 수업을 수료하고 난 뒤에는 의사 진료실에서 무급으로 현장 학습을 해야 한다는 사실을 알게 되었다. 스테파니는 직장을 그만두고 생계비 때문에 대출을 더 받았다. 그는 분을 참지 못한다. "그 사람들이 학교에서 나한테 가르친 거랑 내가 현장 실습에서 배우는 거랑 두 개가 완전히 다른 거였어요. 그 사람들은 설명을 안 해준 거예요. 난 체취, 나쁜 체취, 오줌 냄새, 똥 냄새, 침 냄새 같은 걸 못 참는데…… 그 사람들이 그걸 먼저 내 머릿속에 심어줬더라면 난 미리 준비했을 거라고요." 스테파니는 교육에 건 자신의 도박이 성공하지 못할 수 있다고 벌써 의심한다.

만약에 내가 의료 보조가 되면 평균 임금은 시급 13달러가 될 거예요. 그게 진짜 화가 나는 점이에요. 월마트에서 일하는 사람들도 그 정도는 받는다고요. 근데 나는 2년 동안 학교를 다녔어요. 그 사람들은 마치 그것보다 더 많이 버는 것처럼 그랬다고요. 그 사람들은 내가 평균 시급 17달러는 받을 거라고 그랬어요. 내가 찾아봤는데, 그 사람들이 준 종이 같은 거에 그렇게 적혀 있었다고요. 바뀌었을 수도 있죠. 어째서 시급이 내려갔는지는 모르지만. 그치만 그러고 나서 내가 준간호사 면허를 땄어야 했다는 걸 알게 됐어요. 그건 학교를 1년 동안 다니고 돈도 4만 달러가 아니라 1만 5,000달러만 내면 되거든요. 그리고 시급도 두 배 더 많아요. 평균 임금이 시간당 25달러고, 경험이 쌓이면 임금도 다 올라가요. 영리 대학은 그냥 거기다가 누구든 넣으려고 오만 짓을 해요.

스테파니는 한숨을 쉬며 제도에 대한 분노에서 자신에 대한 분노로 초점을 옮긴다. 그가 체념한 어조로 말한다. "그니까 자세히 알아보지 않은 내 잘못인 거죠. 내가 의료 보조가 될 줄은 몰랐어요."[4]

현장 실습을 제외하면 스테파니는 거의 집에서 지내며 딸을 돌본다. "일하러 가는 거 빼곤 밖에 잘 안 나가요. 밤에 내가 이 근처를 돌아다닌다고요? 아뇨, 아니요." 그는 단호하게 말한다. "이 근처에는 술 취한 사람들이 많아요. 멍청한 것들. 한번은 차를 몰고 나가려고 하는데 사람들이 (독립기념일인 7월 4일에) 불꽃놀이를 하고 있는 거예요. 사람들이 차를 둘러싸더니 나한테 니○○랑 온갖 소리를 외치더라고요. 딸은 대체 무슨 일인지 이해가 안 되니까 뒷자리에서 막 울고. 진짜 끔찍했어요. 최악이었죠. 나도 울었어요. 내 인생에서 그렇게 엉엉 울어본 적이 없어요." 내가 마을에서 하는 축제나 퍼레이드에 참여해본 적이 있는지 묻자 스테파니가 어깨를 으쓱한다. "그런 건 하나도 몰라요. 음, 퍼레이드 같은 것도 실제로 하기 전까지는 전혀 몰라요." 공동체와 단절된 상황은 기존 정치로부터의 완전하고 철저한 이탈과 맞아떨어진다. 스테파니는 경멸적으로 말한다. "내가 멍청하다는 말은 아닌데, 난 이해가 안 돼요. '대체 이게 뭐지?' 막 그래요. 아마 내가 그런 건 신경을 안 써서 그런가 봐요. 난 이해가 안 돼요. 핵심이 뭔지, 아무것도 이해가 안 가요." 스테파니는 한 번도 투표자 등록을 해본 적이 없다.

스테파니가 대단히 자랑스러워하는 시민 참여 행위가 하나 있다. 그는 딸의 아버지가 일하는 월마트 고객 서비스 센터에 직원들이 매장 입구에서 담배를 피우지 못하게 해달라는 불만 사항을 접수했다. 스테파니는 열에 들떠서 말한다. "나를 위해서, 매장 앞 금연에 목소리를 내지 못하는 다른 모든 사람을 위해서 그걸 내 일로 여겼어요. 일주일 동안 하루에 세 번 일부러 월마트에 갈 때마다 사진을 찍어가지고, 사진 스물일곱 장을 들고 여길 왔어요. 그걸 회사 사무실에 보냈더니 그 사람들이 매장 앞에서 담배를 못 피우게 했어요." 스테파니는 딸의 건강을 지켜야 한다는 관점에서 자신의 실천을 정당화한다. "난 애랑 같이 담배 연기를 뚫고 매장을 빠져나올 수는 없다고요!"

스테파니와 남자 친구는 푸드 스탬프에 의지한다. 그가 수치스러워하며 털어놓는다. "난 아무도 내가 그걸 사용하는 걸 못 보게 맨날 무인 계산대 쪽으로 가요. 그러다 보면 주위 모든 사람이 거기에 의지한다는 걸 알게 되죠. 모든 사람이." 대화를 마무리하면서 나는 아메리칸드림이 스테파니의 가족에게 유효한지를 물었다. 대답은 간결하다. "아니요." 스테파니가 이렇게 말을 잇는다.

그니까 내 말은 내가 어느 나라에서 태어날지 고를 수 있다면 물론 미국이라고 말할 거예요. 그치만 아메리칸드림이요? 아니요. 다들 생각하잖아요, "좋아, 난 미국에 갈 거야, 그러면 모든 게 훨씬 나아지겠지." 근데 그게 아니란 말이에요. 일을 해야 하고 어떤 상황에 있든 스스로 기반을 닦아야 한다고요. 다른 장소보다 여기는 더 쉬워요. 그게 유일한 차이예요. 그냥 더 쉬운 것뿐이에요. "오, 미국에 가야지. 그럼 난 부자가 돼서 내 레스토랑을 가질 수 있어." 그런 게 아니에요. 그런 식으로 되는 게 아니에요. 미국으로 가잖아요, 그러면 갈 곳이 생기기 전까지 몇 달은 홈리스로 지내야 해요.

스테파니는 어떤 종류의 "꿈"도 믿지 않는 대신 눈을 크게 뜨고 자신의 인생이 감내해야 하는 혹독한 현실을 받아들인다.

더 나은 미래를 위한 싸움

서른한 살의 다니엘라는 자신이 푸에르토리코인이라고 자랑스럽게 밝힌다. 다니엘라는 구원과 사회적 상향 이동의 개인사, 병적인 상태와 고통에서 벗어나 한 조각의 아메리칸드림을 달성한 개인사를 들려준다. 다니엘라는 결혼 혹은 시민 의식이 있는 집단에 가입하기 같은 관행적인 방식이 아니라, 아이들의 미래가 위태롭게 균형을 잡고 있는 일상생활에서 아주 미세한 상호 작용을 통해 가족의 삶의 가능성을 개선하려 최선을 다한다.

다니엘라와 (4장에 등장하는) 남자 친구 안드레스는 콜브룩에 10년째 살고 있고 이 지역 초창기 이주자에 속한다. 다니엘라는 아버지를 한 번도 만나본 적이 없다. 그가 심드렁하게 말한다. "엄마가 일을 안 했어요. 우리 가족이 다 일을 안 했죠. 우린 길에서 살았어요. 그래서 그런 식으로 돈을 벌었어요, 길에서요. 어릴 때 기억은 그게 다예요." 노스 필라델피아에서 성장한 다니엘라는 "마약을 하는 사람들이 길에 널브러진 모습"과 "도처의 폭력"을 보는 게 익숙했다. 그는 일찍부터 힘 있는 사람들을 불신했다. "더 어렸을 땐 삶이 다른 식으로 굴러갔어요. 경찰이 다가와서 막 험한 말을 하고 침을 뱉고 되는대로 지껄이고, 그러다가 차에서 나와서 배지를 떼고 거기 앉아서 미성년자하고 막 싸우려고 하는 거예요."

다니엘라는 에디슨, 켄싱턴 등 여러 고등학교를 전전하다 결국 "CEP 학교"로 갔다. 가난한 소외 계층 청소년에게 대안적인 교육과 무료 영양식을 제공하는 학교 말이다. 다니엘라는 지금도 궁금하다. "왜 사람들이 날 거기에 넣었는지 모르겠어요. 가끔 혼자 그걸 생각해봐요." 다니엘라와 남자 친구는 CEP에서 만났고 둘 다 열여덟 살에 학교를 중퇴했다. "길거리에서 벌 수 있는 돈이 너무 많았거든요." 다니엘라가 어깨를 으쓱한다. 안드레스의 매형이 탄광촌으로 이주할 때 안드레스와 다니엘라 역시 그곳에 가기로 결심했다. "난 인생을 바꾸려고 여기에 온 거예요. 나 자신을 바꾸고 내가 어린 시절을 보낸 곳을 바꾸려고." 다니엘라가 차분하게 말한다. 다니엘라는 필라델피아에 있을 때부터 정신 질환 때문에 보조적 보장 소득을 받았다. "나는 약을 받고, 교통비를 받고, 다 받아요. 내가 약속 같은 걸 잡고 그러면 교통비를 받아요. 시간을 잘 지켜야 하는데 그건 괜찮아요. 어떤 사람들은 의료 보험을 보장받는데 그 사람들은 약값은 내야 하거든요, 난 그건 안 해도 돼요."

다니엘라는 주로 식료품점, 아이들 학교, 병원 약속, 집을 오가는 일상을 고수한다. 항상 위협받는 느낌에 시달리지만 아이들을 위해 더 나은 삶을 마련하고자 주어진 자리를 굳게 지키고 있다.

우린 스스로를 지켜야 해요. 얼마 전에 어떤 사람이 우리 차에 침입했단 말이에요. 그래서 그다음부터 잘 때도 한쪽 눈은 뜨고 한쪽 눈은 감고 있어야 해요. 그 사람들이 우릴 테스트한 거야. 우린 아무하고도 말썽에 휘말리지 않아요. 많은 사람한테 말했지, 우리가 사람들한테 그랬어요, 우린 우리 삶을 지킬 거라고. 우린 우리 삶을 살려고 사는 거라고. 우리 자신과 아이들을 위해 더 나은 인생을 만들려고 말이에요. 아이들이 커갈 수 있는 집이랑 뭐 그런 거 있잖아요. 그래서 난 아무하고도 귀찮게 엮이지 않아요. 우리가 어릴 땐 절대 안 그랬는데.

다니엘라는 안정된 가정을 꾸리는 데 혼신의 힘을 다하지만 안드레스와 결혼할 마음은 없다. 그는 이렇게 고백한다. "안드레스가 결혼하자고 했는데 내가 그 자리에서 바로 그랬어요, '우린 오르락내리락하고 그러잖아. 그치만 아직도 서로한테 잘 붙어 있고. 근데 네가 결혼이 하고 싶고 그러면, 그냥 우리가 결혼했다는 것만으로도 다른 변화가 일어날 거야.'" 다니엘라는 핵가족 구조와 오래가는 결혼 관계, 결혼한 부모가 키우는 아이들이 점점 줄고 있는 현상에 별 아쉬움이 없다.[5] 반대로 결혼에는 "모든 걸 좋은 쪽보다는 나쁜 쪽으로 바꿀 수 있는" 무언가가 있다며 두려워한다. 가령 "사람들이 결혼하고 그러면 일이 잘 안 풀리더라고요. 우리 엄마랑 새아버지만 해도, 결혼을 했단 말이에요. 금요일에 결혼을 했는데 주말도 못 넘겼어요. 심지어 하루가 가지도 않았는데 둘 다 서로한테 반지를 집어던지고 월요일 아침이 되니까 이혼을 원하더라고요."

246

공식적인 약속을 거부하는 다니엘라는 이렇게 설명한다. "난 내가 준비됐을 때를 기다려요. 내가 그걸 할 준비가 될 때까지 기다리는 거예요. 지금 당장은 다른 누군가의 성을 따를 준비가 안 됐거든요. 그니까 나는 그 사람을 죽을 만큼 사랑하긴 해요. 나는 결혼을 어떻게 생각하느냐면요, 왜 그걸 하나 싶은 거예요. 제대로 되지도 않을 거면 드레스를 사고 온갖 걸 사는 데 쓰는 돈이 낭비잖아요." 결혼은 10년간 지속된 이들의 안정된 관계에 급격한 변화를 가져오는 것, 이미 어지러운 "오르락 내리락"을 더 위태롭게 하는 것에 가깝다. 다니엘라는 아무리 깊이 사랑하는 사람이라 해도 다른 누군가의 성姓에 자신의 성을 묶어두는 것이 꺼림칙하다. 독립성을 지키고 싶은 것이다. 3장에 나온 대니얼이나 루시 같은 젊은 백인 여성에게는 결혼을 하고 결혼을 유지하는 것이 관계의 질과는 무관하게 자기 가치를 드러내고 사회적 존중을 보장해주는 수단이었지만 다니엘라에게는 그만한 매력을 갖지 못한다.[6]

일을 할 수 없는 다니엘라는 자신과 아이들 몫의 푸드 스탬프와 건강 보험을 받는다. 내가 사람들이 이런 종류의 도움을 받을 만하다고 생각하는지 묻자 그가 답한다.

내 생각에는, 그래요, 그게 필요한 사람들은요, 그니까 모든 사람한테 그게 필요하다는 게 아니라 그만한 사람들이요, 네, 우리 같은 사람들은 혜택이 필요해요. 우린 그런 거, 우리 보험하고 그런 게 필요해요. 모든 사람이 그런 특권을 갖진 않잖아요. 많지 않은 사람들만 검진을 받을 수 있고. 의료 보험이 없으니까 검사를 하러 병원에 가는 사람이 적어요. 대부분이 그렇듯 401 연금 계획[매달 일정량의 퇴직금을 회사가 적립하되 그 관리 책임은 해당 직원에게 있는 미국의 연금 제도]이 있고 임금이 오르고 그런 사람들, 그런 사람들은 부모가 의사라는 걸 알잖아요. 그런 사람들은 자기를 위해서 뭔가 챙겨둔 게 있다는 걸 알잖아요. 그 사람들은 태어나자마자 펑 하고 그런 게 생겨나요.

다니엘라는 탄광촌으로 오게 된 과정에 대한 자신의 서사에 남다른 자부심이 있다. 다니엘라는 태어날 때 운이 좋으면 어떤 사람들은 인생에서 앞서가지만 어떤 사람들은 추가적인 도움이 필요하다는 사실을 이해한다. 그가 차분하게 말한다. "기본적으로 지금 내가 사는 데는 있잖아요, 어떤 사람들은 내가 필라델피아에 내려가면 '오, 넌 그렇게 부자처럼 사는구나' 그런단 말이에요. 그럼 난 '나도 아직 너희처럼 힘들게 살아' 그래요." 하지만 그는 "학교 시스템은 거기(필라델피아)보다 여기가 훨씬 좋다"고 믿고 아이들이 "그 밑에 있는 온갖 꼴을 보지 않아도 되어서" 흡족하다. "우리가 목격한 걸 애들은 목격하지 않았으면 좋겠어요."

다니엘라는 학교 시스템의 질에 전반적으로 만족한다. "딸애 학교는 괴롭힘에 무관용이에요. 필라델피아에서는 그런 걸 한 번도 본 적이 없어요. 학교에 무장 경비가 있다는 것도 아주 마음에 들어요." "만약에 시어머니나 시아버지나 시누이를 보내서 애를 데려오게 하면 신분증을 제시해야 한다"는 점도 마찬가지다. 안전과 보호는 그의 주요 관심사다. 하지만 아이들 때문에 전투를 벌여야 했던 숱한 사건들도 있었다. 아이들의 안전을 위해 싸우고 아이들이 누려 마땅한 기회를 손에 넣기 위한 사건들 말이다. 딸이 3학년이었을 때 사건이 있었다. "한 아이가 딸애를 죽이겠다고 위협을 한 거예요. 그래서 그다음 날 내가 버스 정류장에 가서 걔네 부모한테 말했어요. 걔네는 어린이집도 같이 다니고 3학년, 2학년 뭐든 같이 했단 말이에요. 우리 딸이 3학년이 됐는데 걔네가 같은 버스를 타게 됐어요. 그런데 그 여자애가 계속 B로 시작하는 욕을 하면서 딸애를 괴롭힌 거죠." 다니엘라는 이 괴롭힘을 당장 중단시켰다. "내가 그 부모한테 바로 가서 당신 딸이 내 딸한테 욕하면서 무례하게 군다고 말했어요. 내가 그랬어요. 계속 그러면 문제가 생길 거라고. 그랬더니 바로 알아듣더라고요."

또 한번은 다른 딸의 숙제장을 확인하다가 선생님이 실수한 것 같다는 생각이 들었다. "수학 문제를 보는데, 이게 맞는데 왜 선생님이 틀렸다고 해놨지 싶은 거예요." 다니엘라와 안드레스는 학부모 상담을 하러 갔을 때 이 일을 언급했다. "우리가 그걸 선생님한테 보여줬어요. 그러고는 '보세요, 여기 이 답은 맞잖아요' 했더니 선생님이 '아 맞네요' 그랬어요. 선생님이 실수한 거예요. 맞는다고 해야 됐는데. 그래서 내가 그랬어요. '선생님은 선생님이잖아요. 선생님은 최고여야 한다고요. 선생님이 정신을 차려야죠.'" 다니엘라는 아이가 마땅한 기회를 얻으려면 자신이 꾸준히 파수꾼 역할을 해야 한다는 느낌 때문에 아직도 화가 나 있다. "그럼 우리 애 성적이 내려가잖아요. 아이가 낙제라거나 뭐 그런 걸로 여길 거라고요. 모든 숙제가 중요해요." 다니엘라는 부당한 처사가 없는지 경계를 늦추지 않고, 아무리 사소하더라도 언제든 아이의 모든 기회를 맹렬히 방어하고 보호할 준비를 하고서 선생님들을 면밀히 주시한다.

다니엘라는 자신이 신경 쓸 사람의 범위를 자기 아이들로 신중하게 제한하고 정말로 중요한 것, 즉 아이들의 안전과 좋은 삶을 누릴 공정한 기회를 위해 자신의 에너지를 아낀다. 그가 신중하게 말한다. "난 하나님을 믿어요. 그치만 우리가 각자 혼자라는 것도 믿어요." 다니엘라는 같은 논리로 자신이 투표하지 않는 이유, 뉴스를 별로 챙겨보지 않는 이유, 또는 아이들을 보살피는 것과 무관한 활동이나 집단에는 일절 간여하지 않는 이유를 도전적인 어조로 설명한다. "나는 세상이 어떻게 돌아가는지는 관심 없어요. 나는 하루를 위해 살아요. 우리 애들을 위해 살고요. 그들(바깥을 가리키는 몸짓을 하며)은 신경 안 써요. 세상이 끝나면 끝인 거죠. 우리가 할 수 있는 게 아무것도 없잖아요. 이 세상이 끝나면, 전쟁이 일어나고 저 바깥에 사람이 있으면 우린 아무것도 못 하고 그냥 우리 자신으로 있는 것뿐일 거잖아요." 다니엘라는 "아무도 우리를 괴롭히지 않는 한 아무도 우리 집 문까지 오지 않고, 아무도 내 얼굴에 총을 들이대면서 나를 위협하지 않는 한 아무것도 걱정할 필요가 없"다고 주장한다. 그는 초점을 좁혀서 일상적인 상호 작용 내에서 아이들에게 기회를 마련해주는 일만 걱정하고 한 번에 하나씩 숙제를 힘들게 처리한다.

차별에 맞서기

신규 유입 여성들의 불평등에 관한 의식은 아이와 친밀한 반려자를 보호하는 일에 특히 날카로워진다. 이들은 경계심을 드러내면서 좋은 일자리가 없고, 유색 인종 남성들을 감시하고, 사법 시스템에 인종주의가 만연한 현실을 성토한다. 서른네 살의 흑인 여성 미카일라 가브리엘은 뉴욕 퀸즈의 공공 주택 프로젝트 지역인 퀸즈브릿지에서 어린 시절을 보냈다. 그곳에서 "할머니와 할머니의 남자 친구, 엄마, 삼촌, 남동생"이 같이 살았다. "그래서 우리 여섯이 침실 두 개짜리 아파트에서 지낸 거예요. 좀 심했죠." 리커스 아일랜드 교정 시설의 교도관이었던 어머니는 교대 근무를 최대한 많이 섰다. 어머니는 항상 그들을 데리고 더 안전한 아파트로 이사하고 싶어 했지만 임대료가 너무 비쌌다. 어머니는 미카일라가 열일곱 살 때 가족들을 데리고 조지아주의 디케이터로 이사하기로 결심했다. "엄마가 뉴욕 아파트에 내는 돈이면 조지아에서 집을 얻을 수가 있었거든요. 거기서 엄마가 새아빠를 만나서 결혼을 했어요. 새아빠는 거기 경찰이었어요." 미카일라는 디케이터를 또 다른 "살기 고약한 장소"라고 묘사한다. 어머니와 새아버지는 그 이후 "더 번드르르한 동네로 이사했다."

미카일라는 어머니의 드라마 같은 변화를 설명하는데 그가 보기에 이 변화는 폴란드/푸에르토리코계 새 남편 때문이었다. "새아빠가 전직 군인인가 뭐 그런 거라서 이제 엄마는 다른 세상을 보게 된 거예요. 자기가 자랐던 환경이나 온갖 거에 대해서. 이제 엄마는 정치적이고, 교회를 다니고, 내가 어릴 때 절대 안 했던 걸 해요." 선거가 막 지난 참이라 어머니가 누구를 찍었는지 아느냐고 묻자 미카엘라가 웃는다. "트럼프요. 정말 이상해요. 나랑 엄마가 지난번에 옥신각신했단 말이에요. 내가 그랬어요, 있잖아요, '엄마가 그 온갖 공짜 혜택을 받았을 때는 민주당을 찍는 게 좋았잖아. 근데 이제 엄마가 결혼하고 더는 그런 자격 요건이 안 되니까 그런 혜택이 마음에 안 드는 거지.' 우린 푸드 스탬프를 받았어요. 생활 지원을 받았다고요." 보험 회사에서 일하고 부담 적정 보험법이 확대되고 난 뒤에야 의료 보험 비용을 낼 여력이 생긴 미카일라는 2012년에는 어머니와 함께 오바마를 찍었다. 미카일라가 쓸쓸하게 말한다. "이제는 어머니가 혜택을 받을 자격이 안 되니까 거기에 등을 돌려버린 거예요."

미카일라는 자신이 삶을 확 바꿀 동기와 추진력을 갖춘 의지가 굳은 사람이라 생각한다. 지금 그에게는 네 아이가 있다. 미카엘라는 큰딸의 아버지가 "세상의 다른 면을 보여주었다"고 여긴다. "내가 자라온 방식대로 살 필요가 없다"는 점에서 말이다. "기본적으로 그 사람은 나한테 영향을 미쳤어요." 고등학교 2학년 때부터 남자 친구였던 그가 10년 전 자기 친구 아버지의 플라스틱 공장에서 일하기 위해 탄광촌으로 오자고 했을 때 미카일라는 이에 동의해 은행 직원 일을 그만뒀다. 처음에는 이사를 후회했다. "처음에 여기 왔을 때 한 번 와보지도 않고 이사했거든요. 그래서 '대체 내가 무슨 짓을 한 거지? 여기 왜 왔지?' 싶은 거예요." 미카일라는 곧 임신 사실을 알게 되었고 "어쩔 수 없이 눌러앉아서" 같이 집 한 채를 장만했다. 두 사람은 절대 결혼하지 않았다. "난 차이가 뭔가 싶었어요. 우리가 같이 있고, 같이 집을 샀고, 그 모든 단계를 건너뛰고 아이가 생겼잖아요. 하지만 그러고 나서 감사하게도 결혼을 안 했어요. 그런 식으로 결혼에 돈 쓰는 꼴을 못 보거든요." 이 장에 나오는 다른 여성들처럼 그는 낭만적인 이상에 부합하지 않는 현실 앞에서 공들인 결혼식에 들어가는 쓸데없는 비용을 지적한다. 두 사람은 이제 같이 살지 않지만 딸을 양육하는 데 힘을 쏟으며 정중한 관계를 유지하고 있다. "난 분명히 우리가 한 시절에 서로 좋아하는 사이였다는 걸 편하게 생각해요. 뭐 하러 서로 미워하고 그래요. 그런 건 하나도 쓸모가 없는데. 다행히 그 사람도 그래요. 그래서 우린 다정한 관계를 유지할 수 있어요."

주로 자기가 번 돈으로 아이들을 키워야 하는 미카일라는 텔레마케터, 재택 간병인, 보험 외판원으로 일했다. 수년 동안 일련의 남자들을 거쳤고 모두 잘 풀리지 않았다. 이제 걸음마를 배우는 막내의 아버지는 아직 그와 함께 살고 있다. "내 인생은 엉망이에요. 지금 막내한테는 누군가가 있긴 한데, 우린 이제 남남이에요. 그 남자가 여기 살긴 해요. 가택 연금 상태거든요. 그래서, 음, 가택 연금이 끝날 때까지만이에요. 그 다음에는 나갈 수 있어요. 어쨌든 그 사람은 살 곳이 필요했으니까요. 그치만 나랑 그 사람, 우린 가망이 없어요."

미카일라는 정치적인 입장을 취하며 그 남자가 부당하게 경찰의 "확실한 표적"이 된 과정을, 경찰의 수색이 불법이었고 그의 사건이 "완전히 개소리"였음을 설명한다.

내가 온갖 일로 전미유색인지위향상협회NAACP에 연락을 했어요. 경찰들이 한 짓이 불법이었거든요. 그 사람들은 영장이 나온 다른 사람을 찾고 있었어요. 그런데 남자 친구가 바로 거기에 있었고, 그 사람들이 사람들한테 수갑을 채우고 어쩌고 하는데 남자 친구가 좀 그런 사람이다 보니깐 밖에 나와 있었거든요. 그래서 경찰들이 "그 안에 누구 있어?" 그러는 거예요. 그리고 그 사람들이 영장이 나온 남자 이름을 한 번 언급하고 나니까 남자 친구가 "오, 다 수색해보시지" 그랬어요. 그런 걸 할 땐 몸을 더듬는 정도로만 해야 되는 거잖아요. 무기나 마약같이 느껴지는 뭔가가 있으면 그때야 정말로 누군가의 주머니 안을 볼 수 있는 거고. 근데 경찰들은 그렇게 안 했어요. 그냥 바로 그 사람 주머니를 털더니 코카인 반 그램을 찾아낸 거예요. 그냥 더듬기만 해서는 그런 걸 못 느끼죠. 경찰들이 남자 친구를 그것 때문에 체포했어요.

코카인 소지 혐의는 기각되었지만 남자 친구는 지금 그전에 있었던 판결 때문에 가택 연금 상태다. 미카일라는 탄광촌으로 이주한 유색인종 남성 가운데 실제로 마약을 파는 사람들이 있다는 루머에 반박하지 않는다. 미카일라가 고개를 젓는다. "부끄러운 일이에요. 그치만 여기 주위에서는 상황이 그래요. 다른 선택지가 없어요. 이런 말 하면 속상하지만 정말 그래요." 그가 더 자세히 설명한다. "그 사람들은 여기서 사는 데 돈이 얼마나 적게 드는지 알고 여기로 와요. 그건 '오, 내가 바로 저기로 가서 마약을 팔아서 그렇게 생계를 유지하면 되겠군' 하는 거랑은 완전 다르다고요." 미카일라는 교통수단이 부실하고 지역의 고용주들이 이런 남자들을 고용하기를 꺼린다는 점을 지적한다. "여기서 일자리를 구하는 게 얼마나 어려운 일인지 몰랐어요. 아니면 사람들이 얼마나 인종주의적인지를요. 차가 없으면 안 된다는 것도. 대중교통이 전혀 없다는 것도. 그런 건 하나도 몰랐어요. 그래서 이런 사람들이 여기로 이사를 와서 기회를 얻는 거예요. 어쩌면 그 사람들이 순진한 걸 수도 있고, 어쩌면 제대로 들여다봐야 했을 수도 있어요. 진짜로 일자리가 많지 않거든요." 미카일라는 아이 아빠 중 누구에게서든 양육비를 지원받는 데 완고하게 반대한다. "아니요, 그 사람들한테는 전혀요. 난 아빠가 자식을 돌보는 데 자기 월급의 60퍼센트를 내야 한다면 엄마가 그 애를 데리고 있을 수 없다고 생각해요. 그럼 애들은 아빠하고 사는 게 낫죠. 그 사람들이 어떻게 살아야겠어요? 그 사람들이 어떻게 생활비를 대겠어요? 그 사람들이 무슨 일을 해요. 마약이나 팔지." 미카일라는 자신의 세계관이 법에 정해진 부양자 역할에서 남자들을 해방시켜준다고 믿는다. 이 부양자 역할은 남자들이 범죄를 저지르고 사법 시스템의 피해자가 되는 결과를 초래할 수 있기 때문이다.

미카일라가 도전적인 목소리로 말한다. "그래서 난 아무도, 여기서 밖에 나와서 가족을 부양하려고 마약을 파는 사람들을 무시 안 해요. 그런데 사람들은 여기에 마약상이 있다는 사실을 놓고 투덜대잖아요. 여기서 부모들이 자식을 더 훌륭하게 키웠으면 그 사람들이 걱정할 필요가 없었겠죠. 그 사람들이 중독자가 아니었으면 마약상들이 여기서 어슬렁대지도 않을 거고." 그가 화를 내며 주장한다. "중독자들이 마약에 쓸 돈을, 마약상한테 갖다 바칠 돈을 쥐게 해주는 사람들이 없었으면 그 사람들은 여기에 없었을 거라고요. 누구든 마약상에 대해서 한마디라도 하려면 핵심 문제를 먼저 봐야 해요. 마약을 파는 사람들만 그냥 쳐다보면 안 된다고요." 미카일라는 진짜 범죄자는 아편을 무분별하게 처방하는 동네 백인 의사들이라고 믿는다. "온갖 헤로인 전염병을 진짜로 퍼뜨린 건 동네 의사라고 생각해요. 그 사람이 퍼코셋을 처방해줬단 말이에요. 그러더니 모든 사람을 차단해버리고 그냥 그런 식으로 내빼버린 거예요. 지금은 몸을 사리고 있어요. 헤로인이 퍼코셋보다 싸니까."

미카일라는 자기 주변의 모든 제도에 신뢰를 잃고 있다. 한 백인 아이의 끊이지 않는 괴롭힘과 인종주의적 비방 때문에 딸을 홈스쿨링으로 전환해야 했다. "딸한테 걔가 너랑 부딪히거나 너한테 또 뭐라고 하면 걜 때리라고 그랬어요. 그랬더니 정말로 말썽이 나버리는 거예요. 그래서 그냥 애를 학교에서 빼내는 게 낫겠다 싶더라고요." 그는 한숨을 쉰다. 두 달 전 미카일라는 딸이 청소년 예배에 참여해서 자기 주도형 온라인 수업으로는 경험할 수 없는 사회적 교류를 할 수 있도록 오순절 교회에 등록했다. 2016년 11월 선거가 지난 뒤 일요일, 안타깝게도 설교단의 정치적 메시지는 미카일라의 마음에 들지도 않았고 안전하다는 느낌도 주지 못했다. 그 이후로 그는 교회를 찾지 않았다. "그 사람들은 마치 트럼프가 무슨 구세주라도 되듯이 보이게 하려고 애쓰는 거예요. 하나님이 우리한테 또 다른 기회를 주기로 결심한 거라고, 그래서 우리한테 트럼프를 주신 거라고 말하더라고요. 트럼프가 하려는 게 뭐든 그게 두려우면 상담을 받아야 한다는 거 있죠. 그래서 그 교회를 끝냈어요."

미카일라가 제일 좋아한 대통령 후보는 버니 샌더스였다. 그는 "좋은 품성"을 갖춘 "내 남자"이고 "우리에게 제일 좋은 걸 원했다." 하지만 등록 민주당원인 미카일라는 힐러리 클린턴을 너무 싫어해서 투표하지 않았다. 그는 자신의 클린턴 평가를 여자가 된다는 것이 가지는 의미에 대한 자신의 모순된 감정과 연결한다.

> **미카일라** 그 여자는 사기꾼 같아서 못 믿겠어요. 그냥 여자들을 믿을 수가 없어요. 너무 쉽게 거짓말을 하는 것 같아요. 우리가 아주 사기꾼 같은 나쁜 짓을 좀 하잖아요. 그 여자 경력을 보면 난 그 사람이 적임자라는 기분이 안 들었어요.
>
> **나** 그럼 여자보다 남자를 더 신뢰하나요?
>
> **미카일라** 아, 네. 확실히 여자보다는 남자를 신뢰해요. 여자들은 감정에 따라 행동하는 경향이 있는 것 같아요. 우린 정말로 반응하기 전에 생각을 안 하잖아요. 그래서, 그리고 그냥 그 여자가 해왔던 걸 아니까, 그냥 생각을 안 하게 되네요⋯⋯. 그 여자한테는 아무런 신뢰가 없어요. 난 여자가 대통령을 할 정도로 뛰어날 수 있다고 생각은 해요. 그니까 우린 애를 낳고, 재정적으로 애들을 돌보고, 더 성숙하잖아요. 근데 그 여잔 그냥 아니었어요.

미카일라는 여성 지도자의 잠재력을 혼자서 아이들을 향상시키고 돌보는 능력과 연결한다. 그러면서도 여전히 이 책에 나오는 많은 사람처럼 여자는 믿음직하지 않고 조종에 능하고 감정적이라고 믿는다.

미카일라는 확신에 차서 말한다. "우린 스스로 아메리칸드림을 살해했어요. 우리한테는 이제 아무런 자부심이 없잖아요. 우리들은 더는 그 무엇도 대변하지 않아요. 우리가 한 게 아무것도 없어요. 미국이 포획자라고 알려진 것 좀 봐요. 일을 하는 건 우리가 원하기 때문이고 그게 끝이에요. 더 많은 가치 같은 건 없어요." 미카일라는 미국이 개인의 탐욕보다 더 큰 무언가를 "대변"하기를 바란다. 과거에는 인종주의가 더 심했다고 믿으면서도 그는 애통해한다. "애들이 1950년대랑 1960년대에 자랐더라면 좋았을 거예요. 여긴 애들을 위한 게 전혀 없어요. 술집, 교회, 중독 지원 센터 같은 거나 있죠. 그게 다예요. 여긴 그런 것뿐이에요. 빅브라더 프로그램 같은 건 어떻게 됐죠? 우린 여기선 그런 건 보지도 못했어요. 왜 그럴까요? 그게 별게 아니니까요. 슬프네요." 미카일라는 자신이 어릴 때 경험한 생활 양식으로 다시 끌려가기를 거부하는 개인 능력에서만 성공을 얻을 수 있다는 결론을 내린다. "우리한테는 인생을 바라보는 두 가지 방식이 있다고 생각해요. 어릴 때 겪은 것과 똑같은 시스템에 빠지거나, 어릴 때 겪은 방식으로 절대 돌아가기를 원하지 않는 시스템에 빠지거나. 사물과 주변 사람들을 어떻게 보느냐에 따라 결과가 나오는 거예요."

지구상의 지옥

에바 토레즈에게 잘산다는 것은 다른 사람들을 끊어내고 홀로 선다는 의미 역시 포함한다. 에바가 어렸을 때, 할머니는 가족의 트라우마와 상처를 피해 뉴욕 레드훅에서 콜브룩으로 에바를 데리고 이주했다. 과거에서 벗어나기는 그리 쉬운 일이 아니었다. 이제 겨우 스물한 살에 헤로인 중독과 폭력적인 관계, 중증 우울증과 싸우고 있는 에바는 자신의 인생을 지구상의 지옥이라고 묘사한다. 그는 자신의 삶에서 부정적인 사람들을 제거하고 자신을 통제하려는 남자들의 손아귀에 붙들려 살기를 거부하며 자신에게만 의지하는 사람이 되어가는 중이다. 다른 사람들에게서 자신을 떼어내기에는 완전한 정치적 이탈이 수반된다. "내 주변에서 그런 일은 일어나지 않아요, 난 정말 관심 없어요." 에바는 거리낌 없이 말한다.

에바는 자신의 유년기를 "꽤 나빴다"고 설명한다. 어머니는 크랙 코카인과 헤로인을 달고 사는 "마약 중독자"였고 아버지는 감옥에 있었다. 아버지가 수감된 이유를 묻자 그가 이런 이야기를 들려준다. "내가 아기 때 엄마가 바람을 피웠어요. 그러다가 다시 엄마가 아빠한테 돌아온 거예요. 아빠는 엄마를 받아줬고요. 아빠가 엄마를 사랑한 거죠. 근데 엄마가 바람을 피웠던 남자가 빡친 거예요. 그래서 그 남자가 총을 쐈어요. 나랑 할머니가 아파트에 있는데, 그 남자가 아파트 전체에다가 총질을 했어요." 에바가 무심하게 덧붙인다. "알잖아요, 총에 맞거나 전혀 그러진 않았어요. 근데 아빠가 알게 된 거예요. 그래서 그 남자한테 갔는데 뚜껑이 열린 거예요. 그 남자를 죽이진 않았는데 꽤 심하게 혼내준 거죠." 아버지가 출소했을 때 네 살이었던 에바는 할머니, 증조할머니와 살고 있었다. "증조할머니는 약간 정신적인 문제가 있었어요. 그래서 날 벽장에 가두고 그랬어요. 망상에 조현병에 몇 가지 다른 것들도 있었죠."

그가 어릴 때 아버지가 감옥에 있기는 했지만 현재 에바는 아버지와 가깝게 지내고 따뜻함을 담아 아버지가 자기 역할에 충실하다고 말한다. "아빠는 감옥에 있을 때 고졸 학력 인증서를 땄어요. 아빠가 어릴 때, 열일곱 살에 내가 태어났거든요. 그래서 학교를 중퇴했어요. 근데 감옥에 가서 고졸 학력 인증서를 딴 거예요. 아빠 항상 나를 위해 더 좋은 걸 하려고 하고 그걸 다 했다는 걸 알거든요." 하지만 에바의 할머니는 아버지가 감옥에서 나왔을 때 걱정스러워했다. 당시 에바는 초등학교에 다니고 있었다. "아빠가 손을 대는 그런 거, 그게 나하고 그분들한테 위험했던 거죠."

콜브룩에서 에바의 할머니는 학교 잡역부 일자리를 얻었고, 할아버지는 군대 연금으로 생계를 지원했다. 새로 이사한 동네가 더 조용하고 안전하기는 했지만 에바는 청소년기 내내 "심각한 불안과 중증 우울증"과 싸워야 했다. 그는 중학교에 다닐 무렵 "마약에 손을 대고, 골치 아픈 일에 휘말리고, 싸움에 휩쓸리고, 행동 문제 같은 게" 있었다.[7] 그즈음 아버지가 콜브룩에 가족이 있는 여자와 결혼을 해서 자리를 잡았고 이들은 "더는 골치 아픈 일에 휘말리지 않으려고 애쓰고" 있었다. 에바는 9학년 때 자신을 보러 온 아빠가 "돌아가는 걸 지켜보는 게 너무 힘들어서" 콜브룩에 가서 아빠와 새어머니와 같이 살게 되었다. 새어머니는 주유소 경리로 일하고 아버지는 자동차 사고 부상 때문에 보조적 보장 소득을 받는다. 에바의 말에 따르면 20년 전 일이기는 해도 "유죄 선고를 받은 중범죄자" 아버지가 일자리를 얻는 것은 여간 힘든 일이 아니었다.

에바는 고등학교를 중퇴하고 남자 친구와 함께 아파트를 얻었다. 아파트를 마련하는 돈은 탄광촌의 오랜 주민인 남자 친구의 아버지에게서 받았다. 2년여의 기간 동안 이들 두 사람 모두 헤로인에 중독되었고 마약을 위해서만 살았다. 에바의 회상에 따르면 남자 친구는 약에 취하지 않았을 때 자주 잔인해졌다. "육체적인 학대 같은 건 전혀 아니었어요, 그런 건 하나도 아니에요. 그치만 걔가 나한테 하는 말 같은 거, 그게 정말로 날 힘들게 했어요. 정말 힘들었어요. 내가 그 사람을 원할 때 걔

는 뭐라고 말을 하는 대신에 상대를 때리는 식이었어요. 그런 느낌이었
어요." 마약을 살 돈을 마련하기 위해 에바의 남자 친구는 이 근방의 사
람들과 너무 많이 마주치지 않도록 40분 정도 떨어진 마을에 있는 이색
적인 댄서 일자리를 에바에게 찾아주었다. "걔는 아무것도 하기 싫어했
거든요. 내가 그렇게 많이 벌지는 않았어요. 근데 우리가 약을 얻을 정도
로는 벌었어요." 에바는 내 우려에 어깨를 으쓱한다. "나쁘지 않았어요.
우리가 춤을 출 때마다 난 취해 있었어요. 그건 정말 그렇게 별일은 아니
었어요. 내 말은 지금이면 그런 일을 안 하죠. 근데 그때는, 그땐 엉망이
었거든요."

에바는 6개월 동안 약을 하지 않았다. 지난 11월에 에바가 헤로인
을 과다 복용해 남자 친구가 911에 신고했고, 갑자기 강제로 약을 하지
못하게 되었기 때문이다.

그 사람들이 나한테 나르칸 주사를 놨어요. 처음에는 그걸로도 내 정
신이 안 돌아오더라고요. 그래서 두 번째로 나르칸 주사를 놨어요.
처음에는 경찰이 나한테 그걸 주사했는데 내가 정신이 안 돌아왔고,
난 아직 집에 있었거든요. 구급차가 왔을 때 사람들은 나를 포기하려
던 참이었어요. 그러고서는 나를 구급차에 싣고 다시 나르칸 주사를
놓은 거예요. 그 사람들도 처음에는 그게 효과가 있을 거라고 생각 안
했대요. 내가 깨어나는 데 시간이 오래 걸렸거든요. 근데 내가 깨어
난 거예요. 깨어나서 겁이 났던 거 같아요. 깨어나면 주변이 어떤 모
습일지 알잖아요. 그런데 깨어보니까 주위에 온통 사람들이었어요.
내 얼굴 앞에 세 명이 있고, 사이렌이 울리고. 상당히 겁이 났어요.

260

에바는 정신 질환자 시설에서 2주를 보내고 난 뒤 한 상담사에게
맡겨졌다. 이 상담사는 서복손Suboxone[마약 중독 치료제] 치료를 감독하
면서 에바가 약을 하지 않고 지내도록 돕는다. 에바가 우울증과 불안을
치료하는 과정을 설명한다. "난 또 약을 먹어야 해요. 근데 약을 먹으면
좀비가 된 기분이 들더라고요. 너무 느려지고 아무것도 하고 싶지 않은
거예요. 그래서 약을 끊으니까 기분이 훨씬 좋아요. 아직 내 문제가 다
끝난 건 아니에요. 그치만 난 이게 더 좋은 거 같아요."

에바는 서복손 치료 프로그램의 일환으로 만나야 하는 상담사가
마음에 들지 않아서 자신의 약물을 직접 관리하기로 결심했다. 에바는
이렇게 불평한다. "그 여자는 너무 편견이 심해요. 나한테 막 욕하고 내
가 아무 잘못 없는 척 순진한 척한다고, 내가 중독자라는 사실을 더 진지
하게 받아들여야 한다고 그러는 거예요. '당신은 내 얘기를 알지도 못하
잖아요!' 그런 말이 그냥 막 나왔어요. 그리고 난 안 그러거든요, 내가 어
떻게 잘못이 없어요? 내가 어떻게 순진해요? 난 내가 무슨 짓을 하고 있
는지 안다고요." 에바는 스스로가 자신이 내린 인생의 선택에 책임을 지
는 사람이라고 주장하며 자존심을 되찾으려 한다. "난 알아요, 내가 언
제 잘못된 상황에 놓여 있는지 안다고요. 나는 아무 잘못 없는 사람처럼
보이려 하지도 않고, 아무나 막 비난하지도 않아요. 그건 누구의 잘못도
아니니까요. 내 잘못이지." 에바는 자기편이 되어주는 한 사람을 언급한
다. 지역 경찰인 그 사람은 "내가 이 동네에서 문제아가 아니라는 걸 판
사에게 보여주기 위해 내 옆에 서 있어" 주겠다고 맹세했다. "그 사람은
내가 진짜로 골칫덩이가 아니라는 걸 알아요. 그리고 있잖아요, 그 사람
은 내가 잘하고 있다는 걸 알아본다고요. 난 나 자신을 위해서 훨씬 잘하
고 있고, 그 사람은 나를 지지해주고 싶어 해요."

에바가 어릴 때 자기 가족의 시련을 보면서 배운 제일 큰 교훈은 재정적으로 독립하고 남자에게 의지하지 않아야 한다는 것이었다. 역시 헤로인 중독에서 벗어나는 중인 지금의 남자 친구는 에바와 같이 살고 싶어 하지만 에바가 거절했다. "기다리라고, 할 수 있을 때 더 나은 사람이 되라고 걔한테 그랬어요. 사회 복귀 시설에서 지내고 뭐 그러는 거 있잖아요. 나는 나만의 장소를 가지고 싶어요." 지금 에바는 아버지, 새어머니와 같이 살면서 일자리를 얻으려 한다. 그는 자기 여자 가족들을 설명하면서 "그 여자들이 항상 누군가에게 의존하고" 구타당하고 함정에 빠지고 배신당한다는 사실을 깨달았다.

사촌이 있는데 걔가 이런 남자랑 결혼을 급하게 한 거예요. 그 남자가 걔를 때려요. 걔는 사실 그 남자의 애를 임신 중인데, 자기가 못한다는 걸 알아요. 자기 혼자서는 해낼 수 없다고 생각하거든요. 제 고모, 그러니까 저한테는 대모이기도 한데, 그분도 이런 남자랑 살아요. 고모도 알아요. 고모한테는 그 남자의 애가 있고, 그 남자가 바람을 피운다는 것도 알아요. 있잖아요, 고모의 어린 딸이 고모한테 가서 그런대요. "엄마 나 아빠랑 이 여자가 시시덕거리는 거 봤어." 그런데도 그 남자는 바람을 피워요. 고모는 그냥, "나 혼자서는 우리 집세를 낼 수가 없어서 그 남자를 못 떠나" 그러고 있어요. 아, 또 다른 사촌도 있는데 걔는 비슷한 남자랑 애를 둘 낳았어요. 그 남자가 얼마 전에 심각한 오토바이 사고를 당했어요. 그니까 그 남자가 사흘 동안 혼수상태였거든요. 근데 지금은 회복 중이에요. 그리고 그 남자는, 그 남자는 진짜로 걔 앞니 두 개를 날려버렸어요. 걔네가 사귄 지 얼마 안 됐을 때요. 그래서 지금 걔는 가짜 이빨을 하고 있어요.

262

단순히 마약을 하지 않는 게 회복의 전부가 아니다. 에바는 자신의 경험에서 교훈을 얻어 항상 스스로 앞가림을 할 능력을 갖추려고 노력해왔다. "난 여동생이 내 꼴 안 났으면 좋겠어요. 누구든 내가 한 일을 하지 않으면 좋겠어요. 우리 가족 중 누구도 먹고살려고 댄서가 되지 않으면 좋겠어요. 난 그런 걸 원하지 않아요. 난 사람들이 어떤 남자한테도 의지하지 않으면 좋겠어요."

최근 에바에게 변화가 생겼다. "공식적으로 대모하고 관계를 끊었어요. 대모한테 그랬어요. 난 더는 고모하고 엮이기 싫다고. 그러고는 이제 말도 안 해요. 난 그게 최선인 거 같아요. 대모는 내 인생에 크게 영향을 미치는 사람이어야 하는데 항상 집에 놈팡이들이 드나든단 말이에요." 에바는 진저리를 치며 고개를 젓는다. 마치 신뢰를 저버리고 실망시키고 도덕률을 어기며 기대를 꺾어버린 사람들을 떨쳐내려는 것처럼 말이다. "대모의 딸은 항상 자던 방을, 그니까 자기 엄마 방을 나와서 나한테 와서 잠을 깨워요. 걔는 자기 엄마랑 같은 방을 썼거든요. 근데 맨날 자기 엄마가 섹스하는 소리를 듣는 거죠." 에바는 자기 인생에서 더는 이런 사람들을 용납하지 않겠다는 결심을 굳혔다. 에바는 자기가 마약을 할 때 알던 "사람들 몇몇을 돕고" 싶다고 말한다. 그러나 동시에 이렇게 덧붙인다. "난 내가 이용당하고 있다는 걸 알았어요. 네, 가끔요. 다들 그냥 다짜고짜 나한테 부탁을 하는 거예요, '이걸 원하나요? 뭐가 필요해요?' 내가 그러면 '나한테 이거 줄 수 있어요?' 그래서 그걸 관뒀어요." 대신 그는 인생에 홀로 맞서기로 결심했다. "난 말이에요, 내 주위에서 일어나지 않으면 뭐든 정말로 신경 안 쓰는 그런 사람이에요. 내 말은 다른 사람들이 무슨 일을 겪는지를 보면 끔찍하다고요. 그치만 그게 나한테 영향을 미치지 않는 한…… 난 모든 애들에 대해서 생각해요, 내

부모들은 당신한테 내가 제일 독립적이라고 그러겠죠. 난 의지할 사람이 아무도 필요하지 않다고."

에바는 정치적으로 다른 사람들과 엮이거나 연결되어본 경험이 전혀 없고, 부모나 조부모가 투표한 적이 있는지도 전혀 아는 바가 없다고 말한다. 우리는 투표를 두고 아래와 같은 간단한 대화를 나눴다.

나 그럼 정치는 어때요? 정치는 전혀 관심이 없어요? 투표를 하나요?

에바 아뇨. 그런 거 안 해요.

나 11월에 투표할 거예요?(대화는 [대통령 선거 전인] 2016년 7월에 이뤄졌다.)

에바 아뇨.

나 어머니와 아버지는 어때요? 그분들이 투표했던 기억이 있나요?

에바 아뇨.

나 그분들은 정치적인 분들이 아닌가요?

에바 네.

에바는 정치 시스템이 자기 시간을 쏟을 정도로 진실하다고 믿지 않는다. 가령 그는 미국에, 콜브룩의 특징이라고 믿는 맹목적인 애국주의에 비판적이다. "다들 그래요, 아 알잖아요, 누군가한테 왜 미국을 좋아하냐고 물으면 맨날 자유 국가라서 그렇대요. 근데 캐나다도 자유 국가예요. 유럽도 그렇고요. 우린 사실 모든 게 밑바닥이에요. 그리고 알잖아요, 우리는 수학 점수에서는 24등일 거라고요. 그냥, 미국은 거지 같아요. 난 캐나다 사람이 되고 싶어요. 캐나다에 살고 싶어요." 에바는 재빨리 자기 말을 번복한다. "난 자랑스러운 미국인이에요. 그치만 미국이 무언가를 정말로 대변한다면 훨씬 더 자랑스러울 거 같아요." 에바는 **미국**이라는 단어의 의미를 다시 복원하고 싶다는, 미국인이 된다는 것이 실제로 자기 자신보다 더 크고 고매한 무언가의 일부가 된다는 것을 의미한다고 믿고 싶다는 공통의 주제를 되풀이한다.

미디어, 정부, 남자, 더 일반적으로 타인에 대한 에바의 불신은 모든 전통적인 형태의 집단적인 시민 참여를 위축시킨다. "당신이 어떻게 보일지 당신은 절대 알지 못해요. 그러니 판단이 안 되겠죠. 항상 모든 이야기에는 세 가지 측면이 있거든. 한 사람의 측면, 또 다른 사람의 측면, 그리고 진실. 그러니까 그게, 당신은 뭐가 어떻게 되는지를 알지 못해요." 에바는 경멸적인 어조로 말한다. "난 많이 알지만 그게 나한테 영향을 미치진 않아요." 에바는 성공에서 중요한 유일한 힘이 자신의 노력이라고 생각한다. "내가 선택한 길에서는 내 미래가 꽤 밝을 거 같아요. 난 내가 실제로 내 미래를 위해 노력해야 하는 사람 중 한 명이라는 걸 깨달았거든요. 그게 쉽게 되지는 않을 거예요. 그래서 최고의 미래를 위해서 해야 하는 일을 할 필요가 있어요."

공통점 찾기

지금까지 백인 노동계급 남성, 백인 노동계급 여성, 흑인과 라틴계 남성, 흑인과 라틴계 여성 등 서로 다른 네 집단이 자신의 인생사, 고통과 회복의 경험, 정치적 세계관 사이에 어떻게 다리를 놓는지를 살펴보았다. 각 집단은 과거의 해석, 현재의 평가, 미래의 예측을 상당히 다르게 제시하고, 그 결과에 따라 가치 있는 인생은 어떻게 만들어지는가에 대한 기대가 확연히 갈린다. 6장에서는 주류 사회 및 정치 기관에 대한 환멸, 더 큰 정치 집단에 참여하여 힘을 실어주지 않겠다는 결심 등 인종과 출생지, 젠더를 막론하고 서로 다른 집단에서 공통적으로 드러나는 태도를 검토한다. 나는 집단보다 개인의 능력이 더 우월하다는 입장을 취하는 음모론과 자기 계발의 주문 속으로 뛰어들어 정치적 참여를 대신하는 일상의 실천과 의례들을 검토할 것이다. 이 의도적인 고립은 모든 정치적 동원이 의지할 수 있는 가치와 동맹, 공통의 정체성에 심각한 의문을 제기한다.

6장   부정당한 민주주의

피자 배달원 오스틴 아디놀피는 겨우 스물한 살이지만 벌써 자기 미래를 비관적으로 바라본다. 오스틴은 2년짜리 준학사 학위 프로그램을 3년째 다니고 있는데 몇 달 뒤면 4만 5,000달러의 빚과 함께 졸업한다. "2년짜리 프로그램이었는데 3년을 하게 됐네요. 미술로 바꿔서 한 학기를 하다가 다시 원래 걸로 돌아왔거든요. 전기를 하고 있어요." 오스틴이 한숨을 짓는다. "대학에 안 가고도 할 수 있었을 거 같아요." 이어서 덧붙이는 말에는 좌절감이 묻어난다. "지금은 그게 후회돼요. 큰돈이잖아요. 친구 중에는 대학을 안 가고 바로 취직해서 돈을 버는 애들이 있어요. 걔네는 갚을 빚 같은 건 하나도 없어요. 난 깨끗한 백지상태가 아니라 이미 뒤처져서 시작하는 기분이에요." 오스틴은 자신의 인생철학을 이렇게 압축한다. "어릴 땐 대부분 좋은 말을 듣잖아요, 나쁜 말을 들을 일이 없죠. 그래서 세상이 좋은 곳이라고 생각하는데 나이가 들면 아니라는 걸 깨닫게 돼요."

오스틴의 가족사에는 그들이 수 세대에 걸쳐 오랫동안 사회적 제도에서 이탈한 과정, 그 속에서 미국 민주주의에 신뢰를 잃은 과정이 고스란히 담겨 있다. 그의 할아버지는 전쟁 영웅이었지만 간호사였던 아버지는 공군에서 불명예 제대를 했다. "할아버지가 아팠을 때 군대에서 아빠가 할아버지를 보러 가게 해주지 않은 거예요. 그래서 아빠가 그냥 나와버리는 바람에 불명예 제대를 했어요. 아버지는 마지막 날까지 할아버지랑 같이 있고 싶어 하셨거든요." 오스틴의 가족은 그의 할머니가 돌아가신 뒤로는 결혼식과 장례식을 제외하면 가톨릭 미사에 참석하지 않는다. 어머니는 영리 대학에서 경영학 학위를 땄지만 기대했던 기회를 얻지 못했다. 오스틴이 말한다. "부모님은 40대인데 지금도 빚을 갚는 중이에요. 엄마는 그 학위랑 관계가 있는 일자리를 얻지도 못했는데 대출금은 아직도 갚고 있어요. 그래서 엄마가 그러는 거예요, '미술 같은 걸로 네가 일자리를 얻고 대출을 갚겠다고?'"

　오스틴은 자기 선조들이 얼마나 "찢어지게 가난"했는지 들으며 자랐다. "할아버지는 항상 신발을 사서 3년씩 신었다는 이야기를 저한테 하시고는 했어요." 오스틴은 어떤 일을 하든, 어느 계급이든 모든 사람이 안정된 삶을 누릴 자격이 있다고 믿는다. 그는 "대학이 무상이어야 한다"고 주장한다. "학교에 다니면 더 나은 사람이 되잖아요. 지역 사회에 보탬이 되고, 우리가 사는 곳이랑 모든 것에 도움이 되는 무언가를 하게 되니까요." 그는 최저 임금 인상을 지지한다. "사람들이 다 노력을 하고 있고, 맥도날드나 패스트푸드점에서 일하는 사람은 필요하잖아요. 그니까 그 사람들이 생활할 수 있을 정도로는 돈을 받아야죠. 그래야 주택이나 아파트에, 출퇴근용 자동차나 뭐 그런 온갖 거에 들어가는 돈을 낼 수 있죠." 오스틴은 사람들이 시스템을 악용해서는 안 된다고 강조하면서도 "자격이 있는 사람"에게 도움을 주는 것은 지지한다. "싱글맘이면 애를 봐야 하니까 일을 못 하잖아요. 그런 사람은 도움을 받아야죠." 오스틴은 마리화나의 비범죄화를 지지하면서 마약 관련 유죄 판결 때문에 젊은이들이 대단히 파괴적인 영향을 입는다고 지적한다. "마리화나가 스케줄 1 약물[의료용으로 허용하지 않는, 남용 위험이 높은 약물 범주]로 분류되어 있는데 그거 때문에 죽었다는 사람은 아무도 없잖아요. 근데 그 풀떼기 조금 소지한 애를 판사 앞에 데려가 봐요. 그럼 그 사람들은 재활 시설에 보내거나 아니면 몇 달 동안 감옥에 넣겠다고 한단 말이에요. 재활 시설 아니면 감옥이라니, 둘 다 나빠요."

2015년, 오스틴은 스스로를 민주 사회주의자로 규정하는 민주당 대선 경선 후보 버니 샌더스에게 제일 끌리지만 그의 승리는 "비현실적"이라며 당선 가능성을 일축한다. 트위터에서 정치 관련 정보를 가장 많이 얻는 오스틴은 누구에게도 투표하지 않을 계획이다. 선거가 내일이면 누구를 선택하겠느냐며 압박해도 요지부동이다. "아마 후보가 아닌 다른 사람을 써넣겠죠. 난 아무도 안 믿어요." 그 어떤 정당의 후보도 자신의 이해를 대변해주지 않으리라는 깊은 불신 때문이다. 그는 싸늘한 냉소를 담아 주장한다. "이 나라를 굴리는 건 큰돈이에요. 정치인들은 자기 말 잘 듣는 사람들만 신경 써요. 돈 많은 나이 든 사람들이요. 반년 동안 아무 일도 안 하다가 모든 사람이 영향을 받는 의사 결정만 해대는 사람들이 많잖아요. 그 사람들이 적게 가져가면 나한테 더 많이 생길 거라고 생각한다면 순진한 거죠. 그 사람들은 법 위에 살면서 우리끼리 계속 싸우게 만들어요." "정부하고 언론은 사람들을 흥분시키고, 다른 집단한테 열을 내게 만드는 뉴스를 내보내잖아요. 그게 평가를 더 잘 받으니까. 그게 대부분 돈 때문에 하는 짓이에요. 가짜 뉴스랑 같이 나오는 가짜 광고 있잖아요, 그런 거 클릭하게 만들고. 많은 사람이 그런 뉴스를 읽고 뭐가 진실이고 뭐가 아닌지를 판단하잖아요. 광고를 클릭하게 만드는 게 그런 거예요." 그는 결국 정당을 선택하는 것은 아무 의미가 없다고 생각한다. "우리한테 민주당 대통령도 있었고 공화당 대통령도 있었잖아요. 그런데 그 사람들은 다 거의 똑같은 일만 했어요."[1]

오스틴은 평생 블루칼라 민주당원이었던 아버지를 의식적으로 자신과 분리한다. "아빠는 음모론이나 뭐 그런 거를 다 반대하지만 난 아니에요. 어떤 건 말이 안 되니까 그 뒤에 어떤 음모 같은 게 있다고 느껴요." 오스틴은 그가 초등학생일 때 일어난 9·11 공격을 말할 때 특히 흥분한다. 그가 생각에 잠겨 말한다. "사람들이 뭔가를 보잖아요. 그게 말이 안 돼요. 어떻게 월드트레이드센터가 그냥 무너지는데 그게 사무실 화재 때문이라고 말하냐고요. 근데 그 근처에는 비행기가 하나도 없긴 했어요. 그게 진짜 뉴스에서는 정말 보도도 안 됐어요. 그걸 언급했을 수도 있지만 다들 무너진 두 건물만 얘기했어요." 그는 신랄하게 덧붙인다. "많은 사람이 이라크에서 석유랑 온갖 걸 놓고 전쟁을 벌인 다음에 돈을 번 거 같아요. 그래놓고 어쩌다 보니 그 사람들이 이 석유를 다 가지게 됐고 우리가 거기서 돈을 번다고요?"

우리는 아래와 같은 암울한 분위기로 대화를 마무리한다.

나 아메리칸드림이 죽었다고 말하는 사람한테 뭐라고 할래요?

오스틴 동의할 거 같은데요.

나 누가 그걸 죽였다고 생각해요?

오스틴 돈이요. 돈이 그걸 죽였어요.

충성에서 소외로

1950년대에 정치학자 로버트 레인은 미국 동해안의 작은 도시 이스트 포트에서 노동계급과 중하 계급 남성들의 정치적 신념을 이해하기 위한 연구에 착수했다. 레인이 인터뷰한 남성 대부분은 충성심을 드러냈다. 즉 이들은 미국 정부가 자신들을 위해 일하고 게임의 법칙은 공정하면서도 실효성이 있다고 믿었다. 레인은 이런 남자들 사이에서 나타나는 "우리 사람들"에 대한 활기차고 강건한 감각을 시간순으로 기록했다. 이들은 개인 수준에서는 힘이 없을지 몰라도 "나 같은 사람 수백만 명"이 존재한다는 사실을 알았고 스스로를 집단적인 전체로서 "신경 쓸 가치가 있는 존재"로 탈바꿈할 수 있었다. 이 남성들은 자신들이 간여하는 사회 제도들이 "긍정적이고 영양가 있는 버팀목"이라고 믿었다.[2] 레인은 충성이 필수 불가결한 사회적 기능을 수행한다고 주장했다. 자신이 중요한 사람이라는 기분이 산업 사회가 "다른 방식으로 빼앗는" 자존감과 자부심을 남성들에게 되돌려주었다는 것이다. 레인은 "소외당한 사람"을 자신의 노력으로 시스템을 바꿀 가능성이 전혀 없고 게임의 법칙이 불공정하고 조작되고 불합리하다고 여기면서 미국 정부를 자신의 정부로 믿지 않는 사람들로 정의했다. 그리고 그의 연구에서 "소외당한 사람"은 얼마 되지 않았다.[3]

이 책 전반에서 충성에 대한 레인의 기준에 부합하는 노동계급 인간형은 사실상 전무하다. 이 장에서는 탄광촌의 노동계급 남성과 여성들이 자신의 정치적 소외를 어떻게 정당화하는지를 살핀다. 이들은 애국심을 훌훌 털어내고 자신들이 어릴 때 지배적이었던 정치적 전통과 협상을 벌이거나 심지어 관계를 끊어버린다. 이들은 시스템을 바꾸는

데 자신들이 영향을 미칠 수 있다는 생각을 비웃고 기본적으로 정치인들이 막강한 기업에 매수되었다고 믿는다. 레인의 연구에 등장하는 남성들과는 달리 이 책에 나오는 많은 사람, 그중에서도 특히 젊은 사람들은 자신들이 자유롭고 공정하며 투명한 민주주의 사회에서 살아간다고 믿게 만들려는 모든 시도에 단호하게 저항하면서 안전감과 자부심을 느낀다. 이들에게 이상적인 정치인은 결국 정치인이 아닌 사람들이다.

일부 학자들은 대불황이라는 경제적 침체로 전면에 드러난 부채, 이주, 정부 규제 문제가 과거의 정치적 충성을 무너뜨리고 새로운 정체성, 연대, 분열의 등장에 기름을 끼얹었을지 모른다고 주장해왔다.[4] 하지만 "사람들"은 "우리"라는 감각으로 형성할 수 있는 더 큰 결사체를 통해서만 민주주의를 정상 궤도에 올릴 수 있다.[5] 각종 조직들은 미국 광부 노조가 인종과 종교적 차이를 뛰어넘어서 "광부"를 위해 사람들을 동원했을 때처럼 자신들이 더 큰 집단의 이익을 대변한다고 주장한다. 그리고 이러한 주장으로 기존의 정체성을 유통해 개별적이고 개인적인 투쟁을 더 넓고 집단적인 정치적 정체성, 실천에 연결한다. 오스틴과 이 책에 나오는 다른 노동계급 인물들에게 각자의 서로 다른 경험과 배경을 뛰어넘어 이들을 묶어주는 공통적인 특징은 "시스템"에 대한 매서운 비판이다. 이들이 주류 정치 제도에 느끼는 환멸과 자기 계발, 음모론에 개별적으로 다시금 현혹되는 현상은 이들이 자기 주위에 쌓아 올리는 확증 편향의 요새를 강화하는 기능을 한다.[6]

전통과 단절하기

서른다섯 살의 백인 여성 레이철 애스키는 정치에 대한 가장 어린 시절 경험으로 초등학교 때 한 모의 대통령 선거를 떠올린다. 레이철이 웃으며 말한다. "집에 가서 할머니한테 그랬어요. '내가 뭐게요? 당나귀일까요, 코끼리일까요?[당나귀는 민주당을, 코끼리는 공화당을 상징한다.]' 그랬더니 할머니가 그러는 거예요. '넌 망할 당나귀지……. 네가 당나귀가 아니면 망할 네 할아버지가 무덤에서 돌아누울걸.'" 레이철의 인생사를 보면 그가 어릴 때 함께한 민간 및 정치 제도와 서서히 관계를 끊었음을 알 수 있다. 불신의 태도를 학습한 그는 "우리 사람들"에 대한 거부와 내 앞가림은 내가 한다는 회의주의를 드러내는데, 이는 가장 친밀한 가족 관계에서 시작해 폭넓은 사회 기관으로 확장된다.[7] 그는 가족, 공동체, 정당과 맺은 연결고리가 세대를 넘어가면서 어떻게 단절되었는지를 일례로 제시한다.

레이철은 마약과 알코올 재활 센터에서 자격증을 소지한 파트타임 회복 전문가로 일한다. 그가 공원에서 뛰어다니는 자기 아들을 몸짓으로 가리키며 냉담하게 말한다. "내가 쟤 아빠랑 헤어지고 싶어도 못 그랬어요. 돈이 없어서." 레이철이 찾아낸 일자리 중에서 더 보수가 좋은 일자리는 45킬로그램 이상을 들 수 있어야 한다는 조건이 붙은 것들뿐이었다. 레이철은 구직 사이트에 이력서를 제출하고 "즉시 전화기로" 지원을 하지만 생활은 여전히 정체되어 있다. 그가 무미건조하게 말한다. "난 맨날 트레일러에서 살기 싫다고 하는데, 그냥 받아들이는 거 말곤 방법이 없네요."

비서인 어머니와 풋볼 코치인 아버지는 죽기 살기로 싸우다가 레이철이 네 살 때 갈라섰다. "아빠가 우리 강아지를 목매달아서 죽여버렸어요. 그러고는 엄마 직장에 전화해서 그랬대요. '집에 와봐, 네 강아지가 마당에 죽어 있어. 와서 망할 강아지를 마당에서 치우라고.' 뭐 그런 식으로요." 한동안 자식들은 아버지를 2주에 한 번씩 만났지만 아버지가 남동생의 얼굴에 주먹질한 뒤로 이 방문도 끝났다. 레이철이 생각에 잠겨 이야기한다. "미친 짓이 일어난 거예요. 근데 경찰은 부르지도 않았어요. 난 그게 이해가 안 돼요. 어떻게 그럴 수 있는지 모르겠어요······. 지금은 달라지긴 했지만 특히 1980년대에는 아무도 이웃이 자신들에 대해서 입방아 찧는 걸 바라지 않았고, 그래서 경찰도 잘 안 불렀던 거 같아요. 그냥 모든 대가를 치르면서 그런 일을 피하려고 했죠."

레이철과 어머니, 남동생은 침실 한 개짜리 아파트에 살았기에 레이철은 복도에서 잘 수밖에 없었다. 레이철은 어머니가 "좋은 엄마는 아니었다"고 말한다.

엄마가 도박 중독이 있어요. 쇼핑 중독도 있고. 난 뭘 먹어본 기억이 없어요. 엄마가 퇴근하면 엄마 차에 맥도날드 쓰레기가 있고 그 냄새가 남아 있었어요. 배고파 죽겠는데, 엄마는 그냥 "저걸 어쩌냐" 하는 거예요. 사실 어렸을 때, 너무 배고팠던 기억 중 하나인데, 수도꼭지까지 가서 물을 먹기도 힘들어서 다임탭(감기약) 한 병을 찾아서 그걸 마신 기억이 있어요. 목이 말라서요. 그다음에 어떻게 됐는지는 기억이 없어요.

레이철과 남동생 모두 고등학교에서 시험 삼아 알코올과 불법 마약에 손을 댔다. "확실히 난 알약으로 된 게 제일 좋았어요. 그건 간편하니까. 그냥 알약 하나를 꿀꺽 삼키면 기분이 좋아져요." 레이철은 그리움에 젖어 회상한다. 그 역시 친구들에게 아편 진통제와 다이어트 알약을 처방한 악명 높은 동네 의사를 언급한다. "한때는, 그냥 내 생각인데, 그 의사가 아주 좋은 사람인 줄 알았어요. 속이기 쉬운 사람이라고 생각했거든요. 어쩌면 그 사람은 자기가 어떤 괴물을 만들어내는지 잘 모르고 있다고 생각한 거예요. 근데 지금 생각해보니까 그 사람은 다 알고 있었어요. 그냥 돈 때문에 그런 거지."

레이철의 아버지는 그가 열아홉 살 때 자살했다. "이미 마약에 빠져" 있던 레이철의 상태는 더욱 심각해졌다. "아빠가 자살했을 때, 그때 완전히 중독됐어요." 이후 12년간, 심지어 담배 할인 판매점에서 직장 생활을 하는 동안에도 "너무 약에 취해서 움직이기 싫거나, 너무 몸이 안 좋아서 움직이기 싫었다." 결국 중독 때문에 가끔 헤로인에도 손을 댔다. "그러다가 무슨 일이 있었냐면, 알약이 정말 비싸지고 구하기도 힘들어진 거예요. 근데 헤로인은 주위에 있고 더 싸고 편하고 구할 수가 있으니까, 그래서 여기저기서 그걸 했는데, 절대 내가 선택한 약은 아니었어요." 레이철은 10년에 걸친 중독의 원인을 해소되지 않은 가족 트라우마에서 찾는다.

나는 나를 알아요. 내가 아는 다른 많은 중독자도 그렇고. 만약 과거나 자기 인생에서 무슨 트라우마가 있으면 일단 아편을 해요. 인생에서 처음으로 트라우마를 느끼지 못하게 마비 상태가 되는 거예요. 그럼 그걸 생각할 필요가 없고, 어떤 면에서는 도망치는 건데, 한동안 아편을 하고 나면 거기에 중독돼서 그걸 안 하면 막 아픈 거죠. 안 하면 몸이 제구실을 못 하는 거죠.

4년 전 레이철은 사람들이 "서복손이라는 약"에 대해 얘기하는 걸 듣고 마침내 자신도 중독에서 벗어날 수 있으리라는 희망을 품었다. "연락해서 서복손을 구하려고 했는데 안 됐어요. 그때는 2년치 대기자 명단이 있었고 많은 의사가 현금을 받았어요. 현금만요. 의사한테 찾아가서 처방전을 받고 계속 그렇게 왔다 갔다 하는 것보다 그 약을 받는 게 훨씬 비쌌다니까요." 레이철은 이런 불평과 함께 이 치료가 "기본적으로 돈 벌려는 수작"이라고 일축한다.

레이철은 장애인과 노동자를 위한 의료 지원Medical Assistance for Workers with Disabilities(MAWD) 자격을 획득해서 메타돈[모르핀 중독 치료에 사용하는 합성 진통제] 유지 클리닉에 등록한 후 몇 달간 매일 도움을 얻으러 드나들었다. 그는 경외심과 고마움을 담아 자신의 경험을 이야기한다. "신뢰를 쌓아야 해요. 그게 의무예요. 내가 시작을 했을 때는 일주일에 한 시간 치료를 받고, 그다음에는 일주일에 한 시간 반짜리 그룹 치료를 받았어요. 그게 내 인생을 바꿨어요. 마치 생존에 필요한 도구가 생기는 거랑 비슷해요." 레이철은 "정말 거지 같고, 그냥 피곤하고 너덜너덜해진" 기분이지만 4년간 약을 하지 않았다는 걸 자랑스럽게 생각한다. 담배는 지금도 "내 등에 달린 유일한 원숭이"로 남아 있다. "끊을 수 있으면 좋겠어요. 너무 비싸거든요. 담배는 우리 몸에 끔찍한 짓을 하잖아요. 그래서, 그래요, 내가 건강하다는 기분이 들지 않아요."

레이철과 정비공인 애 아빠는 "아주 훌륭한 관계는 아니"고 결혼은 관심 밖이다. "그 남자 누나하고 매형도 말이에요, 그 사람들은 25년 동안 사귀다가 결혼했어요. 근데 몇 달 만에 그 매형이 페이스북에서 만난 여자들하고 바람을 피운 거 같아요." 레이철이 진저리를 친다. "그 매형은 충실하고 헌신적인 남편이었는데, 그러다가 거기에 결혼이라는 꼬리표를 붙이고 나면…… 나는 결혼이 무서워요." 레이철은 남자 친구가 계속 실망스럽다. 그가 대부분의 시간을 아들과 다른 방에서 텔레비전을 보며 지내기 때문이다. 레이철이 한숨을 쉰다. "그 사람은 아들하고 캐치 볼하고 막 그런 거 하는 아빠가 아니에요. 내가 임신했을 때는 '세상에서 제일 멋진 아빠가 될게. 이것도 하고 저것도 할게' 그랬어요. 근데 그런 건 하나도 안 했어요. 그 사람은 자기 어린 시절을 탓해요. 어릴 때 그 사람한테 많은 일이 일어났거나 아니면 어릴 때 뭔가 안 좋은 대우를 받았나 봐요. 자기 혼자서 상황을 엉망으로 만들거든요." 레이철은 경멸적으로 덧붙인다. "그 사람은 입만 살았어요."

레이철의 메타돈 유지 모임은 그가 신뢰하고 고마움을 느끼는 타인들과 자발적으로 사회적 교류를 하는 유일한 곳이다. 하지만 레이철의 의사, 남자 친구, 부모, 경찰 등 이 모든 공식적인 의지처들은 각자의 의무에 부응하지 못했다. 레이철은 이렇게 요약한다. "신뢰를 얻어야 하는데 그게 힘들죠. 그냥 내 인생 때문에, 내가 본 것들하고 겪은 것들 때문에 그런 거 같아요. 사람들을 믿는 게 힘들어요. 너무 많이 이용당했거든요." 레이철은 이 불신의 목록에 기성 종교도 추가한다. 세례부터 견진성사까지 가톨릭의 모든 성례를 받았지만 더는 미사에 나가지 않는 레이철은 "혼자서 더 높은 권력에 대고 말하거나 자기 죄를 자신에게 고백할 수 있"다고 믿는다. 레이철은 성직자의 선함을 진심으로 믿은 앞세대와 자신을 구분한다. "우리 할머니 같은 사람들만 해도 신부님을 무슨 왕처럼 여겼어요. 신부님한테 제일 깊숙하고 어두운 비밀과 죄를 말해야 한다고요. 근데 나는 그 사람들이 그걸로 애들을 자기 마음대로 이용할 수 있다는 걸 알아버렸어요. 타락해버린 거죠."

레이철은 가족들의 과거를 아주 잘 알고 있다. 그가 줄줄이 늘어놓는다. "고조할아버지는 여기로 이주했을 때 광부였고, 그다음에 우리 할아버지랑 그 형제분들도 광부였고, 우리 할머니의 첫 번째 남편이랑 우리 엄마의 아버지랑 우리 할머니의 아빠도 광부였어요." 광산과 관련된 자신의 가족사에 대한 레이철의 역사적 분석에는 그가 성장하던 시절의 정치가 스며들어 있다. "할아버지가 진폐증에 걸려서 돌아가셨다고 알고 있어요. 꽤 젊을 때 돌아가셨대요. 아마 30대 초였던 거 같아요. 그러니까 내 말은 영웅적인 건 아무것도 없었고, 아무도 함정에 빠지거나 그랬던 건 아니지만, 아주 힘들었다는 건 알아요. 할아버지 세대의 사람들은 회사 가게에서 물건을 사야 했고, 회사의 노예나 다름없었죠." 레이철이 덧붙인다. "그리고 내가 알기론 많은 사람이 석탄 회사의 사기에 넘어가서 땅을 뺏겼어요. 회사가 욕심이 많았죠."

등록 민주당원인 레이철은 두 번의 대선에서 버락 오바마를 찍었다. 2016년 7월 말, 힐러리 클린턴이 민주당 대선 경선에서 버니 샌더스를 이기자 그가 크게 실망한다.

난 버니 샌더스를 사랑해요. 그 사람은 아주 좋은 사람이에요. 진짜로 나 같은 사람들을 위해서 싸웠다고 느껴지는 유일한 후보였어요. 전에는 힐러리 클린턴도 아주 좋아했어요. 전에는 그 여자도 아주 좋아했는데, 나한테 큰 문제 중 하나가 보편적인 의료 서비스였어요. 미국은 이 세상에서 시민들이 의료 서비스에 돈을 쓰게 만드는 유일한 나라잖아요. 그건 인권이어야 하는 건데. 그건 우리 세금으로 해야 하는데 말이에요. 그 여자가 빌이 대통령이었을 때, 빌하고 결혼한 상태였을 때, 그때 보편적인 의료 서비스를 지지하는 이야기를 하고 다녔어요. 그러다가 남편이 휴마나라고 하는 무슨 의료 서비스 회사에서 엄청나게 큰 기부를 받고 나니까 어조를 바꾸더니, 난데없이 다시 이런 자유 시장 의료 서비스로 돌아갔잖아요. 그것 때문에 진짜 화가 났어요. 그 여자가 골드만삭스랑 다른 은행 같은 데서 받고 있는 돈에 대해 더 알게 됐는데, 마이클 무어 영화랑 막 그런 데서 보고 알게 된 거거든요. 버니나 뭐 그런 사람들을 통해 알게 된 것도 아니고……. 이걸 안 지가 몇 년 됐는데 그 여자가 매수될 수 있고 돈에 흔들릴 수 있다는 그런 느낌이 들어요. 난 그런 게 싫거든요. 근데 버니는 국민을 제일 중요하게 여긴다는 기분이 들었어요.

레이철은 의료 서비스가 보편적으로 보장되고 "우리의 세금"으로 운영되어야 한다고 믿는데, 이는 자신이 절박하게 치료가 필요했을 때 맞닥뜨린 "돈 벌려는 수작"과 날카롭게 대비되는 관점이다. 레이철은 힐러리 클린턴을 남편 빌 클린턴과 연결하며 "그 여자가 빌이 대통령이었을 때, 빌하고 결혼한 상태였을 때"가 더 인상적이고 진실했다는 의견을 피력한다. 그 이후로 레이철은 힐러리 클린턴을 "매수"되었고 "돈에 흔들리기" 때문에 갈수록 부패하고, "자기 어조를 바꾸고" "자유 시장 의료 서비스"를 승인하는 인물로 바라본다.

레이철은 경제적 불평등에 비판적인 입장이고 푸드 스탬프나 메디케이드에 의지하는 사람들을 비난하지 않는다. 레이철이 분명하게 말한다. "남자 친구는 시급 7달러를 벌었는데 그때가 2006년이었거든요. 우리 총수입은 빈곤선보다 25달러 많았어요. 그래서 신청을 거부당했죠. 기준이 엄격하거든요. 난 푸드 스탬프가 필요하다고 해서 그 사람들 잘못이라고 생각 안 해요. 나도 그게 필요한데 얻지 못할 뿐이에요." 이어서 자신 있게 말한다. "항상 어떤 시스템이든 이용해 먹으려는 사람들이 있어요. 난 신경 안 써요." 레이철은 자신의 생활 환경이 근본적으로 돈과 지식 같은 자원들의 불평등에 영향을 받는다고 이해한다. "내가 이런 걸 전부 알았더라면 내 인생이 아주 많이 달라졌을 거예요. 내가 이 동네에서 아는 사람 중에 나가서 잘된 사람들은 다 잘사는 사람들이었어요. 그 사람들은 대학 다닐 돈도 있었고, 대학을 다니면서 일을 해야 할 걱정도 없었어요." 아메리칸드림에 대해 말할 때는 억울하기보다는 침통해하는 것 같다. "사람이 제때 제대로 된 장소에 있으면, 가난에 찌든 동네를 빠져나와서 자기 꿈을 따라갈 수 있다고 생각해요. 근데 나도 알아요. 내게는 대학 진학 신청서 쓰는 법을 알려줄 사람도 없다는 걸. 나한테는 대출 서류 작성하는 법을 알려준 사람이 아무도 없었다고요. 아무도 나한테 신용이 중요하다는 걸 가르쳐주지 않았어요." 레이철은 아들이 대학을 졸업해서 부모보다 더 나은 삶을 살 수 있기를 희망한다. "내가 대학 자금을 마련하거나 애를 위해서 저축을 할 수 있을 거라곤 생각 안 해요. 그치만 애가 숙제할 때 도와주고 학교에서 잘하게 돕고 있어요."

미래에 대한 희망이 별로 없는 상태에서 레이철은 2016년 11월에 투표하지 않는 쪽으로 마음이 기울었고 자신이 민주주의를 믿기는 하는지 더는 확신하지 못했다. "그냥 이 동네 사람들은 아주 똑똑하진 않은 거 같아요." 레이첼이 한숨을 쉬며 말한다. 그리고 좌절감을 표출하기 위해 대중문화에서 한 예를 소환한다.

난 우리가 아주 멍청한 사회에서 사는 거 같아요. 〈이디오크러시〉라는 영화 보셨는지 모르겠어요. 2000년대 초에 나온 영화예요. 루크 윌슨이 나와요. 코미디 영화인데, 그땐 아주 멍청하다고 생각했어요. 미래에 대한 건데, 미래에는 이 사회가 너무 멍청해서 이 평균적인 남자, 과거에서 온 루크 윌슨이 세상에서 제일 똑똑한 애인 거예요. 그래서 사람들이 식물에 게토레이를 줘요. 대통령이 전문 레슬링 선수고. 근데 우리가 거의 그렇게 다시 가는 거 같아요……. 이 영화가 어떤 미래를 예측한 것 같아요. 우리가 점점 멍청해지고 있다고 말이에요. 심지어 음악까지 그런 거예요, 음악도 점점 멍청해져요.

레이철은 정치에 참여할 때도 실제 사람들과 완전히 단절되어 있다. 즉 세상에 대한 날카로운 비판 의식이 있지만 주변에 이야기나 논쟁을 할 상대도, 집단 행동을 할 수단도 전혀 없다. 할리우드가 만들어낸 멍청한 시민이라는 문제는 그가 자기 주변에서 마주하는 실망스럽고 무분별한 세상에 대한 확신을 심어준다.[8] 가상의 이야기를 흡수하면서도 똑같이 위태로운 상황에 있는 다른 사람들과는 연결이 끊긴 상태에서 레이철은 비판적이면서도 수동적인 정치의 관찰자가 된다.

음모의 유혹

레이철의 지친 체념과는 반대로, 내가 연구 참여자와 정치를 논하면서 유일하게 열정과 흥분을 느낀 순간은 정부의 음모가 주제일 때뿐이었다. 제시 워커Jesse Walker가 《망상합중국The United States of Paranoia》에서 밝혔듯, 음모에 대한 믿음은 "아무리 그 이론이 대상 자체에 대해서 아무것도 알려주지 못한다 해도, 그것을 믿고 되풀이하는 사람들의 걱정과 경험에 관해서는 어떤 진실을 말할"지 모른다.[9] 제도에 배신당하고 정치 및 종교 기관과는 단절되어 있으며 정부를 불신하는 젊은 노동계급 성인들은 자신이 민주주의의 환상에 농락당하지 않는다는 사실을 내게 증명할 때 얼굴에 홍조를 띠고 청산유수로 이야기를 늘어놓으며 잠시나마 환해진다.

　20세기 중반의 학자들은 음모론을 믿는 사람들을 심리학적 비정상, 심지어는 망상에 빠진 사람들로 바라보는 경향이 있었다.[10] 하지만 정치학자 마이클 바컨Michael Barkun은 20세기 후반과 21세기 초에 "변두리의 생각들"이 미국 주류로 빠르게 확산되었다고 주장했다.[11] 새로운 형태의 소셜 미디어는 음모론이 고립된 하위문화에서 벗어날 수 있는 환경을 만들어주었고, 이로써 과거에 오명을 뒤집어썼던 지식(가령, "정부가 에이즈를 만들어냈다")은 폭넓게 접할 수 있는 생각으로 바뀌었다. 오늘날 미국에서는 음모론을 우호적으로 수용하는 분위기가 넓게 마련되어 있다. 2016년 채프먼대학교의 한 설문조사에 따르면 미국인 가운데 정부가 9·11 테러에 대한 정보를 감추고 있다는 진술에 동의하거나 강하게 동의한 사람은 54.3퍼센트였다. 설문조사에 참여한 사람의 3분의 1은 앞에 등장한 많은 남성처럼 오바마의 출생증명서와 에이즈 바이러스의 기원을 둘러싼 음모를 믿는다.[12] 음모론은 사람들이 위협받고 있다고 느낄 때 무성해진다.[13] 이런 사고 회로에서는 그 어떤 것도 우연히 일어나지 않고, 그 어떤 것도 있는 그대로 보이지 않으며, 모든 게 서로 연결되어 있다.[14]

　내가 선거 날 아침에 그레이엄 헨드리의 어머니가 사는 흰색 목조주택에 도착했을 때 그레이엄은 뉴포트 멘솔 담배를 줄줄이 피우며 현관 흔들의자에 앉아 있었다. 스물다섯 살에 백인인 그레이엄은 아홉 살 때부터 담배를 피웠다. 그레이엄은 자기 혼자서 "서른 명을 챙기고 있는" "직원이 부족한" 양로원에서 밤 근무를 하고 와서 눈이 침침하다. 그는 자신의 일이 "보상은 아주 크"지만 "당장은 돈벌이가 별로"라고 말한다. 지금은 "공인 등록 간호사"가 되려고 지역 전문 대학을 다니고 있다. "그럼 잘하게 될 거예요. 1년 정도면 졸업이에요."

그레이엄의 집에 차를 대는데 콜브룩에 차를 몰고 오기 전에 동네 도서관에서 막 투표를 했던지라 내 차에는 '투표했어요' 스티커가 달려 있었다. 대화의 물꼬가 순조롭지 않다. 스티커를 본 그레이엄의 눈이 경멸적으로 깜박인다.

그레이엄 이번 선거는 중요하지 않아요. 사람들 선택이 아니라 **그들** 선택이잖아요. 무슨 말인지 알죠?

나 (웃으며) 대화가 끝나고 나면 스티커를 떼야겠네요.

그레이엄 (웃음기 없이) 그렇게 하는 게 좋겠네요. 난 그게 자랑스럽지 않다고 생각해요. 악의는 없어요.

나 왜 그렇게 생각하죠?

그레이엄 그걸 몰라서 물어요? 주위에서 무슨 일이 벌어지는지 관심이 있긴 해요?

그레이엄은 광부였던 할아버지가 그와 "여동생을 데리러 오곤 했던" 어린 시절을 이야기해준다. "할아버지는 6미터 높이의 벽에다가 30리터짜리 양동이에 든 석탄을 던지곤 했어요. 힘이 센 분이었죠." 그레이엄은 충분히 젊은데도 지금보다 더 생기 넘치던 과거를 그리워한다. "네, 그게 어떻게 저렇게 바뀐 건지. 말도 안 되죠. 경제도 더 좋았고, 영화관이 세 곳이었어요. 그게, 맞아요, 마을에 영화관이 세 개였던 거 같아요. 그 큰 상점들, JC 페니[미국 백화점 체인]랑 막 그런 것도 다 있었어요."

트럭 운전사였던 아버지가 아홉 살 때 심장 마비로 돌아가시고 난 뒤 그레이엄은 담배를 피우고 싸움질을 하고 술을 마시기 시작했다. 소년원에 갔다 온 그는 이 탄광촌에서 "개똥 같은 교육을 받았다"고 생각한다. 그는 전 여자 친구와 월 800달러짜리 아파트에서 잠시 살았던 걸 빼면 줄곧 2년짜리 간호 학위가 있는 어머니와 함께 생활했다. "네, 최저 임금 때문에요. 최저 임금으로 생활하려면 정부 지원을 받아야 해요. 지금은 그렇게 돈을 많이 못 받으니까요. 지금은 내가 엄마 집에 있어서 운이 좋은 거예요." 그레이엄이 인정하며 말한다.

그레이엄은 힘 있는 사람들이 올바른 일을 하기보다는 돈을 버는 데 골몰한다고 믿는다. 그는 경찰을 예로 들면서 씩씩댄다. "난 경찰 안 믿어요. 경찰이 너무 싫어요. '나한테 이 배지가 있으니까 난 이런 상황에서 내가 하고 싶은 걸 할 수 있어' 이딴 식이라니까요." 그가 성질을 내면서 말한다. "전에는 경찰이 돈 벌려고 안 했어요. 술에 취하면 경찰들이 그 사람을 집으로 데려가서 내려주고 부모들이 알아서 하게 했다고요, 무슨 말인지 알죠? 근데 지금은 다들 돈에 미쳐가지고 애들 인생을 망치고 있어요." 그레이엄은 빈정대며 말한다. "그 사람들이 그래요, '나는 여러분을 도와주려고 여기 있는 거예요.' 맞아요, 내 전과에 뭔가를 남기고 벌금도 주죠. 그게 진짜 나한테 도움이 되니까. 뭔 말인지 알죠? 우린 당신이 어릴 때 했던 거랑 똑같은 뻘짓을 하고 있어요. 당신은 아마 더 어렸을 때 했겠지만. 그 사람들은 자기 손에 권력을 쥐고 있어요. 뭔 말인지 알죠? 그건 복잡해요, 진짜 복잡하다고요." 그가 열띤 어조로 말한다.

급속하게 퍼진 헤로인은 그레이엄의 삶에 큰 영향을 끼쳤다. "넉달 동안 형제 같던 세 친구를 잃었어요. 한 명은 내 평생 단짝이었는데.

그 친구도 잃었어요. 그 일 때문에 죽을 거 같았어요. 걔가 나보다 7일 빠르게 태어나서 매년 생일도 같이 보냈어요. 걔네 엄마 어린이집에 다니기도 했고요." 그레이엄은 마약 제조업자들과 이들의 한없는 탐욕을 겨냥한다. "그 사람들은 사람들 목숨에는 신경도 안 써요. 개똥에다가 펜타닐을 넣는단 말이에요. 그게 사람들을 죽이고 있는데." 그런 다음 바로 오늘 아침에 어떤 행인이 자기더러 차의 음악을 끄라고 하는 바람에 싸움이 붙을 뻔한 일을 이야기하며 웃는다. "내가 좀 못됐거든요. 누가 시비를 걸면 나도 끝장을 내죠. 아침에도 그랬어요. 난 아직도 그래요. 오늘 아침에도 주먹질까지 갈 뻔했어요." 그레이엄은 모든 사람을 불신한다. "난 사람들이 내가 무슨 일을 하는지 몰랐으면 좋겠어요. 내가 그래서 페이스북을 안 하는 거예요. 내가 아는 사람 중에 페이스북이 없는 건 나뿐인 거 같아요." 그는 가톨릭 신자로 자랐지만 더는 기성 종교를 믿지 않는다. "나는, 그니까 교회는 인간이 만든 거라고 생각해요. 내가 바로 여기서 하나님한테 기도할 수 있으면, 무슨 말인지 알잖아요, 그러면 난 교회에 갈 필요가 없는 거라고요."

그레이엄은 미국이 민주주의 국가라는 점을 거리낌 없이 부정한다. 그는 투표가 전체주의적인 세계 체제를 가리는 위장막에 불과하다고 주장한다.

우린 아니에요, 웃기잖아요. 사실 민주주의가 아닌 나라에 전쟁할 돈을 대주잖아요. 게다가 우린 그런 나라에도 못 미치는 제일 약한 민주주의란 말이에요. 이란이 우리보다 더 민주주의예요. 그런데 그 나라는 악의 축이잖아요. 그 사람들은 직접 민주주의예요. 이란에서는 모든 투표가 다 중요해요. 근데 여기요? 대체 누가 이런 사람들을 뽑는대요? 대체 무슨 일이 벌어지고 있냐고요. 그건 그냥 파괴예요. 프로파간다요. 아니에요, 모르겠어요. 당신이 정부를 믿는다면 유감이에요……. 그치만 내 말은 우리가 세상에서 제일 덩치 큰 테러리스트라는 거예요. 시리아에서 지금 무슨 일이 벌어지고 있는지 들어봐요. 우리가 모든 사람의 행복을 방해하려고 하는 게 아니면 그런 일은 일어나면 안 되는 거잖아요. 우린 전 세계 모든 나라에 군사 기지를 보유하고 있어요. 그거는 알잖아요, 그죠? 나는 그런 건 파시스트라고 생각해요. 우린 민주주의자라기보다는 파시스트예요. 그치만, 네, 여기서 비관적인 생각은 그만할래요.

거들먹대던 그레이엄의 어조가 이내 열정적으로, 그다음에는 지친 듯한 목소리로 빠르게 바뀐다. 그는 마치 비밀스럽고 잘 알려지지 않은 정보를 자신이 남다르게 장악하고 있음을 확인하듯 "그거는 알잖아요, 그죠?"라고 말해가면서 내가 자기가 하는 말을 이해하는지, 충분한 정보를 갖추고 있는지 재차 묻기 위해 중간중간 멈춘다. 그는 자신의 지식을 부담이라는 틀로 바라본다. "처음에 이런 걸 진짜 깊이 알기 시작했을 때는 막 당장은 모르는 게 약이다, 이런 건 좀 몰랐으면 좋겠다, 그런 심정이었어요." 그는 마치 현실 안주를 거부하며 오랫동안 시달린 진리 전달자 행세를 하며 주장한다. "그건 음모론이 아니에요. 사실에 입각한 음모라고요."

그레이엄은 투표를 해본 적도, 투표자 등록을 한 적도 없다. "개인 세금을 내고 싶지 않아요. 알잖아요. 그거 하면 세금 물리는 거. 투표 등록이요." 그러더니 경멸적인 어조로 말을 잇는다. "정말 이 두 사람(트럼프와 클린턴) 중 하나가 훌륭한 선택이라고 생각해요? 대체 어째서 우리가 그런 사람들을 선택하고 있는 거죠? 젠장, 안 돼요, 난 오늘 투표 안 해요." 내가 그래도 후보 중에서 골라보라고 해도 그레이엄은 요지부동이다. "안 해요, 차라리 날 쏘고 말지. 당신은 내가 하기 싫은 일을 하게 하려는군요." 내가 인터뷰한 젊은 사람들에게 이 질문을 하면 "그냥 날 쏘고 말지", "두 사람 다 쏴버릴 거예요" 아니면 "제3 후보를 써넣겠어요" 같은 대답이 공통으로 돌아왔다. 타협을 떠올리는 건 불가능하다.

그레이엄은 자신의 정치적 소외를 전 지구적 금융 엘리트에 대한 불신과 연결한다. "실은 그렇긴 해도, 기억할 거예요. J.P 모건, 로스차일드, 엘리트주의자들 같은 건 들어봤잖아요. 상위 1퍼센트 같은 거." 그의 물음에 내가 고개를 끄덕인다. "세실 로즈[현 남아프리카공화국인 케이프의 총리로 영국의 아프리카 종단 정책에 간여한 제국주의자]도 들어봤어요? 집에 가면 세실 로즈를 찾아봐요. 그 사람에 대해서 공부해보라고요." 지시를 마친 그레이엄은 다시 열정적으로 이야기를 풀어놓는다. "프리메이슨이 뭔지는 알잖아요, 그죠? 그 사람이 잉글랜드에서 여기로 원탁을 들여왔어요. 그니까 진짜로 모든 마을에 메이슨의 여인숙이 있다는 거예요, 그건 알죠? 당신한텐 그게 좀 이상하지 않나요? 모르겠어요, 나한테는 말이 안 돼요."

그 사람들이 이 나라를 굴리는 거예요. 대통령은 그냥 허수아비라고요. 잉글랜드 여왕처럼. 중요한 건 그게 아니에요. 뭐냐, 그 사람들이 거부권이랑 전쟁 선언 같은 걸 다 한다고요. 그게 대통령이 할 수 있는 전부인데. 근데 힐러리는 애들을 50만 명도 넘게 죽였어요. 당신도 알잖아요. 이라크에서 말이에요. 그거 알았어요? 그 사람들이 그걸 어떻게 했는지 정확히는 기억이 안 나는데, 암튼 그 여자가 그렇게 했어요. 그 여자랑 매들린 올브라이트, 우리 국무부 장관 있잖아요. 그리고 그 여자는 콘트라 스캔들[레이건 정부가 이란에 비밀리에 무기를 판 돈으로 니카라과 반정부 세력을 지원한 사건]에 대한 문서도 진짜로 공개했다고요.

나는 이 주제에서 저 주제로 빠르게 옮겨 다니는 그에게 어째서 이모든 음모가 존재하는 거냐고 물었다. "돈이죠." 그가 간단히 말한다. "페트로 달러라고 들어봤어요? 1970년대에 우리가 베트남에서 그 거지같은 전쟁에 돈을 댔단 말이에요. 모든 나라가 자기네 금을 되찾고 싶어 했다고요. 우린 우리 통화를 되찾을 방법이 전혀 없었어요. 그래서 다른 방법을 취한 거예요. 페트로 달러, 석유 말이에요." 그레이엄이 단정 지으며 말한다. 그의 설명에 따르면 미국은 금본위제에서 달러를 빼냈고 사우디아라비아와의 거래를 통해 미국 달러로 유가를 표준화하여 세계의 지배적인 통화로 달러의 지위를 확보했다. 나아가 그는 세계 에너지 시장이 요동쳐서 미국의 전 지구적인 경제 헤게모니가 위협에 처할 때 "그걸 제일 잘 통제할 수 있는 장소가 이라크"라고 지적하기도 한다. "뭔 말인지 알겠죠?" 그레이엄이 잠시 뜸을 들이더니 의심스러운 표정으로 나를 쳐다본다. "내 말은 당신이 모른다는 거예요⋯⋯. 9·11을 진짜 믿지는 않죠?"

"이 인터뷰에는 시간제한이" 없는 걸 확인한 그레이엄은 9월 11일 아침 미국에서 벌어진 테러리스트 공격에 대한 분석을 풀어놓는다. 당시 그는 5학년이었다. 그레이엄은 확신에 차서 말한다. "9·11을 봐요. 세븐 건물[무너진 쌍둥이 빌딩이 있던 자리에 제일 먼저 들어선 새 건물]이 무너지는 걸 보게 될 거예요. 어떤 여자가 보도도 하고 있어요, 뉴스에서요. 유튜브에서 찾아봐요. 그게 인터넷에도 있어서 놀랐어요. 근데 이 건물이 아직 서 있잖아요. 그 여자가 이 건물이 막 무너졌다 그런단 말이에요. 세븐 건물이 쌍둥이 타워 뒤에 있었다는 건 알잖아요, 근데 그것도 무너졌단 말이에요. 폭파당한 것처럼요." 그레이엄은 이렇게 결론 내린다. "어떤 물체에 얻어맞은 건물은 그런 식으로 안 무너져요. 운동량이랑 물리학이 그래요. 알잖아요, 그건 말이 안 된다고요. 모르겠어요. 그게 어떤 거 같아요?" 내가 "그런 식으로는 한 번도 생각해본 적이 없어요"라고 어물대자 그가 어깨를 으쓱한다. "진짜요? 안 하는 게 좋은 걸 수도 있어요."

그레이엄은 미국인들이 정부가 자행하는 반역 행위에 "눈을 뜨기"를 바란다. "**전복**이라는 단어 들어봤죠? 그 사람들은 중앙으로 움직이면서 우리가 왼쪽을 보게 만들어요." 이런 의심은 인종, 종교, 민족에 따른 차별적인 처우에 반대하는 목소리를 드높인다. 가령 "그들"이 연방재난관리청에 영향력을 확대하려 한다는 계획에 대한 그레이엄의 포괄적인 시각이 그렇다. 그는 연방재난관리청이 소수 인종을 몰아넣을 강제수용소를 짓고 있다고 의심한다. "미국에는 연방재난관리청의 수용소가 808개 있어요. 거기엔 서로 이어지는 철도 같은 것도 다 있어요. 이런 커다란 탑처럼 생긴 저장소가 있는데 내 생각에는 우생학을 하는 거 같아요. 그들은 아리아 인종 외에는 다 끌고 가서 이 세상을 다시 정화하려는 거예요. 인종 전쟁인 거죠."

그레이엄은 코네티컷의 샌디훅초등학교 총기 난사 사건, 보스턴 마라톤 폭발 사건 등 일련의 국가적인 비극을 입심 좋게 "개소리 한 묶음"으로 치부해버린다. "샌디훅 사망 기사는 그 상황이 일어나기도 전에 작성됐어요. 보스턴 폭발 사고는요, 테러리스트들이 진짜로 우릴 공격할 생각이었다면 두 명 이상은 죽였겠죠." 그레이엄은 오바마 대통령이

이 사건들을 날조했다고 의심한다. "자기에 대한 흥분을 가라앉히고 확장형 탄창을 뺏어가려고 이 지랄을 벌이는 거라고요. 확장형 탄창이 뭔지 알잖아요, 그죠? 우리한테서 무기를 빼앗으려는 거라고요. 힐러리가 당선되면 이제 안녕인 거예요. 그게(확장형 탄창) 아직 여기 있으면 놀랄 거예요."

그레이엄은 정부를 장악한 사악하고 몹쓸 "그들"을 계속 언급한다. 특히 정부가 공기와 상수도에 화학 물질을 넣어서 사람들의 마음을 조종하는 걸 걱정하면서 이런 예를 든다.

본 적 있을 거예요. 어릴 때 비행기가 지나가는 거 보면 구름이 진짜 빨리 흩어지지 않았어요? 근데 지금은 몇 시간 동안 그 빌어먹을 흔적이 계속 남아 있단 말이에요. 그건 그냥 가스가 아니라 화학 물질이에요.

안에 불소가 든 치약 뭐 그런 거 쓰죠? 애들은 그거 쓰게 하면 안 돼요. 불소는 진짜로 송과샘을 석회화시킨단 말이에요. 그리고 그게 그 사람들이 하려고 하는 커다란 일이에요. 데오도란트에 있는 산화알루미늄 있잖아요, 그게 공기 중에도 있어요. 그건 사람 마음을 조종하는 거예요. 송과샘은 세 번째 눈이라고 하면 되는데, 그런 거 전에 들어본 적 있어요?

마지막 발언을 하고 나서 그레이엄은 내 얼굴을 보며 반응을 살핀다. "난 이상한 사람 아니에요. 그냥 많이 공부한 것뿐이에요. 아는 게 힘이잖아요, 친구." 그는 좌파에서 우파로, 다시 좌파로 거칠게 방향을 바꾸면서 "주류 미디어"를 규탄한다. "미디어를 믿으면 안 돼요. 폭스랑

NBC 같은 데 나오는 뉴스 같은 거 있잖아요, 그게 전부 다 대기업에 매수된 거예요. 나는 도서관 같은 데도 가고 그래요. 맞아요, 책은 바꿀 수가 없잖아요. 이미 인쇄물에 적힌 건 못 바꾼단 말이에요, 그걸 명심해요. 온라인에서는 조작이 가능해요. 무슨 말인지 알죠?"

2016년 갤럽의 한 설문조사에 따르면 "뉴스를 온전하고 정확하고 공정하게 전달하는" 대중 매체에 대한 미국인들의 신뢰와 확신은 갤럽이 설문조사를 실시한 이래로 가장 낮은 수준으로 떨어져서 겨우 32퍼센트만이 미디어를 크게 또는 상당히 신뢰한다고 한다. 오늘날 미국인의 절반 이상이 "당신 같은" 누군가가 좋아할 만한 것을 근거로 편집된 개별 소셜 미디어 뉴스 피드에서 정보를 얻는다. 온전하게 작동하는 민주주의에 반드시 필요한 정보에 대한 견제와 균형을 포기하고 확증 편향을 강화하는 이런 소셜 미디어들은 정치적 양극화와 자기 고립을 악화한다. 우리 가운데 많은 이가 다양한 관점을 차단당하고 서로 간의 공통 경험에서 단절된 채 자기만의 뉴스 피드 안에서 살아간다. 이런 예에서는 "장소 기반 공동체"가 "흥미 기반 공동체"로 대체된다. 그레이엄이 자기 핸드폰에 의지해서 혼자 온라인 공동체의 음모론을 열렬히 탐구하는 모습이 입증하듯 말이다.[15]

그레이엄은 "이번 선거는 중요하지 않아요. 그건 사람들의 선택이 아니에요"라고 주장한다. 그리고 실망한 어조로 덧붙인다. "뭐라도 바뀔 수 있는 유일한 방법은 피바람이 일어나는 거예요. 그 사람들이 우리 약점을 꽤 많이 쥐고 있어요. 권력을 쥐고 있는 모든 늙은 수장들을 죽여야 할 거예요." 어머니 집 현관 위에 휘날리는 깃발을 일별하면서 그가 분명히 말한다. "그치만 우린 사람들을 위하잖아요, 정부를 위하는 게 아니에요."

당신은 당신 심장을 치유할 수 있다

그레이엄과 레이철처럼 스물여섯 살인 조던 마데라는 공적 영역과 거리를 둔다. 조던은 자기 치유 전략을 가지고 어떻게든 삶의 불안정함을 헤쳐 나가려고 한다. 그는 고난을 통해 스스로를 탈바꿈한 이야기를 들려준다. 요가나 자기 계발서, 아니면 핀터레스트[주로 취미 관련 이미지를 주제별로 열람할 수 있는 앱]를 통해 자기 삶의 혼돈을 일시적으로 통제하고 있다는 감각을 만들어내는 이야기 말이다. 조던은 푸에르토리코에서 태어나 매사추세츠 서쪽에서 어린 시절을 보냈다. 아버지는 그가 두 살 때 가족을 버렸고 어머니는 그 후로 두 번 결혼하고 이혼했다. 조던은 어린 시절에 살던 동네가 "자기를 파는 여자들하고 마약"에 둘러싸여 있었다고 묘사한다. 조던의 어머니는 결국 매사추세츠 서쪽에서 두 세대용 주택 한 채를 구입했고 그중 절반을 다른 가족에게 임대했다. 조던 가족은 한때 지금의 조던이 보기에는 광신도 집단인 오순절 교회 공동체에 속해 있었다. "그 사람들은 세파에 휘말리지 않아요. 영화를 보러 가지도 못해요. 많은 걸 못 해요. 그 사람들은 그게 세속적이라고 말하거든요. 기본적으로 교회 안에만 있어요. 우린 그런 것도 하면 안 됐어요, 뭐냐, 여자애들은 머리카락을 자를 수가 없고 피어싱도 못 하고 바지를 입을 수도 없어요." 조던은 사회적 해방감을 발산하며 어깨를 으쓱한다. "네, 난 그걸 다 깨버렸어요. 혼외 자식을 낳았고 지금은 남편도 없어요. 결혼 전에 처녀성을 잃었죠. 오순절 교회는 담배도 피우면 안 돼, 술도 안 돼, 파티도 안 돼요."

어릴 때 책을 좋아했고 "학교에서 잘한다"는 기록도 있었지만 친구 집에서 하는 파티에 갔다가 일부 아이들이 헤로인을 하는 바람에(자신은 하지 않았다고 말한다) 같이 체포되면서 삶이 끼익하고 급정거했다. 조던은 헤로인 소지로 유죄가 인정되어 최대 1년 형을 받았다. 고등학교도 졸업하지 못하고 복역 기간을 채워야 했다. 조던이 회상한다. "난생처음 받아본 혐의였어요. 그 사람들은 내가 학교에서 잘하고 있건 어쩌건 신경도 안 쓰더라고요. 잘못된 시간에 잘못된 장소에 있었던 거죠."

석방되고 나서는 고졸 학력 인증서를 따고 지금의 남자 친구를 만나 두 살 된 딸을 두었다. 남자 친구의 어머니가 콜브룩으로 이사해서 출장 요리 사업을 시작하기로 했을 때 이들도 따라가기로 했다. 조던은 이렇게 설명한다.

> 도망치려고 여기 왔어요. 새로 시작하려고 온 거요. 다요. 인생을. 난 이런 데 오래 나와 살아본 적도 없었어요. 근데 여기는 생활비가 원래 살던 도시에 비하면 엄청 싸거든요. 그래서 생각했어요. 알잖아요, 내가 여기로 와서 제대로 자리를 잡으면, 예전에는 거지 같은 게 많았거든요, 근데 그냥 정신을 차릴 필요가 있겠더라고요. 콜브룩이 디딤돌이 되지 않을까 생각한 거예요, 최소한 1~2년을 여기서 살아볼 거예요. 돈을 모으고, 돈을 모아서, 그런 다음 떠나는 거죠. 그리고 나서 임신을 했고 여기서 지내게 됐어요. 그러고서 계속 여기 살았어요.

조던은 여러 일자리에서 거절당했다. 한 식료품점에 지원했을 때는 1960년대에 미시시피주 잭슨의 백인 가정에서 하녀로 일하던 아프리카계 미국인 여성을 다룬 영화 〈헬프〉가 거론되는 일도 있었다. "우리가 매니저한테 어떤 자리가 있냐고 물었거든요. 그랬더니 그 남자가 그냥 날 쳐다보더니 이러는 거예요, '아, 당신이 그 망할 〈헬프〉처럼 굴지 않으면 일자리를 구할지도 모르지.'" 한 술집에서는 이런 일도 있었다. "그 사람들이 그랬어요, 진짜로 그랬어요, '내가 당신을 고용하지 않으려는 게 아니에요.' 그러면서 그러는 거예요, '우리 매니저가 고용하지 않는 거예요. 당신이 백인이 아니라서.'" 조던은 결국 일요일부터 목요일, 아침 7시부터 오후 3시 반까지 고객 서비스 콜센터에서 일하는 자리를 얻어서 시급 10.5달러를 받게 되었다. 조던과 남자 친구는 월세가 425달러인 아파트를 빌렸다. 조던이 일하는 동안에는 남자 친구가 아이를 보는데, 남자 친구는 비밀스럽게 "이상한 일들"을 하기도 한다. 콜브룩 관청은 이들의 주택 바우처 발급을 거부했다. 조던의 목소리에 화가 어린다. "내가 일자리가 없었을 때도 그걸 안 주더라고요. 임신했을 때도 안 줬어요. 내가 기소당한 거 때문에요. 경범죄였고 5년도 넘은 일인데도 그러네요. 솔직히 거기선 그게 인종이랑 관련이 큰 거 같아요."**16**

"감옥은 내가 겪은 다른 많은 일하고 비교하면 공원에서 하루를 보내는 정도였어요. 그니까 내가 거지 같은 일을 원체 많이 겪어서 그게 괜찮다고 느낄 정도라고요. 아무리 내가 받아들이거나 받아들이게 되거나 감당하기 불가능한 일이라도 말이에요." 남자 친구는 엄밀하게 따지면 아직 조던과 사귀는 사이고 딸과 함께 같은 집에서 살고 있는데도 최근에 다른 여자를 임신시켰다. 이 여자는 15분 정도 떨어진 곳에 산다. 조던은 큰 충격을 받았다. "대체 우리가 뭘 더 할 수 있을지 모르겠어요. 이걸 어째야 하는지도 모르겠고요. 나한테, 그니까 나한테만 헌신하지 않는 놈하고는 결혼하지 않을 거예요." 조던이 절박한 어조로 묻는다. "나 혼자만 파트너한테 양보해야 하는 식으로 다른 누군가한테 자기를 내주면 대체 그게 무슨 의미가 있어요?"

그런데도 조던은 자신이 관계에서 겪는 많은 문제를 치료되지 않은 심리적 장애 탓으로, 치유하지 못한 인생의 트라우마에서 기인하는 장애 탓으로 돌린다. "난 그냥, 그냥 그 거지 같은 게 감당이 안 돼요. 내가 그걸 어떻게 감당하나 싶어요. 그걸 감당하려고 할 때면 딱딱거리게 되고, 그럼 우린 싸운다고요. 그게 감당이 안 되니까 그냥 입을 다물어버리고. 그러면 그게, 그냥, 그러고 끝이에요. 그러다 보면 그게…… 우리는 서로를 무시해버릴 때가 많아요. 해야 할 말을 하지 않고 침묵의 구렁텅이에서 허우적대는 것보다 더 나쁜 건 없어요."

매사추세츠에 살았을 때 치료사한테 가고 그랬어요. 거지 같은 일이 원체 많아서. 내가 개똥 같은 일을 많이 겪었거든요. 근데 모르겠어요, 그 사람들이 내가 트라우마를 겪었다고, 외상 후 스트레스라고 그래요. 근데 더 가면 안 되겠더라고요. 그 여자가 한계까지 밀어붙이는 기분이 들었거든요. 그 여자는 내가 기억하고 싶지 않은 온갖 거지 같은 걸 해제하는 이런 치료 같은 걸 시켰어요. 그래서 끊어버렸어요. 더 나은 거 같으면서도 동시에 더 나쁜 거, 그런 게 말이 되나요?

조던은 자신이 과거의 일 때문에 감정적으로 고장 난 상태라고 진단한다. "지금 나한테 도움이 필요하다는 건 알아요. 아주 많이요. 그치만 여기선 그런 게 없어요."

조던은 치료받으러 가는 것과 같은 기능을 하는 쇼핑, 요리, 독서 등의 활동을 알아보고 그게 실패하면 알코올로 혼자 명상에 들어간다. "문학처럼요, 그게 자기 자신을 표현하는 좋은 방법이잖아요. 그냥 제정신이 아닌 자기 마음을 깨끗하게 해주는.《당신은 당신 심장을 치유할 수 있다*You Can Heal Your Heart*》라는 책이 있어요. 그리고《지금의 힘*The Power* *of Now*》이라는 책도요. 아주 좋아요. 마음을 모으는 데 확실히 도움이 돼요." 이런 자기 계발 부문 베스트셀러들은 독자들에게 현재의 순간에 집중해 살면서 과거나 미래의 고통스럽거나 걱정되는 생각을 피하는 법을 가르쳐주고 내면의 평화와 용기를 지속적으로 발견하게 도와준다고 약속한다. 이 책들은 "제정신이 아닌 마음을 깨끗하게" 해준다. 조던이 제일 좋아한다며 꼽은 또 다른 책은 어떤 가난한 도시 지역에서 마약, 폭력, 가족 간의 갈등, 관계, 육아와 힘들게 싸우는 사람들의 모습을 가슴 아프게 그린 탐사 저널리스트의 논픽션 소설 《랜덤 패밀리*Random Family*》다.[17] 그는 자기 인생의 많은 트라우마와 공명하는 《랜덤 패밀리》를 칭찬하며 동경을 담아 말한다. "나도 언젠가 그런 책을 쓰고 싶어요. 그건 하루 만에 읽었어요. 정말 좋은 책이에요. 내려놓을 수가 없었어요. 진짜 좋아요."

조던은 자신을 무시하고 거부하는 마을에서 믿기 힘든 남자와 함께 가정을 꾸리려고 애쓰고 있다. 조던은 치료사의 표현을 빌려서 자신의 온라인 쇼핑 습관을 어려움에 처한 영혼의 일시적인 치료제라고 설명한다. "내가 물건을 사는 게 치료를 사는 거거든요. 나는 쇼핑으로 내 기분을 날려버리는 게 좋아요. 온라인으로요. 온라인 쇼핑은 말이에요, 내가 말이에요, 처음으로 모든 걸 발견하게 됐을 때였거든요. 그게 처음 한 달 반 정도였던 거 같은데, 여기서 매일 물건을 배송받고 그랬어요. 내가 물건을 미친 듯이 많이 샀거든요. 돈을 엄청 썼어요." 조던이 이런 유의 대처 전략을 설명한다.

근데 내가 항상 거지 같은 일을 이런 식으로 처리했거든요. 기분이 개떡 같을 때 개떡 같은 걸 사서 기분이 좋아지게 만들고 그걸로 끝이었던 거 같아요. 술에 취해서 그냥 넘기고. 넘어갈 수 있을 때까지 그냥 계속 술만 마시는 거예요. 그치만 더는 그렇게 할 수 없어요. 딸이 있잖아요. 그래서 그냥 개똥 같은 걸 많이 사요. 모르겠어요, 그냥, 너무 아픈데 그걸 어떻게 대처해야 하는지를 모르겠어요. 그러다가 그냥 그 사람하고 사는 거죠. 너무 힘드네요. 이젠 거의 참기가 어려운데, 그게 그냥……. (말끝을 흐린다)

조던은 살아가는 일이 참기 힘들고 자신이 "구렁텅이에서 허우적 댄다"는 기분을 느끼는 날이면 "음식을 하고, 와인을 마시고, 핀터레스트를 들여다보고, 먹방을 보는" 루틴으로 하루를 넘긴다. 대화 중에 조던이 에너지를 뿜어내는 유일한 순간은 자신이 최근에 발견한 제일 좋아하는 레시피 이야기를 할 때였다. "모차렐라 치킨 좋아해요? 치킨커틀릿을 가지고, 큰 걸로요, 그걸 이런 식으로 잘라요. 그리고 거기다가 원하는 대로 양념을 해요. 그걸 자를 때 그 안에 파르메산 치즈를 끼워 넣어요. 그리고 잘 오므린 다음에 밀가루, 계란, 밀가루 순서로 담그는 거예요. 그다음에 빵가루를 묻혀요. 그리고 그걸 튀겨요. **그게 치료에 제일 가까워요.**"

조던은 정치에는 거의 관심이 없다. 처음에는 내 질문을 웃으며 그냥 넘긴다. "오, 우린 정치 얘긴 하면 안 되는데." 내가 물러서지 않자 마지못해 이 탄광촌의 인종주의를 언급하면서 단 몇 문장으로 후보에 대한 자신의 의견을 피력한다. "트럼프요? 그 사람은 기본적으로, 난 그냥 솔직히 트럼프를 찍으면 그건 마치, 트럼프는 기본적으로 거지 같은 KKK와 같아질 수밖에 없는 거 같아요. 그런 거지 같은 게 이 동네에 쫙 퍼진 거 같아요." 민주당 후보인 클린턴을 찍을 생각이 있는지 묻자 그가 경멸적인 어조로 말을 잇는다. "그러면 힐러리인데…… 난 사실 공화당이나 민주당 쪽은 아니에요. 그건 그 사람이 뭘 내놓느냐, 어떻게 우리를 조금이라도 더 나아지게 만들 거냐가 더 중요하잖아요." 조던의 목소리에 비웃음이 묻어난다. "난 투표 안 해요. 한 번도 한 적 없어요. 너무 신경 쓸 게 많아서 올해는 투표를 안 했지만 난 그냥, '대체 우리가 뭐 때문에 투표하는 거지? 우린 망했는데.' 그런 쪽이에요." 하지만 진정 자신에게 정치를 생각할 정신적 에너지가 거의 남아 있지 않다는 점도 인정한다. "최근에는 정치에 관심을 갖지도 못했어요. 그냥 요즘에는 내 인생의 거지 같은 일들에 둘러싸여 있었죠."

내면을 향하고, 자신의 치유와 변화에 골몰하는 치유 중심의 자아는 시민 참여와 집단행동에 낙인을 찍는 것으로 보인다. 자아의 변화를 강조하다 보면 구조적 장애물은 집단행동보다는 의지를 통해 극복해야 하는 개별적인 장애물이 되고, 사적인 삶의 고난은 그 사회적, 정치적 뿌리와 분리된다.[18] 조던의 이야기에서 모차렐라 치킨 레시피는 절망을 빠르게 잠재우는 일시적 해결책이 되고, 고난의 원인을 근절하기 위해 집단적인 노력을 한다는 생각은 애당초 떠오르지도 않는다. 조던은 온라인 쇼핑과 와인이 임시방편이라는 걸 충분히 알고 있으면서도 자신을 다시 "구렁텅이"에서 끌어낼 가망이 있는 다른 전략은 전혀 알지 못한다.

도덕적 선택으로서의 정치적 이탈

조던이 자기 계발에 탐닉하고 그레이엄이 음모론에 빠져 있다면 다른 청년들은 자신의 정치적 이탈을 개인적 회복력을 선언하는 방편으로 바

300

라본다. 교량 건설에 사용하는 콘크리트 기둥을 만드는 일을 하는 스물네 살의 흑인 남성 윌리엄 루이스는 자기 주변에 대한 통제력을 생존에 필수적인 부분으로 바라보면서 자신이 정치를 비롯한 외부의 힘에 흔들리지 않는다고 주장한다. 윌리엄의 할아버지는 1950년대에 미시시피에서 콜브룩으로 이주해 건축 일을 얻었다. 아버지는 윌리엄이 어렸을 때 줄곧 가벼운 정찬 식당 요리사로 밤낮없이 일했다. 윌리엄은 두 살 이후로 어머니를 보지 못했다. "내가 생겼을 때 두 분이 마약에 빠졌대요. 아빠는 날 키우려고 마약을 끊었는데, 엄마는 그러고 싶지 않았던 거예요. 엄마가 나를 크랙 파는 데 데려갔대요. 아빠가 거기로 찾아와서 날 몰래 데리고 나와서 병원에 데려갔대요. 내가 폐렴이라서요." 혼란스러운 가족사의 소용돌이 속에서 윌리엄은 프로 스포츠에 몸담고 싶다는 희망을 품었고 학교에서 풋볼, 레슬링, 야구에 두각을 나타냈다. 아버지 역시 풋볼 선수가 되고 싶다는 꿈을 품은 적이 있었지만, 어깨 부상으로 선수 경력을 더 쌓지 못해서 대학 풋볼에서 뛰지 못했다.

윌리엄은 열여섯 살 때 "법적인 말썽"에 휘말리고 난 뒤 아버지와 함께 급작스레 콜브룩의 한 마을에서 다른 마을로 이사했다. "좀 엉망진창인 상황이 있었는데, 내가 고등학교 때 결국 중범죄로 기소를 당하게 된 거예요. 그 사람들이 그해 남은 기간에 운동을 못 할 거라고 하더라고요." 자세한 설명은 이렇다.

윌리엄 애들이 어떤 집에 침입했고, 나는 밖에 서 있었거든요. 난 그걸로 아무것도 할 생각이 없었는데, 걔네는 결국 어떻게 됐냐면, 걔넨 아무런 문제가 없었는데, 내가 망을 봤고 다 한 거라고 그런 거예요. 날 그렇게 완전 엿 먹인 거죠. 파티에서 어떤 계집애한테서 다이아몬드 귀걸이를 훔친 애가 있었는데, 걔는 그러고도 경기를 잘만 뛰었어요.

나 그 사람이 백인이었나요?

윌리엄 맞아요. 그래서 아빠가 결국 "그냥 잊고 이사 가자" 그랬어요. 결국 그해 풋볼 시즌도 다 날리고 콜브룩에 와가지고 여기서 레슬링 선수를 했어요. 나쁘지 않았어요. 후회는 없어요.

"사실 내가 레슬링을 한 유일한 이유는 인종주의적 상황 때문이었어요. 7학년 때까지 농구를 했는데 내가 7학년하고 8학년 팀에 들어가려고 테스트를 봤거든요. 나랑 다른 흑인 애가 있었는데 우리가 그 테스트에서 진짜 끝내줬거든요. 근데 코치가 우릴 자르는 거예요. 그러고 나니까 그냥, '아 난 운동은 못 하겠구나' 그렇게 됐어요. 그러다가 레슬링으로 가게 된 거죠." "어떤 여자애들하고는 같이 어울려 다닐 수가 없었어요. 걔네 부모님이 인종주의자였거든요. 또 어떤 애들하고도 걔네 부모님이 인종주의자라서 같이 못 놀았어요." 윌리엄은 9학년 때 마리화나를 판매했다는 이유로 체포되었지만 기소되지는 않았다. "그것 때문에 골치 아파지진 않았어요. 그 사람들이 아무것도 입증을 못 했거든요. 그냥 내 이름에 먹칠을 하고 싶었던 것뿐이에요. 경찰이 날 체포했을 때 진짜 그렇게 말했다니까요. 근데 그게 1면에 실렸어요. '잘나가는 운동선수 마약 단속에 걸리다.'"

윌리엄은 헤로인에 점점 빠져들면서 추락했고 그 책임을 자신이 져야 했다. "여기서 또 마지막 학년 때 골치 아픈 일에 휘말렸어요. 그게 그런 게, 그런 말이 있잖아요, '아무것도 안 변하면 아무것도 안 변한다.' 그니까 자신에 대해서 아무것도 바꾸지 않으면 결국 똑같은 짓을 하게 될 거라는 거죠. 그래서 내가 한 게 똑같은, 얼굴만 다른 사람들을 찾는 거였어요. 아편 의존증이 생긴 거예요. 퍼코셋, 비코딘 뭐 그런 아편류요. 결국에는 헤로인을 하게 되고, 졸업하고 나서는 내 습관을 유지해야 하니까 헤로인을 팔았어요. 그렇게 계속하다가 체포된 거예요. 헤로인은 그냥 좀 하다가 관두고 손을 뗄 수 있는 마약이 아니에요. 그걸 했다가 손을 뗀 사람은 많지 않아요."

윌리엄은 자신이 체포된 원인인 비밀 정보원 체계를 "겁나 후진적"이라고 묘사한다. 치료가 필요한 중독자들을 "다시 길거리로" 내몰아서 계속 마약을 하도록 만들기 때문이다. 그는 경찰이 오히려 "만연한 헤로인 남용에서 벗어날 방법을 막고" 있다며 비난한다. "실제 마약상 같은 건 없어요. 대부분은 그냥 습관이 들어서 어쩔 수 없이 파는 거라고요. 경찰들도 다 알아요. 그러면서도 도움 줄 생각은 절대 안 해요."

윌리엄은 지금 그가 "주 북부로 가는 것" 대신 선택한 "강력한 보호 관찰"인 약물 법정 프로그램 3년 차다. 이 프로그램은 "혼자서 일정한 형태의 일을 할" 수 있도록 돕는 과정이다. 그의 설명은 이렇다. "첫 번째 단계는요, 1단계일 때는 매주 소변 검사를 받으러 가야 돼요. 외래 환자 재활 프로그램을 하고 매주 법정에도 가야 돼요. 저는 지금 세 번째 단계예요. 지금까지 2년 넘게 약물 법정 프로그램을 하고 있어요. 내년 4월이면 약물 법정하고 보호 관찰은 끝이에요. 그럼 그냥 한 달에 한 번 가서 소변 검사하고 한 달에 한 번 약물 법정에 가면 돼요." 윌리엄은 매주 진행하는 소변 검사와 상담사 면담을 두고 이렇게 말한다. "확실히 도움이 돼요. 깨끗해지려면 처음에는 그런 책임이 있어야 해요, 알잖아요. 확실하게 도움이 됐어요." 그는 하루에 담배 한 갑을 피우지만 다른 약물은 전혀 복용하지 않는다.

역시 헤로인 중독에서 벗어나는 중이자 이 지역의 토박이 백인 주민인 윌리엄의 여자 친구는 최근에 딸을 낳았다. 윌리엄은 처음으로 미래가 낙관적이라 느낀다. 그는 당장 결혼해서 가정 생계를 전적으로 책임지고 싶다. 현재 한 주에 엿새 밤 근무를 하는 윌리엄은 지게차를 배우고 싶어 한다. 지게차를 몰면 시급이 18달러로 오를 것이기 때문이다. 하지만 여자 친구는 결혼을 미루고 싶어 한다. "걔는 아기랑 뭐 그런 건 지금 도움(의료 지원과 여성, 유아, 어린이 영양 지원 프로그램)을 받는데, 내가 그걸 전부 다 할 수 있으면, 그니까 여자 친구가 내 의료 보험에 들어가고 그러면 좋겠어요. 근데 걔는 '왜? 그럼 돈이 더 드는데' 그러는 거예요." 윌리엄은 여자 친구가 결혼을 거절해서 좌절을 느꼈다. 특히 여자 친구의 아버지가 다니는 교회 성직자가 "걔가 임신했고 우리가 같이 산다는 걸 알고서는 '여자 친구가 이제 영성체를 받지 못한다'"고 말했을 때 심하게 좌절했다.

앞에 나온 조던처럼 윌리엄은 자신의 에너지를 감정과 반응을 다스리는 데, 자기 치유와 자기 변화의 이야기를 만들어가는 데 쏟는다. 윌리엄이 진심을 담아 말한다. "나는 음악을 연주하는데요, 그게 내가 하는 제일 큰일 중 하나예요. 나한테는 건강을 유지한다는 게 음악을 연주하고, 일하고, 내가 가족을 부양할 수 있다는 걸 알고, 최대한 집 주변에 도움을 주고, 여자 친구를 돕는 걸 의미해요. 진짜 혼자서 열심히 노력했어요. 아까도 말했지만 아무것도 안 바꾸면 아무것도 안 바뀌잖아요. 집에 오기 전에 내 내면에서 아무것도 바뀌는 게 없으면, 내가 집에 왔을 때 아무것도 바뀐 게 없었을 거라고요." 이런 자기 관리의 여정에서는 다른 사람들과 "부정적인" 상호 작용을 피하는 것이 중요하다. "중독이 강력한 거라서, 누군가의 부정적인 면을 보면 다시 살아날 수 있거든요. 건강하지 못한 생활 스타일로 살면 그게 나를 살살 부추겨서 결국 마약을 하게 만들 수도 있거든요." 고립은 자기 보호 전략이 된다.

"투표할 의사는 전혀 없어요. 투표를 대체 왜 하는지 모르겠어요. 할 수도 없어요. 보호 관찰이 끝나려면 2년이 남았나 그럴 텐데, 어쨌든 투표는 안 할 거예요." 윌리엄은 "투표가 조작되거나 그 사람들이 누구든 자기들이 원하는 사람을 대통령으로 만들 거"라고 분명하게 믿는다. 그는 모든 정보를 소셜 미디어나 강경한 트럼프 지지자인 여자 친구의 아버지에게서 얻는다. 윌리엄이 한숨을 쉬며 말한다. "그냥 다 망한 거죠, 알잖아요. 정부는 돈밖에 모르고, 그래서 모든 게 돈으로 끝나는 거예요." 더 묻지도 않았는데 굳이 그가 말을 보탠다. "다, 그니까 모든 기업이 이런저런 식으로 부패했으니까요. 그 사람들은 자기들을 그냥 내버려 두라고 정부에 돈을 엄청 많이 줘요. 그래서 이 나라가 정부랑 대기업에 끌려다니는 거예요. 작은 놈은 신경을 안 쓰는 거죠." 윌리엄은 정부나 대기업이 "작은 놈"의 이익을 위해 일한다고 믿지 않고 더 큰 "우리"나 공동선이 존재한다는 믿음도 전혀 없다. "대기업이나 대형 사업체들은요, 그냥 갖고 있는 대신에…… 미국에 공장을 두는 거보단 중국에서 뭘 가져오는 게 더 싸니까요. 아무도 미국에는 신경 안 써요. 그냥 자기들 주머니나 신경 쓰지."

미국인인 걸 자랑스럽게 여기느냐고 묻자 윌리엄이 "에, 그런 거 같아요"라고 미적지근하게 대답한다. 그러더니 다시 생각해보느라 뜸을 들인다. 윌리엄도 그레이엄처럼 정부와 국민을 분명하게 구분한다. "그치만…… 우리가 미국인인 걸 자랑스러워한다는 말을 들으면, 내가 느끼기에는 마치 우리 정부를 자랑스러워한다고 말하는 거 같거든요. 근데 그건 아니에요. 나한테는 그렇게 말하는 게, 그건 아마 어쩌면…… 정부를 자랑스러워하는 건 잘못된 자부심 같아요." 윌리엄한테 트럼프와 클린턴 중에서 어쨌든 누구 한 명을 선택해달라고 했다. "아마 트럼프를 택하겠죠. 그 사람은 기업가니까." 한편으로는 정치가 대기업에 너무 휘둘린다고 비난하면서 다른 한편으로는 유명한 부자 기업인을 지지하는 것은 모순처럼 보일 수 있지만 윌리엄은 이 결정을 작은 놈을 위한 투표라고 포장한다. "트럼프는 진짜, 그니까 그런 배경이 아니잖아요. 다들 정치랑 관련된 그런 배경이 있는데, 알죠? 그 사람은 그냥 더 큰 사람들을 죽이려고 하잖아요. 그게 맞죠. 큰 조직들이요. 그 사람은 그걸 쪼개고 싶어 한다고요. 그게 작은 사람들을 전부 죽이니까."

　아웃사이더의 약속은 매력적이지만, 그를 투표장으로 끌어낼 정도로 충분히 매력적이지는 않다. 윌리엄에게 변화는 여전히 내부의 투쟁이다. "그건 다 진짜 인식의 문제고 어떻게 적응하느냐 문제예요." 그는 누가 권력을 잡느냐를 비롯한 더 큰 환경이 자신의 미래 삶에 어떤 힘을 미친다는 생각을 근본적으로 거부한다. "사람들은 마치, '넌 여기서 나가, 그냥 나가' 그런 식이에요. 근데 어째서 나가야 돼죠? 자기가 신경 써야 하는 거에 신경 쓰고 자기가 할 일 하고 그러는 한 여기서 진짜로 당신을 방해하는 건 아무것도 없어요. 사람들은 여기가 당신을 방해하는 블랙홀이라고 그러지만 당신을 방해하는 건 당신 자신밖에 없다고요." 윌리엄에게 있어서 정치 영역과 거리를 두는 것은 회의적이고 불신하는 태도가 낳은 논리적 결정이지만, 주위에서 어떤 일이 벌어지든 올바른 선택을 할 수 있는 능력에 대한 믿음을 유지하며 생존해야 하는 상황에서 파생된 강력한 도덕적 결정이기도 하다.

내 투표는 말 그대로 아무 의미가 없어요

모 나이트는 어렸을 때 폭행죄를 저질러 소년원에서 7년을 보냈다. 그는 자신의 재판을 두고 "정의 같은 건 없었어요"라고 말한다. 지금은 콜브룩에서 어머니와 함께 살고 있다. 모는 "우리가 여덟 사람 몫의 푸드 스탬프로 25달러밖에 없어서 월마트에서 도둑질하다가 수감"된 상태에서 지금의 여자 친구를 만났다. 그들은 교도소 세탁 시스템으로 쪽지를 주고받으며 사랑을 키웠다. 여자 친구가 헤로인에 다시 빠져서 아기를 돌볼 수 없는 상태가 되자 그는 물류 창고 일을 최근에 그만두었다. "여자 친구가 자꾸 약을 하니까 딸이 약에 취한 엄마랑 지내는 시간이 꽤 많아요. 그러면 안 되잖아요. 이제 딸은 나랑 있어요." 그가 못 박듯 말한다.

모는 딸을 부양하기 위해 한 번씩 약을 파는 데 반대하지는 않지만 그걸 사용해서는 안 된다며 단호하게 선을 긋는다. "난 약이랑 거리를 두고 지내지는 않지만 그걸 하진 않아요. 돈을 좀 벌 수 있다고 해도 거짓말은 안 해요. 아뇨, 난 아니에요. 난 담배도 안 피우고, 커피도 안 마시고, 빌어먹을 건 아무것도 안 해요." 모는 자기 삶을 향상시킬 계획이 전 여자 친구 때문에 좌절당해 심기가 불편하다. 그의 어조에 피로감이 묻어난다. "컴퓨터공학을 배우러 (지역 전문 대학에) 가려고 했어요. 연방 학생 보조금도 승인받았고 일자리도 막 얻었는데 여자 친구가 지낼 곳이 필요하다는 거예요. 그래서 내가 그냥 '좆까' 그랬어요. 난 아파트 월세를 계속 내야 했거든요." 일자리도, 정붙일 사람도 없고 불신이 일상이 된 그는 "이 지역 사회에 있는 모든 사람과 거리를 두며" 지낸다. 이 시대의 시급한 사안인 '흑인 목숨은 소중하다' 운동, 테러리즘, 지구 온난화 등에 마음을 쓰느냐고 묻자 그가 거리낌 없이 무심함을 드러낸다. "총을 맞은 게 내가 아니면 신경 안 써요."

미국에 대한 충성심을 묻자 간단히 대답한다. "진짜 하나도 없어요. 다른 나라에 가진 않겠죠. 그치만 내가 미국인이라서 자랑스럽지도 않아요." 모는 정치 지도자들을 가리키며 주장한다. "그 사람들은 솔직히 이 빌어먹을 나라를 땅속으로 끌고 가잖아요. 내가 그래서 투표를 안 하는 거예요. 뭐에 대해서든 착한 관심 같은 걸 가진 사람이 있을 리가 없잖아요. 다 돈에 홀린 거예요." 모는 정치판을 돈이 좌우하고 권력자는 엉터리라고 철석같이 믿으며 온몸에서 불신의 기운을 발산한다. "사람들이 선거 운동 기금을 내주기를 바라면 그 눈치 보느라 진짜 하고 싶은 얘기는 하지도 못해요. 사람들이 듣고 싶은 얘기를 다 해야 되는 거예요. 사람들이 이미 갖고 있는 이미지 같은 게 있단 말이에요. 당신이 그 이미지를 갖고 있으면 당신은 믿을 수 없는 사람인 거예요. 그걸로 끝. 당신이 당신이 아니라면 내가 당신을 좋아할 이유가 없죠."

모 나이트와 내가 만난 날은 도널드 트럼프가 당선된 바로 다음 날이었다. 모는 투표도, 투표 등록도 하지 않았다. 그는 어머니 역시 투표해본 적이 없다고 생각한다(아버지는 2년 전에 암으로 세상을 떠났다). 그는 생각에 잠겨 말한다. "그걸 보면요, 힐러리 클린턴이 선거를 이겼어요. 근데 트럼프가 자기한테 필요한 투표수를 얻었단 말이에요. 미국은 힐러리를 뽑았어요, 엄밀하게 말하면요. 그치만 트럼프가 대통령이잖아요. 아, 그럼 염병 대체 이게 나에 대해서 뭘 말하느냐고요. 내 투표는 말 그대로 아무 의미가 없어요."

그의 말소리가 점점 잦아든다. "근데 맞아요, 이 나라는 침몰하고 있어요. 뭐 언젠가 좋은 때가 있었다는 말은 아니에요. 내가 살아 있는 동안에는 계속 침몰하고 있었어요." 모는 차기 대통령 트럼프에게 양가

적인 입장이다. 그는 권력자에 대한 불신 때문에 트럼프의 무슬림 등록
제 발언을 규탄한다.

이름에다가 무슬림이라는 꼬리표를 단다고요? 뭘 하자는 거죠? 그
사람은 대놓고 미국에서 제일 중요한 걸 차별하고 있어요. 미국은 다
양성 위에 세워진 나라란 말이에요. 안 될 말이죠. 어떻게 그런 인종
주의적인 사람이 있을 수 있죠? 그건 안 되는 거예요. 이름에다가 다
른 꼬리표를 다는 건 안 되는 거잖아요. 이름에다가 기독교인이라고
꼬리표를 달지 않잖아요. 그런 거지 같은 짓은 못 하죠. 사람들이 종
교 때문에 똑같은 취급을 못 받다니.

과거에 공정한 대우를 받지 못했다고 생각하는 모 나이트는 권위
에 맹목적으로 집착하기보다는 권위를 곱씹으며 의문을 제기한다. 하지
만 무엇보다 모가 갈망하는 것은 진정성, 그리고 권력을 잡는 데만 골몰
하지 않는 지도자다. 그런 자질만이 그를 정치에 끌어들이고 정치에 대
한 그의 관심에 불을 지핀다. 모는 이렇게 설명한다.

트럼프가 1달러만 있으면 된다 그랬잖아요, 대통령이 월급을 받아야
한다니까. 그 사람이 "난 1달러만 받을게요. 휴가도 필요 없어요." 그
랬단 말이에요. 내가 그랬어요, "뭐 그러시든가, 젠장." 그 사람은 대
통령이 안 됐어도 좆도 신경 안 썼을 거예요. 어쨌든 그 사람은 안 찍
었지만요. 그 사람은 돈이 있고, 40만 달러 월급은 기대하지도 않아
요. 대통령에 출마한 사람들이요, 힐러리도 그런 사람이잖아요. 그 여
자는 선거 운동에 필요한 돈을 전부 걷어야 했어요. 근데 트럼프는 그

럴 필요가 없었잖아요. 선거할 돈이 다 자기한테 있었으니까. 사람들이 그래서 트럼프를 증오하기도 하는 거예요. 그 사람은 좆도 신경 안 쓰니까. 그 사람은 뭐든 지껄이고 싶은 대로 지껄일 거예요. 그 사람은 정치인이 아니에요. 정치인은 지켜야 할 이미지라는 게 있잖아요. 근데 그 사람은 그런 게 없어요.

월급으로 "1달러만 있으면 된다"는 모가 상상할 수 있는 가장 설득력 있는 정치 슬로건이다. 정치의 핵심보다 더 중요한 건 사람들이 뭐라고 생각하든 신경 쓰지 않고, 후원자에게 신세 지지 않고, 지켜야 할 이미지가 없는 그런 이색적인 스타일이다. "이 나라에 대해서는, 뭐, 너무 많이 낙관적이진 않아요." 모가 생각에 잠겨 말한다. "근데 나는, 맞아요. 난 언젠가 100만 달러를 벌 거예요. 난 동기가 있으니까 그렇게 할 수 있어요." 성공은 다른 누구도 아닌 그의 소관이다. 그는 애국심이나 자부심 같은 실속 없는 소리는 하지 않고 자신보다 더 큰 무언가는 철저하게 거부한다.

이 장에 나오는 사람들은 미국 정부와 대립되는 "작은 놈"과 "우리 사람들"에게 연결되어 있다는 모호한 느낌을 가지고 있고, 미국 정부는 사기꾼이라고 주저 없이 일축한다. 그들은 진정성 없는 정치인들이 후원자를 끌어들이고 권력을 유지하는 데 필요하면 어떤 말이나 행동이든 할 것이므로 자신의 "투표는 아무런 의미가 없다"고 확고하게 믿는다. 이들 모두에게 "정치인"은 너무 역겨운 존재라서 정치인이 아니라는 사실이 다른 모든 특징과 정책 선호를 능가해버린다.[19] 불신, 집단의 효능보다는 자신의 효능에 집중하는 태도, 개인적이고 즉각적인 영향이 없어 보이는 더 큰 사회적 관심사에 대한 무관심 등 이들의 공통점은 집단

행동으로 이어지기에는 그 토대가 취약하다. 이 책의 결론에서 우리는 공통의 고통을 중심으로 구축된 친밀감이 노동계급과 이들의 더 넓은 공동체를 연결하는 가교로 기능하여 관계성과 회복력을 복원할 수 있을지를 살펴볼 것이다.

결론   죽은 공동체에 생명을 불어넣기

지구에서 석탄을 채취해 그 에너지를 이용하는 능력은 산업 혁명에 불을 지폈다.[1] 석탄은 집 안을 따뜻하게 덥히고 전쟁에서 승전고를 울리게 해주고 부를 쌓게 해주고 농업이 주를 이루던 나라를 세계에서 제일 막강한 강국으로 탈바꿈시켰다. 하지만 석탄 회사들은 땅을 약탈하고 하늘을 오염시키고 노동자의 몸을 싸구려 일회용품처럼 다뤘다.[2] 19세기에 사회학이라는 학문이 등장한 이유 중 하나는 급격한 경제 성장과 기술 진보가 동반하는 고통과 착취의 확산을 이해하기 위해서였다.[3] 사회학이 그 기반을 처음으로 닦았을 때부터 지금까지 학자들은 사회계급과 정치 행위의 난해한 관계를 설명하려고 애써왔다.[4] 많은 저명한 사상가가 산업 노동계급이 이데올로기에 현혹되거나 엘리트들의 분할 통치 전략에 넘어가지만 않으면 단결하고 봉기하여 압제자들을 쓰러뜨릴 것으로 예측했다. 《공산당 선언》은 "만국의 노동자여, 단결하라!"라고 촉구하며 "노동자들이 잃은 것은 쇠사슬뿐이고 얻을 것은 온 세상"이라는 유

명한 말을 남겼다.[5]

그러나 사실은, 많은 노동자가 잃을 게 너무 많았다. 산업 시대에 물질적 자원의 불평등은 인정의 불평등과 밀접하게 관련이 있었고, 그에 따라 좌우되었다. 역사, 위계, 자부심 간의 꾸준한 상호 작용 속에서, 인정은 우리가 정체성에 부여하는 의미를 통해 서로에게 선사하거나 거부할 수 있는 무언가가 된다. 특정 집단에 속한 사람들이 이 사회가 그들에게 도덕적 가치를 할당하는 방식 때문에 동등한 존재로 사회생활에 참여할 기회를 거부당할 때, 이들은 열등감과 더불어 배척당하고 악마화되었다는 기분을 느낄 수 있다. 많은 연구가 백인 산업 노동계급 남성들이 여성, 이민자, 소수 인종, 실업자 등 타자를 인정하기를 거부함으로써 하나의 계급으로서 자신들의 연대감을 거머쥐었다는 사실을 관찰했다. 사람의 운명은 오직 그 사람의 노력으로 판가름 난다는 설교가 지배적인 사회에서 노동계급 남성들은 리처드 세넷Richard Sennett과 조너선 코브Jonathan Cobb가 말한 "계급의 숨은 상처"를 말없이 처리했다. 이는 "아무리 노력해도 어디에도 도달하지 못한다는 느낌, 자신을 사회 수준이 더 높은 다른 사람들과 대비하면서 느끼는 허물어질 듯한 감정, 자신이 부족하다고 느껴 스스로에게 남몰래 분통을 터뜨리는 감각"을 말한다.[6] 앤드루 셜린의 말처럼 산업 블루칼라 노동자들은 소외를 유발하는 단조로운 노동을 남성적인 우월함의 표현으로 재정의하여 이러한 심리적 상처를 치유했다. 가족을 재정적으로 책임지는 한편, 가족에 대한 통제력을 유지하여 남성적인 권위를 부각하는 동시에 스스로를 유색 인종 남성들과 차별화하여 자존감을 유지한 것이다.[7]

석탄 회사들은 석탄이 더는 수익성이 없을 때까지 천연자원에서 가치를 추출했고, 그러고 난 뒤 탄광 공동체를 버려서 산업예비군들이 좋았던 시절을 그리워하게 방치했다.[8] 오늘날 석탄을 부활시켜야 한다는 요구는 반항적인 투지와 지난날의 찬란했던 미국의 유산을 포기하지 않겠다는 심리 그리고 이에 동반된 문화적 인정과 자부심을 일깨운다.[9] 하지만 지구가 제공할 수 있는 화석 연료는 유한하고, 젠더와 인종을 활용해서 산업 노동계급을 지탱해온 인정의 위계는 폭력적인 분란과 공세적인 논쟁의 장이 되었다. 개인의 곤란과 집단행동을 매개하는 "계급" 정체성은 더는 과거처럼 작동하지 않는다. "노동계급"이 백인도 남성도 아닌, 심지어는 때로 노동조차 하지 않는 후기 산업 사회의 극악무도한 분열과 불평등이라는 도전 과제를 정면으로 직시할 때가 왔다.[10]

이 책은 펜실베이니아의 무연탄 탄광촌에서 노동계급의 정치적 태도와 정책 선호를 탐구하는 데서 출발했다. 이 연구를 진행하면서 정치에 참여하고 거침없이 의견을 개진하는 사람들을 찾기는 어려웠다. 대신 내가 만난 사람들은 한때 사적인 자아를 정치 영역과 연결해주던 각종 제도와 분리되어 있었다.[11] 더구나 나이, 인종, 젠더를 막론하고 정부를, 교육과 의료 서비스 같은 사회 제도를 그리고 다른 사람들을 너무나도 불신해서 기존의 정치에 참여하는 것을 농담이라고 여길 정도였다. 4장에서 안드레스가 간결하게 표현하듯 정치인들은 "선출되는 게 아니라 선택되는 것"이다. 철없게도 민주주의가 내 목소리에 반응하리라고 믿는다는 이유로 투표일에 '투표했어요' 스티커를 달았다가 대놓고 조롱과 비웃음을 산 일은 오래도록 기억에 남을 것이다.

이 책에 나오는 사람들은 육체적 고통에 시달린다. 무거운 물건을 나르고 반복 작업을 해서 근육을 다치고 등이 만신창이가 되기도 하고 친밀한 반려자의 폭력 때문에 갈비뼈에 금이 가고 얼굴에는 멍이 들어 있다. 이들은 불안과 실망, 과거의 트라우마 같은 감정들을 관리하려고 음식과 퍼코셋, 헤로인과 담배에 의존한다. 이들은 때로 2장의 글렌처럼 자기 입 안에서 방아쇠를 당길 생각을 하거나, 3장의 루시처럼 자기를 데려가달라고 하나님께 기도한다. 대대손손 살아온 백인 주민들과 유입된 지 얼마 안 된 흑인 및 라틴계 주민들은 공동의 정체성을 중심으로 동력을 만드는 대신 **개인적**으로 고통을 관리하는 이야기들을 이용해서 그들 각자의 사적인 경험을 더 큰 사회 세계와 연결한다. 자신들의 필요와 희생이 인정받지 못할까 봐 다른 사람들의 고통을 부정하기도 한다. 그들은 자기 보존 욕구 때문에 대부분 정치 영역에 개입하기를 꺼린다. 가령 3장에 등장하는 광부의 딸 셸리 무어를 생각해보자. 그는 사회 안전망을 거부하고 고통을 도덕적 성장에 이르는 길로 받아들여 헤로인 중독과 폭력의 경험을 이해 가능한 것으로 치환한다. 6장에 나오는 조던 마데라는 가난과 배우자의 부정, 고립감을 견디기 위해 완벽한 닭 요리를 만드는 온라인 레시피와 자기 계발서를 탐닉한다. 고통에 대처하는 이런 개별적인 접근법들은 어떨 땐 오래된 계급, 인종, 젠더 구분에 도전하고, 이를 누그러뜨리기도 한다. 이러한 변화는 절대 호락호락하지 않다. 하지만 이 균열의 순간, 장소와 인종의 예측하지 못한 충돌의 순간, 미국을 찢어발기는 바로 그 단층선에서 새로운 동맹과 미지의 가능성이 열릴 것이다.

몰락한 영웅들

근육질에 수염을 기른 스물네 살의 마이클 피셔가 동네 피자 가게 부스형 좌석으로 미끄러지듯 들어온다. 티셔츠에 야구 모자 차림인 그는

32도에 달하는 절절 끓는 여름 날씨를 피해 잠시 한숨 돌릴 수 있게 된 데 안도한다. 메뉴를 살피며 날씨에 대해 가벼운 대화를 나누던 중 그가 태연하게 털어놓는다. "있잖아요, 아마 내가 아무것도 안 들고 집을 나온 게 처음일 거예요. 보통은 (총을) 들고 다니거든요. 보통은 조끼도 입고 있어요. 그래야 당신이 나를 찌르려고 해도 소용이 없을 테니까요." 그가 웃는다. "근데 오늘은 바로 아들을 데리러 갈 거고, 너무 덥잖아요." 마이클은 이미 폭행 전과가 있다. "현금 출납기에서 돈을 뽑는데 뉴욕에서 온 두 놈한테 습격을 당한 거예요. 자동으로 기소됐어요. 도망칠 수 있는 복도가 있었다고 정당방위가 아니라는 거예요. 근데 아들을 인도에 놔둘 수가 없었어요. 애가 괜찮은지 확인해야 했다고요. 나는 가족을 지키는 사람이니까." 마이클은 그 뒤로 경찰과 사법 시스템을 믿지 않는다. "거기서 기다리면서 앉아 있었어요. 그 뒤로 거기에 14일 정도 앉아 있었다니까요. 근데 원래는 24시간이 지나면 나를 풀어줘야 된단 말이에요. 거기에 14일을 앉아 있었는데, 그 사람들한테는 내가 그 감옥에 있었다는 기록이 하나도 없어요. 진짜 어이가 없었어요." 그는 "조만간 3차 대전이 진짜 벌어질" 거라고 확신하고 꿋꿋하게 무기를 숨겨서 가지고 다닌다. "이 꼬마들이 다 고등학교에서 나오면 준비를 하는 게 좋아요. 그게 걔네가 갈 데니까. 걔네는 대학에 안 가거든요. 해병대에 갈 거예요. 이 나라는 내리막길이에요. 2019년이면 3차 대전이 일어날 거예요. 내가 장담해요."

마이클은 열여섯 살 때부터 혼자 지냈다. 마이클이 태어났을 때 어머니는 그의 생부에게 이를 알리지 않았다. 아동청소년서비스국에서 일하던 어머니는 그가 두 살 때 자녀를 빼앗긴 데 불만을 품은 어떤 부모에게 살해당했다. 한동안 이모가 마이클을 데려가서 키웠다. "그 사람들은 이모한테 돈을 조금만 줬어요. 근데 그러다가 이모가 심장 마비가 와서 엄마가 죽고 4년 뒤에 돌아가셨어요. 날 키우는 게 이모한테 너무 힘들었던 거죠." 할머니는 마이클을 "악마의 자식"이라고 불렀다. 그는 할머니와 함께 살던 시절을 이렇게 회상한다. "내 인생 최악의 시기였어요. 할머니는 날 쇠막대기로 때렸어요. 양동이를 가지고, 차가운 물 같은 걸로 날 깨웠고요. 한번은 차가운 물을 완전히 뒤집어쓴 적도 있어요. 너한테서 악마들이 나온다고, 그렇게 내쫓는다고요." 그런데도 마이클은 과거의 모든 일에서 일말의 긍정성을 찾을 수 있다고 주장한다. "우리 할머니는 기가 셌어요. 그래도 음식을 잘했어요. *쪼끄만* 이탈리아 숙녀였죠. 할머니는 수제 국수도 만들고 다 만들었어요." 할머니 집에서 쫓겨난 뒤 마이클은 위탁 가정 서른일곱 곳을 전전하며 살았다. "계속 포기하더라고요. 그래서 옮기고, 옮기고, 옮기고 해야 했어요." 결국 또 다른 이모에게로 갔다. "그 이모가 마음을 바꿔서 날 데려가겠다는 거예요. 근데 입양 절차를 진행할 수가 없었어요. 그래서 그 사람들이 이모한테 위탁 부모 비용을 줬어요. 이모는 기본적으로 그걸 돈 때문에 한 거예요." 그가 단호하게 말한다. "내 애가 내가 겪은 위탁 부모 같은 사람들에게 자라지 않으면 좋겠어요."

마이클은 고등학교를 졸업하고 사흘 뒤 의붓형 한 명과 같이 군에 입대했다. 마이클은 그를 그냥 형이라고 부른다. "흑인 위탁 가정에서도 살고, 푸에르토리코 위탁 가정에서도 살고, 백인 위탁 가정에서도 살았어요. 그런 건 괴롭지 않아요. 제일 가까운 형이 아프리카계 미국인이었어요." 이라크에서 기관총 사수였던 마이클이 밤에 자려고 눈을 감으면 아직도 어른거리는 기억을 들려준다.

우리한테 이런 부품이 통째로 있어요. 이 커다란 금속 원반은 열을 받아서 뜨거운데 운전하는 동안 바닥에서 균형을 잡고 있어요. 이렇게 크고 긴 케이블에 걸려서요. 그리고 이게 바닥을 때리는 진동하고 열이요, 3미터 반경에 있는 건 뭐든 다 때려요. 만약에 사제 폭탄 같은 게 있으면 그게 이 부품을 폭발시켜요. 그게, 코너를 돌아도 별로 큰 도움이 안 돼요. 우리가 코너를 돌았는데 무슨 일이 벌어졌냐면 매복 공격을 당한 거예요. 살면서 손이 그렇게 떨려본 적이 없어요. 처음 20분 동안 2,300발은 쏜 거 같아요. 진짜 강렬했어요.

그다음에는 그의 온 세상이 산산이 부서졌다. "형이 바로 내 앞에서 죽은 거예요. 형이 나랑 단짝 전우 프로그램으로 묶여 있어가지고, 내가 그냥 무너진 거예요. 불안 장애랑 외상 후 스트레스 장애 때문에 전역당했어요." 그는 끈질긴 불안과 진 빠지는 통증을 애석해한다. "4년을 채웠으면 난 아마, 내 계획이 군대에서 은퇴하는 거였거든요, 거기서 20년을 보내고 은퇴를 했으면 서른여덟 살에서 마흔 살이었을 텐데, 아들한테 풋볼도 시키고 내가 아들한테 시키고 싶은 거 다 시킬 수 있을 정도로 충분히 젊었을 거란 말이에요. 그런 걸 하고 싶었는데. 그치만 항상 하고 싶은 대로 되는 건 아니니까요."

그러나 마이클은 군대에서 겪은 일을 말할 때 그렇게 **못 견딜 정도로** 힘든 건 아니었다는 점을 강조한다. 앞 세대처럼 기초 훈련을 참아낼 필요가 **없어서** 군대가 약해빠진 애들의 집합소가 되었다는 것이다. 그가 낄낄댄다. "살면서 무슨 열두 살짜리 같은 멍청이들을 그렇게 많이 본 적이 없어요. 기초 훈련에 들어가면 스트레스를 받을 수 있잖아요. 그럼 너무 스트레스를 받고 있다는 노란 카드를 줘요. 누가 고함을 칠 때마다 이런 쪼끄만 노란 카드를 받는다니까요. 요즘은 군대에서 기초 훈련을 받을 때 핸드폰도 가지고 있어요. 달리기도 안 해요. 군화도 제대로 안 신고 실내에서 달려요, 평지에서요. 막사에서 움직이지도 않고. 비가 오면 아무것도 안 해요. 뭐가 잘못된 거죠? 미안하지만 그런 애들은 못 믿어요." 고통은 미덕이라는 마이클의 믿음이 외상 후 스트레스 장애로 제대한 자신의 상황과 썩 조화롭지 못하다 보니 그는 스스로를 편하게 대하지 못한다. 이 나라를 위해 일했다는 걸 자랑스럽게 여기는지 묻자 그가 우울하게 말한다. "아뇨. 4년을 못 채웠잖아요." 마이클은 자신이 의료 서비스, 장애 수당, 대학 지원금 같은 제대 군인 혜택을 받는 건 옳지 못하다고 믿는다. "난 끝내지 못했다고요."

마이클은 지금 건설 일을 한다. 시급 37달러에 연료비까지 주는 짭짤한 일자리지만 계절을 탄다. "내가 거기 붙어 있으면 그 사람들이 회사 연료 카드를 줘요, 렌트 차량하고요. 돈은 그 사람들이 내는 거예요." 노동 시간을 보장받지는 못한다. "최근에는 비 때문에 그냥 죽은 목숨이었죠. 콘크리트도 못 부어, 잭해머질도 못 해, 많은 걸 못 해요." 그는 주말에는 마을에 있는 한 술집에서 기도로 부업을 하면서 직업이 없는 아내와 함께 세 살짜리 아들을 키우고 있다. 이들은 결혼한 지 1년이 되었는데, "아주 오래 갈지"는 자신이 없다. "물건을 주문한 후 첫 할부금만 내고 난 다음에 계속 내지 않는" 신용카드 사용 습관 때문에 신용 점수가 540까지 내려갔기 때문이다. 그가 어깨를 으쓱한다. "아마 집 한 채는 살 수 있었을 정도로 신용이 좋았어요. 침대 밖으로 나올 수만 있으면 일할 거예요. 내가 아들을 키우고 애를 학교에 데려갈 수 있으면 일을 할 수 있는 거죠."

이 책에 나오는 많은 사람처럼 마이클은 세상 사람들이 도덕적으로 해이하고 탐욕과 이기심을 절제하지 못한다고 여긴다. 그가 한숨을 쉰다. "그런 건 그냥 마음에 안 들어요. 어떤 사람이 나한테 10달러를 빌려주잖아요, 그럼 내가 아무리 집세가 늦었어도 그 사람 10달러로 집세를 내기 전에 그 돈을 먼저 돌려줄 거예요. 연체료를 감수하고서요. 무슨 말인지 알죠? 난 빚지는 게 싫어요. 근데 허구한 날 이 동네 사람들은, 나한테 돈을 빌려 간 사람들 말이에요, 돌아다니다 보면 그 사람들이 맥주를 사거나 맥도날드나 웬디스 같은 데 오만 친구들하고 음식을 사서 앉아 있는 게 보인다고요." 그가 명료하게 말한다. "돈을 갚는 건 원칙도 아니에요. 뭔가를 하겠다고 말하면 그냥 하는 거예요. 태도를 바꿔서 '아, 깜빡했다' 그러면 안 된다고요. 난 그런 소리 듣는 게 싫어요. 그걸 까먹지도 않았으면서. 그냥 하기 싫은 거지." 마이클은 한때 사람들을 신뢰 관계 속에 붙잡아주던 호혜성과 의무의 결속이 무너졌음을 감지한다. 그는 사람들만 탓하기보다는 부패하고 분별없는 정치 경제 시스템을 지적한다. "우리 경제가 망하고 있는" 큰 이유는 정치인들이 최저 임금을 인상할 생각이 없기 때문이라고 주장하면서 노동자의 권리를 지지하는 것이다. "다른 모든 게 올라가는데, 그것도 올려야죠. 다른 모든 건 계속 올리면서 그건 그대로 유지하잖아요. 최저 임금으로는 모든 것이 굴러가게끔 유지할 돈을 마련하지 못한단 말이에요. 그니까 유일한 선택은 그걸 올리는 거죠. 솔직히 7.25달러는 말도 안 된다고 생각해요." 마이클은 가난을 악순환으로 바라본다. "그럼 푸드 스탬프 같은 프로그램을 이용해야 돼요. 근데 그런 건 일시적일 수밖에 없어요. 원래 그렇게 만들어놓은 거라서. 한 번에 6개월, 1년 그래요. 내가 아는 사람들은 지난 5년 동안 푸드 스탬프를 받았어요. 그러면 안 돼죠. 사람들이 주저앉지 않고 자기 발로 설 수 있게 도와줘야 할 거 아니에요."

마이클은 "공원에 대개 헤로인 바늘이 있어서 애를 공원에 데려가지도 못하는" 동네에서 아들을 키우는 게 걱정이다. 최근에는 하루 이용 요금이 5달러인 실내 놀이터 개장에 관한 이야기를 나누려고 마을의 다 쓰러져가는 폐건물 주인에게 전화를 걸었다. "이 동네에서는 그 가격이 딱이에요. 많이들 고정 수입이 있으니깐." 그의 목소리에서 간절함이 묻어난다. "열 살, 열두 살짜리가 길거리를 배회하는 동네를 본 적이 없어요. 끔찍해요. 난 우리 애들이 열두 살이 됐을 때 밤 10시가 넘도록 밖에 있지 않으면 좋겠어요. 애들이 할 게 없으니까 허구한 날 말썽에 휘말리는 거라고요." "전화를 해봤는데, 그 사람이 다시 전화를 안 해요." 지금까지 그의 노력은 별 성과가 없었고 마을의 미래에 가망이 없다는 느낌은 점점 확실하게 굳어지고 있다.

마이클은 이 나라의 정치에 대해서는 조금이라도 말하거나 생각하고 싶지 않다. 2016년 6월, 내가 선택을 해보라고 부드럽게 요구해도 그는 후보자를 선택하기 위한 고민조차 거부한다. "둘 다 끔찍해요. 다른 꿍꿍이가 있다고 그러던데." 그가 건조하게 말한다. 그의 설명에 따르면 진짜 문제는 이 후보와 저 후보 중에서 선택하는 게 아니라, 현대 정치의 특징으로 나타나는 극도의 양극화와 투명성의 부재다. "그 사람들은 그냥 모든 걸 뒤집어버리잖아요, 모든 걸. 아무리 단순한 이야기라도 그냥 뒤집어요. 나는 소셜 미디어가 진짜 싫어요. 페이스북이 너무너무 싫어요. 모든 거엔 좋은 거랑 나쁜 게 있어요." 우리가 시리아 난민과 ISIS, '흑인 목숨은 소중하다' 운동, 경찰의 야만성을 이야기할 때, 마이클은 이런 정치적 논란들을 사람들의 주의를 분산시켜 통제하려고 위에서 만든 더 큰 음모와 연결한다. "모든 게 다 설정이에요, 솔직히. 우리 나라는 곧 군법을 따르게 될 수도 있어요."

마이클은 산업 시대 블루칼라 노동자들이 의지한 남성성인 고된 노동, 진실성, 자기희생, 아내와 아들을 지키고 부양하기를 잘 수행하려고 애쓴다. 하지만 그는 조각을 맞추기가 어렵다. 마이클의 논리에 따르면 그는 실패한 영웅, 고통이 자신을 제압하도록 방치한 자격 미달의 남자다. 나라를 지키려던, 가정 안에서 권위를 행사하려던, 안정된 월급을 벌려던 그의 노력은 모두 수포로 돌아갔다. 음모론은 사회의 계약이 깨졌다는 그의 감각에 매력적으로 다가오고, 모든 주요 사회 제도와 거리를 두는 것은 가장 장래성 있는 생존법처럼 보인다. 하지만 이게 다는 아니다.

불완전한 동맹

마이클은 천천히 자기 삶을 복구하는 과정에서 가난과 폭력을 피해 콜브룩으로 흘러들어온 스물네 살의 데릭 그랜트와 친구가 되었다. 데릭은 노스 필라델피아에서 어머니, 열두 명의 형제자매와 함께 어린 시절을 보냈다. 그의 가족은 "업타운, 저먼타운, 웨스트 노만, 프랑크푸르트 등 온갖 곳에 되는 대로 몇 년에 한 번씩" 이사를 다녔다. "동네에서 무슨 일이 벌어지고 그러면 알잖아요. 한번은 가정 폭력 때문에 이사를 하기도 했어요. 싸움을 많이 했어요. 학교에서 쫓겨나고, 또 다른 데로 보내지고. 맨날 애먼 학교나 뭐 그런 건 다 피하려고 하다 보니깐요. 그러다가 나이가 들었는데 그게 마치, '아, 이런' 싶은 뭐 그렇게 된 거지. 이젠 더는 이사 안 다녀요." 그와 그의 쌍둥이 형은 싸움에 휘말려 소년원에서 3년을 보냈고 고등학교를 졸업하지 않았다. "열여덟, 열아홉 정도가 되기 전까진 현실에서 우리를 아무도 들이받지 않았어요, 진짜로요. 우린 그니까, '이제 우린 인생에서 뭘 하지?' 하는 식이 돼버린 거예요."

어머니 집에서 모퉁이만 돌면 되는 곳에 들어선 주유소 겸 편의점에서 데릭 형제를 시급 8.5달러에 "현장에서 고용"했다. 데릭은 유지 관리 매니저까지 승진했고, 옆 가게에서 일하는 여자 친구를 만났다. 여자 친구는 곧 딸을 임신했는데 이 일이 그에게 변화의 계기가 되었다. "애를 갖는 건, 그니까 그건 재미도 게임도 아닌 거예요. 진짜 애가 생기기 전에는 말이에요, 그니까, 그냥 내 일만 했어요. 알잖아요, 열아홉 살이나 뭐 그런 때. 그냥 나가서 돌아다니면서 뭐든 하고 싶은 대로 하는 거요. 알잖아요. 일하러 가고, 집에 오고, 뭐든 하고 싶은 거에 돈을 쓰고. 그런 거 알잖아요. 그렇게 몇 년을 보내면서 나이가 든 거죠." 그러나 여자 친구는 그가 헌신적이지 않다며 끊임없이 불안해했다. "어느 날 그 미친 것이 내가 어떤 계집애랑 놀아난다고 생각하고 직장에 온 거예요. 그 계집애를 두들겨 패려고요. 아니, 그 여자애를 팬 건 내 여동생이에요. 걔네가 거기 오기 전에 여동생이 엄마한테 연락을 했어요. 걔랑 여동생이 내 직장에 와서 난리를 피웠어요. 난 부끄러웠죠. 걔네가 거기 와서 난동을 피우고 나서 난 일자리를 잃었어요." 그가 슬픈 목소리로 말한다. "그 일이 있고 나서, 그 뒤로는 한 직장에 오래 있을 수가 없었어요. 실직하고 나서 다른 일 몇 개를 해봤거든요. 조경 일도 하고, 알잖아요, 건축 일도 하고, 그런 거 다 해봤는데 계속 유지가 안 되는 거예요."

데릭의 남동생 체이스는 열두 살 때 친구들과 함께 동네의 다른 꼬마들과 싸움을 벌였다. 이 남자애들의 부모 중 한 사람이 야구 방망이를 들고 나타났고 폭력이 과열되었다. 체이스는 싸움 중에 체포되었고 2년간 수감 생활을 했다. 몇 개월 뒤 데릭은 친구가 자기 집 바로 뒤에서 머리에 총을 맞는 장면을 목격했다. "그래서, 오 이런, 여기서 빠져나가야 겠다 싶더라고요. 그 일도 있고 다른 온갖 일이 벌어져서 그냥 어디든 좀 가버리자 싶었어요. 누가 머리에 총을 맞는 걸 보잖아요, 그러면, '아, 내가 이걸 해야 하나' 싶어요." 겨우 스물세 살인 데릭이 토로한다. "잘못될 수 있는 모든 게 이미 잘못돼서 지금부터는 올라갈 일밖에 안 남은 기분이에요. 올라갈 일밖에는 아무것도 없어요." 정확히 어떤 의미인지 묻자 그가 이렇게 덧붙인다. "관계, 내 목표, 모든 거 다요. 난 이미 맨 밑바닥을 쳤어요. 빌어먹게 우울한 내 관계가 끝나고, 다시 시작하는 거죠. 남동생도 그렇고. 알잖아요. 일자리도 없고." 남동생의 성화에 데릭은 콜브룩으로 이사를 했다. "처음에는 제정신이 아니었어요. '난 여기 있기 싫어' 뭐 그런 거 있잖아요. 아는 사람도 하나도 없고." 그러나 "한 달에 300달러, 일주일 치 급료면 집 한 채 얻을" 수 있다는 걸 알고는 계속 지냈다. 지금은 언젠가는 "내 음악으로 투어를" 하는 날이 오기를 바라며 남동생들과 함께 곡을 쓰고 "음악 같은 걸" 하면서 여유 시간을 보낸다.

데릭의 인생에서 잘못될 수 있는 모든 일이 이미 일어났으므로 그는 "내 식탁에 음식을 올리고 뭐 그런 거" 외의 모든 것, 이를테면 정치와 같은 것에는 "더 관심을 둘 수가" 없다. "난 그냥 하고 싶은 걸, 내가 하는 걸 하는 거예요. 그런 건 나랑 아무 관계가 없잖아요." 하지만 그의 심드렁한 태도는 딸에 대한 깊은 걱정과 서로 모순된다. 그는 이렇게 토로한다. "이쪽에서 제일 걱정하는 건 그러니까, 그 변화요. 이 동네가 곧 일어날 변화에 준비가 되어 있을까 싶은 거죠. 그게 제일 큰 걱정이에요. 제일 큰 걱정이죠. 그리고 난 그냥, 그냥 그 변화가 일어나면 좋겠어요. 알잖아요. 내 딸이 그 변화의 한복판에 있게 될 거잖아요. 그냥 모든 게 딸한테 준비가 되어 있길 바라는 거예요." 데릭에게 미국의 농촌은 야단스러운 관계, 폭력, 가난에서 몸을 피해 자기 자신과 자신의 삶을 재건할 가능성을 지닌 안식처다.

콜브룩에 온 첫날 남동생을 만났다. "동생이 그러더라고요. '아, 빌어먹을, 어떤 머저리가 나한테 시비를 걸더라. 나 같은 건 이런 데 어울리지 않는다면서.' 그래서 나는 '아, 여긴 빌어먹을 인종주의자 동네구나' 싶었어요. 필라델피아에서는 그걸 감당 못 해요. 필라델피아에서는 감당이 안 돼요. 뭔가를 하기는 하는데 그게 허구한 날 그렇게 호락호락한 게 아니에요." 데릭은 어느 일요일에 교회에 가보았지만 별로 반가워하지도 않고 트럼프에 우호적인 메시지를 노골적으로 드러내는 설교단의 모습에 불안을 느껴 다시 찾지 않았다. 지금은 이렇게 말한다. "그냥 웃겨요. '당신들 진심이야?' 그런 생각이 들어요. 그 사람들이 나를 보면 '오, 너 마약 팔지' 그러거든요. 이게 도대체 뭔 소리예요? 내가 말썽에 휘말리긴 해요. 뭐 전엔 잘 그랬죠, 싸움도 하고. 근데 전에도 지금도 마약을 팔진 않아요." 마을 사람들이 새로 유입된 주민들을 조롱하는 페이스북 포스트를 공유할 때 그는 이렇게 반응한다. "대체 다들 왜 그런 거죠? 그거 전부요, 그게 뭘까요? 뭣 때문에 그럴까요? 그런 건 필요 없어요. 그냥 자기 인생을 살면 돼요. 우리가 뭘 했다고, 우리가 당신들한테 뭘 어쨌다고 이래요? 우리가 당신들한테 뭘 했는데? 우린 그냥 당신들처럼 여기서 밥벌이를 하는 것뿐이라고요."

마이클과 데릭은 어느 날 밤 많은 백인이 "게토 술집"이라고 부르는, 이 마을에서 하나뿐인 "흑인 술집"에서 마이클이 기도로 근무 중일 때 만났다. 마이클은 새로 이주한 주민들이 상대하는 매서운 인종 긴장을 몸소 증언한다.

내가 술집에서 나오면서 가끔은 건물을 몇 바퀴 돌아요. 뭐라도 있으면 보고해야 하거든요. 바로 어제 그랬는데 어떤 남자들이 막 싸우려고 하는 거예요. 거기 있던 한 백인 남자가 그랬어요, "여, 이 술집에 원숭이들이 떼로 온다며." 흑인 남자 한 명이랑 백인 남자가 넷이었는데 그 사람들이 바로 경찰 앞에서 흑인 남자를 공격하면서 그러는 거예요. 좋은 니○○는 죽은 니○○라고. 근데 경찰은 아무런 조치도 없었어요. 나도 '니○○ 애호가'[흑인과 어울리는 백인을 비꼬는 멸칭]라는 말을 들었어요. 끔찍해요. 경찰이 뭐라고 했는 줄 알아요? 아무 말도 안 했어요. 이젠 귀찮아서 경찰을 부르지도 않아요.

마이클은 마을의 유색 인종들을 싸잡아서 범죄자와 중독자 취급하는 행태를 비판하며 이렇게 지적한다. "그런 거 계속 봤어요, 막 페이스북이나 신문에 튀어나와요. 마약 소굴이 막 창궐한다고. 헤로인이랑 그런 오만 거 파는 사람들을 보라고요. 그 사람들은 심지어 흑인도 아니라고요. 그런 짓 하는 흑인은 몇 명 되지도 않아요. 잡히는 사람들은 전부 다, 대다수가 백인이에요. 근데 어떻게 '오, 흑인들이 이 짓을 했어'라고 말할 수 있죠?" 그는 "빌어먹을 범죄 감시 도보 행진"에 대해 말할 때 특히 더 격분한다.

그 사람들은 그게 범죄 감시라고 하지만 솔직히 그건 인종주의적인 개소리예요. 그중에 어떤 사람은 범죄 감시라고 하면서 총을 들고 마을을 돌아다녀요. 어째서 등에 총을 매달고 마을을 돌아다니는 거예요? 맞아요. 총이나 뭐 그런 걸 가지고 어느 날 우릴 멈춰 세우길래 그랬어요, "이 행진 왜 하는 거예요?" 그랬더니 그 사람이, "아, 이건 콜브룩 범죄 감시 뭐 그런 거요, 형씨" 그러잖아요. 사람들이 나한테 그 망할 주차장에서 흑인들을 마을에서 내쫓으려고 인종주의자 모임을 할 거라고 그랬단 말이에요. 그 사람들은 전부 흑인들을 내쫓으려고 행진을 하는 거예요. '우리 마을을 되찾자' 행진 뭐 그딴 거요. 근데 그 사람은 우리가 그걸 가지고 뭐라고 했더니 "아, 이건 그냥 범죄 감시 예요" 그러는 거예요. 네, 아무렴요.

"그럼 나랑 마이클은 뭘 하는 줄 알아요?" 데릭이 또 다른 대화에서 이야기를 들려주며 웃는다. "우린 바로 그 사람들하고 같이 걸어요. 그 사람들이 난리를 피우더라고요. 우린 그랬죠, '우리는 범죄를 감시하고 있어요, 당신들 뭔 소리 하는 거예요?' 우리가 다 농담으로 만들어버렸 어요. 난 맨날 웃었어요, 그게 웃기다고 생각했어요. 진짜 진짜 웃겨요." 그는 어깨를 으쓱한다. "근데 그게 우리 전부가 그냥 뭉치는 거랑 비슷해 요. 우린 다 같이 술집에 가고, 다 같이 맥줏값을 모아요. 우린 다 그냥, 그 건 하나가 된 느낌이에요. 기본적으로 가족처럼요." 데릭은 새로 유입된 주민과 오랜 주민들 모두를 사귀며 천천히 친구 집단을 만들어가는 중 인데, 매일 아침 "이들 모두에게 연락해서 다들 괜찮은지를 확인"한다. 데릭은 지역 풋볼 리그에도 들어갔고 그의 팀은 저소득층 어린이에게 장난감을 선물해주는 프로젝트의 기금을 마련하기 위해 경기를 했다. 팀 코치이자 2장에 나왔던 트럼프를 지지하는 외상 후 스트레스 장애 생 존자인 백인 글렌은 데릭에게 "거의 아버지 같은" 존재가 되었다.

마이클 피셔와 데릭 그랜트에게는 내면으로 방향을 틀고 오직 자 신의 삶에만 집중하는 것이 말썽 많은 관계와 사회적 배제, 꾸준한 실망 속에서도 살아남을 수 있는 매력적인 전략이다.[12] 하지만 동시에 이들은 매일 서로의 안부를 확인하고, 풋볼 리그에 참여하고, 인종과 나이의 경계를 넘어서 관계를 맺고, 자기 아이들이 어떤 세상에서 자라기를 바라는지 생각하고, 무장한 자경단을 놀리며 마을에서 씩씩하게 행진한다. 이들은 이 모든 일상적인 순간을 통과하며 새로운 형태의 사회적 인정의 씨앗을 심어 움을 틔우고 포용과 배제의 기존 경계를 잠정적으로나마 재배치한다. 이 경우 사회 변화는 노동계급에게 최선의 이익이 무엇인지 알려주는 데서, 또는 이들에게 정치에 대한 진짜 사실을 쏟아붓는 데서 비롯되지 않는다. 변화는, 아주 미미하고 느린 변화는, 이들의 미래를 가로막는 위협과 이들의 역사에서 패턴화되어 나타나는 적대와 고립에 맞서는 매일의 국지적인 도전의 형태로 나타난다. 이런 꾸준한 전개 과정과 그 우발성 속에서 희망은 보글보글 피어오른다. 낡은 모델이 이들을 주저앉힐 때 자아와 공동체 사이에 다리를 놓는 새로운 방법을 상상하는 불완전한 영웅에게서, 새로운 의례에서, 동맹 관계의 변화에서 말이다.

증인 되기

이 책에 등장하는 노동계급의 상처가 아무리 끔찍하더라도 이는 그들이 자초한 것이라고 결론 내리는 독자도 있을 것이다. 이런 관점을 되풀이하는 두드러진 저작으로는 백인 노동계급의 삶을 자전적으로 다뤄 2016년 여름 베스트셀러 반열에 오른 J. D. 밴스의 《힐빌리의 노래》가 있다. "위기에 처한 가족과 문화"를 다룬 《힐빌리의 노래》는 저자가 어린 시절 쇠락해가는 애팔래치아산맥 근처 오하이오의 한 마을에서 목격한 가난과 학대, 방치의 풍경을 기록한다. 실리콘밸리의 성공한 변호사로 성장한 밴스는 자기 가족과 고향 친구들의 "학습된 무기력"을 지적한다. 자신들이 겪는 문제를 정부 탓으로 돌리는 태도가 "우리 사회의 제도들에 대한 깊은 회의"를 통해 드러난다는 것이다.[13] 밴스는 이를 고통과 노골적으로 연결하면서 자기 동료들이 정신적 상처를 달래기 위해 "가난한 집 안에 파묻혀" 지내는 게 아닌지 의심한다. "우리는 대형 텔레비전과 아이패드를 구매한다. 우리 아이들은 고이자 신용카드와 소액 단기 대출 덕분에 좋은 옷을 입는다. 우리는 필요하지도 않은 집을 구매하고, 돈을 더 많이 쓰기 위해 집을 재융자하고, 파산을 선언하고, 종종 그 안에 쓰레기만 남겨놓고 집을 비운다." 밴스는 이렇게 독백한다. "우리가 거울 속에 비친 스스로의 모습을 들여다보면서 우리 행동이 아이들에게 해가 된다고 인정할 정도로 튼튼할까? 공공 정책이 도움이 될 수 있지만 우리를 위해 이런 문제를 해결해줄 수 있는 정부는 존재하지 않는다……. 정답이 정확히 뭔지는 모르겠지만 오바마나 부시나 얼굴 없는 기업들을 탓하는 걸 그만두고 스스로에게 더 나은 삶을 위해 뭘 할 수 있을지를 물어볼 때 그 답이 고개를 내밀 거라는 사실은 안다."

밴스는 혼자서 힘든 일을 감당하지 못하는 자신의 나약함을 남 탓으로 돌리기, 생존에 도움이 필요한 사람들에게 적개심 드러내기, 고통을 안긴 사람들과 자신을 단절하여 인정과 지존감 얻기 같은 고통 관리 방법을 비판적으로 바라본다. 이 책 전반에는 밴스의 관찰과 조응하는 인용문이 많다. 스스로 문제를 해결하지 못하는 사람들에게 인정과 존엄을 내주지 않는 것은 자신의 고통을 미화하는 일반적인 전략이다. 하지만 내가 만난 사람 중 압도적 다수가 실은 거울에 비친 자신의 모습을 들여다보고, 실패에 책임을 지고, 더 나은 미래를 맹세할 정도로 충분히 튼튼했다. 루시가 푸드 스탬프가 필요한 자신을 증오할 때, 엘런이 언니를 약물 과용에서 지켜주지 않겠다고 선언할 때, 마이클 피셔가 외상 후 스트레스 장애를 이겨내지 못한 자신의 무능력을 한탄할 때, 이들은 모두 고통을 견뎌내면 결국 더 강해진다는 메시지를 강화한다. 고통을 넘어서 그것을 딛고 성장하지 못할 때 실망을 표출하고, 자신에게 나약하고 자격이 모자란다는 딱지를 빠르게 붙인다.

하지만 이들이 자신의 삶을 찬찬히 반추하는 목소리에 귀를 기울이면 이 책에 등장하는 사람 대부분이 단 한 가지의 모진 고통 관리법에만 골몰하는 게 아님을 알 수 있다. 대부분은 정부가 할 일이 사람들의 삶에서 멀찍이 떨어져 있는 것뿐이라거나, 가난이 바로 그 사람 탓일 뿐이라고 진심으로 믿는 자유 시장 지지자가 아니다. 이들은 덮어놓고 자신들의 실패가 오바마나 부시나 얼굴 없는 회사 탓이라고 비난하기보다는, 사회 계약을 저버리고 기본적인 공정함과 인간의 존엄보다 이윤을 우선시하는 회사와 제도들을 향해 구체적이고 날카로운 비판의 날을 세운다. 편견 덩어리 사법 시스템을 겨냥하든, 흔적 없이 사라진 고용주의 의리를 겨냥하든, 약물 중독에서 이윤을 챙기는 의사와 제약 회사들을 겨냥하든, 아니면 비싸고 쓸모없는 학위를 팔아먹는 영리 대학을 겨냥하든, 이 노동계급 관찰자들은 과거에 아메리칸드림을 일군 사람들이 그 꿈을 강탈당한 사실을 알고 있다. 이들은 부자가 정치인들을 "주머니에 넣고" 주무르는 게 잘못되었다고 생각한다. 그리고 많은 이가 자신이 느끼는 고통이 자기 탓만은 아니라고 믿는다. 거기서 벗어나기 위해 의지할 사람이 자신밖에 없더라도 말이다.

이 책에 등장하는 노동계급 인간 군상은 인종주의, 성차별주의, 외국인 혐오로 분열되어 있으면서도 하루 9달러로는 가족을 부양할 수 없다는 데, 극도의 불평등이 민주주의를 훼손한다는 데, 우리가 타자와 반드시 맺고 살아가야 하는 관계를 유실했다는 데 근본적으로 동의한다. 2장에 나오는 조슈아와 그 아버지의 표현을 빌리면, 이들은 자신 앞에 놓인 선택을 "똥이냐 똥 샌드위치냐"로 바라보면서, 초당파주의와 공적 담론이 불가능한 상황에 좌절한다. 서로 다른 배경과 경험에도 공통으로 느끼는 무의미함과 불신은 "정부는 누구를 위해 존재하는가"라는 긴박한 문제로 수렴한다.[14] 이들은 스스로를 아웃사이더로 파악하기 때문에 음모론을 상식으로 받아들인다. 9·11 월드트레이드센터 공격, 샌디훅 대학살, 상수도에 함유된 불소, 또는 에볼라나 다른 질병을 통한 인구통제 같은 주제들은 의심과 편집증의 경계를 흐린다.

하지만 애국심의 핵심 교리 일부에 거침없이 의문을 제기하는 태도를 통해 이들은 지금의 시스템이 자신들에게 유리하게 작동하지 않고 있다는 현실에 눈을 뜨기도 한다. 이들의 이야기에는 고통의 개인적인 원인과 공적인 원인이 모두 관통한다. 이 책에 나오는 사람 중 누구도 돈 많은 유권자의 요구를 위해 봉사하는 정치인을 완전히 용서하지 않는다. 그리고 누구도 아메리칸드림의 순수함을 진심으로 믿지 않는다. 이들은 자신의 가장 내밀한 고통을 공유하면서 자신들의 삶을 불가능하게 만드는 사회 경제적 힘을 인지하고 있음을 표현한다. 이들은 자신들이 삶 속에서 겪는 불평등과 모순을 조명한다. 그리고 고통의 사회적 출처를 이해할 때 고통이 실천의 수단이 될 가능성, 피에르 부르디외의 표현을 빌리면 "사회 세계가 행한 것은 사회 세계가 되돌릴 수 있다"는 인식의 가능성이 등장한다.[15] 많은 사람이 자신이 치른 대가로 다른 집단이 이익을 얻고 있다고 느낄 때 복지에 특히 비판적이지만, 그럼에도 교육과 의료 서비스와 공정한 임금, 양질의 일자리라는 측면에서 기회를 확대하는 정책을 전폭적으로 지지한다.[16] 이들의 증언으로 판단컨대, 노동계급 가정에 우호적인 경제 정의를 정강의 중심에 놓고, 평범한 사람들에게 유리한 성장의 기회를 독려하고, 금융 엘리트와 정치 엘리트의 결탁을 서슴지 않고 비판하는 정치인이 이들의 지지를 얻을 것으로 보인다.[17] 이런 후보는 신뢰와 책임, 상충하는 아이디어에 개방적인 태도, 열렬한 포용 사이에서 세심하게 균형을 잡아야 할 것이다.

고통을 정치적 동원의 지렛대로 삼기

극적인 사회 변화는 사람들이 함께 어울려 새로운 정치적 정체성과 실천에 관심을 표출할 공간을 열어젖힐 수 있다. 하지만 정치 영역을 깡그리 부정하면서 "우리"를 상상하기는 여간 어려운 일이 아니다. 이 역설은 고통을 중심으로 구축된 친연성이 과연 개인과 더 큰 사회를 연결하는 가교 역할을 하고, 어쩌면 계급이나 인종 같은 오래된 정체성을 대체하거나 보충할 수 있을지에 문제를 제기한다.

아편이 콜브룩을 대대적으로 휩쓸자 2016년 봄과 여름 내내 일련의 공개 토론회가 고등학교와 공공 회의실에서 열렸다. 한 지역 주민은 토론회의 질의응답 시간에 경찰이 자기 딸을 비밀 정보원으로 이용했고, 그래서 치료를 받아야 하는 9개월여 동안 헤로인을 매매하고 약물 남용의 위험 속에서 살아야 했다며 화난 목소리로 이야기했다. 또 다른 주민은 심신을 쇠약하게 하는 부상과 심각한 외상 후 스트레스 장애에 필요한 진통제에 접근할 수가 없다며 한탄했다. 한 중독 상담사는 기관총으로 중독의 확산을 해결할 수 있으면 좋겠고, "마약과의 전쟁"이 백인이 많이 사는 농촌 지역으로 이동하고 있는 것은 "등쳐먹을 부모가 있는 사람들이 더 많기" 때문이라고 솔직하게 발언했다. 하지만 샘 퀴논Sam Quinone의 《꿈의 나라: 미국 아편 유행에 대한 진짜 이야기Dreamland: The True Tale of America's Opiate Epidemic》를 읽은 지 얼마 안 된 어떤 절박한 부모는 트럼프가 세우는 장벽이 멕시코에서 유입되는 검은 타르인 헤로인을 막아줄 수 있을지 진지하게 물었다. 지역 판사, 검시관, 주 하원 의원 등 패널로 참석한 카운티 공무원들은 지친 기색이면서도 인내심을 발휘하여 중독에 대한 "당근과 채찍" 접근법을 재차 요구했다. 한편으로는 교육으로 내부의 동기와 목적을 구축하고, 다른 한편으로는 재범자들을 수감하는 방법을 사용하자는 것이다. 2시간 반에 걸친 이 모임에서 일자리 문제는 한 번도 거론되지 않았다.

1장에 등장한 광부의 손녀 엘런은 세간의 관심과는 관계없이 중독자의 가족과 친구들을 위한 지원 모임에 매주 참석한다. 이 모임에는 공식적인 이름이나 소속이 없고, 육중한 오크 테이블에 둘러앉은 사람 중에 의료 전문가가 없다는 것이 특징이라면 특징이다. 엘런은 언니의 헤로인 중독과 관련된 자신의 분노를 다스리는 데 도움을 얻으려고 그곳에 간다. 엘런이 씩씩대며 말한다. "언니는 일도 안 하고 종일 소파에 누워서 푸드 스탬프랑 주택 바우처를 받아먹어요." 그런데 참석자들이 돌아가며 자신의 고통스러운 이야기를 털어놓자 엘런의 관점이 바뀐다. 엘런은 자신의 물건을 도둑질하는 헤로인 중독자 아들과 더는 살고 싶지 않다는 어머니의 이야기를 듣자마자 아들을 위해 의료 보험과 공공주택을 신청하는 법을 놓고 실용적인 조언을 건넨다. 남자 친구 역시 헤로인을 복용하고 있는, 회복 중인 젊은 푸에르토리코 여성 에바는 옥시콘틴 같은 중독성 강한 아편제 진통제를 만들고 처방해서 중독에 기름을 붓고, 반대편에서는 서복손 같은 치료제를 팔아서 중독에서 이윤을 챙기는 제약 회사와 의사들을 강하게 비난한다. 모임에서는 마약에서 감옥으로 이어지는 "직통 라인"이 가족과 친구들의 발목을 잡는다는 비판이 쏟아진다. 한 남자가 선언한다. "시스템이 혼자서 배를 불리는 거야. 우리가 그 시스템을 무너뜨려야 해요."

  자기 계발서를 탐독하는 엘런이 쥐가 장난감과 풍족한 음식에 둘러싸여 있으면 헤로인 용액에 중독될 가능성이 낮아진다는 연구 결과를 예로 든다. 요컨대 쥐들이 "쥐들의 천국"에 있을 때는 위험한 영향에 휘둘릴 가능성이 낮아진다는 것이다. "엉망진창인 우리 지역 사회를 어떻게 쥐들의 천국 같은 곳으로 만들죠?" 한 젊은 여성이 묻는다. "죽은 지역 사회에 어떻게 생명을 불어넣죠?" 가족이 4대에 걸쳐 콜브룩에 거주한 한 노동계급 백인 남성이 맞장구를 치듯 말한다. 이 흔치 않은 순간에 "우리"라는 감각이 고개를 든다. 노동계급 가정이 겪는 절망은 이 뜻밖의 장소에서 연대 의식을 약화하기보다는 오히려 고취하는 매개로 작용한다. 공식적인 정치와 대대적인 개혁 대신, 놀라운 동맹과 회의적인 청중들, 문제 해결을 위해 한자리에 둘러앉은 두서없는 지역 네트워크에서 동지애가 순간적으로 점화된 것이다.

  우리가 다른 사람에게 털어놓는 이야기들은 남이 우리를 등쳐먹는 데 사용될 수도 있고, 자책과 공적인 경멸을 막아주는 보호 장치 역할을 할 수도 있다.[18] 이 책에서 개인의 고통과 구원의 이야기들은 많은 노동계급 사람들의 자아를 받쳐주는 기반을 형성한다. 나를 비롯한 많은 학자가 자기 치유와 자기 개조의 서사들이 "우리"보다는 "나"에게 특권적인 지위를 부여하여 집단행동을 방해하는 내부 지향적인 탐색에 고통의 당사자들을 가둔다고 우려해왔다. 로빈 사이먼Robin Simon과 캐스린 라이블리Kathryn Lively의 지적처럼 "강렬하고 집요한 분노가 대대적인 사회적 불평등의 집단적인 시정을 위해 반드시 필요한 것처럼 보인다는 점은 아이러니하다."[19] 하지만 어쩌면 개인주의적 열망과 공동체적 열망이 항상 상충하는 것은 아닐지 모른다. 알린 스타인Arlene Stein의 말처럼 "치유의 정치가 개인들과 그들이 속한 집단이 고통스러운 감정을 꾹 참기보다는 공개적으로 드러내도록 독려하고, 이런 감정을 정치적 동원의 한 방편으로 활용하는 것"도 가능할 수 있다.[20]

한 사람이 고통, 혹사, 실패, 허점을 되돌아보면서 증인의 공동체에 증언할 때는 일상생활의 흐름에서 떨어져나와 어째서 그런 방식으로 일이 벌어지게 되었는지를 자신의 언어로 설명해야 한다.[21] 고통을 억울함과 책망 속에 감춰두는 대신 이름을 붙이고 바깥세상을 향해 집어 던지면, 수치스러운 경험으로 남게 될 것으로 사회적 유대를 빚어낼 가능성이 싹튼다.[22] 이야기 전달자는 J. D. 밴스가 《힐빌리의 노래》에서 그러하듯 다른 이들을 대신해서 말하는 것이 아니라, 고통을 경험한 동료로서 다른 이들과 함께 이야기하기 위해 다른 사람들에게 자신의 고통을 들려줄 수 있다.[23] 자기 단절에 맞서고, 고통과 해법을 공개적으로 공유할 수 있는 튼튼한 공론장의 형성은 고통받고 있는 사람들에게 집단적인 동원의 발판을 제공할 수 있다. 가령 사회학자 제니퍼 랜들스Jennifer Randles는 부부 교육 프로그램 연구에서 저소득 부모들이 고통스러운 경제 상황과 가정 환경이 비슷한 다른 부부들과의 만남을 통해 서로를 인정하고 응원하는 한편, 자신이 겪는 곤란은 가난 때문이지 그들의 개인적 결함 때문이 아니라는 점을 학습하는 데 도움을 받는다는 사실을 확인했다.[24] 이와 유사하게 조안 마야 마젤리스Joan Maya Mazelis는 복지권 조합에 가입한 필라델피아 빈민들이 어떻게 서로 꾸준한 관계를 유지하면서 호혜성의 네트워크를 구축하고, 자원을 공유하고, 기술을 쌓고, 부정의에 맞서 빠르게 움직일 수 있게 되었는지를 기록했다.[25]

콜브룩에서는 이런 유의 일상과 상호 작용이 없다 보니 사람들은 주로 혼자서 자신의 경험과 정치의 연결 고리를 찾는다. 이 때문에 정치적 세계관이 엉성하거나, 모순적이거나, 불완전해 보일 때가 있다. 이 책에 나온 몇몇은 공립 학교에 실효성 있는 시민 교육이 부재하고, 믿을 만한 정보를 찾기가 어려워서 느끼는 좌절을 토로했다. 민간 조직이나 정치 조직, 종교 조직 등 믿음직한 공동체 조직과 네트워크를 통해 가정에서 경험하는 고통과 불평등을 다른 사람들의 경험과 연결하고, 개인과 공동체를 잇는 공감의 다리를 놓을 수 있을 것이다.[26]

내가 인터뷰한 사람들은 고된 노동에서 자존감을 얻는다. 약한 사람을 괴롭히는 걸 좋아하지 않고, 믿을 수 있는 사람이 되고 싶어 한다. 목청 높여 말하기를 부끄러워하지 않는다. 변화의 가능성은 고통 당사자들이 공동체를 꾸릴 때 찾아온다. 오드리 로드Audre Lorde의 말을 빌려 보자. "나는 고통을 깨달았고, 그 속에서 살아남았다. 이제 내가 거기에 목소리를 입히고, 쓸모 있게 공유해서 그 고통이 낭비되지 않게 하는 일만 남았다."[27] 여행은 이제 시작이다.

이 책의 방법론에 관하여

처음에는 콜브룩 사람들과 편안한 분위기에서 신뢰를 쌓고 나와 이야기하도록 설득하는 일에 잔뜩 위축되었다. 모든 사람이 서로에 대해 전부 알고 있을 것만 같은 작은 마을에서 나는 아웃사이더라는 표가 대번에 났다. 내가 동네 술집이나 식당에 들어서면 사람들 눈이 쏠리는 게 느껴졌다. 내가 잘사는 동네 루이스버그에서 온, 얼빠진 자유주의자 교수로 보여서 순식간에 기피 대상이 되지는 않을까 걱정했다. 이 짐작은 틀렸음이 판명 났다. 콜브룩 사람들은 내가 몸담은 대학과 마을에 호의적이었다. 30대 초의 백인 여성인 나는 마을 사람들에게 위협적인 존재로 인식되지 않았을 것이다. 전화나 문자로 경찰 아니냐고 물어오는 경우가 몇 번 있기는 했지만 나는 대체로 사람들의 집에서 환영받았고 개인적으로 만났을 때는 대화를 녹음해도 좋다는 허락도 얻었다.

내 연구는 버크넬대학교 기관감사위원회에서 승인을 받았다. 나는 인터뷰를 시작하기 전에 참여자들에게 서면 동의 절차를 거치며 이렇게 설명했다. "제 연구의 목적은 펜실베이니아 중부 지역 주민들의 정치적 신념과 인생 경험, 가족사를 공부하는 거예요. 저는 특히 당신이 누구를 찍을지, 뭘 중요하게 여길지, 미국이 어떤 나라이기를 바라는지 같은 물음을 어떤 식으로 결정하는지에 관심이 있어요." 나는 모든 인터뷰 참여자에게 시간을 내준 것에 대한 고마움의 증표로 40달러를 건넸다. 절반 정도의 사람이 그게 "당신 돈이 아니라 버크넬의 돈"이라는 사실을 확실히 짚고 넘어갔고, 나이 든 몇몇은 내게 "그 돈으로 남편하고 맛있는 저녁을 사 먹으라"고 권했지만 거의 모두가 그걸 받았다. 나는 응답자들의 신원을 보호하기 위해 가명을 썼다. 그런데 동의서 양식을 본 사람들의 공통적인 반응은 "난 숨길 게 하나도 없어요", "당신 책에 내 진짜 이름을 써도 괜찮아요"였다. 사람들은 자신의 이야기를 남에게 들려주고 싶어 했고, 자신의 험난한 인생 경험을 이야기하는 데서 수치심보다는 긍지를 발견했다. 하지만 나의 궁극적인 책임은 이들을 보호하고 이들이 혹시라도 궁지에 몰릴 수 있는 또 다른 공간을 만들지 않는 것이기에 최대한 이들의 신원을 감추기로 했다.

내가 이 책을 쓰기 위해 인터뷰 자료를 수집하면서 배운 첫 번째 교훈은 인터뷰 참여자를 "정보원informants"이라고 부르는 게 신중한 태도는 아니라는 점이었다. 사회학에서는 자기 이야기를 들려주는 사람들을 참여자, 정보원, 응답자라고 부르는 게 표준 관행이다. 연구 초반이던 2015년 5월 어느 저녁, 나는 콜브룩 주민 중 한 명인 트레이시와 함께 동네 식당에 앉아 나초를 먹으면서 내 프로젝트를 설명하고 있었다. 트레이시는 광부의 후예인 이 동네 많은 가족을 소개해줄 가능성이 있는, 일종의 초기 문지기 같은 존재였다. (가끔 트레이시는 내가 특정 지역에서 누군가를 인터뷰했다는 말을 들었다며 문자를 보내곤 했다. "다 내 손안에 있다고!" 그는 이런 농담을 즐겨 했다.) 내가 트레이시에게 그의 연줄을 빌려서 더 많은 정보원에 접근할 수 있을지 묻자 그가 갑자기 말을 잘랐다. "나 죽는 꼴 보고 싶은 거야? 그 표현은 안 쓰는 게 좋아!" 트레이시가 겁에 질린 목소리로 외쳤다. "사람들은 내가 경찰 비밀 정보원이라고 생각할 거라고!" 나는 아편 확산 위기에 대한 지역 사회 공개 행사에 참석해 데이터를 꾸준히 수집하면서 지역의 법 집행 기관이 실제로 성인 자녀들을 "비밀 정보원"으로 이용하고 있다는 이야기를 많은 부모에게 들었다.

운 좋게도 트레이시는 이런 무례를 저지른 나를 그날 술집에 있던 몇 사람에게 소개했고, 인터뷰가 진행되었다. 나는 "트레이시의 친구"로 알려졌다. 나는 네트워크를 다각화하려고 혼자 발 벗고 나서기도 했다. 의용 소방대와 술집, 경찰서, 주유소와 편의점 같은 서비스 작업장, 지역 비영리 대학, 지역 전문 대학, 임시직 직업 소개소에 찾아가서 사람들에게 이 지역의 정치에 관한 버크넬대학교의 연구에 참여할 의사가 있는지 물었다. 이 책 앞머리에 등장하는 브리 로페즈가 콜브룩의 인종 구분선을 넘도록 나를 도와주고 난 뒤, 나는 이 지역에 새로 유입된 유색 인종들이 내가 자신들과 이야기를 나누고 싶어 할 뿐만 아니라 집으로 찾아가고 싶어 하자 충격을 받았다는 걸 알게 되었다.

가장 가까운 참여자 중 한 명인 데릭은 비공식 연구 보조로 일하겠다고 자청했다. 그는 자신이 마을을 돌아다니면서 "마약상을 털지" 못하게 하려면 뭔가 할 일이 필요하다고 말했다. 가끔은 내가 인터뷰하러 갈 때 동행했고 자기가 만났던 친구들에게 나를 소개하기도 했다. 그는 성실하기 이를 데 없어서 매주 몇 번씩 아침이면 내게 그날 일하러 가는지 묻는 문자를 보냈다. 나는 그에게 음식과 화장지를 사주었고 그의 딸에게 줄 선물과 구운 지티[파스타의 일종]가 담긴 팬을 가져오기도 했다.

우린 나이와 배경이 달랐지만 친구가 되었다. 나는 연구 중에는 나 자신의 안녕보다는 풍부한 데이터 수집을 더 중요하게 여기지만, 확실히 몇 번은 어둠침침한 계단을 혼자 오를 때 그 끝에 뭐가 나타날까 싶은 적이 있었다. 데릭의 존재는 안전과 예측 가능성을 한 겹 더해주었다.

나는 기나긴 인터뷰 질문을 적어놓고 그걸 외웠다. 대본이 정해진 조사보다는 비공식적인 대화처럼 느껴지도록 인터뷰를 진행하려 노력하기는 했지만 말이다. 참여자 한 명당 두세 시간 정도가 들었고, 아이들이 뛰어다니는 집에서 인터뷰가 진행될 때도 많았다. 나는 많은 아기를 품에 안았고, 음식을 데우는 걸 도왔고, 사람들이 도로에서 오도 가도 못하게 되었을 때 그들을 내 차에 태웠고, 학교 자선 행사에 돈을 기부했고, 사람들이 울 때 휴지를 건넸다. 내가 콜브룩의 길거리를 쏘다니면 사람들은 신이 나서 "책을 쓰는 사람"을 알아보았다.

인터뷰를 진행하는 동안 나는 사람들에게 가족 구조, 부모의 직업, 학교와 기성 종교, 스포츠 경험 같은 어린 시절의 배경을 질문했다. 인종과 젠더 정체성은 본인에게 직접 밝혀달라고 부탁했다. 힘들었던 시절과 행복했던 시절의 기억을 내게 들려달라고 부탁했다. 나는 이들의 부모와 조부모가 특히 노조와 정치, 군대와 맺은 관계에서 전해 내려온 이야기와 기억 같은 세대의 역사를 탐구했다. 이들의 취업 이력과 더 많은 기회를 찾아 콜브룩을 떠날 생각을 해본 적이 있는지도 물었다. 이들은 내게 전형적인 하루가 어떤지를 알려주고, 한 달의 소득과 생활비를 설명해주었다. 나는 이들의 정신 건강과 신체 건강, 건강 관리 여부 등을 물었다. 가령 이런 식이었다. "WIC나 푸드 스탬프 같은 도움을 받아본 적이 있나요? 그런 거에 대해 어떻게 느끼나요?" 더 깊이 파고 들어갈 때는 부모나 조부모와 비교했을 때 자신을 어떻게 느끼는지 물었다.

이들의 상황에 대한 기본적인 감각을 얻고 난 뒤에는 마약, 인종주의, 범죄 등 이 지역의 문제를 설명해달라고 했다. 그리고 의용 소방대, 민족 간의 모임, 청년 스포츠 모임 같은 민간 모임에 참여하는지 물었다. 이들이 시사 문제에 대한 소식을 어디서 얻는지, '흑인 목숨은 소중하다'와 '월가를 점령하라Occupy Wall Street' 같은 사회 운동을 어떻게 느끼는지도 탐구했다. 때로는 다음 날 다시 만나자는 약속을 잡기도 했다. 그 외에는 이런 질문이 있었다.

- 당신의 안정감 또는 안전감을 가장 해치는 위험은 무엇이라고 생각합니까? 당신이 감당할 수 없다고 느낀 순간에 대해 들려주세요. 무슨 일이 있었죠? 누구에게 의지할 수 있었나요? 당신은 무엇을 했나요?
- 당신의 인종 때문에 성공하거나 목표를 달성하는 게 남보다 어려운 때가 있었나요?
- 정부와는 어떤 식으로 상호 작용을 했나요? 지도자와 주요 기관들이 당신의 최선의 이익에 맞게 일한다고 느끼나요?
- 투표 등록을 했나요? 과거에 어떻게 투표했나요? 민주당/공화당, 자유주의자/보수주의자에 대해 어떻게 느끼나요? 기억나는 모든 선거를 설명해주실 수 있나요?

나는 이들이 임신 중지, 동성 결혼, 차별 금지, 최저 임금 인상, 오바마 케어를 비롯한 사회 경제 이슈를 확실히 떠올리게끔 했다. 영웅, 존경하거나 싫어하는 정치인, 누구든 "당신과 같은 사람들"을 신경 쓰는 지도자 이름을 댈 수 있는지도 물었다. 이런 문항도 있었다. 눈을 감고 "아메리칸드림"을 떠올려보세요. 당신에게 "아메리칸드림"은 무슨 의미인가요? 그게 시간이 지나면서 바뀌었나요? 도움을 받을 만한 자격을 갖춘 사람이 있나요?

　모든 인터뷰는 녹취되었다(노동계급 인터뷰가 총 108건이고 여기에 지역 사회 지도자 인터뷰 15건이 추가되었다). 나는 재능이 넘치는 내 연구 보조 카이트 스메랄도Kait Smeraldo와 함께 수천 쪽에 달하는 인터뷰 녹취록에서 무슨 일이 벌어지고 있는지를 파악할 수 있도록 한 무더기의 초기 코드를 만들었다. 처음에는 참가자를 나이, 스스로가 밝힌 인종, 젠더와 섹슈얼리티, 결혼 여부, 출신 지역, 직업, 교육 수준, 투표 등록 여부, 2016년에 누구에게 투표할 계획인지에 따라 분류했다. 핵심은 이 분류를 사실로 받아들이는 게 아니라 이런 분류가 역사적, 사회적으로 어떻게 생산되었는지, 이런 사회적 위치가 어떻게 다양한 정치적 해석과 경험에 연결될 수 있을지 생각해보는 것이었다. 한 줄 한 줄 코딩 작업을 거치며 우리의 표본이 누구에게 투표할 계획인지, 정부의 지원을 사용해본 적이 있는지, 의료 보험이 있는지, 정부와 정치인을 신뢰하는지, 부모의 정치적 성향을 어떻게 기억하는지 등의 광범위한 세부 정보를 기록했다. 인터뷰 녹취록에 담긴 행위와 의미를 깊이 파고들어가면서 우리는 단순한 범주를 넘어서 인터뷰 대상자들이 두드러지게 사용한 구체적인 언어와 주제로 옮겨갔다. 중독과 성적 학대의 역사, 자신이 불안이나 우울 같은 정신 질환을 앓고 있다고 표현했는지 여부, 미래가 낙관적이라고 느끼는지 암울하다고 느끼는지와 같은 것들 말이다. 우리는 고통의 서사들이 정치적 참여 또는 움츠림의 서사들과 어떻게 동시에 존재하는지, 고통과 정치가 연결되는 방식이 집단 정체성에 따라 어떻게 비슷하면서도 다른지를 살폈다.

나는 인터뷰를 시작하기 전부터 끊임없이 아이디어를 적어두었고 비공식적인 진행형의 메모를 작성했다. 바로 이 과정에서 인터뷰 녹취록을 원재료 삼아, 사람들이 자신의 인생사를 어떻게 정치에 연결하는지에 관한 윤곽을 조금씩 파악할 수 있었다. 돌이켜보니 인종적 분노, 가짜 뉴스, 경제적 걱정 같은 몇 가지 주제는 내게 익숙했다. 하지만 고통과 정치적 신념 서사의 연결 고리는 머리를 싸매고 인터뷰 녹취록을 한 줄 한 줄 읽는 도중 떠올랐다. 고통이 민감함을 자극하는 개념, 녹취록 여기저기서 반복적으로 등장하는 핵심 줄기와 같은 개념이 되고 난 뒤에는 참가자들이 직접 묘사한 감정적, 실존적, 육체적 고통이 이들의 정치적 입장과 유추에 어떻게 연결되는지를 추적하면서 숱하게 표출된 고통에 대한 해설집을 만들기 시작했다. 그리고 난 뒤 표본을 각자의 역사와 경험에 부합하는 백인 남성, 백인 여성, 흑인과 라틴계 남성, 흑인과 라틴계 여성의 네 집단으로 나누었다. 집단별로 녹취록을 읽고 나서는 다음 주제들을 뽑아냈다.

- 확인된 고통의 근원
- 고통에 대한 대응
- 상상하는 미래의 이미지
- 서사에 고통과 정치가 공존함
- 시민/정치 참여의 형태

"고통과 무관한 투표의 이유들" 또한 기록했다. 여기에는 부모의 정당에 대한 의리, 시민의 의무, 보호 관찰 상태라 투표할 수 없다고 생각하거나 사안을 잘 모른다는 것 같은 이유가 들어갔다. 이 코딩 작업을 하고 나니 고통과 정치에 대한, 고통 관리가 불신과 정치적 이탈의 감정들과 어떻게 결합하는지에 대한 나의 주장이 형태를 갖추었다. 나는 내 분석이 데이터의 풍부함과 복잡함을 충분히 반영할 때까지 데이터와 주제 사이를 계속 오가면서 연구 결과를 구체화하고 글을 쓰고 또 썼다.

나는 이 책 전반에서 데이터를 제시할 때 내 주장을 뒷받침하기 위해 인터뷰 재료를 부분적으로 사용하지 않기로 했다. 나는 독자들이 인터뷰 참여자가 직접 생성한 정체성과 인생사, 내밀한 경험들과 정치 간의 서사 연결 고리를 따라갈 수 있도록 많은 세부 내용을 의도적으로 제시했다. 시간과 자원의 한계 때문에 이들의 모든 이야기와 기억의 사실 여부를 확인하기는 불가능했다. 하지만 나는 무슨 일이 실제로 일어났는지 또는 이들이 사실이라고 믿는 것들이 참인지보다 이들이 자신의 자리에 도달할 때 사용하는 서사 재료들에 더 관심이 있다. 즉, 나는 인터뷰 재료들을 가지고 노동계급이 경험과 정체성, 정치를 연결하는 서사의 다리를 어떻게 만드는지에 관한 모델을 제시하고자 했다. 이 작은 연구가 일반화할 수 있는 범위의 한계를 인정한다. 내가 이야기를 나눈 사람들이 더 광범위한 노동계급 인구를 대표하는지도 알지 못한다. 다만 내 연구가 정치적 참여와 이탈에 대한 정량적인 데이터에 의존할 때 눈에 들어오는 인구학적 패턴을 이해하는 데 도움이 될 만한 메커니즘과 과정을 밝히는 데는 기여했다고 생각한다. 사람들의 정치적 사고가 행동에 영향을 미치는지를 파악하려면 시간을 두고 추적해야 할 텐데, 이는 향후에 연구할 핵심적인 부분이다.

이 연구 이야기를 누군가에게 들려주면 많은 사람이 내가 육체적, 감정적으로 겪은 고생에 대해 질문한다. 나는 이 질문이 불편하다. 사람들의 이야기에 귀를 기울인 나는 숱한 밤에 잠들지 못했고 높은 수준의 불안에 끈질기게 시달렸으며 심지어는 너무 많은 연기를 들이마셔서 축농증이 재발하는 등 육체적인 문제를 겪었다. 하지만 이 프로젝트에서 나와 내 역할이 주목받는 것은 절대 원하지 않았다. 이 책은 노동계급의 고난이 얼마나 시급한 발등의 불인지를 논하는 책이다. 하지만 나는 일이 끝나면 집으로 돌아갈 사람이다.

그럼에도 이 이야기 전반에는 나와 내 출신 배경의 조각들이 있다. 우리 집은 어떻게 봐도 노동계급이다. 아버지는 열여덟 살에 고등학교를 그만두고 1970년대 초에 군에 들어갔다. 아버지는 40년간 군인이자 소방수로 말 그대로 몸이 부서져라 일했다. 어머니는 고졸 학력으로 혼자 공부해서 조경사로 사업체를 꾸렸고 지금도 주 7일, 하루 12시간씩 일한다. 나는 어릴 때부터 노동자들이 스스로를 부양할 수 있을 정도로 월급을 받아서 미래에 대한 계획을 세우는 일, 자녀들에게 더 나은 삶을 선사하는 일이 얼마나 중요한지를 배웠다. 나는 애국심과 개인의 자유, 공동체와 나라를 위한 희생을 열렬히 신봉하는 가정과 공동체에서 성장했다. 내가 어릴 때부터 알던 많은 사람이 나라를 세운 사람과 나라의 지원이 필요한 사람들에게서 민주당이 등을 돌렸다고 받아들이고 지난 10년 동안 보수적인 뉴스 매체로 방향을 틀었다. 박사 학위를 따고 엘리트 대학에서 교수로 일하면서 사회적 신분이 상승한 뒤 나는 내가 어릴 때 몸담았던 노동계급 세계에서도, 이제 막 발을 들인 직업적인 학문 세계에서도 완전히 편하지 않았다. 앨리 혹실드는 베스트셀러인《자기 땅의 이방인들》에서 보수적인 노동계급이 자유주의 쪽으로 넘어가는 것을 옹호하면서 다음과 같이 썼다. "사람들이 큼직한 공공 광장에 서 있다. 이 광장 안쪽에는 아이들의 창의력을 북돋는 과학 박물관, 공공 미술과 연극 프로그램, 도서관, 학교가 있다. 모두가 이용할 수 있는 예술 인프라 상태로 말이다." 하지만 집안에서 처음으로 대학에 들어갔고, 자유주의 성향의 엘리트 기관에서 환대받지 못하는 이방인이라는 기분을 느끼고, 박물관과 학교에서 어울리지 않는 존재라는 느낌 때문에 상처받고 수치스러워한 기억이 있는 나 같은 노동계급 가정 출신의 독자들에게 이런 비전은 그다지 환대처럼 느껴지지 않는다.

내가 처음으로 일자리 면접을 보고 있을 때 아버지는 "노동의 사회학" 수업을 듣는 중이었다. 아버지 인생의 큰 목표 중 하나가 4년제 학위를 따는 것이었다. 아버지는 내가 하는 일에 대해 더 많이 공부하고 싶어했다. 그런데 아버지가 속한 주 방위군 부대가 자연재해 복구 활동에 배치되어 아버지가 시험을 보지 못할 상황이 생겼다. 아버지는 최대한 낮은 자세로 일정을 조정해달라고 애원하는 이메일을 여러 통 보냈다. 그 수업 강사는 연구 관심사 중 하나로 사회계급 불평등을 들먹이면서도 아버지가 시험일에 출석하지 않으면 그 수업은 낙제라는 주장을 굽히지 않고 오만하고 뻣뻣하게 나왔다. 내가 일자리 면접을 보는 중이라 전화를 받지 않자 아버지는 내 절친한 친구에게 연락했고, 친구는 아버지가 다른 날 시험을 치를 수 있도록 강사를 설득하는 세련된 편지를 쓸 수 있게 도와주었다. 나중에 이 사회학 강사는 아버지에게 전문직 사회학자 딸이 있다는 걸 알게 되었고, 미안해하면서 낯을 붉혔다. 나는 계급 사다리 아래 있는 사람들에게 가하는 무심한 잔인함에는 무지한 채로 사회정의만 부르짖는 엘리트 자유주의자들의 위선에 예민하다. 아무리 일반적으로 이들과 투표 성향이 같다 해도 말이다. 그리고 노동계급의 보수적 정치 성향을 이해하려고 노력도 하지 않고 극복해야 할 장애물로 바라보는 자유주의 성향의 학자들 역시 불편하다. 이런 긴장과 모순의 공간에서 나는 사유하고 글을 쓴다.

우리 집에도 이 책 전체를 관통하는 갖가지 고통의 사례가 있다. 중독과 질병, 가난과 인간관계의 난맥상 같은 것들 말이다. 여기서는 밝힐 수 없지만, 나는 콜브룩의 노동계급과 깊이 공감할 수 있다. 심지어 이들이 자기 가족 구성원과 연을 끊고, 자기 자신을 책임지지 않는 것처럼 보이는 사람들에게 분통을 터트릴 때마저도 그렇다. 하지만 동시에 나는 사회적 신분 상승의 자전적 기록인 《힐빌리의 노래》를 읽으며 강한 분노와 노동계급에 대한 보호 본능을 느꼈다. J. D. 밴스는 이 책에서 할머니가 준 안정감, 군대에서 주입된 극기 정신과 고된 노력, 자신에게 천부적인 재능이 있다는 깨달음에 집중하여 가난과 무기력의 악순환을 벗어난다. 나 역시 신분 상승을 이뤄냈다고 주장할 수도 있지만, 《힐빌리의 노래》는 독선적인 태도로 경제적 불평등이 어떻게 실제 고통을 자아내는지와 신분 상승을 가로막는 장애물이 소름 끼치게 현실적이라는 사실을 매몰차게 못 본 척하려 한다. 나를 믿고 자신들의 이야기를 들려준 사람들을, 이 공동체를 떠나는 게 정말 어렵다. 나는 지금도 내가 보답할 수 있는 것보다 훨씬 많은 걸 받고 있다고 느낀다.

표본 특성

		백인		흑인 또는 라틴계		합계
		남성	여성	남성	여성	
투표 등록을 함	네	21	22	15	5	63
	아니요	8	16	11	10	45
2016년 투표	트럼프	13	12	1	—	26
	클린턴	3	4	3	—	10
	기타	1	—	—	—	1
	투표하지 않음	12	22	22	15	71
교육 수준	고졸 이하	—	5	10	6	21
	고졸 또는 고졸 학력 인증서	23	21	14	9	67
	[대학 무시험 입학을 위한] 졸업 증명서	1	5	—	—	6
	대학 중퇴	1	4	1	—	6
	2년제 대학 학위 이상	4	3	1	—	8
관계 상태	결혼	11	11	4	1	27
	사별	1	—	—	—	1
	동거	4	6	7	6	23
	이혼	4	9	1	3	17
	싱글	9	12	14	5	40
평균 나이		38	37	29	28	33
명수		29	38	26	15	108

빗장 걸린 세계의 묵시록, 그럼에도 불구하고

정수남(전남대학교 사회학과)

동시대 노동계급의 상태를 가늠할 수 있게 해주는 여러 개념이 존재한다. 양극화, 신자유주의, 정치적 보수화, 빈곤, 실업, 사회적 배제 등 후기 자본주의 사회의 수많은 노동자는 자유와 행복을 누릴 권리에서 점점 소외되는 국면에 처해 있다. 이러한 문제를 저지할 정치적 대안과 상상력은 부재하며 산업 구조의 변화 때문에 노동계급의 내적 결속력 또한 과거와 같지 않아 계급적 연대를 기대하는 것도 어려워졌다. 새로운 사회 질서를 구축할 상상력과 동력의 부재는 빈곤한 노동자들을 한층 더 심화된 파국적 상황으로 내몰고 있다. 그런데 벼랑 끝으로 내몰린 노동계급은 정치적 해법을 찾거나 공동체적 자원을 축적하기보다는 각자도생의 길을 가거나 상처받은 내면을 치유하거나 그렇지 않으면 이웃에게 배타적인 감정을 표출하면서 증오와 혐오의 대상을 찾아 나선다. 《사라질 수 없는 사람들》의 저자 제니퍼 M. 실바는 이와 같은 문제적 상황을 미국 펜실베이니아의 한 지역(한때 무연탄 산업으로 아메리칸드림을 상상하고 실현할 수 있었던 지역으로, 저자는 이 지역을 '콜브룩'이라는 가상의 이름으로 부른다)에 거주하는 노동계급을 통해 포착해나간다.

실바의 문제의식은 간명하다. 극한의 빈곤과 폭력 그리고 각종 약물 중독에 시달리는 콜브룩 노동자들은 자신들의 비극적 상황을 어떤 방식으로 대처해나가는가. 이들의 정치적 무관심과 냉소주의를 어떻게 이해할 수 있을까. 나아가 자신들의 계급적 이해관계와 상충하는 공화당 대통령 후보이자 어마어마한 재력가인 도널드 트럼프를 지지하는 저의는 무엇인가. 게다가 왜 점점 더 공적 제도나 공동체를 불신하고 고립된 삶에 집착하는가. 이런 모순되고 역설적인 상황에 대한 해명은 사회학자들의 오랜 과제이기도 했다. 여러 시도가 있었지만 실바에게 돋보이는 부분은 일찍이 세넷과 코브가 지적했던 '숨은 상처', 즉 감정을 통해 노동계급의 실존적 상황을 규명한다는 점이다. 노동계급 정체성에 대한 통상의 설명은 이른바 '계급 의식'이라는 의식적 범주로 노동자들의 행위를 규명해왔다. 의식 패러다임은 노동자들의 객관적인 현실 인식에 모순을 극복하려는 행위가 뒤따른다는 논리적 흐름을 강조해왔다. 하지만 현실에서 노동계급이 보여준 행태는 매우 모순적이고 복합적이었으며, 때론 의식 패러다임의 전망과 정반대 방향으로 전개되기도 했다. 가난한 노동자들이 보수 정치인이나 자유주의자 혹은 친자본적인 정치인에게 지지를 보내는 현상을 우리는 실바가 살아온 미국만이 아니라 한국 사회에서도 목격해왔다.

계급 정체성 혹은 계급 의식에 반하는 빈곤한 노동계급의 정치적 태도를 어떻게 이해해야할까? 실바는 소규모 탄광촌 마을 콜브룩을 하나의 '사회적 장'으로 설정하고 이 마을에서 살아가는 노동자들의 사고, 감정의 사회 발생적 맥락, 감정 구조에 천착해 들어간다. 이 책에 등장하는 노동자들은 대부분 마약, 폭력, 범죄, 가족 문제, 성폭력, 우울증, 트라우마 등에 시달려왔다. 실바는 표면상 개인적인 차원의 문제로 수렴할 수 있는 이 현상의 원인을 미국 사회의 정치적, 경제적 맥락에서 찾는다. 콜브룩의 노동자들은 대부분 저임금 혹은 최저 임금(10달러 안팎)으로 살아가며, 고용 조건 또한 임시직이거나 일용직이다. 장애를 앓고 있는 사람도 많으며, 그중 정부의 의료 보험 혜택을 받는 이들은 소수다. 열악한 경제 상황을 만회하기 위해 마약 거래를 일삼는다. 이들에게 마약 거래는 일종의 생계 수단이다. 콜브룩 노동자들은 이러한 상황까지 온 데에 정치인들의 책임이 크다고 생각한다. 정치인들이 거대 기업과 은밀하게 공모하면서 자신들을 권력 쟁취의 도구로만 활용하고 내다버렸다고 판단한다. 이렇게 버려진 자들이 모인 이곳 콜브룩에서 노동자들은 전에 없던 감정 구조를 형성한다.

실바는 콜브룩 노동자들을 크게 백인 남성과 여성 그리고 흑인 혹은 라틴계 남성과 여성으로 범주화하여 각기 다른 생애 과정을 토대로 이들의 파국적인 현실을 분석한다. 백인 남성 노동자들은 아메리칸드림의 상실을 애석해하면서 과거가 된 '미국의 영광'을 되찾고자 한다. 하지만 이들의 기대는 번번이 좌절되었다. 백인 남성 노동자들은 그 이유가 미국의 정치인들이 점점 가진 자들의 이해관계를 보호하고 이주민이나 흑인 등 소수자를 위한 정책에 집중하면서 정작 오늘의 미국을 일으켜 세운 자신들을 홀대하기 때문이라고 생각한다. 이들은 매번 정치에 배신당했으며, 배신이 반복된 결과 정치와 제도에 대한 깊은 불신과 사회에서 정당한 인정을 받지 못하고 있다는 억울함을 강하게 표출한다. 이러한 감정은 이웃에 사는 다른 인종들을 향한 적대감으로 전환되고 공동체적 유대에 대한 강한 반감과 함께 '아무도 믿지 마라'라는 몰사회적 명령이 횡행하는 상황을 초래한다. 백인 남성 노동자들은 이주민이나 흑인 노동자들이 노력하지 않으면서 복지 서비스에만 의존한다고 생각하며 이들의 생존에만 관심이 있는 정치인들에게 강한 적대감을 드러낸다. 따라서 기만적인 정치인보다 자신들의 억울함을 해소해줄 억만장자 기업인을 지지하는 게 '감정적으로' 더 합리적이다. 하지만 트럼프에 대한 호감과는 별개로, 이들은 투표할 의지가 전혀 없다. 그 어떤 정치적 간여도 자신의 삶을 변화시키는 데 효과가 없다는 것을 아주 오래전부터 간파해왔기 때문이다.

백인 여성 노동자들은 남성과 달리 아내, 어머니라는 역할 규범에 훨씬 더 민감하다. 이 책에 등장하는 백인 여성 노동자들은 대부분 어린 시절부터 가정 폭력과 학대에 시달렸거나 부모의 이혼을 경험했다. 사회적 지원을 받지 못한 채 마약이나 알코올 중독에 빠졌으며, 심한 우울증과 트라우마를 겪고 있다. 결혼 생활은 매우 불안정했으며, 가정불화가 일상적이었고, 대체로 이혼한 상태로 자녀의 양육을 책임지는 삶을 살고 있다. 경제적 자립이 매우 어려운 상황에서 백인 여성 노동자들은 정부의 지원에 더욱 의존할 수밖에 없다. 수치심을 감내하면서도 정부에 의존하는 방법을 터득하는 것이 오히려 자신들의 능력을 방증하는 것인 양 살아가는 것이다. 이들은 살아오면서 정부나 정치의 보호를 받아본 적이 없다고 생각하며 이런 경험은 정치인들을 향한 배신감과 환멸로 귀결한다. 그 어떤 정치적 대안과 기대도 갖지 못한 백인 여성 노동자들에게 생존을 위한 가장 시급하고 중요한 사안은 자기 자신과 가족의 안위일 뿐이다.

콜브룩에 사는 유색 인종 노동자들은 살기 좋은 곳을 찾아 콜브룩으로 이주해온 사람들이다. 콜브룩에 오기 전까지 유색 인종 노동자들이 경험한 세계는 "지옥"과 같은 곳이었다. 이들은 "다른 곳에서는 생존할 능력이 없기 때문에" 주거지와 일자리를 기대하면서 콜브룩을 찾았다. 그러나 콜브룩으로 이주한 유색 인종 노동자들은 자녀의 미래에 국한해 삶의 희망을 모색할 뿐이다. 이들은 자신의 삶에는 더 기대할 게 없지만 콜브룩에서 자랄 아이들의 삶은 이전보다 나아지리라고 기대한다. 유색 인종 노동자들은 이 지역의 여타 노동자와 마찬가지로 정치나 제도를 근본적으로 불신한다. 이럴수록 이들은 사회적 연대를 통한 공동체적 해법이 아니라 앞선 백인 노동자들과 마찬가지로 내면세계의 심리적 역량, 치료 요법적인 자기 계발, 고된 노력으로 대응 전략을 마련한다. 특히 유색 인종 여성 노동자들은 스스로 치유하는 법을 중시하며 직계 가족 외에는 누구에게도 관심을 갖지 않는다. 이들 여성은 지역 사회 네트워크와 단절된 삶을 살아가며 자신의 불행한 과거에서 벗어나지 못한 채 심각한 우울증과 트라우마를 겪는다. 상당수가 고립감과 두려움에 휩싸여 있으며, 고통에서 일시적으로나마 해방되기 위해 마약에 손을 댄다. 대부분 혼외 자녀들을 키우고, 경제적인 이유로 결혼 자체를 거부한다.

실바는 콜브룩에 거주하는 노동계급을 인종 그리고 젠더별로 구분하여 각각의 특징을 드러내지만 노동계급의 삶 전반을 관통하는 사회 구조적 논리를 우회적인 방식으로 드러내 보인다. 나는 실바가 빈곤한 노동자들의 삶을 통해 비판하고자 한 계급 불평등을 '투견장'과 '빗장 걸기'라는 다소 도발적인 개념으로 표현해도 무방하다고 생각한다. 투견장은 빗장 걸린 쇠창살 안에서 상대를 쓰러뜨릴 때까지 싸워야 생존할 수 있는 투견의 생존 조건을 우리 시대의 계급적 상황에 빗댄 메타포다. 투견장 밖의 주인들(권력자)은 투견들을 몰아넣고 자신의 안전을 보장

받으며 투견의 사투를 바라만 볼 뿐이다. 투견 중 아무도 빗장 밖 존재들에게 위협을 가하지 않는다. 싸워야할 적은 동일한 처지에 있는 빗장 안 존재뿐이다. 다시 말해, 지배받는 자들끼리의 경쟁과 갈등이 더욱 증폭하게 된다.

콜브룩은 '미국의 영광'이 흔적만 남은, 현재는 가난, 실업, 폭력, 적대, 냉소, 인종주의, 마약 등이 일상화된 지역이다. 사실 콜브룩에서 오랫동안 살아온 백인 노동자나 새롭게 이주한 유색 인종 모두 더 나은 곳을 찾지 못한 채 구조적 폭력에 떠밀려 안주하거나 이동해온 사람들이다. 《사라질 수 없는 사람들》은 노동자들의 경험을 준거로 현상학적 분석을 실시하여 구조적 폭력에 다가가고자 한다. 콜브룩 노동자들이 마주한 현실은 미국의 자본주의와 정치 및 사회 제도의 모순, 특히 극단화된 불평등 체제가 낳은 필연적인 산물이다. 자본주의적 시장 체제는 노동계급을 파편화하는 방식으로 고용 조건을 재편하고, 정치인들은 친기업적 헤게모니를 구축하고, 사회적 안전망은 철저한 행정 논리에 따라 빈민을 통치하는 방향으로 제도화되었다. 이 같은 상황에서 빈곤에 내몰린 노동계급은 비슷한 상황에 처한 사람들과 특정 지역에 모여 살며, 그 안에서 이웃들끼리 경계하고 적대하며, 차별하고 배제하는 방식으로 생존의 법칙을 터득한다. 구조적 폭력에 맞설 수 있는 집단적 동원이나 계급적 연대가 불가능하고 정치적으로도 대안을 상상할 수 없는 상황은 노동계급이 개인적 생존과 안전에 모든 에너지를 쏟도록 몰아세운다.

정치적 대안을 상상하지 못한 결과는 정치적 냉소주의, 생존적 공포, 공론장에 대한 불신, 음모론의 확산이다. 탈정치와 탈진실의 상징적 인물인 트럼프 지지로 막연히 나타나기도 한다. 다음으로 계급적 연대와 공동체적 결속의 쇠퇴는 자기 계발, 심리적 치유, 가족 회귀적 보호로 나타난다. 타인과 이웃을 신뢰할 수 없는 처참한 환경은 자신의 안위마저도 위태롭게 만든다. 따라서 노동계급은 사회적 관계가 부여한 자신의 역할과 지위에서 자아 정체성을 형성하지 못하고 개인적 삶에서 겪은 상처와 고통을 중심으로 정체성을 재구성한다. 고통 서사로 자신의 정체성을 구축하는 콜브룩 노동자들은 구조적 모순을 대면하기보다 인내하고 노력하는 '좋은 사람'으로 살기 위한 도덕적 자아를 상상한다. 콜브룩 노동자의 인터뷰에 공통으로 드러나는 서사는 자신의 실패를 개인적 구원의 기회로 삼는 구조를 취한다. 이 서사는 자신이 현재 겪는 고통과 고난의 책임을 자신의 과거 행적에 지운다. 도대체 '사회적인 것'은 어디로 사라졌다는 말인가.

정치의 실종과 정치적 냉소주의는 사회 발생적 문제를 주관적 심리의 문제로 환원시키는 결과로 이어진다. 오늘날 범람하는 치료 요법, 상담, 심리 클리닉 등의 치유 산업은 신자유주의적 자본주의 체제와 친화력을 갖는다. 사회적 모순에서 자아의 내면세계로 눈을 돌려 거기서부터 해법을 찾으려 하기 때문이다. 실바가 만난 노동자들은 심리 치료와 자기 계발로 난관을 극복하려 하거나 약물에 의존하면서 현실을 도피하려고 한다. 혹은 음식이나 소비로 고통을 상쇄하려고 한다. 이 모든 상황은 실바의 주장대로 빈곤한 노동계급이 의지할 정치권력의 부재에서 비롯한다. 노동계급의 삶을 지탱해줄 정치권력이 부재한 빈 자리에 음모론, 탈진실, 인종주의, 적대와 혐오, 트럼프, 돈과 같은 반(反)민주주의적 요소가 들어선다. 이 책에 등장하는 노동자들이 마약에 의존하고 대부분 정상적인 삶을 살지 못하는 것은 정치적 불신과 실망에 대한 그들만의 (부정적인) 대응 방식일 수 있다. 어떤 노동자가 말한 바와 같이 이것 말고는 "선택의 여지"가 없기 때문이다.

콜브룩 노동자들의 삶은 과거와 같은 노동계급의 정치 세력화를 기대할 수 없을 정도로 복합적이고 분열되어 있다. 노동조합과 같이 자아를 정치 영역과 연결해주는 제도적 장치가 거의 사라진 오늘날 노동계급은 다른 방식의 조직화를 상상해야 하는 처지에 놓여 있다. 실바는 근거 없는 화려한 구호나 당위적인 방식으로 노동계급의 연대를 주장하지 않는다. 매우 섬세하고 조심스럽게 그리고 철저하게 경험 세계에서 그 가능성을 탐색해나간다. 또한 노동계급이 지닌 공통의 고통에서 새로운 공동체의 가능성을 엿본다. 고통을 공유하는 사람들의 소박한 모임, 관계 형성 혹은 일상적 관례의 전복 등 기존의 권력 체계와 문화적 논리에 균열을 내는 촘촘한 저항과 이를 위한 네트워크 형성에서 일말의 희망을 목격한다. 노동자의 계급적 연대를 이들의 삶과 동떨어진 외부 세계에서 찾지 않고 이들의 경험세계를 면밀히 관찰하여 그 가능성을 탐색하는 것이다.

《사라질 수 없는 사람들》은 사회학자 피에르 부르디외의 계급론을 에바 일루즈의 감정사회학적 분석과 접목한 혹은 일루즈의 감정사회학을 부르디외적 계급 분석과 접목한 탁월한 21세기 계급론이다. 노동계급의 행위를 이데올로기나 계급 의식 차원에서 다루는 패러다임을 극복하고 노동계급의 생애 경험과 실존적 고통 그리고 이들의 의식을 틀어쥔 강렬한 감정으로 이해하려는 의식틀은 계급사회학의 지평을 한 수준 넓히는 데 기여한다. 물론 실바의 이러한 기여는 전작인《커밍 업 쇼트》에서도 이미 검증된 바 있다.

마지막으로 실바의 논의는 우리 사회에도 함의하는 바가 매우 크다. 콜브룩 노동자들이 경험하는 약물 중독이나 인종주의에 버금가지는 않더라도 현재 한국 사회에 펼쳐진 불평등의 풍경은 콜브룩의 상황과 크게 다를 게 없다. 시공간의 계급적 분할은 더욱 심화하고 있다. 임대 주택 거주자들에 대한 멸시와 혐오, 빈민의 범죄화 혹은 연민의 대상으로 빈민을 소비하는 행위, 계급 정당의 부재와 노동계급 정체성의 소멸, 공론장 위축과 가짜뉴스 범람, SNS 중심의 부족주의 확산, 비정규직 하청 노동자들의 저임금과 산업 재해, 청년들의 자살 증가, 빈곤 노인들의 고독사, 사회적 고립과 혐오 문화의 확산 등등. 상황이 이러한데도 정치적 대안은 점점 희미해지고 자기 계발과 치유 중심의 대중문화가 지난 수년간 그 빈틈을 꿰찼다. 정치는 가십거리로 전락했고, 인구 통치와 안전 관리가 정치의 주요 목적으로 자리 잡았다. 이 과정을 거치는 동안 한국 사회는 회복 불가능할 정도의 계급 격차를 경험했으며 계급 불평등을 정치적 힘으로 해결하려는 상상력과 실험적 운동을 상당 부분 상실했다. 결국 대안이 사라진 자리에 정치적 냉소주의와 각자도생 문화, 정치적 보수주의가 들어섰으며, 사회 개혁 프로그램은 여전히 분단과 반공주의라는 장벽을 넘지 못한 채 정체되어 있다. 약자는 또 다른 약자와 생존 경쟁을 벌이고 있으며, 상호 간의 격렬한 혐오와 무시를 일삼기도 한다. '진짜' 적에게는 별다른 반응도 취하지 못한 채 말이다. 새로운 공동체와 미래를 더는 상상할 수 없는 빈곤한 노동자들이 선택할 수 있는 생존의 길은 정부가 제공하는 최소한의 복지 서비스에 가급적 오랫동안 의존하는 것이다. 그렇지 않다면 가족의 자원에 기생하고 이것도 불가능해지면 세 모녀 사건에서 보듯 스스로 삶을 마감한다.

실바가 《사라질 수 없는 사람들》에서 진단한 미국의 빈곤한 노동계급의 상태는 한국 사회의 현실과 크게 다르지 않다는 점에서 그가 차분하게 제안하는 대안을 곱씹어볼 필요가 있다. 우리 또한 제도권 정치인이나 엘리트 중심의 노동 운동이 중하층 노동계급의 실존적 상황을 더는 포괄하지 못한다는 사실을 여러 사태를 경험하면서 확인했다. 노동계급 내부의 경제적, 문화적 격차가 심해지면서 노동자 간의 계급 내적 투쟁이 벌어지는 현상도 자주 보인다. 이 과정에서 등장한 새로운 이데올로기, 이른바 '공정'은 노동자의 계급 정체성을 크게 뒤흔들어놓았다. 파국적 상황에서 무엇을 상상할 수 있을지 막막함이 앞서지만 실바의 논리 속에서 우리도 새롭게 꿈틀대는 가능성을 엿볼 수 있지 않을까. 빈곤한 노동자들의 삶에 섬세한 관심을 기울이면서, 이들이 삶의 터전에서 수행하는 일련의 전복적 실천들에서 새로운 연대와 공동체적 결속을 마련하기를 기대해볼 수 있지 않을까. 연구자, 활동가뿐 아니라 노동계급을 위한 정치를 고민하는 모든 독자에게《사라질 수 없는 사람들》의 일독을 강력히 권한다.

주석

서론

1   Schlozman, Verba, and Brady(2013)

2   Mayer(2014); Gest(2016); Judis(2016); Lamont(2017)

3   "콜브룩"은 무연탄 지역인 남부의 카운티에 있는 네 개의 작은 마을을 뭉 뚱그려서 부르는 가상의 이름이다. 나는 응답자의 신원을 보호하기 위해 모든 이름을 가명으로 바꾸었다. 인터뷰 과정과 표본의 특징에 대한 자세 한 내용은 '이 책의 방법론에 관하여'를 보라.

4   Marsh(1987)

5   Frey and Teixeira(2008)

6   역사적으로 민주당이 조금 더 유리했던 경합주인 펜실베이니아는 2016년 11월 도널드 트럼프의 승리에 결정적인 역할을 했다. 침체된 농촌 지역에 서 높은 지지율이 나온 것이다. 2016년 대선 이후 실시된 전국적인 분석 에 따르면 2012년에 오바마에게 표를 던진 4년제 대학 졸업 이하의 학력 을 가진 백인 민주당원 네 명 중 거의 한 명꼴로 트럼프를 지지했거나 제

3당 후보에게 표를 던졌다. 연구자 앨릭 타이슨Alec Tyson과 시바 마니암 Shiva Maniam(2016)이 기록한 출구 조사에 따르면 대졸 이하의 학력을 가진 백인 사이에서 트럼프의 득표율은 1980년 이후 그 어떤 후보보다 높았다. 대졸 이하의 백인 가운데 3분의 2가 트럼프에게 투표한 반면, 그 상대인 힐러리 클린턴에게 투표한 사람은 28퍼센트뿐이었다. 남부 카운티의 탄광촌 가운데 하나인 스컬킬 카운티에서는 트럼프가 69퍼센트 대 26퍼센트로 클린턴을 이겼는데, 이는 2012년 대선에서 미트 롬니가 오바마를 상대로 56대 42로 승리를 거둔 것과 비교하면 큰 폭으로 증가한 것이다. 게다가 〈뉴욕타임스〉의 분석에 따르면 스컬킬 카운티의 등록 유권자 가운데 5,995명이 2012년에 투표를 했고 여전히 등록 상태이지만 2016년에 투표하러 가지 않았다(Cohn 2017).

7 과거의 연구들은 정치 엘리트들의 이해관계와 더불어 그들이 민주적 참여를 가로막는 장벽들을 만들어서 정치 참여에서 불평등을 유발하는 실태를 지적했다. 프랜시스 폭스 피번Frances Fox Piven과 리처드 A. 클로워드 Richard A. Cloward(2000)는 중요한 책《어째서 미국인들은 아직도 투표하지 않는가Why Americans Still Don't Vote》에서 어떻게 투표권이 미국에서 역사적으로 경합의 대상이 되었는지, 정치 엘리트들이 표를 가지고 나라의 정치적 방향을 바꿀 수 있는 노동계급 유권자들을 흩어놓기 위해 어떻게 노동계급의 참여를 가로막는 장벽을 만들 수 있었는지를 설명했다. 가령 복잡한 유권자 등록 요건의 설계와 함께 인두세poll taxes, 문맹 테스트의 도입 때문에 유권자의 구성이 특권층 쪽으로 더 기울었다는 것이다. 내 연구는 주로 노동계급이 자신의 정치적 이탈을 선택으로 정당화하는 방식에 집중한다. 내 연구가 사람들이 정치 참여를 가로막는 장벽에 맞닥뜨리는 상황을 추적하도록 설계되지 않았기 때문이다. 하지만 투표의 외적, 내적 장벽 모두 노동계급의 정치적 이탈이라는 난제에서 아주 중요한 조각들이다.

8 비정치적으로 보이는 영역에서의 정치를 탐구하는 것에 대한 논의는 Hartmann and Uggen(2015)을 보라.

9 이런 흐름에 대한 철저한 경험적 검토는 Putnam(2000); Western and Rosenfeld(2011); Rosenfeld(2014); Cherlin(2010); Skocpol and Fiorina(1999)를 보라.

10 정책이 재분배만이 아니라 직업 훈련이나 어린 부모를 위한 휴가 등을 통해 노동자에 대한 투자에 주력해야 하는 이유와 관련된 설득력 있는 사례로는 Sawhill(2018)을 보라.

11 자녀의 사회 보장 서비스 등록이 가구의 빈곤을 어떻게 경감하는지에 대한 설명은 Duggan and Kearney(2007)를 보라.

12 Brooks and Manza(2007)를 보라.

13 트럼프를 찍은 사람들은 콜브룩처럼 대졸자가 별로 없고 경제적 불안정이 심각하며 인종적/문화적 다양성이 낮은, 지리적으로 고립된 지역에 살 가능성이 더 높았다. 또한 트럼프는 약물, 알코올, 자살로 인한 치사율이 가장 높은 시골 지역과 소도시에서 2012년 공화당 대선 후보였던 미트 롬니보다 더 많은 표를 얻었다. 이는 경제적 쇠락, 감정적 절망, 정치적 재편성 사이에 연구가 부족하나마 연관 관계가 있음을 시사한다(Monnat 2016).

14 Barkun(2006)을 보라.

15 Haidt(2012)

16 서사, 정치적 정체성, 고난 사이의 연관성에 대해서는 Gaventa(1980); Alexander(2012)를 보라.

17 Campbell(2006)

18 Cramer(2016); Polletta(2006)

19 Eliasoph(1998); Bruner(1986)

20 Sherman(2009)

21 Wuthnow(2018)

22 Hochschild(2016)

23 Gest(2016)

24 Achen and Bartels(2016)

25 Weis(2001)

26 Thompson(1966)

27 Keil and Keil(2014:130)

28 Manza and Brooks(1999)

29 Swidler(1986)

30 게다가 "계급"은 사다리처럼 개인이 오르내릴 수 있는 속성의 측면에서 간단히 장점을 설명하는 데보다는, 사회 집단 간의 착취 관계를 폭로하는 비판적인 전통에서 유래한 개념이다. 불평등에 대한 비판적인 관점은 나뿐만 아니라 인터뷰 대상자들의 분석에도 면면히 흐른다(Wright 2008).

31 표본의 특성에 대해서는 '이 책의 방법론에 관하여'를 보라. 4년제 대학 이하의 학력을 가진 사람들을 모으기는 했지만 영리 목적의 온라인 대학에서 석사 과정에 있다고 밝힌 백인 응답자도 연구 대상으로 받아들였다. 이 대상자는 일용직 노동자를 남편으로 두고 재택 건강 보조원으로 일하면서 여섯 아이를 키우고 있었기 때문에 학위를 활용할 수 없었지만 학위 때문에 상당한 빚을 얻었다. 표본에 포함된 또 다른 어머니는 숱한 기관과 온라인에서 대학 수업을 20년간 들은 뒤 영양학으로 4년제 학위를 받았지만 자신이 고용된 서비스 일자리에서 이를 이용하지 못했다. 이 대상자의 아이 중 누구도 4년제 대학에 가지 않았다.

32 Luker(2010:61)

33 펜실베이니아는 주요 도시에 아프리카계 미국인이 별로 없는, 역사적으로 백인이 압도적으로 많은 주였지만 농촌 지역은 인종적으로, 민족적으로 점점 다양해지고 있다. 2000년 약 15만 7,201명의 주민, 또는 전체 인구의 약 5퍼센트가 비백인이나 히스패닉으로 확인되었다. 그런데 2015년에는 농촌 주민 29만 4,901명, 또는 전체 인구의 9퍼센트가 비백인이나 히스패닉이었다. 이런 "신참들"은 농촌 백인보다 일반적으로 더 젊고, 가난하고, 기혼자일 가능성이 낮고, 한부모일 가능성이 더 높다(Center for Rural PA 2015).

34 유동적이고 미세한 상호 작용 속에서 생산되는 인종 관계에 대해서는

McDermott(2006)을 보라. 나의 관점은 인종을 고정된 생물학적 범주보다는 지배와 권력을 손에 넣기 위한 투쟁의 산물로 바라보는 비판적 전통의 영향을 받았다(Omi and Winant 1986).

35 농촌의 변모에 대해서는 Marrow(2011)를 보라.

36 Lamont, Michele et al. (2016)을 보라.

37 Lareau and Conley(2008)

38 Lane(1962)

39 Bourdieu(1999)

40 Wailoo(2014); Skocpol(1995)도 보라.

41 Skocpol and Williamson(2016)

42 최소 3만 명의 남성이 무연탄 채굴 중에 목숨을 잃었고, 5만 명이 영구적인 부상을 입었으며, 수십만 명이 나중에 진폐증으로 사망한 것으로 추정된다. 광부들은 음식과 비품은 회사 상점에, 쉴 곳은 회사 주택에 의존했기 때문에 일상의 모든 측면을 통제당했고, 굶주림과 주거지 상실, 노령연금 상실의 위협 때문에 "산업적인 봉건제" 상태였다(Marsh 1987:344).

43 Dublin and Licht(2005:77)

44 Erikson(1978)

45 Hacker(2002, 2008)

46 Reich(2015)

47 Gilens and Page(2014)

48 Bartels(2008)

49 Verba and Nie(1987)

50 Hill et al. (1995)

51 Reich(2015)

52 Schlozman and Brady(2013)

1장

1   Cherlin et al. (2016)

2   Eatwell and Milgate(2011)

3   Cowie(2016)

4   Taylor-Gooby(2004)

5   Harvey(2005)

6   Western(1997)

7   Edin and Shaefer(2015)

8   Edsall et al. (1992)

9   모건Morgan과 리Lee(2017)는 신기하게도 당시가 예비 노동계급 유권자들, 특히 최근 대선에서 투표하지는 않았지만 투표로 동원 가능한 집단의 마음을 움직일 수 있는 공화당 후보자에게 유리한 환경이었다고 밝힌다.

10 노조들은 광부들의 폐 공기증 또는 진폐증을 무시했다. 미세한 탄가루 흡입으로 결국 수십만 명의 광부를 죽음에 이르게 한 질환이었는데도 말이다. 1969년 광부 노조United Mine Workers가 획기적인 연방 탄광 건강 안전법을 제정하도록 국회를 설득했다. 이 법은 진폐증 때문에 장애를 입은 광부(와 그 부양가족)에게 보상금을 제공했다. 하지만 제정된 법이 부실해서 광산 소유주는 광부들의 청구에 쉽게 이의를 제기할 수 있었다(Keil and Keil 2014).

11 Rubin(1976)

12 Komarovsky(1964)

13 Illouz(2007)

14 Lopez(2015)

15 Lakoff(2002)

16 Hochschild(2016)

17 경제학자 앨런 크루거Alan Krueger(2016)는 남성의 취업 상태와 그 주관적인 안녕 사이에 어떤 관계가 있다고 상정하고, 미취업 상태의 핵심 생산

인구 남성이 취업 상태의 남성보다 자신의 건강이 "그저 그렇다" 또는 "부실하다"라고 말할 가능성이 훨씬 높다는 사실을 발견했다. 미취업 상태의 핵심 생산 인구 남성 가운데 4분의 3이 사회 보장 장애 보험social security disability insurance(SSDI)을 받지 않는다. 게다가 44퍼센트가 그 전날 진통제를 먹었다고 밝혔다.

18 다음을 보라. Mann(1987); Aronowitz(1992)

19 뉴딜과 제2차 세계대전 이후의 시대는 1930년대에 뉴딜의 주도 세력인 민주당으로 급속하게 방향을 튼 아프리카계 미국인들, 남부에 사는 백인 분리주의자들의 지지를 모두 활용했다. 가령 남부의 의회 대변인들은 1935년 사회 보장법Social Security Act의 보장 범위에서 농업 노동자와 가사 노동자를 제외해야 한다고 주장했다. 1930년대에 이 두 부류의 노동력에는 아프리카계 미국인들이 압도적으로 많았다(Katznelson 2005).

20 토머스 에드살과 메리 에드살(1992)의 설명에 따르면 세금은 "사회 경제적 편익을 흑인과 다른 소수 집단에 재분배하는 연방 프로그램의 비용을 백인들에게 지웠는데", 여기에는 복지 정책, 마약 단속, 주택 규제, 감옥 건축 같은 광범위한 여타의 국내 사안들이 연결되어 있다.

21 McVeigh(2009)

22 Kazin(1998)

23 Alexander(2010)

24 Cherlin(2014)

25 Reich(2014)

26 Cherlin(2014)

27 Sharkey(2015)

28 Wilson(1987)

29 Dunlap et al. (2006)

30 Western(2006)

31 Sharkey(2015)

32 Bentele and O'Brien(2013)

33 2016년 11월, 소수 집단과 흑인 유권자 모두 경합주에서마저 투표율이 아주 저조했다(Frey 2017).

34 오늘날에는 베넷Bennett 등(2013)의 주장처럼 점점 많은 미국인이 정치를 "부정"하고 있다. 논쟁이 많은 공적 영역에서, 그리고 공적인 정치 참여가 연상시키는 부정적이고 오염된 이미지에서 발을 떼고 있는 것이다.

35 다음을 보라. Lamont et al. (2013)

36 내가 인터뷰한 젊은 흑인과 라틴계 남성 가운데 몇몇은 중범죄 판결 이후 선거권이 박탈당했다고 믿었지만, 사실 펜실베이니아에서는 복역 기간이 끝나면 투표권이 복구된다.

37 유색 인종 남자아이들이 일상생활에서 어떻게 감시의 대상이 되는지에 대한 검토는 Rios(2011)를 보라.

38 Oliver and Wood(2014)

39 Jolley and Douglas(2014)

2장

1 데이비드 핼리David Halle(1987:302)는 자신의 상징적인 책《미국의 노동하는 남성America's Working Man》에서 백인 노동계급의 정치 문화 안에 좌익 진보주의와 우익 포퓰리즘의 씨앗이 모두 들어 있음을 발견했다. 한편에서 그는 "완전한 민주주의, 완전 고용, 노동자의 존엄, 공정하고 안전한 노동 조건, 정력적인 노조 운동, 여성 노동자와 남성 노동자뿐 아니라 백인과 흑인에 대한 동등한 처우, 적절하고 균형 잡힌 외교 정책을 위한 투쟁이 바탕에 깔린 진보 정치의 기회가 있다"는 사실을 발견했다. 다른 한편으로 "흑인과 라틴계, 여성과 빈민을 향한 적개심을 바탕으로 한 국내 정책, 이 세상에서 미국의 역할에 대한 거창하고 난폭한 이미지를 바탕으로 한 외교 정책의 위험 역시 존재하고… 이는 이 세상을 쉽게 파멸로 몰고 갈 수 있다."

2   Kefalas(2003)

3   브라이언이 KKK를 비난한 것은 내 앞에서 점잖게 보이기 위한 행동이었
다고 볼 수도 있다. 백인 분리주의 출판물에 대한 분석을 보면 백인 분리
주의 조직들은 공개적인 자리에서는 종종 "일종의 재포장되고 이름표를
다시 붙인 변형된 백인 우월주의"를 표출한다(Swain 2002:16).

4   소위 피부색에 따라 차별하지 않는 시대에 정체성으로서의 백인성에 대
해서는 McDermott(2015)을 보라.

5   Kimmel(2015)

6   위와 같은 책

7   Hartmann(1981)

8   Willis(1977)

9   Hochschild(2016:15)를 보라.

10   맥더모트McDermott(2015)의 설명처럼 스스로가 아일랜드 이민자의 자손
이라는 인식은 인종주의의 존재를 부정하는 색맹증으로 귀결된다.

11   MacGaffey(2013)

12   위와 같은 책

13   Wilcox et al. (2012)

14   Bellah et al. (2017)

15   Cowie(2016)

3장

1   Putnam(1993)

2   아동 성 학대는 모든 인종과 계급 스펙트럼에서 일어나고, 다른 유형의 학
대보다 소득과 상관관계가 적다. 가해자의 90퍼센트는 남성이다. 피해자
대부분이 가해자를 알고, 이 중 4분의 1 정도는 가족 구성원이다(Douglas
and Finkelhor 2005). 게다가 농촌 공동체는 자원이 부족해서 성 학대와

친밀한 파트너에게 폭력의 대상이 된 피해자들이 도움을 받기가 더 어렵다(McCall-Hosenfeld et al. 2014).

3   국립약물남용연구소에 따르면, "일반적으로 '목욕 소금'이라고 알려진 합성 카티논은 까트khat라고 하는 식물에서 발견되는 자극 물질인 카티논과 화학적으로 연관된 합성(인간이 만들어낸) 약물"이다. 이는 "불법 마약의 효과를 복제하려는 의도에서 시장에서 새롭게 유통되는 비규제 정신 활성(마음에 변화를 일으키는) 물질"군에 속한다. 메타암페타민과 코카인보다 더 저렴한 대안으로 여겨진다. 펜실베이니아에서는 2011년에 금지되었다.

4   친밀한 파트너의 폭력을 경험한 적이 있거나 겪으며 살아가는 여성들은 이와 관련된 우울 증상과 외상 후 스트레스 장애, 불안, 자살 위험 등의 기타 정신 건강 문제가 발생할 위험이 더 크다(Bonomi et al. 2006).

5   보험이 없는 성인은 예방 차원의 돌봄과 검진 정책들을 건너뛸 가능성이 높고, 암 같은 질환이 말기가 되었을 때 진단을 받아서 사망률이 높아질 위험이 더 크다. 부담 적정 보험법에 따라 메디케이드 보장 범위는 소득이 연방 빈곤선의 138퍼센트 이하인 사람 대부분에게로 확대되었고 소득이 연방 빈곤선의 400퍼센트까지인 사람들은 시장에서 보험을 구입할 수 있는 보조금을 받는다. 2013년만 해도 4,400만 명에 달한 보험이 없는 비고령자 성인의 수는 2016년 2,700만 명으로 떨어졌다. 하지만 접근성의 격차는 여전히 존재하고 노동자들은 큰 비용 부담을 겪는다. 메리 앤 윌슨과 같은 소기업 노동자들은 자기 몫의 보험료를 감당할 수 없다고 느낀다. 보험이 없는 나머지 인구의 대다수는 최소한 한 명의 저소득 노동자가 있는 가정에서 살고 있다. 보험이 없는 많은 사람에게 "의료 보험과 의료 서비스 비용은 주거, 음식, 출근을 위한 교통수단과 같은 중요한 생필품과 경쟁 관계에 있고, 보험이 없는 많은 성인은 임대료, 음식, 공과금 같은 기본적인 월 생활비를 대는 데 어려움이 있다고 말한다"(Garfield et al. 2016).

6   미국 농촌의 작은 마을들이 자신의 가장 똑똑한 최고 학생들에게 고향을

떠나 새로운 장소에서 더 나은 삶을 살라고 부추겨 어떻게 "중산층 공백을 만들어내는지"는 Carr and Kefalas(2010)를 보라.

7 Erdmans and Black(2015)

8 이와 유사하게 고프먼(2014:37)은 경찰의 엄격한 감시를 받는 빈곤한 흑인 동네에 관한 연구에서 "남자가 아버지로서, 배우자로서, 형제나 아들로서 제 역할을 하지 못하면, 그의 파트너나 가족 구성원은 이에 대한 좌절과 분노 때문에 그의 수배 중 지위를 이용해서 복수 내지는 처벌을 하려고 거침없이 경찰에 그 사람을 신고하기도 한다"고 썼다.

9 경제학자 앤 케이스Anne Case와 앵거스 디턴Angus Deaton(2017)은 아편 남용, 간경화, 자살이 백인 노동계급의 기대 수명 증가세를 역전시키고 있는 미국 농촌의 건강 위기에 주목했다. 이들은 이 건강 위기의 이유로 백인 노동계급의 삶에서 복합적인 고통과 절망, 사회적 불안정이 1970년대 양질의 블루칼라 일자리 소멸과 함께 시작되어 2008년 금융 위기를 거치며 더 악화된 것을 지적했다.

10 미국 전역에서 소수 인종과 소수 민족이 백인 지역으로 이주하고 백인 청년들이 더 다양성이 큰 도시 지역으로 이주하면서, 농촌 지역 열 곳 중 아홉 곳이 1990년과 2010년 사이에 다양성의 증가를 경험했다(Barrett and Farrell 2014).

4장

1 《당신 발 위의 석탄 가루: 무연탄 탄광촌의 번성, 쇠락 그리고 부활Coal Dust on Your Feet: The Rise, Decline, and Restoration of an Anthracite Mining Town》에서 인류학자 재닛 맥가피Janet MacGaffey는 이렇게 설명했다. "새로운 최하층 계급은 인구학적 변화의 결과로 마을에 등장했다. 복지에 의존하는 빈곤한 새로운 이주자 집단은" 탄광 폐쇄로 "줄어든 인구의 일부를 다시 채웠다." 맥가피는 이런 신참들에게 "복지 이주민", "가난한 도심 주민"이라는 꼬

리표를 붙이면서 "새로운 유입이 마을 공동체로 통합되지 않는 것은 이들이 다른 복지 혜택의 가능성을 찾아 끊임없이 이동하기 때문"이라고 주장했다. 나아가 그는 이 이주민들이 "도심지의 방식을 마을로 들여온다"고, 즉 마약과 폭력, "대결을 지향하는 문화와 과밀한 아파트 중심의 생활 양식"(287)을 끌고 들어온다고 말했다.

2 King(2001)

3 2000년 이후 몇 년 동안 경제 위기와 희박한 취업 가능성, 그리고 사회 복지에 대한 과도한 의존 때문에 푸에르토리코에서 미국으로 유입되는 이주자의 물결이 1950년대와 1960년대의 대대적인 이주 이후로 가장 거세게 일었다. 미국 내 푸에르토리코 출신 인구는 한때 북동부, 특히 뉴욕에 집중되었지만 이제는 전보다 넓게 분산되었다(Jensen 2006; Lichter and Johnson 2006).

4 Anderson(2008)

5 콜브룩의 가구를 직접 조사해보니 그곳에는 300여 가족이 있는데 다수가 백인이었다. 이들은 보조금이 지급되는 주택 대기자 명단에 이름을 올린 상태였다. 주택 당국은 섹션 8 주택 바우처 프로그램으로 30단위 정도를 운영한다. 빈곤을 연구하는 스테파니 델루카Stefanie DeLuca와 동료들 (2013)의 설명에 따르면 "주택 보조는 수급권이 아니라서 신청 자격이 있는 가구 가운데 어떤 식으로든 보조금을 받는 경우는 3분의 1 이하."

6 고용에서의 인종 차별에 대해서는 Pager et al. (2009)을 보라.

7 Lamont et al. (2013)

8 Bell(2017)

9 Lamont(2000)

10 Lamont et al. (2013)

11 Fields(2016)

12 교도소를 나온 후 다시 사회에 통합되려는 시도에 대한 경험은 Western (2018)을 보라.

5장

1 Hays(2004)

2 Hill(2005)

3 Collins(2000)

4 Cottom(2016)을 보라.

5 셜리 힐의 설명에 따르면 미국의 유색 인종은 남성과 여성의 적절한 역할에 대한 사회의 지배적인 이상과 오랫동안 불화했다. 실제로 흑인 남성들은 인종주의에 의해 "거세"된 존재로 여겨졌다. 인종주의가 주요 소득자로서의 백인 남성에게 부여되는 아내와 자녀에 대한 권위를 흑인 남성에게서 박탈해버렸기 때문이다.

6 Wilson(1987); Edin and Kefalas(2005)

7 부모의 투옥은 자녀들이 부모를 상실하는 것 외에도 공격성과 비행의 증가, 학업 성취의 하락, 사회적 낙인에 노출 등 행동 및 정신 건강의 악화와 관련이 있다(Wildeman 2009; Haskins 2016; Turney and Haskins 2014).

6장

1 해커Hacker와 피어슨Pierson(2010)은 민주당과 공화당 모두 1970년대 이후로 중간계급과 빈민의 소득 성장률은 제자리걸음인 가운데 상위 1퍼센트가 막대한 부를 축적할 수 있게 하여 미국인들의 경제적 이익을 거스르는 일을 해왔다고 주장한다. 불평등 문제가 점점 극심해지는 것은 정당들이 평균적인 유권자보다는 부유한 엘리트들의 정책 관심에 맞춰 정강을 수정해왔기 때문이다. 자본 소득세를 깎아주는 방식이든, 2008년 금융 위기 기간에 그랬듯 기업의 실책을 처벌하지 않는 방식으로든 말이다. 중요한 것은 기업과 금융 행위자들이 자기 입맛에 맞춰 정부 정책에 어떻게 로비해왔는지에 주목하여, 해커와 피어슨이 불평등이 세계화와 기술 변

화의 불가피한 결과라는 생각에 반기를 든다는 점이다.

2   Lane(1962:164-176)

3   Lane(1962)

4   Kenworthy and Owens(2012)

5   Tocqueville(2003); Arendt(1951); Putnam(1993); Warren(2001)

6   필킹턴Pilkington과 폴럭Polluck(2015)은 유럽의 청년들이 부모 세대의 정
치를 지긋지긋하게 생각해서 전통적인 영역 밖에서 벌어지는 새로운 형
태의 시민 참여를 물색 중임을 밝혔다.

7   미국에서 정당 지지가 부모에게서 자녀로 대물림되는 것은 정치적 사회
화의 핵심 요소지만 아이들이 부모의 관점을 자동으로 받아들이는 것은
아니다. 흥미롭게도 사회적 지원, 공동의 활동, 가족에 대한 소속감은 자
녀가 부모의 정치적 관점을 아는지에 영향을 미치지는 않지만, 자녀가 부
모의 정치적 소속과 정체성을 받아들일 가능성은 높일 수 있다(Ojeda and
Hatemi 2015).

8   Horkheimer and Adorno(1972)

9   Walker(2013)

10   Hofstadter(1964)

11   Barkun(2006)

12   Bader and Gordon(2017)

13   DiGrazia(2017)

14   Barkun(2006)

15   Sunstein(2017)

16   법학자 미셸 알렉산더Michelle Alexander(2010)는 복역하고 사회로 복귀했
다가 다시 범죄로 기소된 사람들에게 적용되는 불이익을 광범위하게 다
룬다.

17   LeBlanc(2003)

18   가령 다음을 보라. Illouz(2007); Silva(2013); Hooks(1989)

19   Bennett et al. (2013)

결론

1   McKerns(2007)

2   Klein(2015)

3   Giddens(1984)

4   가령 다음을 보라. Marx and Engels(1848); Gramsci(1985); Adorno et
    al. (1950); Mann(1986); Aronowitz(1992)

5   https://www.marxists.org/archive/marx/works/1848/communist-
    manifesto/

6   Sennett and Cobb(1973)

7   Cherlin(2014)

8   Lyson and Falk(1993)

9   Goodell(2007)

10 다음을 보라. Milkman(1997); Bettie(2003)

11 다음을 보라. Berezin(1997)

12 Hall and Lamont(2013)

13 Vance(2016)

14 Reich(2015)

15 Bourdieu(2000:629)

16 McCall(2013)

17 민주당 투표자 내의 다인종적 동맹의 잠재력에 대한 논의는 Bobo(2017)
    를 보라. 트럼프가 인정을 원하는 백인 노동계급 남성들에게 발산하는 매
    력에 대해서는 Lamont(2017)을 보라.

18 Ewick and Silbey(2003)

19 Simon and Lively(2010)

20 Stein(2011)

21 Kleinman(1997)

22 Scheff(2000)

23 Frank(1995)

24 Randles(2017)

25 Mazelis(2017)

26 Nussbaum(1996)

27 Lorde(1992)

참고 문헌

Achen, Christopher H., and Larry M. Bartels. 2016. *Democracy for Realists: Why Elections Do Not Produce Responsive Government.* Princeton, NJ: Princeton University Press

Adorno, Theodor W., Elise Frenkel-Brunswik, Daniel Levinson, and Nevitt Sanford. 1950. *The Authoritarian Personality.* New York: Harper & Brothers

Alexander, Jeffrey C. 2012. *Trauma: A Social Theory.* Cambridge, UK: Polity

Alexander, Michelle. 2010. *The New Jim Crow: Mass Incarceration in the Age of Colorblindness.* New York: Free Press

Anderson, Elijah. 2008. *Against the Wall: Poor, Young, Black, and Male.* Philadelphia: University of Pennsylvania Press

Arendt, Hannah. 1951. *The Origins of Totalitarianism.* 1st ed. New York: Harcourt, Brace

Aronowitz, Stanley. 1992. *False Promises: The Shaping of American Working Class Consciousness.* Durham, NC: Duke University Press

Aughtmon, Susanna Foth. 2009. *All I Need Is Jesus and a Good Pair of Jeans: The Tired Supergirl's Search for Grace.* Grand Rapids: Revel, a division of Baker Publishing House

Bader, Christopher, Edward Day, and Ann Gordon. 2017. "What Aren't They Telling Us?— Chapman University Survey of American Fears." Wilkinson College of Arts, Humanities, and Social Sciences. Retrieved July 17, 2017 (https://blogs.chapman.edu/wilkinson/2016/10/11/what-arent-they-telling-us/)

Barkun, Michael. 2006. *A Culture of Conspiracy: Apocalyptic Visions in Contemporary America.* Berkeley: University of California Press

Barrett, John Iceland, and Chad Farrell. 2014. "Is Ethnoracial Residential Integration on the Rise? Evidence from Metropolitan and Micropolitan Since 1980." In *Diversity and Disparities: America Enters a New Century,* 415-56. New York: Russell Sage Foundation

Bartels, Larry. 2008. *Unequal Democracy: The Political Economy of the New Gilded Age.* New York: Russell Sage Foundation

Beattie, Melody. 1986. *Codependent No More: How to Stop Controlling Others and Start Caring for Yourself.* Center City: Hazelden

Bell, Monica. 2017. "Police Reform and the Dismantling of Legal Estrangement." *Yale Law Journal* 126(7):2054

Bellah, Robert, Richard Madsen, William Sullivan, Ann Swidler, and Steven Tipton. 2017. *Habits of the Heart: Individualism and Commitment in American Life.* Berkeley: University of California Press

Bennett, Elizabeth A., Alissa Cordner, Peter Taylor Klein, Stephanie Savell, and Gianpaolo Baiocchi. 2013. "Disavowing Politics: Civic Engagement in an Era of Political Skepticism." *American Journal of Sociology* 119(2):518-48

Bentele, Keith Gunnar, and O'Brien, Erin E. 2013. "Jim Crow 2.0?: Why

States Consider and Adopt Restrictive Voter Access Policies." *Sociology Faculty Publication Series.* 11(4):1088-116

Berezin, Mabel. 1997. *Making the Fascist Self: The Political Culture of Interwar Italy.* Ithaca, NY: Cornell University Press

Bettie, Julie, 2003. *Women without Class: Girls, Race, and Identity.* Berkeley: University of California Press

Bobo, Lawrence. 2017. "Racism in Trump's America: reflections on culture, sociology, and the 2016 US presidential election." *British Journal of Sociology* 68(1): S85-S104

Bonomi, Amy E. et al. 2006. "Intimate Partner Violence and Women's Physical, Mental, and Social Functioning." *American Journal of Preventive Medicine* 30(6):458-66

Bourdieu, Pierre. 1999. *The Weight of the World: Social Suffering in Contemporary Society.* Redwood City, CA: Stanford University Press

Brooks, Clem, and Jeff Manza. 2007. *Why Welfare States Persist: The Importance of Public Opinion in Democracies.* Chicago: University of Chicago Press

Bruner, Jerome Seymour. 1986. *Actual Minds, Possible Worlds.* Cambridge, MA: Harvard University Press

Campbell, David E. 2006. *Why We Vote: How Schools and Communities Shape Our Civic Life.* Princeton, NJ: Princeton University Press

Carr, Patrick J., and Maria J. Kefalas. 2010. *Hollowing Out the Middle: The Rural Brain Drain and What It Means for America.* Boston: Beacon Press

Case, Anne, and Angus Deaton. 2017. "Mortality and Morbidity in the 21st Century | Brookings Institution." Brookings. Retrieved March 29, 2017 (https://www.brookings.edu/bpea-articles/mortality-and-morbidity-in-the-21st-century/)

Center for Rural PA. 2015. "Fact Sheet: Rural Pennsylvania Minority

Population." The Center for Rural Pa. Retrieved June 8, 2017 (http://www.rural.palegislature.us/documents/factsheets/Minorities2012.pdf)

Cherlin, Andrew J. 2014. *Labor's Love Lost: The Rise and Fall of the Working-Class Family in America*. New York: Russell Sage Foundation

Cherlin, Andrew. 2010. *The Marriage-Go-Round: The State of Marriage and the Family in America Today*. New York: Vintage

Cherlin, Andrew J., David C. Ribar, and Suzumi Yasutake. 2016. "Nonmarital First Births, Marriage, and Income Inequality." *American Sociological Review* 81(4):749-70

Chetty, Raj et al. 2016. "The Fading American Dream: Trends in Absolute Income Mobility Since 1940." National Bureau of Economic Research. Available online: http://www.nber.org/papers/w22910

Cohn, Nate. 2017. "A 2016 Review: Turnout Wasn't the Driver of Clinton's Defeat." *New York Times*. Available online: https://www.nytimes.com/2017/03/28/upshot/a-2016-review-turnout-wasnt-the-driver-of-clintons-defeat.html

Collins, Patricia Hill. 2000. *Black Feminist Thought: Knowledge, Consciousness, and the Politics of Empowerment*. New York: Routledge

Cottom, Tressie McMillan. 2016. *Lower Ed: The Troubling Rise of For-Profit Colleges in the New Economy*. New York: New Press

Cowie, Jefferson. 2016. *The Great Exception*. Princeton, NJ: Princeton University Press

Cramer, Katherine. 2016. *The Politics of Resentment*. Chicago: University of Chicago Press

DeLuca, Stefanie, Philip M. E. Garboden, and Peter Rosenblatt. 2013. "Segregating Shelter: How Housing Policies Shape the Residential Locations of Low-Income Minority Families." *Annals of the American Academy of Political and Social Science* 647:268-99

DiGrazia, Joseph. 2017. "The Social Determinants of Conspiratorial Ideation." *Socius.* Available online: https://doi.org/10.1177/2378023116689791

Douglas, Emily M., and David Finkelhor. 2005. *Childhood Sexual Abuse Fact Sheet.* Crimes Against Children Center. Durham: University of New Hampshire. Retrieved July 9, 2017 (http://www.unh.edu/ccrc/factsheet/pdf/CSA-FS20.pdf)

Dublin, Thomas, and Walter Licht. 2005. *The Face of Decline: The Pennsylvania Anthracite Region in the Twentieth Century.* Ithaca, NY: Cornell University Press

Duggan, Mark G., and Melissa Kearney. 2007. "The Impact of Child SSI Enrollment on Household Outcomes." *Journal of Policy Analysis and Management* 26(4):861-85

Dunlap, Eloise, Andrew Golub, and Bruce D. Johnson. 2006. "The Severely-Distressed African American Family in the Crack Era: Empowerment Is Not Enough." *Journal of Sociology and Social Welfare* 33(1):115-39

Eatwell, John, and Murray Milgate. 2011. *The Fall and Rise of Keynesian Economics.* Oxford: Oxford University Press

Edin, Kathryn, and Maria Kefalas. 2005. *Promises I Can Keep: Why Poor Women Put Motherhood before Marriage.* Berkeley: University of California Press

Edin, Kathryn, and Luke Shaefer. 2015. *$2.00 a Day: Living on Almost Nothing in America.* Boston: Houghton Mifflin Harcourt

Edsall, Thomas B., and Mary D. Edsall. 1992. *Chain Reaction: The Impact of Race, Rights, and Taxes on American Politics.* New York: W. W. Norton

Eliasoph, Nina. 1998. *Avoiding Politics: How Americans Produce Apathy in Everyday Life.* New York: Cambridge University Press

Eliasoph, Nina, and Paul Lichterman. 2003. "Culture in Interaction." *American Journal of Sociology* 108(4):735-94

Erdmans, Mary Patrice, and Timothy Black. 2015. *On Becoming a Teen Mom: Life before Pregnancy.* Berkeley: University of California Press

Erikson, Kai T. 1978. *Everything in Its Path: Destruction of Community in the Buffalo Creek Flood.* New York: Simon & Schuster

Ewick, Patricia, and Susan S. Silbey. 2003. "Narrating Social Structure: Stories of Resistance to Legal Authority." *American Journal of Sociology* 108(6):1328-72

Fields, Corey. 2016. *Black Elephants in the Room: The Unexpected Politics of African American Republicans.* Berkeley: University of California Press

Frank, Arthur. 1995. *The Wounded Storyteller: Body, Illness, and Ethics.* Chicago: University of Chicago Press

Frey, William. 2017. "Census shows pervasive decline in 2016 minority voter turnout." Available at: https://www.brookings.edu/blog/the-avenue/2017/05/18/census-shows-pervasive-decline-in-2016-minority-voter-turnout/

Frey, William H., and Ruy Teixeira. 2008. *The Political Geography of Pennsylvania: Not Another Rust Belt State.* Washington, DC: Brookings. Retrieved June 7, 2017 (https://www.brookings.edu/wp-content/uploads/2016/06/04_political_demographics_frey_teixeira.pdf)

Garfield, Rachel, Melissa Majerol, Anthony Damico, and Julia Foutz. 2016. "The Uninsured: A Primer—Key Facts about Health Insurance and the Uninsured in the Wake of National Health Reform." Henry J. Kaiser Family Foundation. Retrieved July 19, 2017 (https://www.kff.org/uninsured/report/the-uninsured-a-primer-key-facts-about-health-insurance-and-the-uninsured-under-the-affordable-care-act/)

Gaventa, John. 1980. *Power and Powerlessness. Quiescence and Rebellion in an Appalachian Valley.* Urbana: University of Illinois Press

Gest, Justin. 2016. *The New Minority: White Working Class Politics in an Age of*

Immigration and Inequality. Oxford: Oxford University Press

Giddens, Anthony. 1984. *The Constitution of Society: Outline of the Theory of Structuration.* Berkeley: University of California Press

Gilens, Martin, and Benjamin I. Page. 2014. "Testing Theories of American Politics: Elites, Interest Groups, and Average Citizens." *Perspectives on Politics* 12(3):564-81

Goffman, Alice. 2014. *On the Run: Fugitive Life in an American City.* Chicago: University of Chicago Press

Goodell, Jeff. 2007. *Big Coal: The Dirty Secret Behind America's Energy Future.* Boston: Houghton Mifflin

Gramsci, Antonio. 1985. "The Intellectuals." In *Selections from the Prison Notebooks,* 5-14. New York: International Publishers

Hacker, Jacob S. 2008. *The Great Risk Shift: The New Economic Insecurity and the Decline of the American Dream.* New York: Oxford

_____. 2002. *The Divided Welfare State: The Battle over Public and Private Social Benefits in the United States.* New York: Cambridge University Press

Hacker, Jacob S., and Paul Pierson. 2010. *Winner-Take-All Politics: How Washington Made the Rich Richer-and Turned Its Back on the Middle Class.* New York: Simon & Schuster

Haidt, Jonathan. *The Righteous Mind: Why Good People are Divided by Politics and Religion.* 2012. New York: Vintage

Hall, Peter A., and Michèle Lamont, eds. 2013. *Social Resilience in the Neo-Liberal Era.* Cambridge: Cambridge University Press

Halle, David. 1987. *America's Working Man: Work, Home, and Politics among Blue-Collar Property Owners.* Chicago: University of Chicago Press

Hartmann, Douglas, and Christopher Uggen. 2015. *The Social Side of Politics.* New York: W. W. Norton

Hartmann, Heidi. 1981. "The Unhappy Marriage of Marxism and Feminism." In *Women and Revolution: A Discussion of the Unhappy Marriage of Marxism and Feminism*. South End Press Political Controversies, edited by L. Sargent. Boston: South End Press

Harvey, David. 2005. *A Brief History of Neoliberalism*. Oxford: Oxford University Press

Haskins, Anna. 2016. "How Does Parental Incarceration Affect Children's Cognitive and Noncognitive Development?" *Focus* 23:18-22

Hay, Louise and David Kessler. 2014. *You Can Heal Your Heart: Finding Peace After a Breakup, Divorce, or Death*. Carslbad: Hay House Inc

Hays, Sharon. 2004. *Flat Broke with Children: Women in the Age of Welfare Reform*. New York: Oxford University Press

Hill, Kim Quaile, Jan E. Leighley, and Angela Hinton-Andersson. 1995. "Lower-Class Mobilization and Policy Linkage in the US States." *American Journal of Political Science* 39:75-86

Hill, Shirley. 2005. *Black Intimacies: A Gender Perspective on Families and Relationships*. Lanham, MD: AltaMira

Hochschild, Arlie Russell. 2016. *Strangers in Their Own Land: Anger and Mourning on the American Right*. New York: New Press

Hofstadter, Richard. 1964. "The Paranoid Style in American Politics." *Harper's Magazine*, November. Available at: https://harpers.org/archive/1964/11/the-paranoid-style-in-american-politics/

hooks, bell. 1989. *Talking Back: Thinking Feminist, Thinking Black*. 1st ed. Toronto: Between the Lines

Horkheimer, Max, and Theodor W. Adorno. 1972. *Dialectic of Enlightenment*. New York: Crossroad Publishing Company

Illouz, Eva. 2007. *Cold Intimacies: The Making of Emotional Capitalism*. Cambridge: Polity

Jensen, Leif. 2006. *New Immigrant Settlements in Rural America: Problems, Prospects, and Policies.* Durham, NH: Carsey Institute

Jolley, Daniel, and Karen M. Douglas. 2014. "The Social Consequences of Conspiracism: Exposure to Conspiracy Theories Decreases Intentions to Engage in Politics and to Reduce One's Carbon Footprint." *British Journal of Psychology* 105(1):35-56

Kalleberg, Arne L. 2009. "Precarious Work, Insecure Workers: Employment Relations in Transition." *American Sociological Review* 74(1):1-22

Katznelson, Ira. 2005. *When Affirmative Action Was White: An Untold History of Racial Inequality in Twentieth-Century America.* New York: W. W. Norton

Kazin, Michael. 1998. *The Populist Persuasion: An American History.* Rev. ed. Ithaca, NY: Cornell University Press

Kefalas, Maria. 2003. *Working-Class Heroes: Protecting Home, Community, and Nation in a Chicago Neighborhood.* Chicago: University of Chicago Press

Keil, Thomas J., and Jacqueline M. Keil. 2014. *Anthracite's Demise and the Post-Coal Economy of Northeastern Pennsylvania.* Lanham, MD: Rowman & Littlefield

Kenworthy, Lane, and Lindsay Owens. 2012. *Political Attitudes, Public Opinion, and the Great Recession.* Stanford, CA: Russell Sage Foundation and the Stanford Center on Poverty and Inequality

Kimmel, Michael. 2015. *Angry White Men: American Masculinity at the End of an Era.* New York: Nation Books

King, Laura. 2001. "The Hard Road to the Good Life: The Happy, Mature Person." *Journal of Humanistic Psychology* 41(1):51-72

Klein, Naomi. 2015. *This Changes Everything: Capitalism vs. the Climate.* New York: Simon & Schuster

Kleinman, Arthur. 1997. *Writing at the Margin: Discourse Between Anthropology and Medicine.* Berkeley: University of California Press

Komarovsky, Mirra. 1964. *Blue-Collar Marriage.* With the collaboration of Jane H. Phillips. New York: Random House

Krueger, Alan B. 2016. "Where Have All the Workers Gone?" Paper presented at the Federal Reserve Bank of Boston 60th Economic Conference

Lakoff, George. 2002. *Moral Politics: How Liberals and Conservatives Think.* 2nd ed. Chicago: University of Chicago Press

Lamont, Michele. 2000. *The Dignity of Working Men.* Chicago: University of Chicago Press

Lamont, Michele. 2017. "Addressing the Recognition Gap: Destigmatization and the Reduction of Inequality." Presidential Address at the 112th Annual Meeting of the American Sociological Association in Toronto, ON, Canada, August 13, 2017

Lamont, Michele, Graziella Morales Silva, Jessica S. Welburn, Joshua Guetzkow, Nissim Mizrachi, Hanna Herzog, and Elisa Reis. 2016. *Getting Respect: Responding to Stigma and Discrimination in the United States, Brazil, and Israel.* Princeton, NJ: Princeton University Press

Lamont, Michèle, Jessica S. Welburn, and Crystal M. Fleming. 2013. "Responses to Discrimination and Social Resilience Under Neoliberalism: The United States Compared." In *Social Resilience in the Neoliberal Age,* edited by P. Hall and M. Lamont, 129-57. Cambridge: Cambridge University Press

Lane, Robert. 1962. *Political Ideology: Why the American Common Man Believes What He Does.* New York: Free Press

Lareau, Annette, and Dalton Conley. 2008. *Social Class: How Does It Work?* New York: Russell Sage Foundation

LeBlanc, Adrian Nicole. 2003. *Random Family: Love, Drugs, Trouble, and*

Coming of Age in the Bronx. New York: Simon & Schuster

Lichter, Daniel, and Kenneth Johnson. 2006. "Emerging Rural Settlement Patterns and the Geographic Redistribution of America's New Immigrants." *Rural Sociology* 71(1):109-31

Lopez, Ian Haney. 2015. *Dog Whistle Politics: How Coded Racial Appeals Have Reinvented Racism and Wrecked the Middle Class.* Reprint. Oxford: Oxford University Press

Lorde, Audre. 1992. *The Cancer Journals: Special Edition.* San Francisco: Aunt Lute Books

Luker, Kristin. 2010. *Salsa Dancing into the Social Sciences.* Cambridge, MA: Harvard University Press

Lyson, Thomas A., and William W. Falk. 1993. *Forgotten Places: Uneven Development in Rural America.* Lawrence: University Press of Kansas

MacGaffey, Janet. 2013. *Coal Dust on Your Feet: The Rise, Decline, and Restoration of an Anthracite Mining Town.* Lewisburg, PA: Bucknell University Press

Mann, Michael. 1986. *The Sources of Social Power.* Cambridge: Cambridge University Press

Mann, Michael. 1987. "Ruling Class Strategies and Citizenship." *Sociology* 21(3):339-54

Manza, Jeff, and Clem Brooks. 1999. *Social Cleavages and Political Change: Voter Alignments and U.S. Party Coalitions.* New York: Oxford University Press

Marrow, Helen B. 2011. *New Destination Dreaming: Immigration, Race, and Legal Status in the Rural American South.* Stanford, CA: Stanford University Press

Marsh, Ben. 1987. "Continuity and Decline in the Anthracite Towns of Pennsylvania." *Annals of the Association of American Geographers* 7(3):337-52

Marx, Karl, and Friedrich Engels. 1848. *The Communist Manifesto.* Available at: https://www.marxists.org/archive/marx/works/1848/communist-manifesto/

Mazelis, Joan Maya. 2017. *Surviving Poverty: Creating Sustainable Ties Among the Poor.* New York: NYU Press

Mayer, Nonna. 2014. "Bring the Poor Back In! Inequalities, Welfare and Politics." *European Political Science* 13(2):187-200

McCall, Leslie. 2013. *The Undeserving Rich: American Beliefs about Inequality, Opportunity, and Redistribution.* New York: Cambridge University Press

McCall-Hosenfeld, Jennifer S., Carol S. Weisman, Amanda N. Perry, Marianne M. Hillemeier, and Cynthia H. Chuang. 2014. "'I Just Keep My Antennae out'—How Rural Primary Care Physicians Respond to Intimate Partner Violence (IPV)." *Journal of Interpersonal Violence* 29(14):2670-94

McDermott, Monica. 2006. *Working-Class White: The Making and Unmaking of Race Relations.* Berkeley: University of California Press

McDermott, Monica. 2015. "Color-Blind and Color-Visible Identity Among American Whites." *American Behavioral Scientist* 59(11):1452-73

McKerns, Gerald. 2007. *The Black Rock that Built America: A Tribute to the Anthracite Coal Miners.* New York: Xlibris

McVeigh, Rory. 2009. *The Rise of the Ku Klux Klan: Right-Wing Movements and National Politics.* Minneapolis: University of Minnesota Press

Milkman, Ruth. 1997. *Farewell to the Factory: Auto Workers in the Late Twentieth Century.* Berkeley: University of California Press

Monnat, Shannon M. 2016. "Deaths of Despair and Support for Trump in the 2016 Presidential Election." Department of Agricultural Economics, Sociology, and Education: University Park, PA: Pennsylvania State University

Morgan, Stephen L., and Jiwon Lee. 2017. "Social Class and Party Identification During the Clinton, Bush, and Obama Presidencies." *Sociological Science* 4:394-423

Nakano Glenn, Evelyn, Grace Chang, and Linda Rennie Forcey, eds. 1994. *Mothering: Ideology, Experience, and Agency.* New York: Routledge

Nussbaum, Martha. 1996. "Compassion: The Basic Social Emotion." *Social Philosophy and Policy* 13(1):27-58

Ojeda, Christopher, and Peter K. Hatemi. 2015. "Accounting for the Child in the Transmission of Party Identification." *American Sociological Association* 80(6):1150-74

Oliver, J. Eric, and Thomas J. Wood. 2014. "Conspiracy Theories and the Paranoid Style(s) of Mass Opinion." *American Journal of Political Science* 58(4):952-66

Omi, Michael, and Howard Winant. 1986. *Racial Formation in the United States.* 1st ed. New York: Routledge

Pager, Devah, Bruce Western, and Bart Bonikoswki. 2009. "Discrimination in a Low Wage Labor Market: A Field Experiment." *American Sociological Review* 74:777-99

Pilkington, H. and Pollock, G., eds. 2015. *Radical Futures? Youth, Politics and Activism in Contemporary Europe.* Oxford: Wiley–Blackwell

Piven, Frances Fox, and Richard A. Cloward. 2000. *Why Americans Still Don't Vote.* New Democracy Forum Series. Boston: Beacon Press

Polletta, Francesca. 2006. *It Was Like a Fever: Storytelling in Protests and Politics.* Chicago: University of Chicago Press

Putnam, Robert. 1993. *Making Democracy Work: Civic Traditions in Modern Italy.* Princeton, NJ: Princeton University Press

Putnam, Robert D. 2000. *Bowling Alone: The Collapse and Revival of American Community.* New York: Simon & Schuster

_____. 2015. *Our Kids: The American Dream in Crisis*. New York: Simon and Schuster

Randles, Jennifer. 2017. *Proposing Prosperity? Marriage Education Policy and Inequality in America*. New York: Columbia University Press

Reeves, Richard V. 2017. *Dream Hoarders: How the American Upper Middle Class Is Leaving Everyone Else in the Dust, Why That Is a Problem, and What to Do about It*. Washington. DC: Brookings Institute

Reich, Robert. 2015. *Saving Capitalism: For the Many, Not the Few*. New York: Vintage Books

Reich, Steven Andrew. 2014. *The Great Black Migration: A Historical Encyclopedia of the American Mosaic*. Santa Barbara, CA: Greenwood Press

Rios, Victor M. 2011. *Punished: Policing the Lives of Black and Latino Boys*. New York: NYU Press

Rosenfeld, Jake. 2014. *What Unions No Longer Do*. Cambridge, MA: Harvard University Press

Rubin, Lillian. 1976. *Worlds of Pain: Life in the Working-Class Family*. New York: Basic Books

Sawhill, Isabel. 2018. *The Forgotten Americans: An Economic Agenda for a Divided Nation*. New Haven, CT: Yale University Press

Scheff, Thomas. 2000. "Shame and the Social Bond: A Sociological Theory." *Sociological Theory* 18(1):84-99

Schlozman Verba, and Henry Brady 2013. *The Unheavenly Chorus: Unequal Political Voice and the Broken Promise of American Democracy*. Princeton, NJ: Princeton University Press

Sharkey, Patrick. 2015. "Geographic Migration of Black and White Families over Four Generations." *Demography* 52(1):209-31

Sherman, Jennifer. 2009. *Those Who Work, Those Who Don't: Poverty,*

Morality, and Family in Rural America. Minneapolis: University of Minnesota Press

Sennett, Richard, and Jonathan Cobb. 1973. *The Hidden Injuries of Class*. New York: Vintage

Silva, Jennifer M. 2013. *Coming Up Short: Working-Class Adulthood in an Age of Uncertainty*. New York: Oxford University Press

Simon, Robin W., and Kathryn Lively. 2010. "Sex, Anger and Depression." *Social Forces* 88(4):1543-68

Skocpol, Theda. 1995. *Protecting Soldiers and Mothers: The Political Origins of Social Policy in the United States*. Cambridge, MA: Harvard University Press

Skocpol, Theda, and Morris Fiorina. 1999. "Advocates without Members: The Recent Transformation of American Civic Life". In *Civic Engagement in American Democracy*, 461-509. Washington, DC: Brookings Institution

Skocpol, Theda, and Vanessa Williamson. 2016. *The Tea Party and the Remaking of Republican Conservatism*. New York: Oxford University Press

Stein, Arlene. 2011. "Therapeutic Politics: An Oxymoron?" *Sociological Forum* 26(1):187-93

Sunstein, Cass. 2017. *#Republic: Divided Democracy in the Age of Social Media*. Princeton, NJ: Princeton University Press

Swain, Carol M. 2002. *The New White Nationalism in America: Its Challenge to Integration*. New York: Cambridge University Press

Swidler, Ann. 1986. "Culture in Action." *American Sociological Review* 51:273-86

Taylor-Gooby, Peter. 2004. *New Risks, New Welfare*. Oxford: Oxford University Press

Thompson, E. P. 1966. *The Making of the English Working Class*. New York: Vintage

Tocqueville, Alexis de. 2003. *Democracy in America and Two Essays on America*. Edited by I. Kramnick. London: Penguin Classics

Tolle, Eckhart. 1999. *The Power of Now: A Guide to Spiritual Enlightenment*. Novato: New World Library

Turney, Kristin, and Anna R. Haskins. 2014. "Falling Behind? Children's Early Grade Retention after Paternal Incarceration." *Sociology of Education* 87(4):241-58

Tyson, Alec, and Tyson Maniam. 2016. "Behind Trump's Victory: Divisions by Race, Gender, Education." Pew Research Center. Retrieved July 18, 2017 (http://www.pewresearch.org/fact-tank/2016/11/09/behind-trumps-victory-divisions-by-race-gender-education/)

Vance, J. D. 2016. *Hillbilly Elegy: A Memoir of a Family and Culture in Crisis*. New York: HarperCollins

Verba, Sidney, and Norman H. Nie. 1987. *Participation in America: Political Democracy and Social Equality*. Chicago: University of Chicago Press

Wailoo, Keith. 2014. *Pain: A Political History*. Baltimore, MD: Johns Hopkins University Press

Walker, Jesse. 2013. *The United States of Paranoia: A Conspiracy Theory*. New York: Harper

Warren, Mark. 2001. *Democracy and Association*. Princeton, NJ: Princeton University Press

Weis, Lois. 2001. *Class Reunion: The Remaking of the American White Working Class*. New York: Routledge

Western, Bruce. 1997. *Between Class and Market: Postwar Unionization in the Capitalist Democracies*. Princeton, NJ: Princeton University Press

———. 2006. *Punishment and Inequality in America*. New York: Russell Sage Foundation

———. 2018. *Homeward: Life in the Year After Prison*. New York:

Russell Sage

Western, Bruce, and Jake Rosenfeld. 2011. "Unions, Norms, and the Rise in U.S. Wage Inequality." *American Sociological Review* 76(4) 513-37

Wilcox, W. Bradford, Andrew J. Cherlin, Jeremy E. Uecker, and Matthew Messel. 2012. "No Money, No Honey, No Church." *Research in the Sociology of Work* 23:227-50

Wildeman, Christopher. 2009. "Parental Imprisonment, the Prison Boom, and the Concentration of Childhood Disadvantage." *Demography* 46(2):265-80

Willis, Paul E. 1977. *Learning to Labor: How Working Class Kids Get Working Class Jobs.* Morningside ed. New York: Columbia University Press

Wilson, William Julius. 1987. *The Truly Disadvantaged: The Inner City, the Underclass, and Public Policy.* Chicago: University of Chicago Press

Wright, Erik Olin. 2008. "Logics of Class Analysis." In *Social Class: How Does It Work?* Edited by Annette Lareau and Dalton Conley. New York: Russell Sage Foundation

Wuthnow, Robert. 2018. *The Left Behind: Decline and Rage in Rural America.* Princeton, NJ: Princeton University Press

사라질 수 없는 사람들

소외된 노동계급의 목소리에서 정치를 상상하기

1판 1쇄 발행 2022년 12월 15일

지은이 제니퍼 M. 실바
옮긴이 성원
펴낸곳 (주)문예출판사
펴낸이 전준배

편집 박해민 백수미 이효미
디자인 표지: 손주영 본문: 김하얀
영업·마케팅 하지승
경영관리 강단아 김영순

출판등록 2004. 02. 12. 제 2013-000360호 (1966. 12. 2. 제 1-134호)
주소 04001 서울시 마포구 월드컵북로 21
전화 393- 5681
팩스 393- 5685
홈페이지 www.moonye.com
블로그 blog.naver.com /imoonye
페이스북 www.facebook.com/moonyepublishing
이메일 info@moonye.com
ISBN 978-89-310-2295-7 03300